U0111448

從飢餓出發

華人飲食與文化

高成鳶 著

序／
一條被仔細
理順的歧路

　　我不是要在這裡故作謙遜，甚至妄自菲薄。其實作為一個小小的半業餘飲食寫稿員的我，算是挺心高氣傲的了。因為我好想先在此大膽斷言：諸君現在手上拿著的，這一冊高成鳶先生的中華飲食文化大著，其功、其觀、其局、其道，足以令我城全體飲食文化工作者為之汗顏，為之驚嘆，為之心悅誠服。

　　洋洋二十多萬字，高先生在這一冊「奇書」中所注入的精神心力，絕對是無容置疑的。令這本大著堪稱得上「奇」，我個人覺得除了是本身內容結構的曲折，和所闡述論據的神妙之外，還有是她實在是來得沒有道理地遲。在巍巍的中華文化之下，飲食這課題從最遠古到最近代，一直扮演著舉足輕重的主導角色。為什麼在這本書以前，就沒有一部如此有系統、有膽量、有份量和有承擔的中華飲食文化研究作品呢？這也真是奇哉怪也。

　　中國的歷史太古老了，老到歷史本身都隨歲月的洪流，被磨蹭得稜角盡蝕，習慣怕事善忘。我們雖然還是一代又一代地延續下來，卻不幸變成了保護我們自己歷史文化的最大阻力。各種數千年下來的固有核心價值，所謂「禮」「教」，彷彿成為了我們許多人今天去追求現代「文明的」物質生活的絆腳石。不知不覺地，「家」我們拆散了、「衣冠」我們脫下了、「語言」我們毒啞了、「文字」我們偷走了。碩果僅存的，可能真的只有隱藏在飲食中的點滴精神面貌，讓我們還留得住那一點根，腳踏實地的未致於樹倒猢猻散。

　　要去保護這一條命根，絕對不是一件容易的事。別說我們的飲食生活正在極速被世界快餐企業文化吞噬的這個事實，就是要去尋找我們生活中的一點「飲和食

德」，去真確地追溯瞭解箇中奧妙，也是一項非凡的浩瀚工程。中國人的味道觀，其實也是我們國人世界觀的縮影。這些認知和概念，歷史相當久遠，可惜卻零星散落在海量的典籍和話語之中。高先生以如塵的心、如鏡的意，花了非常人能想像的血汗工夫，把一大堆因年久失修而變得模糊難辨的中華飲食文化議題，精心細意地抽絲剝繭，有條不紊地娓娓道來。這部書縱然立論精奇，卻絕非艱澀難讀，就猶如一位既博學且博愛的偉人，能屈能伸、來者不拒。

　　我實在再沒有其他可以講和應該講的了，一切一切都在往後的書頁之中。希望大家珍惜作者的心意，好好去欣賞他如何把一條崎嶇的歧路，一步又一步的依次理順下來。就這道工夫本身，已經是一種令人欽佩的藝術形式了。

于逸堯

2012 年春末 香港

前言/

百年前，大學者梁啟超有小書《西學書目表》雕版印行，其中收錄了給華人講西餐的兩本薄冊，歸入「無可歸類之書」的類目中。

這件芝麻小事早被世人遺忘，但我認為它在文明史上有重大意義：西餐被華人承認為學術。反過來看，洋人自己決不承認，更連累到華人自己也不能承認中餐是學術。

西方文化無視飲食，甚至羞於談吃，這是被罵為「西崽」的林語堂首先發現的。二十年多前「文化研究」學科（Cultural Studies）興起，飲食文化才借着對搖滾樂、麥當勞速食等「低俗文化」的批判，從下水道進入學術殿堂。

《禮記》明言中華文化「始於飲食」，但日本著名學者研究「中華料理」的論文卻吃了人文學刊的閉門羹，只能在英國生物化學刊物上發表。學科體系是西方的，其中沒有飲食文化的地位。我研究飲食文化二十多年，很早就處在「學科堅壁清野」的苦悶中。

按照梁啟超（曾任國家圖書館館長）創新的分類，拙著就純屬「無可歸類」之書。本書的前身，主題是探究古怪中餐的由來及對中華文化的影響，書稿在某大出版社耽擱一年後被退回，緣由是按內部分工被交給「生活編輯組」與家庭菜譜為伍，該組編輯當然會斷定為不合要求。

　　把拙著歸入美食類，理由很充分，我也有心悅誠服的一面。瀏覽目錄就會看出，本書的主幹，第二部「味道的研究」、第三部「中餐烹調與欣賞原理」以及餘者之半，都不離嗜好中餐的華洋食客關切的細節。

　　屈原在名篇《天問》中提出問題 172 個；若借「民以食為天」的老調，本書中針對華人之「食」的「天問」多至二百來個；例如部名「鳶」字中的「弋」，即帶絲線的箭，古書中頻頻出現，到底存在否？

　　與屈原之問不同的是，每問都給出了能自圓其說的解答。例如「雞肋」成語從《三國志》的「食之無肉」變成《演義》的「無味」這一千古沉冤，書中就藉以講出了華人之「味」與「食」發生「異化」的道理。

　　無數大小道理，都是人人心中所有、口中所無。所以可說，本書就是要讓食客們吃出中餐的「所以然」來，這樣自能加深對佳餚的鑒賞，廣大「饞蟲」讀起來當會覺得津津有味。

　　關於飲食文化的拙文無不如此，所以上世紀八十年代創刊的《中國烹飪》肯為我開闢專欄。早期該刊是唯一的學術園地，俞平伯等當時五十來位頂級文化名人都曾應邀撰文。它與《中國烹飪古籍叢刊》（由政府設立的「全國古籍整理領導小組」主持）相呼應。由於「開放」帶來的餐飲業大繁榮，更因為囿於學科格局，中華飲食文化的空前開拓是由商業部獨家主導的；上述刊物、叢書及名人文章結集的《學人談吃》，都只能由商業出版社出版。

我對美食素不講究，對烹調也無甚興趣。拙文都以「少談現象專講道理」獨異於後來湧現的眾多文集；文筆可能也比較「解饞」；或許因此受到廣大從業者及食客的重視，後來我竟被認定為相關的「著名專家」，自己覺得可笑；想到探究「文化本原」的學術宿志毫無迴響，更覺得可歎。

// 3

王蒙先生說中華文化最突出的特色是漢字及中餐，其實飲食又比文字更為本原。西方古文字拼寫在羊皮上，古漢字刻在龜甲上，羊皮、龜甲不都來自食物？

有故事說，孫權「燒柴萬車」也煮不爛一隻老龜，後經高人指點，燒桑木而奏效，留下成語「老龜烹不爛，移禍到枯桑」。洋人聽了只有吃驚：吳國上下都瘋了，非要把可憐的老龜煮爛？他們哪知龜鱉曾是古華人的主食，其「不可勝食」還成為孟子的理想。再說古華人連貴族都「無故不殺羊」，哪有羊皮？

中華文化是最古怪的文化，中餐是最古怪的飲食。兩大古怪之間有沒有內在關係？我曾提出，「全球化」果真實現，中華文化的最後堡壘必是中餐。出過國的都有體會：西服歸來後還不願脫；中餐，饞得像害病。關於衣，石器時代就有蠶桑業，是為「宇宙級」的無解之謎；缺乏文獻（只有「黃帝元妃始蠶」六字）是學者無視此謎的充足理由；關於食，史料汗牛充棟，學者無視至今，則應歸咎於因循。

依據西方史學家湯因比（Arnold Joseph Toynbee）的「逆境挑戰激發民族創造力」定理，從華裔史學家何炳棣論定的「黃土種粟無需休耕」的源頭出發，直到近

代美味中餐的繽紛萬狀，追溯其間漫長而曲折的發展過程，可以顯示為「因果關係鏈條」的環環相扣。古怪之「吃」的日常實踐又不免影響到文化的光怪陸離。本書就是要探尋若隱若現的理路，試圖找出中華飲食與文化演進的內在必然。

拙著撰寫的進程不是以言詞，而是以觀點為步伐。大小觀點天天在蔓生，引起的自得卻日益變成對探究物件的敬畏，甚至毛骨悚然。古人硬要「語不驚人死不休」，而本書天然就「理不驚人死不休」。「文章本天成」，當得起這句古語的唯有中華文化本身。

季羨林先生曾用「一家之言」鼓勵我的飲食文化探索，這叫人想到「究天人之際」。司馬遷的名言道出了人類學術的終極目標。動物與自然界關聯的焦點在於吃，天人關係則重在文化的吃。要想吃透飲食文化，學術上需要人文與物理的融會，像梁啟超那樣創設「無可歸類」之類。

2012 年初，海峽兩岸不約而同地吹響了振興文化的號角。華人最值得向人類貢獻的，可能是為西方主流文化提供參照，以利於其自我認識，而最理想的標本莫過於「始於飲食」的中華文化。

多年來學界對「重大原創」的呼喚日益高亢，但有的回音卻是「題目已做盡」。陳寅恪先生說學術的重大發展「必有其新材料與新問題」，例如敦煌石窟的發現。中餐活化石的重要性何啻千百個敦煌？張光直先生早已提出建立人類學的中國學派，並在台灣相關論壇上亮出「飲食人類學」的旗號，可惜大陸學界還未及注意。

　　為什麼本書的主題在上世紀兩次「文化熱」的地毯式發掘中未被觸及？若說「天秘其寶」，等待的絕非某人的才學，而是特別機緣。

　　論學殖，本人不及千百學者於什一。我長期供職於天津圖書館，五十年代之初，西南聯大的元老黃子堅（鈺生）先生被調離南開而貶為天津圖書館館長，同時圖書館從他常提及的往昔的「太上研究院」淪為與劇團為伍。新時期他重獲權威，用教育家的眼光督導我「脫產」研究文化史，承擔了關於「尚齒」傳統的國家史學課題，成果《中華尊老文化探究》在中國社會科學出版社出版後，被選定為「建國 50 周年獻禮圖書」。季羨林先生十分重視這一課題，曾手書推薦信，在韓國引起反響。然而我卻突發奇想：以老人為核心的繁生、聚居必然導致生態破壞與飢餓，中餐是餓出來的。在強烈興趣的驅使下，我棄置了得之不易的學術資質，「迷失」在毫無地位的飲食文化探索中。圖書館職業造成的「務廣而荒」，唯獨在這一課題上反而變缺陷為優長。

　　我深知一個邊緣學人在學科的邊緣地帶構建龐大體系，今天幾乎不可能得到正宗學者的評價，其合理的對待只能是決不肯定同樣決不否定，可能有少數具有通識、思想活躍者，會在視而不見時稍有某種不安。然而在讀者大眾中很可能引起較強的共鳴，因為書中所論處處切合人們的自身感受，加之觀點體系各細部又能高度「自洽」互證。

　　本書寫作的十年間，「淺閱讀」已把系統論著衝擊到無地自容。不管世界怎麼

變，人，作為動物，不變的需求是吃；作為高級動物還有永恆的終極追問：「我是哪來的？」本書的內容，恰恰是這兩大需求的結合。然而面對種種實際，本書的撰著從開始就帶有被埋沒的憂慮（超出卑微的個人得失）。為此我選定了「隨筆加引據」的創新體裁，意在訴之於大眾，以推遲湮滅。

我又預感到回應可能率先來自富於探索精神的西方，這果然得到證實：意大利電視台已製作訪談記錄片，《龍的飢餓》之題顯然來自我的觀點。

我沒有理由不對拙著的遠期效應滿懷自信，只是幾乎注定不及親見了。

高成鳶

於 2012 年初

目錄 /

第三章　飯菜分野與味的啟蒙

第二部 「味道」的研究

第一章　華人「味道」感官的調適

第二章　中餐「味道」審美的形成

第三部 中餐烹調與欣賞原理

第一章 從水火關係分析中餐原理

第二章 從時空關係分析中餐原理

第一部

食物逆境與
中餐的由來

第一章／
得天獨薄的
肉食時期

// 人之初與食之初

/// 上帝 vs 祖先：吃與文化

洋人每頓飯之前都要禱告感謝上帝，而從前的華人，收穫了新糧食要首先用來給祖先的靈位獻祭，讓他們品嚐。

可怪得很，關於「人之初」，華人老古董的常識，竟比現代西方的研究成果還要大大超前。先秦古書常從會搭窩的「有巢氏」說起，例如《莊子·盜跖》、《韓非子·五蠹》等篇，接下來是燧人氏、伏羲、神農。這「三皇」是人格化了的符號，代表文明進化的三個階段：燧人氏開始用火熟食、伏羲打獵馴獸、神農種糧，統統不離一個「吃」字。

關於「吃對文化的意義」，中西反差特大。漢語裡本來沒有「文化」一詞，與之相當的是「禮」。前輩社會學家李安宅曾說：「『禮』就是人類學上的『文化』，包括物質與精神兩方面。」[1] 而中華經典斷言文化是來自飲食的，《禮記·禮運》曰：「夫禮之初，始諸飲食。」這話能叫洋人大吃一驚，西方學術至今還離這個結論很遠很遠。

都說洋人長於探索，可是西方文獻裡幾乎找不到先民生活的記載。緣由何在？恐怕在於洋人篤信世間的一切都出於上帝的安排。《聖經》說，上帝造人之前就讓世上生長出草木、牲畜（《舊約·創世記》）。沒有上帝的華人，相信文化來自世代祖先的積累，所以《禮記·郊特牲》說：「萬物本乎天，人本乎祖。」在西方，

1/　李安宅《儀禮與禮記之社會學的研究》，四川人民出版社，1990年，頁9。

直到二十世紀「文化人類學」興起,「文化進化」的觀念才開始流行。以英國泰勒（Edward Burnett Tylor）的《原始文化》（*Primitive Culture*,1871）、美國摩爾根（Lewis Henry Morgan）的《古代社會》（*Ancient Society*,1877）為代表。人類學家復原出來的先民進化過程,跟中國古書的描述一模一樣。他們的根據呢?除了考古發掘,只有對美洲部落的考察;明明說的是當代,專著題名卻是《古代社會》。

「人之初」的現代共識是:非洲古猿靠摘吃果子活命,後來通過打獵吃肉而進化成人。恩格斯（Friedrich Von Engels）說從猿到人的過程中「最重要的是肉類食物對於腦髓的影響」,打獵導致的直立利於腦的發育[2]。西方幾十年前才問世的首部《全球通史》（*A Global History*）,頭一章題目就是《人類──食物採集者》,其中說採集的是水果、堅果及小動物,又說火的運用「大大增加了食物的來源」[3]。對比中國古書記載的「晝拾橡栗,暮棲木上」（《莊子·盜跖》）、「民食果蓏、蚌蛤,……有聖人作,鑽燧取火,以化腥臊……」（《韓非子·五蠹》）,完全不謀而合。關於吃的歷史,先秦華人的知識比西方現代的要超前二千五百多年。至今西方也沒人說過「文化始於飲食」。

人類分化成不同種族,當是出於不同地域環境的影響。轉移地域是為什麼?八成為食物。食物決定文化,道理夠明顯,最早看開此理的卻只有華人。冰河時代過後非洲變乾旱了,森林消失逼着原始人轉移他鄉。去了歐洲的一支遇到莽莽森林、野獸成群,吃獸肉穿毛皮豐衣足食;輾轉來到中國西北部的一支,遇上乾旱的黃土地帶,主要植被是灌木、草地。華人始祖的環境生態有長期爭論,先前筆者認同「缺少森林」是出於跟本書觀點體系的高度「自洽」,待讀了華裔史學家何炳棣先生的《中國文化的生態起源》[4],內心的不安才煙消雲散。他引據出土花粉化石資料,證實黃土高原草多樹少,得到美國人類學權威的讚賞,遂成鐵案。

缺乏密林大獸就沒肉食可吃。大史學家湯因比有個著名理論:生存逆境的挑戰能激發人類的創造力,造就各大文明。見湯因比《歷史研究》（*A Study of History*）中有《挑戰

2/　恩格斯《自然辯證法》,人民出版社,1962年,頁142。
3/　斯塔夫里阿諾斯《全球通史》上冊,上海社會科學出版社,1999年,頁82。
4/　何炳棣《讀史閱世六十年》,廣西師大出版社,2009年,頁408-413。

和迎戰》一節[5]。生存的首要條件是食物，最大的挑戰莫過於群體的飢餓。普遍認同的湯因比假說並沒有史料可據，中國古書的記載是有力的印證，但華人自己還沒有正視，豈能為洋人注意所及？

　　用上帝信仰來解釋西方飲食史料的缺乏，肯定會遭到質問：古希臘時代哪有基督教？各民族的早期歷史都包含着不少神話，希臘神話遠比中國發達，但眾神都「不食人間煙火」。洋人得天（上帝）獨厚，沒有經歷過飢餓的挑戰，就沒有關注飲食史的誘因。「飽漢不知餓漢飢」，我們豈能跟着人家裝飽？

/// 為什麼管洋人叫「禽獸」

　　早期闖進中國的洋人驚奇地發現，自己竟然被當禽獸看待，甚至「禽獸不如」。《劍橋中國晚清史》（The Cambridge History of China）說，華人認為「西洋人實際上禽獸不如。……在書寫西方國家的名稱時，一般是加上獸字的偏旁（通常是犬字旁）。」[6]洋人覺得這是奇恥大辱，人家不會說「媽媽的」，一聲 beast（野獸）就是最惡毒的罵詈。其實這裡面有誤會：漢語「禽獸」未必是罵人，也跟「蠻貊」一樣是對異文化人群的稱呼。孔穎達解釋《尚書‧武成》說「蠻貊」指「戎、夷」；分別為西鄰、東鄰部族。「蠻」屬於「蟲」（動物總稱），「貊」是野獸。

　　敵視「蠻貊」不能怪受害者的華人。定居的農人千辛萬苦，盼到莊稼長成又擔驚受怕，怕臨近的獵牧部落來搶。對方等的也是這一天，搶了糧給牛羊加「料」，好度過沒有鮮草的冬季。搶掠是遊牧者的本性，這是生存方式決定的，談不到善惡，先民對此最有認識。司馬遷說匈奴人光盯着眼前利益，不懂何為禮儀。《史記‧匈奴列傳》：「苟利所在，不知禮儀。」晉代遊牧民族大舉南下，朝臣說他們「人面獸心」。《晉書‧劉曜傳》：「彼戎狄者，人面獸心，見利則棄君親，臨財則忘仁義者也。」成吉思汗

5/　湯因比《歷史研究》上冊，上海人民出版社，1997年，頁74-98。

6/　費正清等編《劍橋中國晚清史》第三章，中國社會科學出版社，2006年。

有一段名言，是遊牧者掠奪本性的暴露：「男子漢最大的樂趣」就是「戰勝敵人，奪取他們所有的一切；將他們美貌的后妃的腹部當作睡衣和墊子，⋯⋯」[7]

獵牧者的搶劫真像「探囊取物」。沒有像樣的反抗，因為絕對不是對手。獵人天天騎馬射箭，日常打獵就等於練武，戰時人人奮勇爭先。《史記·匈奴列傳》：「逐水草遷徙，⋯⋯寬則隨畜，因射獵禽獸為生業，急則人習戰攻以侵伐，其天性也。」研究「草原文化」的學者孟馳北提出重大觀點體系說：「牧業文化是動態文化，⋯⋯戰爭對他們來說是一種娛樂。」相反，「農業社會是靜態社會」，懼怕戰爭[8]。可惜他的巨著《草原文化與人類歷史》沒有引起應有的反響。

遠古的周部落可以作為最早定居務農者的代表，他們在侵掠面前的表現能把今天的「愛國憤青」氣死：毫不抵抗，反而反覆送禮求饒。掠奪者是不可感化的，「惹不起躲得起」，只好忍痛放棄故土，躲往他鄉。《孟子·梁惠王下》：「昔者太王居邠，狄人侵之；事之以皮幣，不得免焉；事之以犬馬，不得免焉；事之以珠玉，不得免焉。」於是「⋯⋯去邠，逾梁山，邑於岐山之下居焉。」這段歷史非常重要，歷來卻很少引起注意。

有個事實能給洋人消消氣：古代最早被稱為「蠻貊」的其實也有炎黃子孫。據《史記·匈奴列傳》，匈奴也是「夏后氏之後裔」，跟中原的堯帝是近親。學界公認「華夏」概念既不是地理的也不是血緣的，而純屬文化的。明清之際大學者王夫之曾宣稱：黃帝以前的華夏人都是夷狄，伏羲以前的都是禽獸。《思問錄·外篇》：「中國之天下，軒轅以前，其猶夷狄乎！太昊以上，其猶禽獸乎！」國學大師錢穆引古人的名言說：只要實行中國的禮儀，雖是夷狄也算中國；反之，雖是諸侯也視為夷狄。韓愈《原道》：「諸侯用夷禮，則夷狄之；夷狄進於中國，則中國之。」[9]

前邊說「禮」來自飲食，這裡談談理由。王夫之說區分人獸的標準是吃，吃飽了把剩下的食物扔掉的，就是禽獸。「所謂飢則呴呴，飽則棄餘者，亦直立之獸而已。」

定居務農以前的先民就是走哪吃哪。荀子制「禮」就是為了避免爭奪食物引

7/　余大鈞《一代天驕成吉思汗——傳記與研究》，內蒙古人民出版社，2002 年，頁 433。

8/　孟馳北《草原文化學綱要》，《草原文化與人類歷史》，國際文化出版社，1999 年。

9/　錢穆《中國文化史導論》，北京：商務印書館，1994 年，頁 41。

起混亂。《荀子‧禮論》:「人生而有欲,欲而不得,則不能無求。求而無度量分界,則不能不爭;爭則亂,亂則窮。先王惡其亂也,故制禮義以分之,⋯⋯故禮者,養也。」養就是營養,洋文 nutrition 也當食物講。這反映了先民因飢餓而爭吃的歷史。

年輕力壯爭得多,老人只能餓死。中華文化崇尚家族聚居,老人是凝聚核心,必須用「禮」來確保他們的壽康。筆者在「尚齒」傳統的探究中發現,古書中最早的禮儀──虞舜時代的「燕禮」,就是用美食奉養部族裡的高年者[10]。「尚齒」大致相當於尊老,是西周形成孝道以前的倫理。先民看不慣遊牧民族把好肉給青壯年吃,筋骨留給沒牙佬;孟子罵主張平等的墨子學派是「禽獸」。《史記‧匈奴列傳》:「壯者食肥美,老者食其餘。」《孟子‧滕文公下》:「墨氏兼愛,是無父也。無父無君,是禽獸也。」憑力氣搶吃的,不跟野獸一樣嗎?

儘管洋人早已轉為以航海經商為業,但確是遊牧文化的繼承者[11]。中華文化的長期封閉使華人保持盲目的優越感,近代還把對遊牧者的鄙視錯加到洋人身上。

///「粒食者」,華人的正式自稱

古人認為「夷狄」跟自己的本質不同,在於他們不吃顆粒狀的熟食,所以稱之為「不粒食者」。《禮記‧王制》:「東方曰夷,有不火食者矣;⋯⋯西方曰戎,有不粒食者矣;北方曰狄,有不粒食者矣。」「不火食者」就是生吃東西的野人。在「不粒食者」反襯下,先民的正式自稱就是「粒食者」。今天人們對「粒食」這個詞兒已很陌生了,但它在古書裡的出現驚人地頻繁。「粒食之民」常作「老百姓」的同義語:先秦的墨子說「四海之內,粒食之民⋯⋯」(《墨子‧天志》);漢代的王充更從反面說「四海之外,不粒食之民」(《論衡‧儒增》)。翻閱《大戴禮記》,僅《用兵》、《少閒》兩篇裡「粒食之民」就出現七次之多。

///////////////////////////////

10/ 高成鳶《中華尊老傳統探究》,中國社會科學出版社,1999 年,頁 20。
11/ 孟馳北《草原文化學綱要》、《草原文化與人類歷史》,國際文化出版社,1999 年。

「粒食」可以簡化成「粒」，還能當動詞用，表示中華農耕文化開始，就是《書經》說的「乃粒」。《尚書‧益稷》：「烝民乃粒，萬邦作乂。」孔穎達解釋說，「乃粒」是從飢餓及吃魚鱉改為吃米的標誌，其上文有「艱食」，意為找不到食物；又有「鮮食」，意為吃魚鱉。「粒食」包括農耕收成的粟、黍、豆等「雜糧」及南方的稻米，排除的是前農耕時期所吃的堅果及獵獲的禽獸。至於平民稱貴族為「肉食者」，那不過是粒食文化內部的修辭問題，跟「不粒食者」沒有等同關係。今天從字面看「粒食」也該排除「麵食」，小麥磨成的麵粉到漢代才從西域傳來；近世麵粉、玉米麵成了北方的主食，「粒食」一詞不再流行，但雅語中仍舊沿用。例如明代工藝百科全書《天工開物》第一章講農業，題目就叫「乃粒」，其中說從神農到唐堯「粒食已千年矣」。「絕粒」至今還是「不吃一點東西」的文雅說法。

「粒食」的本義特指粟（小米），因為在華夏文化中，粟（及黍）比稻更具有文化本原意義。《書經》說，種粟為生的同時，中原正式進入治理狀態。《尚書正義》：「人非穀不生，政由穀而就；言天下由此穀為治政之本也。」「粒食」是古人的純農定居的標誌，也是「禮」文化確立的基礎。

只有粒食者才算人，反過來說，粒食也只能供人吃。先秦古書中有個故事，洋人聽了也會吃驚：鄒國君主規定，宮廷裡餵鴨子必須用秕穀（不能供人吃的帶殼癟粟），秕穀用光了還得拿好小米跟百姓家換；民間秕穀也不多，竟用兩斗貴的換一斗賤的。有個官員說這太可笑了，君主便怒斥他不懂道理，說：「粟米，人之上食也，奈何其以養鳥！」（賈誼《新書‧春秋》）。中華文化以糧食為神聖，「民以食為天」，糧食餵禽獸是傷天害理。成語「暴殄天物」出自古老的《書經》。老年頭華人吃飯，泥地上掉個飯粒，都要揀起來放進嘴裡。華人聽說美國種的大豆玉米都餵了牲畜時，會替他們感到「罪過」；儘管華人也知道牲口光吃草不行，還得加「料」。《現代漢語詞典》：「餵牲口用的穀物，如『草料』。」中西兩種觀念的巨大反差，當然要追溯到肉食、粟食文化類型的歧途。

/// 牧牛陽關道，種粟獨木橋

從打獵到畜牧，其實是很自然的過渡，只需要自然而輕鬆的兩步。

第一步，誇張一點可說是「走享其成」。一位英國人類學家生動地描寫了這個過程：獵人憑經驗改變了「戰略」，從追捕、圍捕個別野獸，改進成尾隨大獸群。於是獸群就變成了「移動的食物儲藏所」。《人類文明的演進》（英國國家廣播公司電視系列節目的講稿）：獵人發現「最好的方法是追隨獸群，不要失去它們，學習和觀察，最後適應了它們的遷徙習性。」[12] 這樣就省去了奔走之勞，卻隨時都有吃不完的肉。這不正是《史記 · 匈奴列傳》描寫遊牧民族的「逐水草而居」嗎？

第二步，誇張一點可說是「吃飽撐的」。打獵時代常有這種情況：獵人跟隨獸群，吃掉母獸，見小獸怪好玩的就養着，長大自然變得馴服依人，所以說最早蓄養動物是為「供娛樂」。這是從呂叔湘翻譯的人類學名著中讀到的。「初民開始蓄養動物，並不是為的圖利，卻是由於……帶在身旁做伴侶，或是供娛樂。」被飼養的獸類，由於無須生存競爭，變得「逐漸和野種不同」[13]。

中華文化獨有繁多的古代史書，能給人類史共通的遠古史提供依據。《莊子 · 盜跖》說「古者禽獸多而人民少」，這可能是先民初到中土，甚至到來之前的記憶。一切種族都要經過食肉階段，先民毫無例外，這在古文獻中能找到不少記載，只需要引用漢代權威文獻《白虎通》的總結性論斷「古之人民，皆食禽獸肉」。然而此書接着轉到「禽獸不足」的食物危機。《禮記》記載，吃肉時連毛皮都要強嚼強咽，為的是「助飽」。《禮記 · 禮運》：「昔者……食草木之實，鳥獸之肉，飲其血，茹其毛。」古疏曰：「雖有鳥獸之肉，若不得飽者，則茹食其毛以助飽也。」這樣的環境談不到馴養野獸，況且也沒有無邊的草原可供遊牧。隨着人口增長，向畜牧生活的過渡必然「此路不通」，只有定居務農是條生路。文明史上所謂「務農」都是半農半牧，牧業史

/////////////////////////////////

12/ 布朗諾斯基《人類文明的演進》，世界文物出版社，1996 年，頁 50。

13/ 羅伯特 · 路威著、呂叔湘譯《文明與野蠻》，北京：三聯書店，1982 年，頁 58。

專家李根蟠先生論之最詳 [14]。

　　美國華裔史學家許倬雲先生作出了權威的判斷：跟歐亞大陸上的眾多民族比，中國文化沒有經歷過遊牧階段。他認為華人早在新石器時代就開始農耕生活。他說，跟農牧漁林等「已見的生產方式」不同，古人「由新石器時代已選擇了農業為基本的生產方式」[15]。這決不是說我們祖先不懂牧業，一般認為黃帝本來就是遊牧部落的領袖，還戰勝了務農的炎帝部落，而後自己也定居務農。《左傳‧熹公二十五年》有「阪泉之戰」，漢代杜預注：「黃帝與神農之後姜氏戰於阪泉之野，勝之。」這種情況後世在中國歷史上反覆重演，成為規律。

　　都知道研究「生產方式」是馬克思的專長，他到了晚年卻發現印第安文化是個異類，竟然越過畜牧階段就直接進入「園藝時代」[16]。如果馬克思有機會瞭解華人的發展經歷，他會陷入巨大的困惑中：印第安人越過畜牧階段，事出有因：美洲不存在可供馴養的動物。《全球通史》用最新的研究成果證實了這個論斷。書中還說歐亞非三洲各民族「非常幸運」，找到了能提供肉類、牛奶、羊毛的動物 [17]。再看中國人，很早就「六畜」俱全，《三字經》：「馬牛羊，雞犬豕，此六畜，人所飼。」但為什麼黃帝部落荒廢了畜牧的舊業，放棄了「肉食者」的貴族享受？顯然是別有特殊緣由。

　　後來大多數民族或多或少地也都從事農業，麥類是普遍的主糧。神農子孫同樣會種麥類，為什麼卻選定狗尾草籽的粟作為主糧？按理說，這實在極為反常，是什麼特殊緣由逼着我們祖先離開了人類共同的畜牧陽關道，而走上了危險的粟食獨木橋？這樣重大的問題，歷來竟沒有引起足夠的注意。

14/ 李根蟠《原始畜牧業起源和發展若干問題探索》，《農史研究》第五輯，1985 年。
15/ 許倬雲《求古編》，新星出版社，2006 年，頁 4、9。
16/ 馬克思《摩爾根〈古代社會〉一書摘要》，人民出版社，1978 年，頁 7。
17/ 斯塔夫里阿諾斯《全球通史》上冊，上海社會科學出版社，1999 年，頁 84。

// 獸肉匱乏，漁壓倒獵

/// 始祖伏羲：黃土高原 → 黃河澤國

　　探究中華飲食文化得從傳說中的「三皇五帝」起步。西學傳來，「疑古」思潮盛行，炎黃二帝都成了胡編亂造；李學勤先生說：「炎黃二帝的事跡幾乎全被否定了。」[1] 但近年大批出土文書證明，古老的傳說並非沒有根據。錢穆先生早就斷言：「各民族最先歷史無不從追記而來，故斷然難脫離傳說與帶有神話之部分。」[2] 筆者研讀過紛紜的前人之說，寫出幾章草稿，但為怕增加讀者的負擔而一筆勾銷。

　　長話短說：始祖首要的功業是謀食，燧人、伏羲、神農「三皇」可說是食物史三階段的人格化符號。呂思勉先生說，古代傳說「總把社會自然的事情歸功於一兩個、尤其是酋長。」[3] 燧人氏進了用火熟食的文明入口，此外沒的可說。伏羲大致是肉食階段，要應對環境埋伏的飢餓挑戰；神農則過渡到「粒食」，走上飲食的「歧路」。過渡沒有延續太久，所以食物史研究的重點是伏羲階段。伏羲階段不僅時間漫長，有學者認為時間跨度達兩三千年[4]，空間上更有遼遠的轉移：古書記載互相矛盾，一說他生活在黃土高原、一說黃河濕地。《水經注》引古書說「伏羲生成紀」（今甘肅）；《左傳‧昭公十七年》：「陳（河南），太皞（伏羲之號）之墟也。」

1/　李學勤《走出疑古時代》，遼寧大學出版社，1997 年，頁 38。
2/　錢穆《國史大綱》上冊，北京：商務印書館，1996 年，頁 8。
3/　呂思勉《中華民族源流史》，九州出版社，2009 年，頁 19。
4/　王大有《三皇五帝時代》，中國社會出版社，2000 年，頁 602。

古書《尸子》說伏羲時代「天下多獸」，所以他「教民以獵」（《太平御覽》有佚文）。人類初來中國落腳時，黃土高原的河谷林木應當較多，人口稀少的獵民還感受不到獸肉的匱乏。另有古書印證了所謂多、少是相對。《莊子·盜跖》：「古者禽獸多而人民少。」小片的棲息之地，生態很容易遭到破壞，伏羲部落開始向東移動。有古書說伏羲出生在「雷澤」，記載傳說的緯書說：「大跡（腳印）出雷澤，華胥履之，生伏羲。」顧名思義，是廣闊的湖泊濕地。《尚書·禹貢》說的「雷、夏既澤」，指的是後來夏族發源的山西河南交界一帶；雷澤位置的其他說法更接近黃河下游。從追逐食物的過程來理解，地域的矛盾也就解決了。許倬雲先生概括說，發源於甘肅渭水上游的中華文化，逐漸沿着渭水向東發展[5]。

從黃土高原到黃河低地，生態差異巨大。原有的獸類不能養活增多的獵民，這逼着伏羲部從吃獸肉變為吃水生的動物，所以《尸子》又說「天下多水，故教民以漁」。但這話前半句表示時間是「燧人氏之世」，而且說在伏羲「教民以獵」前邊；吃魚在先吃獸在後，豈不跟前說相悖？再說，「燧人」只表示原始人類的用火，不涉及民族之別、吃獸吃魚之別。問題的複雜，可能在於「天下多水」的模糊傳說，跟人類共有的「大洪水」的遠古記憶混成一片迷茫。聞一多先生曾列舉中國、亞洲的類似傳說25項之多[6]。《史記》開篇的帝堯時代還到處「洪水滔天」，連山陵都被包圍，直到大禹治水才有耕種穀類的廣大的旱地。從人類學轉入史學的徐旭生先生就有這種想法，他曾詳細探討冰河時代之後的世界大洪水跟黃河氾濫的錯綜關係。他考證「洪水」即「共水」，也叫「泽水」，《說文》解釋「泽」是「水不遵道」使黃河支流氾濫，而那裡正是周人聚居的地帶。他還發現，王夫之三百年前就有此觀點[7]。

綜合的推想是，中國先民的狩獵生活非常短暫，在黃河中游定居後，又苦於長久持續的洪水，於是在中國的文化記憶中，冰河後期的大水跟早期黃河流域的

///////////////////////////////

5/　許倬雲《求古編》，新星出版社，2006 年，頁 45。
6/　聞一多《神話與詩》，華東師範大學出版社，1997 年，頁 9。
7/　徐旭生《中國古史的傳說時代》，廣西師範大學出版社，2003 年，頁 138-189。

洪水，模糊地連貫成一「澤國之夢」。伏羲活動地帶名叫「雷澤」，可見是汪洋一片，先民當然主要靠水生動物充飢。

/// 靠水吃水：「漁獵」與「舟車」

最早的民歌描寫的環境常瀰漫着一派水氣。心上的美人「宛在水中央」，「君子好逑」也使人聯想到「在河之洲」（《詩經·秦風·蒹葭》、《周南·關雎》）。其他古文明也多處於同樣的環境。地球變得乾旱，驅趕人類遷徙到多水地帶去生活。文明史權威湯因比描述的古尼羅河三角洲跟《詩經》中的澤國何其相像。「在淺水季節，地面只比河面高出幾公分，如果水位上漲半公尺，立刻就出現大片汪洋。茂密的水草一直浸延到天邊。」[8]

因為缺乏大獸，來到中土的初民不得不從打獵吃肉，變成撈食魚鱉之類的水生動物。反映在詞彙中，漢語總是漁在獵先。西方文獻談到史前的「食物採集」時代，常是先說獸、後說魚。若不是談到沿海，往往只提獸不提魚。前述的《全球通史》就是這樣。中文譯本也使用「漁獵」一詞，只能表明漢語習慣的強固[9]。

跟「漁獵」相應，古書裡提到交通工具總是說「舟車」。如《墨子·辭過》：「聖王作為舟車。」網上搜索「車舟」，幾乎沒有。這也表明初民的生存環境是水多於陸。《周易》談到初民的「引重致遠」，先說做舟後說騎牛馬，車則根本沒提。《周易·繫辭下》：「刳木為舟……服牛乘馬」。原始的獨木舟的主要功用可能是捕魚；最早的工具是骨質的魚鈎、魚叉，使用時最好能「穩坐釣魚舟」。

遠古時代的華人曾經以魚為食，可以從考古上得到印證。在汾水畔的丁村遺址，這一帶後來是唐堯、虞舜直至夏代的活動中心，曾出土各種長達一米半的魚類化石。參見宋兆麟等著《中國原始社會史》[10]。《詩經》提到魚的多達 49 條，而出人意外的是「肉」字竟找不到一個。獸名是有的，羊 15 條、豕 2 條。形成強烈反差的是，其他原始文化卻

8/　湯因比《歷史研究》上冊，上海人民出版社，1997 年，頁 86、88。
9/　斯塔夫里阿諾斯《全球通史》上冊，上海社會科學出版社，1999 年，頁 68。
10/　轉引自王學泰《華夏飲食文化》，北京：中華書局，1993 年，頁 12。

普遍很少吃魚。《人類學詞典》「捕魚」條目：「在人類發展很晚時期以前，捕魚大概一直沒有成為事物的主要來源。在某些地區，舊石器時代晚期的人可能已擅長捕食大馬哈魚。」[11]

說中國上古獸少魚多，從「鮮」也能看出。鮮的字形本是「鱻」，意為新殺的獸肉。《周禮‧天官‧庖人》提到「供王之膳」的鮮物、乾物（「物」指獸類），鄭氏的古注卻斷言「鮮，謂生肉」。用一堆魚來表示獸肉，是否表明造字的時代魚已成為普遍的肉食？

宋朝有一段筆記說，甘肅洮河中的魚像椽柱般肥大，當地的羌人從來沒嘗過，見到漢人捕捉還驚奇地說「這玩意兒也能吃？」南宋吳曾《能改齋漫錄》卷十三：「其民相與嗟愕曰：『孰謂此堪食耶？』」「羌」帶羊字頭，羊肉儘管吃，牧民怎麼會想到下河捉腥魚？

/// 獵神伏羲不識弓箭？

古人與眾不同，漢語「漁獵」的順序，應當理解為捕魚的重要性一貫壓倒打獵。中華文化始祖伏羲的主要功績，是開創了打獵吃肉的生活方式。晉代學者皇甫謐在《帝王世紀》中總結先秦記載說：「庖犧……取犧牲以供庖廚，食天下」。「庖犧」、「伏羲」為一音之轉。另一說法，「伏」意為制伏、馴養野獸，《禮記‧月令疏》：「能執伏犧牲，謂之伏羲。」所以他堪稱「獵神」。

打獵用什麼工具？誰都會說是弓箭。使用弓箭是原始人類進化必經的階段。恩格斯說：蒙昧時代最初吃魚，更高的階段「從弓箭的發明開始……獵物變成了經常的食物」[12]。伏羲的傳說中有個謎：不少古書說他制伏了野獸，可怪的是沒一個字提到他使用過弓箭。根據眾多古書，伏羲是最早的大發明家，發明了網（譙周《古史考》）、結繩記事（《文子》）、皮衣（《白虎通‧號》）、琴瑟（《廣雅‧釋樂》）、杵臼（桓譚《新論》）、八卦（《周易‧繫辭》）等等。偏偏沒有那件最該由他發明的弓箭。根據比較權威的記載，魚網

/////////////////////////////////

11/ 吳澤霖編譯《人類學詞典》，上海辭書出版社，1991 年。

12/ 恩格斯《家庭、私有制和國家的起源》，人民出版社，1962 年，頁 1。

的發明權肯定屬於伏羲。《周易・繫辭下》說他「作結繩而為網罟」。結繩是作網的前提，順便也用於記事；兩發明能互相參證。

人類都來自非洲，可能來中國的一支早就會用弓箭了，那為什麼伏羲的傳說中還不見蹤跡？只有一種解釋：中華文化發祥地有特殊的生存環境、生活方式，使得弓箭無用武之地。石頭或銅的箭鏃曾有出土卻不夠多。

筆者帶着「肉食匱乏」的觀點，在文獻中着意尋找材料，發現中國先民打獵基本上只用網。參照世界史，恰好絕少有古人類用網的記載。權威的《全球通史》記述舊石器時代發明的工具有「用於捕牛的投石器、投矛器、弓箭」[13]，就是沒提網。

讀者也許會生氣：說祖先不會用弓箭？會的，不過都是用在戰爭上。《書經》、《詩經》中都有「弓矢」一詞，古代不說「弓箭」，《說文解字》還解釋箭是做「矢」的竹子。《尚書・費誓》：「備乃（你）弓矢，鍛乃戈矛。」《詩經・大雅・公劉》：「弓矢斯張，干戈戚揚。」演義中倒常提到將軍用箭射鳥，但都是誇耀弓法的百發百中，譬如《水滸傳》中的花榮。

古代傳說中有個善射的英雄叫「羿」，據《楚辭・天問》、《淮南子・本經》，羿曾射下十個太陽中的九個，救了幾乎烤焦的人類，是遊牧部落的首領。徐旭生先生說，《左傳》有「夷羿」之稱，羿前加夷，「足以證明他屬於東夷集團」[14]。羿的部落在今河南省東北部，對於農耕文化中心的虞、夏而言，算是東方。錢穆先生認為，虞、夏位於山西南部與陝西交界，以及河南西部[15]。東方民族叫「夷」，是拉大弓的遊獵者。《說文解字》的解釋很明確：「夷，東方之人也，從大、從弓。」

/// 捕獸機：分佈全球、中國獨無

斷言遠古中原「缺少密林大獸」，肯定會引起不少讀者的反感。從兇惡的熊羆到溫順的麋鹿，先秦典籍裡、考古報告中記載還少嗎？反問得好。研究離不開比

/////////////////////////////

13/ 斯塔夫里阿諾斯《全球通史》上冊，上海社會科學出版社，1999 年，頁 68。
14/ 徐旭生《中國古史的傳說時代》，廣西師範大學出版社，2003 年，頁 68。
15/ 錢穆《國史大綱》上冊，北京：商務印書館，1996 年，頁 17。

較，離不開「參照系」。研究東亞最好參照西歐。

在法國跟西班牙邊界的山區，發現了大量的史前洞穴岩畫，真實地反映着原始人的生活圖景。人類學家說，約有兩萬年歷史的一些岩穴圖繪，「重現了獵人的生活方式」，可以當作「歷史的一瞥」[16]。科學家斷定岩畫屬於冰河時期，以及「間冰期」，大約兩萬到八千年前，畫的是無數大象、野牛、鹿等。見德國的人類學著作《事物的起源》（*The Origin of Things*）。特別值得注意的是，在野獸的巨大形體上還畫着一些建築框架似的結構。「國學」學者不管多博古，可能沒人能猜出那是什麼；西方人類學家卻說「我們可以毫不困難地認出」那是「重力捕機」，因為「今天全世界原始部落還在使用這種捕機」[17]，當中提到的原始部落，遍佈於美洲、非洲、澳洲。可怪的是，在亞洲，卻止於中國的西部。

「捕機」英文是 trap，漢語裡沒有對應的詞，一般《英漢詞典》只好列舉陷阱、羅網、夾子等五六種東西。吳澤霖編譯的《人類學詞典》把 trap 譯為「捕獸機」，作為獵用工具總稱，同時列出帶有 trap 的獵具十來條，各有全然不同的結構。如陷阱 pit trap、「彈性捕捉設備」spring trap、「環形捕獸器」（有的書譯為「釘輪捕機」）wheel trap 等等，包括「捕魚簍」cago trap。唯獨不提捕鳥的「羅網」[18]。人類學專著《事物的起源》裡有對各類「捕機」的詳細介紹，譯者不稱「捕獸機」，顯然是考慮到中國讀者對捕鳥獵具更為熟悉，主要的是「重力捕機」，這類獵具跟陷阱大約同時出現，其重要性遠遠超過陷阱。它的結構還相當複雜，以致被稱為「最早的機器人」[19]。基本原理是獵物咬動誘餌時會碰倒支撐着上方重物（如大石、巨木等）的細棒，利用重物落下時的力量捕殺獵物。後來為了防止動物偷吃掉誘餌而不觸動機關，更發展出利用誘餌製成減力槓桿等扳機裝置。重力捕機的英文是 gravity trap，但這個詞兒在一般詞典裡卻被翻成「重力式凝汽閥」。大概是個蒸汽機部件吧。《人類學詞典》的中文編譯者也只能描述為「重力捕獸設施」，它本來就是為捕大獸而發明

16/ 布朗諾斯基《人類文明的演進》，世界文物出版社，1975 年，頁 55。
17/ 利普斯《事物的起源》，四川民族出版社，1982 年，頁 75。
18/ 吳澤霖編譯《人類學詞典》，上海辭書出版社，1991 年，頁 720。
19/ 同本頁注 17。

的。「獸」從嘼，本義是「牲」，《說文解字》：「嘼，牲也。」加個犬字，意思該是至少也有狗大，牲就是牛，像牛那樣的龐然大物才有夠大的重力，才能觸動笨重的捕機。

重力捕機是文明史上一類極其重要的工具，空間上覆蓋了五洲之廣，時間上綿亙了萬年之長。各種文明中常見，唯獨華人聞所未聞。《事物的起源》譯者汪甯生教授的註釋說，只有在漢代與匈奴交界處的居延一帶曾發現「釘輪捕機」，即 wheel trap，輪上有內向的釘刺。傳說中的黃帝時代就發明了複雜的指南車，華人決非不夠聰明，之所以沒有捕機而只有簡單的陷阱，道理顯然在於可供獵取的大獸太少，生產不能形成規模，收益也就抵不過重型設備的成本了。

// 史上被忽視的吃鳥階段

/// 子曰：「鳥⋯⋯」漢語為何鳥在獸先

孔夫子曾歎道：「鳥獸不可與同群！」意思是說他不得不跟低俗的人們共處，見《論語·微子》。按照進化論，人的前身猿猴接近於獸，孔夫子又沒長翅膀，他假想自己跟動物為伍時，為什麼先想到鳥後想到獸？動物跟人的關係，首先在於肉食的提供。獸的肉多，鳥的肉少，獸天然遠比鳥重要。跟中國的「鳥在獸先」相反，西方的人類學著作總是只提獸，很少提鳥。其實老夫子也只能這樣說，在他之前，漢語說「鳥獸」早已成為習慣了。更有甚者，大智者莊子竟說「古者禽獸多而人少⋯⋯民皆築巢以避之」，先民的巢是搭建在樹上的，《莊子·盜跖》說人「暮棲木上」，躲避的是獸而不是鳥，可他還是先說「禽」後說「獸」，這個大笑話卻歷來沒人覺察。

《十三經》中「鳥獸」打頭的句子就有十二句之多。西方詞語則相反，《漢英辭典》中的「鳥獸」也得顛倒過來翻成 beasts and birds（獸鳥）。華人罵人常說「禽獸不如」，洋人若問這是怎麼回事，我們只有瞠目結舌。洋人罵人有罵獸的，沒罵鳥的。《英漢詞典》中 beast（獸）的第二義項就是「人面獸心的人」，至於中國粗話管男根叫「鳥」，更能表明鳥在中華文化中的重要。

更加耐人尋味的是「禽」字的來歷，還有它跟「擒」字的同一。《說文解字》沒有擒字，只有禽字，兩字通用。「禽」被解釋為「走獸總名」。進一步的考證表明，「禽」本是個動詞，意思是抓獲。文字學家馬敍倫在《六書疏證》中說：「禽，實擒之初文，『禽獸』取獲動物之義。」例如《戰國策·秦策》說「黃帝禽蚩尤」。禽字甚至還表示打獵，例

如古書描寫天子沉溺於女色、打獵，便說他「色荒」、「禽荒」。《書經·五子之歌》：「內作色荒，外作禽荒。」擒攫的「攫」帶個「提手」屬於手部，主要構件的「隹」字，本意也是短尾巴的鳥類。甚至進入農耕時代以後，表示收穫莊稼的「穫」（禾部），仍然沿用帶鳥的字，可見鳥的觀念已固化在中華文化的基因中了。

但後來「禽」的意義來了個180度的大變化，從專指獸類變為專指鳥類，排除獸類。這個變化過程表明，跟各種文化一樣，打獵的先民起先也是以走獸為目標的。到後來能抓獲的絕大多數只剩飛鳥了，於是不得不重新區分名詞的禽（鳥）跟獸，讓禽、獸兩字並列。漢代字書《爾雅·釋鳥》：「二足而羽謂之鳥，四足而毛謂之獸。」

禽字，或者它的本意「擒」，縱然後世可以用在人上，卻從來沒見用到魚上的。《說文解字》說「禽」是個象形字，上部表示腦袋，那是鳥獸與人都有而魚沒有的。這可能是因為捕魚要比擒鳥容易得多。

老祖先吃鳥，還有人類學的上古圖畫作有力的佐證：「焦」字就是火（灬）上燒鳥（隹）的象形。米字旁的「糊」，漢代《說文解字》裡仍沒出現，炊具的「鑊」（金屬的煮鍋），也不能擺脫「隹」（鳥）的印記。還有「隻」字，即使是一「隻／雙」兔子也得用鳥（隹）作量詞。

鳥在獸先，跟漁在獵先一樣，反映出中國文化早在肉食時代就發生了飢餓危機。

「隹」的篆字

「隹」的甲骨文

/// 捕魚得鳥：從捕魚簍到天羅地網

前述的「捕機」對於華人也可說並不陌生：一根草棍支起個籮筐就能捕鳥，何樂而不為。當然靠這種成本不值一文的小孩玩意兒是沒法解決飽肚問題的。從吃魚轉為吃鳥，緣由是魚類資源不足。照韓非說，早在食物採集階段，人們用瓜果來

果腹的同時，就也吃蚌蛤之類的小東西來充飢。蚌蛤容易腐臭，幸虧燧人氏教給民眾用火，解決了拉肚子的危機。《韓非子‧五蠹》：「民食果蓏、蚌蛤，腥臊惡臭而傷害胃腹，民多疾病。有聖人作，鑽燧取火，以化腥臊……」如果大魚吃不完，誰還費事去剝蛤蜊殼？

　　「漁」屬於比較低級的文化階段，用網捕魚比較容易，網的發明也比弓箭或捕機簡單得多。原始的漁具是柳條編成的「魚簍」，魚簍古代叫「筌」，《辭海》：「筌，竹製捕魚器，也為捕魚用具之總稱。」古書裡也寫成「荃」。《莊子‧外物》：「荃者所以在魚，得魚而忘荃。」《人類學詞典》裡有 trap basket，翻成「筐籃形捕魚器」[1]。伏羲發明網，按理該是受了魚簍的啟示。「羅網」帶「絲」旁；帶「竹」頭的「籮」是它的前身。偏旁也有混用的，「罩」字帶個「網」字頭，《辭海》的解釋是「捕魚或鳥的竹器」。

「羅」的篆字

　　古代中國從捕魚到捕鳥的進步，首先表現為工具的擴大運用，而不是新工具的發明。中國文化史上一件絕妙的事，就是捕魚的網又被用來獵取鳥獸。成批鳥類的捕獵，有效的工具不能是小網而是大羅。值得注意的是，西方人類學家談「捕機」，完全忽視了這一大類。中國的羅網特別厲害，因為獨有蠶絲作質料，纖細結實，隱蔽性強。羅也是高級透明絲織品的名稱。古羅馬的貴夫人哪裡想得到，她們所「穿」的，在其祖國本來是派生於「吃」的。

　　俗話「天羅地網」，最早該說「水網地羅」。網是捕魚的，羅是捕鳥的。羅字上部是「網」的變形，下部有「佳」（鳥）字，絲旁是後加的。比網更簡單的還有專門捕魚的「罟」。《周易‧繫辭下》說伏羲「作結繩而為網罟」；釋文說「取獸曰網（事實上更多的是取鳥），取魚曰罟」，透露了文字形成之時，鳥作為吃食，其重要性已經壓倒了魚。

　　網的功用從捕魚到捕鳥的發展，在經典裡有引人入勝的蹤跡可尋。《詩經》的一處描寫很有啟發：魚網本是為了捕魚的，但卻發生了意外的情節：正在捉魚的水鳥被掛在網上。《詩經‧邶風‧新台》：「魚網之設，鴻則離之。」「離」的意思是接觸。聞一多先生

1/　吳澤霖編譯《人類學詞典》，上海辭書出版社，1991年，頁720。

在《詩新台鴻字說》一文中認為「鴻」即蛤蟆，雖然稍覺費解，倒也無妨於「網的用處從魚擴大到鳥獸」的觀點[2]。後來也用網捕兔子等小獸。《說文解字》中有「兔罟」一詞。

中華文化之外，絕少用網捕鳥獸的記載。《史記》談到匈奴人，也光提弓箭不提網。《匈奴列傳》：「射獵禽獸為生業。」縱有涉及，要麼當地人同時具備捕魚的條件，要麼跟華人有親緣關係。文化史專著《事物的起源》說埃及尼羅河畔從法老時代就有「獵網」；白令海峽的愛斯基摩人（與華人有血緣關係）用捕鮭魚的網捉兔子[3]。歐洲則未見獵人用網的記載。他們若是懂得用輕便的網，又何必發明笨重的捕機。

///「網開一面」與「鴻荒之世」

商代是中華歷史的正式開始，先前的夏代缺乏考古學的證實，洋人暫不承認。開國者湯王很講仁德，看見臣民打獵時「張網四面」，禱告「自天下四方，皆入吾網」，便驚呼「禽獸要滅絕了！」《史記·殷本紀》：「湯曰：『嘻，盡之矣！』」遂命令「網開一面」，以免一網打盡。這個掌故反映，那時肉食已開始變得珍貴，所以宮廷廚師伊尹才能借助鮮美的羹湯向他講述治國原理。《史記·殷本紀》說，伊尹背着大鍋、案板，用「滋味」作比喻，遊說湯王，最終幫他取得政治上的成功。

用鳥肉做羹湯的掌故出自屈原的《楚辭·天問》，但其中有兩處互相矛盾：羹的原料，前邊提到的是「鵠」，即天鵝，原文「緣鵠飾玉，后帝是饗」，最早的注釋者東漢的王逸說烹羹湯的肉料是「鵠」，但後世多解釋為食器上的裝飾紋樣；後邊又提到「雉」，即山雞，原文是「彭鏗斟雉，堯帝何饗」。美味的羹的創造者，一說是伊尹，王逸《楚辭章句·天問》：「后帝，謂殷湯也。言伊尹始仕，因緣烹鵠鳥之羹……以事於湯。」一說是彭祖；其享用者分別是商湯王、堯帝[4]。

/////////////////////////////

2/　聞一多《神話與詩》，華東師範大學出版社，1997 年，頁 113。

3/　利普斯《事物的起源》，四川民族出版社，1982 年，頁 4。

4/　金開誠等《屈原集校注》，北京：中華書局，1996 年，頁 378、410。

如果說吃鳥是飢餓所迫，讀者會反駁：魚類資源都缺乏了，鳥類資源難道就更豐富？那得看是什麼鳥。鵠，鳥類學家認為就是天鵝。中國古代「鴻鵠」連稱，從前老師斥責學生聽課走神，常引孟子的話說「一心以為鴻鵠將至」（《孟子·告子上》），怎麼會扯到鴻鵠上？因為幻想吃肉的美事。鴻就是雁，《詩經·小雅·鴻雁》：「鴻雁於飛」。古人解釋說：「大曰鴻，小曰雁」。鴻雁是愛成群的候鳥，可以遠飛萬里，形容人有遠大志向說「鴻鵠之志」，個大肉多，尤其重要的是可供先民群體充飢。黃河中游的河谷低地帶，廣闊的沼澤、濕地，正是大群水鳥繁生的樂園。

「鴻」是個很重要的字，意義遠遠超過鳥名，令人深思。鴻字跟「洪」通用，洪水也叫「鴻水」，甚至簡稱「鴻」。《史記·夏本紀》：「當帝堯之時，鴻水滔天。」《荀子·成相》更單用「鴻」字表示洪水，說「禹有功，抑下鴻」。「鴻」等於大，至今商店的匾額上常見「大展鴻圖」。更值得注意的是，「鴻」字還組成「鴻蒙」、「鴻荒」等詞語，表示開天闢地之前的混沌迷蒙狀態。《西遊記》第一回說：「自從盤古破鴻蒙，開闢從茲清濁辨。」揚雄《法言》說「鴻荒之世」。中國人以文字記載下來的民族記憶，開始於被稱為「大澤」的浩淼濕地，想像霧氣迷蒙中有千萬隻天鵝、大雁、野鴨之類的水鳥翻飛、起落，水中有各種魚類，是牠們無盡的食物，也是先民的食物。人們在獨木舟上用網捕魚，偶爾捉到水鳥，跟魚一起煮食，發現其味道鮮美遠遠勝過獸、魚。《周禮》中記載當時腥、膻、臊三種不良氣味還不能用有效的烹調技法加以袪除。後來便用「鴻」代表最大的鳥及碩大渺遠的事物，以至無垠的宇宙。這都關聯着先民的經歷：鴻曾經是主要的食物。

/// 八卦三劃爻：稀泥上的鳥爪印

有個成語「雪泥鴻爪」（雪地上的鳥爪印跡），出自蘇東坡的詩句。《和子由澠池懷舊》：「人生到處知何似，應似飛鴻踏雪泥。泥上偶然留指爪，鴻飛那復計東西。」筆者在飲食研究中重讀此句時，腦袋裡靈光一閃：這提示了鳥爪跟八卦由來的關係。

伏羲發明八卦的誘因，除了仰觀天、俯察地外，首先是「觀鳥獸之文」。《周易·繫辭下》：「觀鳥獸之文……於是始作八卦。」按通行的解釋，「文」是鳥獸的毛羽的斑

紋、色彩。南懷瑾先生的白話譯文就說「又觀察鳥獸羽毛的文彩」[5]。筆者認為更準確的解釋是鳥爪的印痕。斑斕的彩色得用數碼照相機才能複製，樸拙的先民哪能把握；再說為了提煉一套簡單符號也不需要。《說文解字》對「文」的解釋是「錯畫」，就是錯綜的線條。「文」的同義詞是「象」，高誘注《淮南子・天文訓》說：「文者，象也。」「象」又恰好是《周易》最重要的構成部分：包括由六「爻」組成的「卦象」，以及文字解釋的「象辭」。

　　「八卦」先有符號，後有文字解釋。八卦符號跟鳥爪的印痕對照，可說「酷似」。組成「卦象」的是三道細細的筆劃，叫作「卦爻」，那不正像是由三個細趾組成的鳥爪嗎？《周易正義》：「觀鳥獸之文……者，言取象細也。」一劃的「爻」又分兩類：連成橫線的叫「陽爻」；中間有隔斷的叫「陰爻」。恰好鳥的每個趾頭又有趾節，主要的是兩節。鳥爪的印痕當然有輕有重，重的連成一道，輕的趾節會斷開。兩類分別叫「剛爻」、「柔爻」，剛、柔恰好表示鳥爪重力的不同。每隻鳥爪有三劃印痕，兩隻爪加起來是六道，恰好是組成一組「卦象」。

　　鳥爪的印痕所以能成為八卦與《周易》高級智慧的靈感，是由於它對先民生活的無比重要與親切：直接關係到維持生命的食物。細小的鳥爪必須非常清晰才能引起注意，這又只有「劃」在稀軟的黏土地上才行。恰好黃河低地到處是洪水浸泡的稀泥。發明八卦的先民根據稀泥上的腳印，就能觀察到鳥們的躑躅、交配，以及跟猛禽野獸的搏鬥，對於總結萬物的運動變化規律，豈不比靜態的羽毛色彩重要得多？

　　琢磨上面這些，是為了證明我們祖先生活在黃河低得多水的稀黏的黃土地帶，吃鳥為生。關於吃鳥，下文還要論證。

///////////////////////////////

5/　南懷瑾、徐芹庭《周易今注今譯》，台灣：商務印書館，1978 年，頁 392。

/// 神秘的「弋」：帶線的箭射什麼鳥

　　群體靠捕捉水鳥充飢，個體最大的鴻就成了最受注意的目標。龐然大鳥是不適合用網的，需要個別對付。用一般的弓箭，鴻必然會帶箭飛去。「需要是發明之母」，既非網、又非箭的新獵具——帶線繩的箭便應運而生了。

　　筆者忽然對鄙名「鳶」字大感興趣，越想越興奮。上面的「弋」字夠冷僻吧？但在中國文化中它卻曾是常用的東西。陳寅恪先生有句名言：「凡釋一個字，即是作一部文化史。」[6] 豈容忽視？「弋」是帶細繩的短箭，還能做動詞，表示一種特殊的獵取法——射中了還要用線繩拉回來。先秦古書裡「弋」可不少。例如孔子說不要「弋」夜眠中的鳥。莊子說鳥高飛是為了躲避「弋」。《論語》：「弋不射宿。」《莊子·應帝王》：「且鳥高飛以避矰弋之害。」

　　用「弋」獵野獸，那線能不斷嗎？可射鳥倒能行，中了箭就像牛頓的蘋果一樣往地下掉。但鳥的高度得比線繩短，所以難得射到飛着的鳥，而多是棲息的。《淮南子·原道訓》所謂「強弩弋高鳥，走犬逐狡兔」，有些誇張。樹上的鳥沒多大，難以解飽，所以「弋」的理想目標是棲息在水邊蘆葦叢中的水鳥，成群的大雁、野鴨。恰好古人有無數詩文描寫用「弋」射取大鳥，可以互相參證。《詩經·鄭風·女曰雞鳴》：「將翱將翔，弋鳧（野鴨）與雁。」《辭源》、《漢語大字典》中各相關字、詞的解釋中舉出的例句就有幾十條，這裡不煩多引。直到宋代，陸游的詩句提到從停泊的船上偷弋群雁，目標逼近，很容易繳獲大獵物。《東齋夜興》：「忽憶江湖泊船夜，號鳴避弋鬧群鴻。」另外，作為弋射的目標，「鵠」字竟有了抽象的詞義，即射箭瞄準的箭靶，《禮記·射義》：「射者各射己之鵠。」還用「鵠的」表示目的，例如《戰國策·齊策》：「今夫鵠的，非咎罪於人也，便弓引弩而射之。」現代翻譯洋書還在使用。尼采《查拉斯圖拉如是說》：「他距離他的鵠的僅僅咫尺；但他倦怠得固執地在塵土中躺下了，這勇敢的人！」[7]。

6/　轉引自沈兼士《沈兼士學術論文集》，北京：中華書局，1986 年，頁 202。

7/　尼采著、尹溟譯《查拉斯圖拉如是說》，文化藝術出版社，1990 年，頁 249。

「弋」字的重要還在於其派生能力，不少詞語跟它相關。箭上的細線專名叫「繳」（又常用異體字「矰」），「繳」是用絲做的，老子曾拿它跟釣魚絲「綸」並提。《史記·老子列傳》：「游者可以為綸，飛者可以為矰。」「繳」還有個同義詞「繳」，常當動詞用，如「繳槍不殺」。

原來現代軍事上的「繳獲」武器，是從繳獲鳥兒派生的，上古一根細線竟牽到現代的坦克。動詞的「弋」，歷代典籍裡隨處可見。《呂氏春秋·處方》談到某諸侯「出弋」，古人注釋：「弋，獵也。」《晉書·謝安傳》：「出則漁弋山水。」更進一步，「弋」還直接當打獵講，《詩經》裡就有例句。《詩經·鄭風·女曰雞鳴》：「弋鳧與雁。」疏：「弋，謂以繩繫矢而射之也。」「漁弋」竟能代替了說慣了的「漁獵」。那麼要說中國先民幾乎沒獸可獵，能算是無稽之談嗎？

弋射的失傳，推想原因是生態破壞導致水鳥的減少，以及糧食生產的進步。在洋人眼裡，弋該是中華文化的一個最奇特的標記。英文沒法翻譯，只能用一堆詞兒描述。《漢英詞典》：「a retrievable arrow with a string attached to it.」上面繫着線繩的、可以拉回來的箭。

「疑古」成性的學者也許會說弋的記載全是幻想。然而著名的漢墓畫像磚《弋射收穫圖》（現藏四川大學博物館）中細緻描繪的弋射場面，也是考古學家認定的！筆者曾向一起參加研討會的幾位考古專家請教過，他們的反應都有些茫然。或許是因為弋的絲繩容易腐爛，箭頭又太小容易被忽略？既然文獻裡大量出現，考古學家就該主動從出土文物裡尋求印證。死守西方的研究方法，會使人類文化遺產大量流失。

漢墓畫像磚《弋射收穫圖》的拓片。畫面上部的二人正要張弓射擊蓮池上的水鳥。

// 龍、鳳來自華夏先祖的肉食

/// 肉食短缺與「饕餮」神話

　　野牛之類的大獸的獵取、分配，能促進社會關係的形成。德國人類學著作說「單獨的獵人，若無他人的合作，是不可能殺死任何巨獸的」，於是要有合作生產；另一方面，「一個獵物的肉的數量遠遠超過個體家庭的需要」，因而才有集體分配[1]。然而中國古書裡幾乎沒有怎樣獵取大獸的記載。《禮記》說先民吃鳥獸肉，連毛皮都要強吞下去。《禮記・禮運》「食草木之實，鳥獸之肉，飲其血，茹其毛。」古疏曰：「雖有鳥獸之肉，若不得飽者，則茹食其毛以助飽也。」靠鳥肉吃不飽，甚至要用澀硬的櫟樹堅果來充飢。《莊子・盜跖》：「畫拾橡栗」。

　　先民渴望老天賜給肉吃，就幻想出「自來肉」的神話。《山海經》中不只一處提到叫「視肉」的怪東西，割下一部分吃了，很快又長成原樣。郭璞注釋《海外南經》：「聚肉，形如牛肝，有兩目也，食之無盡，尋復更生如故。」[2] 把「視肉」解釋成有眼，不如解釋成速生之肉，眼看着就長大。「視肉」又當動物講，《辭源》中它的第一解釋就是「借指禽獸」，神話說它樣子像牛肝，可能反映了對大獸的期盼。後世的神話也說有一種肉乾，吃了一片又生一片。南北朝《神異經・西北荒經》：「石邊有脯焉，味如麋鹿脯……其脯名曰追復，食一片復一片。」

　　文明史上有個重要概念叫「圖騰」，是原始部落的形象標記。部落崇奉的圖騰多是其主要肉食動物的圖案。嚴復不得不把洋文 totem 音譯為「圖騰」[3]，因為中華

1/　利普斯《事物的起源》，四川民族出版社，1982 年，頁 78。

2/　袁珂《山海經全譯》，貴州人民出版社，1991 年，頁 198。

3/　甄克斯著、嚴復譯《社會通詮》，商務印書館，1904 年。

銅鼎上的饕餮紋

文化裡連近似的東西都找不到。上世紀有學者提出，古書中的「饕餮」就是圖騰的音變。饕餮普通話讀作 tāo tiè，古漢語讀音為 tʻottʻim[4]。筆者喜歡其觀點的鮮明卻不能苟同，因為圖騰讓人感到親切，饕餮讓人恐懼，恰好相反。

　　饕餮是吃人怪獸的圖案，普遍鑄在商、周的青銅鼎、尊（樽）等貴族的食器（同時又是象徵政權的禮器）上。古書解釋它的形象，說是吃了人沒等下咽就撐死了，所以光有大嘴沒有身體。《呂氏春秋‧先識》：「周鼎著饕餮，有首無身，食人未咽，害及其身。」從石器時代，裝飾紋樣為了表現美感外，惡獸裝飾的裝飾，是為嚇跑飢餓百姓的，就像貓兒呲牙「護食」一樣。另一方面，鼎中的美食都是剝削來的「民脂民膏」，所以要警告貴族不要過於貪婪，免得引起飢民暴動，危及政權穩定。《淮南子‧兵略訓》：「貪昧饕餮之人，殘賊天下，萬人騷動。」

　　饕餮純屬中國飢餓文化的產物。中華文化沒有圖騰，緣由可能是自古就缺少獸類，沒有穩定的肉食動物資源，靠魚鱉蚌蛤及鳥類充飢，難以形成圖騰觀念，只能綜合多種動物的特點拼合成龍鳳的形象。因為貴族才有肉食的特權，所以龍、鳳便成為貴族身份的徽記。

4/　岑仲勉《饕餮即圖騰，並推論我國青銅器之原起》，《東方雜誌》第 41 卷第 5 號，1945 年。

/// 龍蛇混雜：水怪臆造緣於食物

龍的臆造綜合了多種動物的特點，最突出的是有鱗，所以能成為水族之王。《大戴禮記‧易本命》：「有鱗之蟲三百六十，而蛟龍為之長」。「鱗蟲」實際包括各類水生動物。宋代的《太平御覽》改稱鱗類為「鱗介類」，蛇、鱉、蚌都在其中。京劇裡給龍王「跑龍套」的嘍囉都背着蛤殼。

無數現代學者研究過龍，我們則用食物的全新角度來考察。神話說伏羲所在的雷澤有人頭龍身的神，《山海經‧海內東經》：「雷澤中有雷神，龍身而人頭。」聞一多認為這個龍頭的水神就是伏羲[5]。古書又說他長着蛇身，《帝王世紀》：「庖犧氏……蛇身人首。」蛇身、龍身混同並不奇怪，華人觀念中從來就是「龍蛇混雜」（《中國成語辭典》引《敦煌變文‧伍子胥變文》例句），後世更演變出「魚龍混雜」。蛇、魚跟龍的混雜不分，可以從食物的角度來解釋：跟魚一樣是解飽的「鱗蟲」。

比蛇更重要的食物是鱉，兩者都是卵生的爬行動物。荀子用「魚鱉」來概括泥鰍、鱔魚等水生動物，他教人定期封禁水面以保護生態，說那樣就會有足夠的「魚鱉」供百姓食用。《荀子‧王制》：「汙池淵沼川澤，謹其時禁，故魚鱉優多，而百姓有餘用也。」直到明朝還用「吃飽魚鱉」來形容西南少數民族過上了富足日子。《明史‧列傳‧外國七》：「食飽魚鱉，衣足布帛……熙熙然而樂。」鱉簡直成了主食，然而這東西渾身都是鐵甲般的硬殼，下大工夫剝開卻沒有多少肉。真跟吃蚌蛤一樣可憐。

蛇的肉比鱉多得多。蛇不算水生動物，但中國獨有水蛇，學名特別叫做「中華水蛇」（Enhydris Chinesis），見《辭海》。「水蛇」的拉丁文本意是「中國水裡的」，沒提是蛇，是否有點怪物的意味？水蛇跟龍的關聯還沒人提到，就連一般的蛇跟龍也有一體化的關係，古代的史料說不完。《史記‧外戚世家》褚少孫引《傳》：「蛇化為龍，不變其文。」沈括《夢溪筆談‧神奇》：「有一小蛇登船，船師識之曰：『此彭蠡（鄱陽湖）小龍也。』」

//////////////////////////////

5/　聞一多《神話與詩》，華東師範大學出版社，1997年，頁58。

筆者發現了一條沒受到充分注意的重要史料：夏代就有養殖「龍」的專業戶。《左傳‧昭公二十九年》記載，有姓董的專門「蓄龍」，舜帝賜給他「豢龍氏」的稱號。這人曾用「龍」作成肉醬獻給夏代君王，王吃饞了不斷索要，他因為供不上而逃往乾旱的他鄉。《左傳》可不是神話，得給出解釋，合理的解釋，養的是水蛇。

蛇肉從古代就是中國南方的珍饈。《淮南子‧精神訓》：「越人得髯蛇以為上肴。」「髯」同「蚺」，就是大蟒蛇。個大肉多的蟒蛇可是豐富的肉源。元代《馬可波羅遊記》作者還說他在雲南看到市場上蛇肉很貴，人們認為它「比其他肉類更為精美」[6]。吃蛇古風在當代華人中變本加厲，空運香港的蛇每月以千噸計。

先民熟悉的是水蛇，後來是蟒蛇，所以蟒成為「龍」的原型，皇帝的戲裝叫蟒袍。水蛇像魚、鱉一樣被吃得稀少了，人們在對肉食的渴望中把蛇的身體、魚（蛇）的鱗、鱉的四爪融會為一體，更根據打獵吃獸肉時代留下的模糊記憶，加上了馬頭、鹿角、羊鬍鬚等多種動物的特點，臆造出龍的形象。

/// 鳳 = 鵬 = 朋：無非大量鳥肉

龍的臆造出發點是肉食，鳳的臆造也一樣；龍是鱗類外加獸類的代表，而鳳單是鳥類的代表。龍代表的動物包括獸類，所以比鳳更重要。古代經典說龍是鱗類之王，同時說鳳是鳥類之王。《大戴禮記‧易本命》：「有羽之蟲三百六十，而鳳皇為之長。」「鳳」不屬鳥部，是由「皇」（王）派生的，離不開鳳字。說到鳳的由來，有個線索很值得大家注意：「鳳」、「鵬」、「朋」三字本來是一回事。《說文解字》：「朋，古文鳳。鵬，亦古文鳳。」這裡的鵬也要讀「鳳」音。李富孫《辨字正俗》：「古鳳、朋、鵬本一字，今截然分為三字。」

鳳的形象跟龍一樣四不像，古人有清楚的描繪。《說文解字》引古說：「鳳之象也，鴻前麐（麟）後，蛇頸魚尾⋯⋯燕頷雞喙，五色備舉。」鵬在中國文化中也很重要，但牠是什麼

6/　陳開俊等譯《馬可波羅遊記》，福建科技出版社，1981 年，頁 146。

鳥卻沒人知道，原來跟鳳一樣出於臆造。鵬的形象沒任何說法，除了一個「大」。
《玉篇》：「鵬，大鵬鳥。」莊子寓言中的鵬是大魚變來的，叫做「鯤鵬」。鯤是什麼魚？
人們也不知道。莊子說：鯤竟大到有幾千里，鵬也有幾千里，翅膀像半天的雲。
《莊子‧知北遊》：「鯤之大，不知其幾千里也。化而為鳥，其名為鵬。鵬之背，不知其幾千里也；怒而
飛，其翼若垂天之雲。」

　　遮天蔽日的鳥，不就是龐大的鳥群嗎？莊子又說，鵬往南海飛，路程幾萬里。
「鵬之徙于南冥也……摶扶搖而上者九萬里。」這不活現是飛遷的候
鳥大群體嗎？再看「朋」。古人解釋《詩經》中的「朋」，
說是貝幣穿成串兒。《說文解字》不收朋字。鄭玄注釋《詩經‧小雅‧
菁菁者莪》說：「五貝為朋」。王國維說，上古用貝殼當錢時，兩串叫做一
「朋」[7]。朋字引申為「朋黨」，即群體，兩個同樣的符號代
表，正像樹林用雙木代表。「朋」字屬於肉部，「月」不是月
亮，而是表示肉體的偏旁。追查至此就恍然大悟── 大鵬
不是別的，而是飛在高空中、可望而不可即的、大量的肉。

　　肉食時代的飢餓民眾，最仰慕的是豐富的肉類資源。
大鵬鳥是大群的天鵝或鴻雁。牠們夜間會落到先民所居的
沼澤地歇息，很容易用帶繩的「弋」箭來「繳」獲。人群
有了吃的就能安居，所以鳳凰的出現昭示着吉祥。《說文解
字》：「鳳，見則天下大安寧。」

　　「朋」字為什麼曾直接用作「鳳」字？段玉裁注釋《說文解
字》說：「未製鳳字之前，假借固已久矣。」為什麼「朋黨」聯用？
「萬鳥朝鳳」，鳳代表着「數以萬計」的群鳥。《說文解字》：
「鳳飛，群鳥從以萬數，故以為朋黨字。」

　　參照「鯤」字的本義更使以上觀點無可懷疑。「鯤」就

「朋」的篆字

「鵬」的篆字

「鳳」的篆字

///////////////////////////////////

7/　王國維《說玨朋》，《觀堂集林》卷三，北京：中華書局，1959 年。

是魚子的團塊。漢代郭璞解釋《爾雅》中的「鯤」字說：「凡魚之子，總名鯤。」魚子很像粟米。滿倉粟米，粒數以億萬計。清代李漁形容魚子之多，引《詩經》語說：「千斯倉，萬斯箱。」鯤是「大魚」，鵬則是「大鳥」。鯤變為鵬的傳說，反映了肉食時代的古人從吃魚到吃鳥的變化過程。從肉食的黃色魚子，經過種種幻化，歸結為粒食的黃色粟米，這形象地昭示着宿命的華人食物史。

/// 出身於魚的龍為何飛上天？

　　龍、鳳的前身本來都是魚，它們又都能在天上飛行。

　　龍不離水。中華文化對水有最深的認識，都知道水性是往低處流，相反也能往高處升，瀰漫於整個天地。《淮南子·原道訓》：「上天則為雨露，下地則為潤澤。」「上通九天，下貫九野。」觀察蒸汽彎曲上升時，沒人不會聯想到蛇的形狀。蛇跟龍一回事，龍就當然會像蒸汽一樣往天上飛。

　　觀察蒸鍋，會跟天地這個大蒸鍋聯繫起來。天氣悶熱時，長常說「暑氣薰蒸」。大地上的水變成「汽」，上升為雲。古書說雲是「大澤之潤氣也」（《太平御覽》引《說文解字》），「氣」就是「汽」。從汽到氣，關係着本書的主題，後面要專門探討。龍又跟雲是密不可分的。《周易·文言》說「雲從龍」。《管子·水地》說龍「欲上則凌於雲氣」。《說文解字》說龍「能幽能明，能細能巨」，形幻無定正是雲和汽的形態。古文字中的「雲」字，活現是龍的圖像。鯉魚變龍神話中的「天火燒其尾」情節，有「水火合一」的意蘊。唐朝「跳龍門」的新科進士要辦一場答謝皇帝的宴席，叫「燒尾宴」。水火合一是蒸飯的原理，下文要專門探討，由此推想，龍觀念的形成時間當在轉入粒食之初。

　　「鳳」的演化也體現着水火關係。水中的鵬（鳳）升天變鳥就有了火的屬性。《太平御覽·羽族部》引古書說：「鳳，火精。」但鳳也像龍一樣跟雨水相關，不過龍通過雲，而鳳通過風。古人認為鳳出於「風穴」。《說文解字》說鳳「暮宿風穴」。《禽經》說鳳禽「飛翔，則天大風。」有風才有雲的聚集，才有大雨。神話說祈求下雨的儀式是由鳳鳥主持的。《山海經·大荒東經》說「帝（俊帝）下雨壇，彩鳥是司」。當然龍是致雨的主

角，鳳是配角，這固已表明了龍、鳳的前後次第。

　　聞一多說從伏羲到大禹都以龍為「圖騰」[8]。後世龍成為「天子」的象徵。

/// 龍鳳呈祥：部落聯姻與中餐的二元格局

　　歷史學者公認，從三皇之首的伏羲，到五帝之三的帝嚳，一般認為五帝為黃帝、顓頊、帝嚳、唐堯、虞舜，一貫崇奉的是「龍圖騰」。後來肉食日漸匱乏，「龍」部落便追逐水流而往東發展[9]。神農開始轉入「農耕」，到堯、舜時期才實現「粒食」。東方水面廣闊，大群水鳥已成為商族「夷人」的食物資源，相應地形成了「鳳」的崇奉。《禮記·王制》：「東方曰夷……有不粒食者矣。」《說文解字》：「鳳，出於東方君子之國。」移民部分地接受了東夷的文化，也把自己的文化帶給鄰族。

　　文化融會的偉大過程中有一位關鍵人物，也可以理解為一個部落的領袖，就是五帝之中的帝嚳。很有意思的是，古書談到他的名字由來，說是「自言其名」。《大戴禮記·五帝德》引孔子的話說他「生而神異，自言其名」。《山海經》中有很多鳥獸的名字都說是「自呼」或「自叫」。什麼鳥的叫聲是「告」（ku）？就是鴻鵠。這透露了他加入並代表了鳥的部族。

　　關於這位古代英雄，文獻記載最多也最亂，但是從飲食史的新角度，可以「快刀斬亂麻」地解決這些糾纏：帝嚳娶了東夷族女子，入贅於「鳥圖騰」部落。他還有兩個兒子契和后稷，分別是殷商及周部落的始祖，換言之帝嚳是這兩大部落的共同祖先。清代孫希旦《禮記集解·祭法篇》說「殷、周皆禘嚳」。聞一多在題為《龍鳳》的考證文章中說：「龍鳳代表着我們古代民族中最基本的兩個單元——夏民族、商民族。」[10] 帝嚳通過聯姻把龍鳳兩大部落結合起來，所以後世尊奉他為婚姻之神——「高禖」神。《禮記·月令》：「是月也，玄鳥至。至之日，以大牢祠於高禖。」鄭注以帝嚳為高禖。

//////////////////////////////

8/　聞一多《神話與詩》，華東師範大學出版社，1997 年，頁 58。
9/　許倬雲《求古編》，新星出版社，2006 年，頁 45。
10/　聞一多《神話與詩》，華東師範大學出版社，1997 年，頁 70。

　　西魚、東鳥兩大部落有不同的肉食，不同的文化。兩大部落的聯姻，將兩種文化親切地結合起來。龍、鳳成為中華文化的一對象徵。龍比鳳更大更尊。這是因為帝嚳乃神農——黃帝的嫡裔，當龍鳳結合時，神農的後代早已部分地過上了「粟食」生活，粟食自古是中華文化的正宗。

　　男的是龍族，女的是鳳族，龍鳳呈祥。從食物來看，西部的貢獻是主食之粟飯，東部的貢獻是副食的肉羹。中餐特有的飯菜搭配，是天作之合早已注定。

第二章／
曲徑通幽的
粒食歧路

∥ 坐吃山空：生態毀壞與飢餓絕境

∥∥洋人納悶：餓死的伯夷何不打獵吃肉？

　　「坐吃山空」曾用來形容《紅樓夢》中榮國府的衰敗，查查成語詞典，還有叫人吃驚的下半句：「立吃地陷」！這是對生態破壞的強烈警告，可惜洋文沒法翻譯。人家不能理解「吃」有這麼可怕的後果。

　　要想認識中華文化中的飢餓現象，先得好好瞭解中土古老的生態危機。它不光是飢餓的背景，更是「繁生→夭亡→繁生」惡性循環的中間環節。

　　《史記》的人物傳記，第一篇講的是伯夷、叔齊哥倆餓死的事跡。魯迅《故事新編》中的《采薇》一篇就是據此寫成的。這兩位反革命的義士發誓不吃新政權的糧食，但他們並沒想自殺，而是逃進首陽山，當時的京都附近，今陝西南部，靠採薇草充飢，實際上是餓死的。薇俗名灰菜，生命力最強，到處都有，筆者小時候吃過，有小毒。今天西方人會惋惜這倆「不同政見者」，同時更會奇怪：在山林中為什麼他們不打獵吃烤獸肉？

　　廣袤的歐洲大森林，進得去出不來，野獸成群，弓箭不虛發，獸肉吃不完。西方歷史上少有飢餓，更沒聽說吃草的事。進入畜牧時代，糧食還餵牛羊呢，人怎麼能像牛羊一樣吃草？

　　就算只有植物可吃，現代科學家統計，光是適合人類食用的就有八萬多種[1]，假如我們飢餓的祖先能逃往植被茂密的國度，也沒人會餓死。然而洋人哪裡知道，

1/　王獻溥《全球生物多樣性評估巨著問世》，《植物雜誌》，1996 年第 4 期。

早在周朝，首陽山上的環境就已被破壞到只長薇草，幾乎成為禿山一座了。古老的《山海經》已經反映出生態破壞的嚴重，書中用「無草木」來描述的山竟有 94 座之多，反映古人見到的山不少已經光禿。同時又說「多水」，例如卷一《南山經》開篇就說，柢山等兩座山都是「多水，無草木」[2]，可見非因乾旱。「野火燒不盡，春風吹又生」？不，饑荒中挖光了草根。很多當代人有過這樣慘痛的經歷，留下了真切的記述。一篇原載於《黨建導刊》的回憶說：「三年困難時期……農民靠吃草根度日，草根挖光，草長不出來了，牛多數餓死。」

「生態危機」是二十世紀後期才開始出現的問題。《簡明不列顛百科全書》說：生態學「自二十世紀六十年代起受到廣泛注意。當今人類所面臨的人口暴長、食物短缺和環境污染，均為生態學問題。」但對於中國人來說，早在上萬年以前就嚴重到危及華人的生存。如今的環境保護事業用「綠色」來象徵。跟綠色對立的是紅，火焰的顏色。歐洲毀林的酸雨來自工業之火，華人「過日子」講究「紅火」，包括人口興旺，反面的貧寒也用「冷爐清灶」來形容，務農的人「口」像歐洲的工業鍋爐一樣，要吞噬巨量的柴薪，噴着猛烈的火焰。

///「茹」草：為何從人退回畜生？

猿猴進化成為人，吃的也從果實變成以肉為主。果實是太陽能（花木結果）的直接昇華，動物的肉是太陽能（動物吃草）的間接昇華。可見果子、肉類屬於同一個層次。草類莖葉不能充當人的食物，較低層次的畜生才吃。

然而，神農開始種莊稼之前有一段時期，古人曾經主要靠吃草來充飢。這個說法看似新異，卻有充分的文獻記載支援。對於學術的突破，常用典籍中那些未被動用的史料往往特有價值。古書《淮南子·修務訓》白紙黑字說：「古者，民茹草飲水」。下文則說「采樹木之實，食蠃蚨（螺蚌）之肉……於是神農乃始教民播種五穀。」又《孟子·盡心下》：「舜（成

2/ 袁珂《山海經全譯》，貴州人民出版社，1991 年，頁 1。

為天子前）飯糗（稠粥）茹草。」先民草、菜不分，《說文解字》說菜是「草之可食者」，吃草的經歷經常重演於歷代。古書中講吃草的專著就能開個小圖書館。宋朝印刷術剛流行就留下了林洪的《茹草記事》，明太祖的皇子朱橚著有《救荒本草》，還有《野菜譜》、《茹草編》、《野菜箋》、《野菜博錄》等等，難以備舉。

人吃草，是倒退到比猿猴更低級的牛羊。這是極其違背自然的，必有重大原由。人類的一支來到了中國就面臨着飢餓的宿命。有記載說，開始用火的燧人氏，弄熟的不是鳥獸之肉，竟是蚌蛤之類細小的東西；在燧人氏之前，人們都是生吃，鬧肚子也不顧。《韓非子·五蠹》：「民食果蓏、蚌蛤，腥臊惡臭而傷害胃腹，民多疾病。有聖人作，鑽燧取火，以化腥臊……」可見從那時起，餓就算挨上了。

較詳細地記述人類生活的文獻，最早當是《禮記》的《禮運》篇。漢代鄭玄注釋說此篇記載「五帝三王相變易……之道。」請看其中是怎樣描述飲食行為的：「（遠古）未有火食，食草木之實，鳥獸之肉，飲其血，茹其毛。」這時雖然還沒到吃蚌蛤的地步，然而「茹其毛」的茹已透露出了吃草的跡象。《禮記》古注說：肉不夠吃，以致飢餓逼人「茹」食鳥獸的毛來「助飽」。鄭玄疏：「雖有鳥獸之肉，若不得飽者，則茹食其毛以助飽也。」

這個「茹」字非常值得注意，它屬於草部，卻不是草名，而是個動詞，例如成語「含辛茹苦」。《漢語大字典》草部字多達兩千，用作動詞的沒有幾個。字書對「茹」的解釋，就是餵牲口。《說文解字》說是餵馬，《玉篇》說是「飯牛也」。人跟畜生竟沒有區別！

「茹」字偶爾可當形容詞，字書說表示「柔軟」、「相牽引貌」，看來還是後一種準確，那是形容蔓生茅草嚼不斷的堅韌。《周易·泰卦》：「拔茅茹，以其彙。」古注：「茹，相牽引之貌也。」《韓非子·亡徵》：「柔茹而寡斷」。茹還解釋為「蔬菜之總稱」，而字書說菜就是草。「茹」字很常用，還能作比喻。《詩經》說，硬的只好吐了，軟的就茹（吞）下。《大雅·蒸民》：「剛則吐之，柔則茹之。」看來中國古人常有把咬不斷、嚼不爛的東西強吞下去的生活體驗。吞毛的經歷只是留下了口傳的歷史，到有文字可以追記時，強吞之物已從毛變成草，借用了「茹」這個熟悉詞語是很自然的。

/// 大熊貓、中國人，難兄難弟

　　大熊貓十九世紀被洋人「發現」，據《簡明不列顛百科全書》，是耶穌會傳教士大維德（Armand David）於 1869 年發現的。到大陸再次對外開放後，大熊貓曾榮任赴美國的「親善大使」。筆者在飲食文化的探究中突發奇想：大熊貓跟華人真是難兄難弟。熊貓在動物世界裡，就像華人在人類世界裡同樣古老。這一對「歷劫猶存」的活寶，在食物上都表現出適應環境而生存的悲慘經歷。

　　美國動物學家、作家夏勒（George Schaller）在《最後的熊貓》（The Last Panda）一書中說，熊貓是肉食動物「食性變化」的唯一實例。可憐的熊貓，「每天要花 13 個鐘頭嚼竹子的枝葉，但得到的營養卻很少」。竹子本來營養就不多，而熊貓能夠吸收的只有 13%。鹿能吸收 80%。熊貓本是肉食的，《不列顛百科全書》說它「屬於食肉目動物」，因為肉的營養容易吸收，所以，它的胃沒有吃草的牛那麼複雜，牛胃結構特殊，由四個胃囊組成，可以「反芻」，即重嚼咽下的草，腸子也短得多 [3]。

　　你會說，人類雖然愛吃肉，還得屬於雜食動物，哪能跟熊貓相提並論。但夏勒是不會反對這種並提的，他說「肉食類和雜食類動物都吃肉類、水果和種子」。熊貓沒有肉吃，可以印證古代中國的自然環境的特殊：缺少森林、缺少野獸。熊貓活過了幾百萬年以前的冰川時期，在那前後，中土的生態完全不同。連動物頑固的「食性」都被改造了，先民能在這樣嚴酷的食物危機中存活下來，要經歷多麼了不得的轉變。華人的理想食物一直是肉食，所以古書中管貴族叫「肉食者」。

　　華人的命運跟熊貓當然也有不同，最明顯的是，熊貓成了世界上最珍稀的動物之一。據北京大學專家潘文石教授估計，現存野外種群的個體總量只剩一千隻上下。相反，中國卻有了世界上最龐大的人口。這又怎麼解釋？其實也是一捅就破：既然作為「萬物之靈」，人對環境的挑戰會有意識地反應。人是社會動物，對環境的反應也是社會的，那就是形成多多生育的文化觀念。華人人口反而過剩，是高級智慧「矯枉過

//////////////////////////////////

3/　夏勒《最後的熊貓》，光明日報出版社．1998 年。

正」的表現，是適應力發動過度的結果。

中國人、大熊貓命運的相同，更神奇地表現在性格上。上節裡說過，從遠古時代，務農的周人在掠奪收成的夷狄遊牧者面前一味地求饒、退讓。前邊我們把這歸因於生產方式的決定作用；熊貓不懂生產，它變得溫馴無比，完全歸因於食物的改變。恰好，食物對性情的決定作用，中國人從遠古就獨有肯定的認識。中國經典裡早就斷言，吃肉的兇悍（指虎），吃穀子的智巧（指人）。《大戴禮記·易本命》說：「食肉者勇敢而悍，食穀者智慧而巧。」我很欣賞古人這個大膽的判斷，但引用起來卻有些嘀咕：拿動物跟人混同，豈不荒唐？轉念，上述判斷雖然邏輯上不嚴密，卻是東方智慧的充分顯示。食物對生物性情的影響人獸皆然，也在情理之中。

/// 神農而非神醫，嘗草豈為覓藥

強吞野獸的毛，是捨不得上面那點血肉。強吞草的蔓莖，當然不是吃飽撐的。從吃肉到吞草的轉折，關鍵時期是神農之初。但人們熟悉的只是「神農『嘗』百草」的事跡，把他想像成吃飽了有閒心採藥的半仙，卻很少有人知道這故事的驚人下文：「一日遇七十毒」（《淮南子·修務訓》），更談不到琢磨背後可怕的飢餓了。

「茹」草是被迫的，「嘗」草是主動的。要不是飢餓所迫，誰肯遍嘗酸甜苦辣，中毒喪命都不當回事？「一日遇七十毒」，也不算誇張，只要你別把吃草看成某個人物的行為，而看成整個部落的事。只有「嘗」字成問題，似乎是藥物學家有目的地做試驗。飢腸轆轆不找吃的卻玩命從事藥學研究，豈有此理？

嘗「百草」指的其實是無數植物。「百」是泛言其多，漢語不像西方那樣以「千」為基數。嘗百草，人們總以為說的是中草藥發明的歷史，卻忘了主人公是「神農」而不是「神醫」。至於被歸於醫藥，可能因為後世人們更關心治病，一般人多是從醫藥常識的角度聽說「嘗百草」的。最基本的草藥書題目就叫《神農本草經》，成書於秦漢時代。中華文化固然食、醫不分，但食跟醫哪個在先？當然不會是醫在先。其實更早的古書說得很清楚：神農求的是「可食之物」。徐旭生先生指出：「比《淮南子》較前的《新語·道基》篇中

說：『至於神農，以為行蟲走獸難以養民，乃求可食之物，嘗百草之實。』」[4] 草藥只能是尋找食物過程中的副產。西方沒有那麼多草藥，因為人家沒挨過大餓。

部落群體一起吃草，那應該是忽然發現獵物全吃光了。開始吃草時，能吞下的都吃，慢慢才知道，有穗的草，其籽粒特別解飽，所以古書又說神農選出了上百種穀類。《禮記‧祭法》說神農「能殖百穀」。今天才能認識到，穗上細小的穀粒跟果子一樣屬於植株的精華，其本質是太陽能熱量的高度凝聚。加上等秋天穀粒變得「實成」了再收穫，「糧食」的概念才算形成。從沒肉可吃，到找出跟肉類同一層次的新食物「糧食」，經歷的曲折是可以想像的。所謂「神農」就是後世對這個幾千年漫長時期的稱呼。

人在種莊稼的實踐中不斷摸索，篩選出的品種從「百穀」縮小到「九穀」。《周禮‧天官‧大宰》古注：「鄭司農云：『九穀：黍、稷（粟）、秫、稻、麻、大小豆、大小麥。』」生產形成規模，就能給群體提供穩定的食物，神農「嘗百草」的使命才算完成。

/// 炎帝焚山一把火，堯帝燒窰萬年爐

來看華夏遠古的人口跟生態。缺少森林的黃土地禁不住繁生、聚居，且看燃燒的「焦」點。華人最看重吃的，但老話「開門七件事」的柴米油鹽醬醋茶，頭一件卻是燒的。

「粒食」生活方式等於持續的大火災。最早「刀耕火種」，就是砍倒樹木放火燒山。上古部落有個叫「烈山氏」的，《國語‧魯語》：「昔之烈山氏之有天下也⋯⋯」，叫人想到神農別號「炎帝」的由來。歐洲古代也有農業，但人家不拿糧食當主食，耕作面積小，更有經常的遷徙能讓森林恢復生機。在破壞山林上，中國人在「放火」，歐洲人不過在「點燈」。

為弄熟食物而耗費的燃料，中西比較實在懸殊。獵牧者把獸肉掛在三角

4/　徐旭生《中國古史的傳說時代》，廣西師範大學出版社，2003 年，頁 264。

架上直接烤，而華人的蒸、煮只能間接燒一個水容器。反映古代生活的文學裡有個重要角色是樵夫，拿破壞山林當職業。燃料舊稱「柴草」，柴不夠就燒草。都知道荒年挖草根當吃的，其實常年也挖了當燒的。北方山區做飯靠「摟草」，摟光了就拔青草、挖草木根。筆者小時候就沒少幹這種「傷天」活兒。

　　燃料寶貴，為了集中熱量，新石器時代的仰韶就有了灶。灶的前身不過是地上挖個坑在裡面燒火，保存火種，所以竈（「灶」的正體）屬於「穴」部。有煙道的火坑，半坡遺址家家有，考古學家管它叫「地灶」，網上搜索，無數「火坑」都出自記述中國西南少數民族的論著。《人類學詞典》裡找不到「火坑」，表明只有在中華文化裡才那麼重要。灶是遠古中國人的一大創造，所以灶、造兩字曾經通用。清代朱駿聲《說文通訓定聲》：「灶，假借為造。」例句有金文「朕皇祖受天命，灶有下國」。

　　推想灶該是陶器的前身。濕黃泥坑中燒火，必然造成坑壁硬結，硬坑後來用於給粟粒脫殼，就是最早的臼。《周易·繫辭下》：「掘地為臼。」硬坑偶爾跟周圍的軟泥分離，便是一件陶器，近似上世紀還用的「水臼子」。舀的字形正是臼上有爪（手）。還有一大創造：把陶鼎的三條腿都改進成大口袋，陶鬲，這個中國怪物後面要詳談，這怪物會教洋人感到驚異：「熱效能」的算計簡直精明到家了。這都是燃料短缺逼的。

　　粒食生活特費柴草，豈止「燒飯」，更厲害的是製造陶器的燒窰。陶器的起源至今沒弄清楚，中東的陶罐也許更早，那是盛水用的，而中國最早的陶器底上就有煙炱。例如北京大學考古系學者報告的河北陽原縣于家溝遺址，年代距今約一萬年[5]。早期的陶器極其粗劣，考古學家管它叫「粗陶」，說破就破，得三天兩頭換。

　　甲骨文中就有「缶」字，出處編號是「一七八」[6]，是「匋」（陶）字的前身。《說文解字》：「匋，《史篇》讀與缶同。」加上的外殼表示陶窰。陶窰是中國人發明

/////////////////////////////////

5/　趙朝洪、吳小紅《中國早期陶器的發現、年代測定及早期製陶工藝的初步探討》，《陶瓷學報》，2000年第4期。

6/　徐中舒主編《甲骨文字典》，四川辭書出版社，2005年，頁580。

的，洋人也承認，美國人類學家房龍（Hendrik Willem van Loon）說：「中國人發明了火窰，就由巴比倫人傳到西方。」[7] 筆者參觀過西安半坡遺址的古陶窰，窰都在房舍近旁，大小才幾平方米，一次只能燒陶器四五件[8]，當時就想到這得費多少柴草。帝堯就是憑掌握這種尖端技術而成為最高領袖的。《說文解字》段玉裁注釋說：「堯之言至高也。」甲骨文的字形上部兩個圈兒表示陶器的土坯，後來演變為繁體字「堯」的三個土字。推想《史記》開篇的帝堯時代，中原的山野早就燒「焦」無數次了。

西方：僅近代一國鬧過大饑荒

飢餓是先民永恆的話題。用現代學術眼光去考察飢餓問題的還不多見，較重要的只有上世紀三十年代一本薄薄的《中國救荒史》，鄧雲特（即鄧拓）著，收入《民國叢書》中[9]。至於跟別的文明比較認識，就更談不到了。

近代以來，洋人下工夫全面研究中國，但唯獨缺了飲食方面。也難怪，他們對自己日常的「吃」都沒看重，又怎麼會想到他人？自打人類學興起後，這不過是第二次世界大戰以後的事，人的吃食才開始進了西方的學術殿堂。歷史學家的斷言會讓我們大出意外：人類從打獵採集時代起壓根兒就沒怎麼挨過餓。《全球通史》引一位權威學者的話說：「與我們通常設想的相反，靠捕捉小動物為生的原始人，在正常的情況下，過的並不是受飢挨餓的生活。」[10] 博學的「全球」史學者，對中國原始人悲慘的飢餓竟一無所知。

西方當然不會沒有饑荒，但遠沒有中國那麼可怕。《聖經》故事裡，挪亞方舟上只帶上幾樣「留種」的動物，《舊約·創世記》中神吩咐挪亞：「凡潔淨的畜類，你要帶七公七母……可以留種。」卻沒提糧食種子，表明人們沒有肉食短缺的觀念。《聖經》中最嚴重的一次饑荒，只說用野瓜熬湯充飢，卻沒提到有一個人餓死。結果神人顯靈，

7/ 房龍《人類征服的故事》，江蘇人民出版社，1998 年，頁 51。
8/ 宋兆麟等《中國原始社會史》，文物出版社，1983 年，頁 174。
9/ 鄧雲特《中國救荒史》，收入《民國叢書》，上海書店，1991 年。
10/ 斯塔夫里阿諾斯《全球通史》上冊，上海社會科學出版社，1999 年，頁 83。

用二十塊麥餅餵飽了一百個飢民（《舊約·列王記下》）。為了標榜聖跡，得把食物說得極少，居然還有那麼多大餅！對比中國古書記載的「人相食」是多麼懸殊。

以色列所處的中東，自然條件有點像中國，乾旱而缺少大森林，但人們遇到災荒可以遠走異國。《舊約·路得記》提到的「饑荒」是小事一段，只說一家四口遷往外地。摩西的龐大家族就是在埃及繁生的（《舊約·出埃及記》）。中國從地理上看，則幾乎是個封閉的空間，東南有大海，西南、西北是高山及沙漠。從歷史來看當然也一樣。

中國人膽小，「好死不如賴活着」，不到萬不得已決不造反。就這，歷史書裡充滿了「農民起義」，成功的、失敗的，真是「更仆難數」，都是餓出來的。歐洲歷史上很少發生農民起義，更沒一次成功。為了對比研究，筆者費了九牛二虎之力找材料，才在國人寫的書裡找到「中古農民起義」一節[11]，作者戴上「階級鬥爭」的紅眼鏡極力查找，夠規模的起義只有三兩次。十四世紀以前基本沒有。1381 年英國的瓦特·泰勒起義（Wat Tyler's Revolt）規模不大。1524 年閔采爾（Thomas Müntzer）領導的德國「農民戰爭」號稱歷史之最，也不過十多萬人。更值得注意的是，沒一次是飢餓引發的。

從第一本歐洲飲食史專著來看，章節標題中的「飢餓」只出現於近代。德國人希旭菲爾德（Gunther Hirschfelder）著《歐洲飲食文化》（Europäische Esskultur）第八章的副標題是「近代初期的飢餓和飽餐」[12]。大饑荒則只有一次，發生在近代的愛爾蘭，那還是農作物單一化而引起的。恩格斯說：「1847 年愛爾蘭因馬鈴薯受病害的緣故發生了大饑荒，餓死了一百萬專吃馬鈴薯的愛爾蘭人。」[13] 更有特殊緣由：能養活成倍人口的食物被出口到英格蘭去餵牛。

////////////////////////////////

11/ 鄭之等《世界中古史紀略》，黑龍江人民出版社，1984 年，頁 169、177。
12/ 希旭菲爾德《歐洲飲食文化》，左岸文化公司，2004 年。
13/ 恩格斯《自然辯證法》，人民出版社，1962 年，頁 147。

// 細小的草籽萌生偉大的文化

/// 麥＝來：天賜瑞物，不期而來

　　俗話形容想美事兒，常說「天上掉餡兒餅」。餡餅雖是幻想，說餅是天上掉下的，還真有點的根據，至少麵粉如此，麵粉合起來就是「餅」。《辭源》解釋「餅」，說是「麵食的通稱」，餅來自合併。《釋名》：「餅，並也，溲麵使合併也。」麥是上帝的恩賜，是人類不勞而獲的，這確是事實。

　　做餅的麵哪來的？你想不到答案就在「來」字中。漢字「麥」就是由「來」字派生的。來字屬於什麼部？起先它本身就是個部首。《說文解字》有「來」部，到《康熙字典》沒有道理地強歸「人」部。

　　世界公認麥子的原產地在遠離中國的亞洲西部，時間比小米要早出兩千年。《簡明不列顛百科全書》：「早在元前 7000 年，幼發拉底河流域就種植這類禾草。」大麥更是早得驚人。人類學家說，開始種大麥是在一萬年前，即西元前八千多年，那時「大麥不過是蔓生在中東地區的一種野草而已」。誰也想不到，大麥並不像穀子那樣是經過人的培育改良而成的。不只一本人類學的著作斷言，中亞某地的人一開始就是大麥的「收穫者」，後來才成為種植者。利普斯《事物的起源》說：「只有這些不從事耕作卻收穫的人，才能看做是農業的發明者。」[1] 布朗諾斯基《人類文明的演進》說：「傑利喬（Jericho，在約旦河西岸，西元前 9000 年的文化遺址）比農業還要古老，來此定居的第一批居民就是收穫大麥的人，但他們卻不知

1/　利普斯《事物的起源》，四川民族出版社，1982 年，頁 91。

道如何種植大麥。」[2] 人類學家說：「冰河時代末期，大地上冒出了新生的青蔥植物。」這就是大麥。那時在中東出現了「混種的大麥」（《人類文明的演進》）。如此看來，大麥同樣可能在中國大地上「冒出」來。于省吾先生的見解恰好跟這不謀而合。他斷言，甲骨文裡的「麥」，就是大麥，而「來」是小麥[3]。中國麥子的歷史，中國社會科學院的古史專家彭邦炯先生研究得最透徹。這裡引用的材料都是轉引自他的長篇論文[4]。

《說文解字》對「來」的解釋，也跟現代人類學家說的一模一樣：麥子是最早務農的周部落意外接受的「祥瑞」之物，原文是「周所受瑞——麥來、麰也」，所以就用它表示「自行到來」的動詞「來」。《說文解字》的原文是「天所來也，故為行來之『來』」。文字學家段玉裁進一步議論說：「自天而降之『麥』，謂之『來麰』，亦單謂之『來』。因而凡物之至者皆謂之『來』。」

/// 神農為何棄優取劣

古書裡管麥子叫「瑞麥」，真有點神秘難解。「瑞」是老天爺向人間兆示吉祥的、罕見的東西或現象。漢人王充《論衡‧指瑞》中說，「瑞」是「吉祥異物」，兆示著「王者」（實際代表群體）富貴，舉出的例子有麒麟、甘露等類。「祥瑞」沒有不是短暫出現而又很快消失的，麥子則不然。

麥子的出現，讓「茹草」的神農們一步登天，吃上「細糧」。漢朝以後麥子逐漸成了北方的糧食之一。那它又怎麼能算「瑞」？筆者研究飲食文化之初就捉摸這個問題；當年在新闢的中餐史刊物上發表的文章，小標題就是《神農不幸失瑞麥》[5]。發現瑞物當然讓人驚喜，先民的確曾對這種細糧寄予莫大的希望，然而很快就變了心。高貴的麥子是自己走來的，困苦的神農剛要熱烈擁抱她，但卻又背過

/////////////////////////////////

2/　布朗諾斯基《人類文明的演進》，世界文物出版社，1975 年，頁 62。

3/　于省吾《商代的穀類作物》，《東北人民大學人文科學學報》，1957 年第 1 期。

4/　彭邦炯《殷商飲食文明中的食物生產》，收入《中華食苑》第四冊，中國社會科學出版社，1996 年，頁 128。

5/　高成鳶《粟食的歧路》，《中國的飲食之道》之三，系列文章由《中國烹飪》1994 年第 1 期開始斷續發表。

臉去緊緊抱定土氣的穀子，最終成為主婦（主食）。對麥子的背棄，其實是得而復失，實不得已，所以說是「不幸」。

神農及其子孫為什麼要棄優取劣，捨麥而種穀？這是一大疑謎。

農史學者會說穀子更耐旱。筆者一開始就是從「飢餓」這個特殊角度來關注飲食史的，經過長久琢磨而恍然大悟，提出一個新的理由：解謎的答案就在半首唐詩中。連小學生都會背誦：「春種一粒粟，秋收萬顆籽。」這是李紳的絕句《憫農》，後兩句是「四海無閒田，農夫猶餓死」。對比一下吧：一個麥穗我數過，不過三四十粒。現代中國人已經懂得重視經濟效益，「投入產出比」成了口頭禪。放棄麥子改種穀子，可以用分量最小的種子換來分量最大的收成。麥類如此，各種五穀雜糧也一樣，沒有任何作物，種子跟收成的比例那樣懸殊。

研究中國食物的美國學者曾談到小麥的產量，說經常反倒賠了麥種。尤金·安德森（Eugene N. Anderson）：「播下四五粒種子僅收回一粒，在歐洲乃是常事。」[6] 試問，當人們餓藍了眼時，還肯冒着絕收的危險，拿大把「祥瑞」的麥粒往泥土裡扔嗎？

為讓挑剔的讀者也能信服，再來個精確化，用數學方法比較：引用「千粒重」的農學概念。先查得穀子與小麥的「千粒重」，計算結果，每粒麥子的重量比每粒穀子大約要大出15倍！據網路百科全書，小麥「千粒重」23至58克，每千克17,200至43,400粒；穀子「千粒重」只有2.2至4.0克，每千克250,000至454,000粒。換句話說，種穀子比種麥子，一個人的「口糧」，有希望「餬」住十五個飢餓者的「口」。這是「人口」壓力下的必然選擇。

需要說明，本節只是約略概述定居務農之前的過渡時期。至於跟「畸形」定居同時選定粟為單一作物，主要緣由更有它跟黃土特性的高度適應。

/////////////////////////////

6/　尤金·安德森《中國食物》·江蘇人民出版社，1988 年，頁 102。

/// 純農定居：行通絕路是歧路

　　農業的由來是很複雜的問題。《全球通史》總結了上世紀的研究成果，肯定農業發源於中東，但同時強調指出，那是「畜牧（牛羊豬）與穀物栽培（小麥大麥）相結合的混合型農業」。書中說，地理環境的影響使農業形成不同的類型。例如，西元前三千年農業傳到希臘，那裡沒有草原可供畜牧，山地不適於種糧，只盛產兩種經濟作物；一部分農民只得「到海上當海盜、商人和殖民者」，剩下的「從事橄欖油、葡萄酒等商品的生產，跟海外交換糧食」，這樣就形成了「商業性農業」[7]。

　　農業也傳到歐洲內陸。歐洲人是幸運兒，遷移到那片綠色大陸之前，就從祖先那裡繼承了種糧食的技能。馬克思說，沒有穀物，雅利安人「便不能帶着他們的畜群到……歐洲的森林地帶去」。至於遊牧者為什麼要種糧食？答案會叫華人大吃一驚：「穀物的種植極可能是由於飼養家畜的需要而產生的」，「園藝之起……與其說是由於人類的需要，不如說是由於家畜的需要。」[8]

　　畜牧與農耕的互補，是自然發展的結果，卻像經濟奇才的高明設計：例如，農作物的秸稈可作牲畜的飼料，而牲畜的糞便可作肥料。以牧為主也可能轉變到以農為主。農牧互補的合理性令人叫絕，無怪成為普遍的經濟模式。

　　西方人也吃麵包，還曾以麵包為主，但文化基因卻是肉食的。筆者注意到《舊約·創世記》令人深思的記載：「挪亞方舟」的故事說，上帝在大洪水到來前囑咐要拯救的人，說「潔淨的畜類，你要帶七公七母」，為了「留種，將來在地上生殖」。華人會奇怪，留的「種」為什麼不是糧食。《聖經》只提動物，這透露出一個事實：儘管農業起源於中東，那裡的文明基因還是肉食的。近代美洲出現了養牛的好條件，拿糧換牛肉變得最為合理，於是肉食基因大發作，空前地過上了吃牛肉為主的生活。統計顯示，美國人均糧食 1,500 公斤，是中國的四倍，用來轉化成肉、蛋、奶的，多

7/　斯塔夫里阿諾斯《全球通史》上冊，上海社會科學出版社，1999 年，頁 91、203。

8/　馬克思《摩爾根〈古代社會〉一書摘要》，人民出版社，1978 年，頁 8。

達 90%[9]。參照華人，儘管吃肉最解饞，但孔夫子說總不能讓肉食壓倒作為基因的粒食。《論語・鄉黨》：「肉雖多，不使勝食氣。」

　　《全球通史》斷言，原始農業只能用「大面積的可耕地」來養活稀疏的人口。這要求大量土地要處於「休耕」狀態。書中說，因為沒有肥料，「處於休耕狀態」的土地要「遠遠超過正在耕種的」。中華文化的獨特性就是在「休耕」問題上開始的。美國著名華裔史學家、長於考據的何炳棣先生有個重大發現，他說儘管原始農業「要休耕七年之久」，但「華北遠古農夫」可以二年休耕、一年休耕，「甚至基本上不需要休耕」。所謂「華北」泛指粟作區域，以別於稻作的江南。這又涉及到「遊耕」問題，這個名詞是何先生較早提出來的。「遊耕」跟「遊牧」都是遊動的生產方式，往往在一定範圍的土地上同時構成「農牧互補」的初期形式。何先生明確提出了「古華人沒有經過遊耕階段」的論斷[10]。

　　為什麼粟作地區可以極少「休耕」而獨能免於「遊耕」？何炳棣先生論證在於黃土地肥沃、可以「自我增肥」。至於土地肥力的釋放需要水，何先生論證黃土又最能保持水份。隨着人口的增加，終要依賴灌溉才能提高產量才能吃飽，然而張京華教授卻曾指出「中國古代的農田水利……是世界各古代文明中最晚的。」[11] 怎樣克服土地肥力的不足？許倬雲先生，另一位著名華裔學者，根據先秦古籍的考證，提出「使休閒田變為常耕田」的辦法是「多糞肥田」[12]。

　　先民就在缺乏森林、氣候乾旱的惡劣生存環境下，違背世界普遍的原始農業規律，過上了高度定居的純農業的生活，在無路可走的絕境中闖出一條生路，也可說是走上歧路。人的糞便是惡臭的，人們都想躲遠點，為什麼唯獨華人不然？原始文明還有個共通規律：人們會根據生存條件，通過殺嬰來自動調節人口量[13]，

//////////////////////////////////////

9/　杜子端主編《世界食品經濟文化通覽》，西苑出版社，2000 年，頁 281。

10/　何炳棣《華北原始土地耕作方式：科學、訓詁互證示例》，《農業考古》，1991 年第 1 期。

11/　張京華《在厄八講：第一講・自然環境與農耕經濟》，北京大學講座，2002 年 5 月 20 日。

12/　許倬雲《求古編》，新星出版社，2006 年，頁 137。

13/　斯塔夫里阿諾斯《全球通史》上冊，上海社會科學出版社，1999 年，頁 83。

為什麼古人反而崇尚繁生？這重重難題，本書都將從飲食史的角度試着提出解答或者猜想。

/// 食物最細小，人口最龐大

華人的「粒食」，總稱是「穀」，都是草本植物的種子。神農在吃草生涯中有個重大發現：種子比莖葉更能充飢。經過世代篩選，種子的範圍越來越小：先是「百穀」，如《禮記·祭法》說神農「能殖百穀」；後來減少為「九穀」，如《周禮·天官·大宰》說「三農生九穀」，「九」也是泛指其多；再減少為「五穀」。據日本學者篠田統的研究，中國在戰國時期以後才有「五穀」之說，更早的《詩經》、《左傳》、《國語》等書中通行的都是「百穀」[14]。

穀類古稱「禾」。包括黃河流域的粟及長江流域的稻，脫殼後分別叫「大米」、「小米」。小米包括幾個種類，稷、粟，黍（黃米），「稷」是什麼，歷來七嘴八舌。陳夢家認為是粱或黍[15]，于省吾先生認為是粟[16]。農史權威許倬雲先生把古往今來的爭議梳理得很清楚，參考了錢穆、何炳棣等中外學者的見解，認為「稷」是「中國最古老的作物」，應當成為小米系列的總稱，所以「后稷」是農神[17]。現代考古學家發現稻也很古老，八千年前就有[18]。稻米比粟米好吃，產量又高，但在文化上卻注定要低粟一等。甲骨文裡的「稻」，字形是「黍」字加三點水[19]。《辭源》對「禾」字的解釋，既「泛指穀類」，又特指「粟」。例句都出自《詩經·豳風·七月》：「十月納禾稼」「禾麻菽麥」。

洋人聽說中國人拿穀子當神，皇上帶頭頂禮膜拜，只有天子才有資格祭祀「社稷」，而崇高的神祇「稷」就是穀子，莫不驚奇。在西歐、北美，穀子是牧草，其籽粒餵牲口的。《簡明不列顛百科全書》中有一個詞叫 millet，是「用作乾草、牧草和狩獵鳥類的食料」。法國漢

//////////////////////////////////

14/ 篠田統《中國食物史研究》，中國商業出版社，1985 年，頁 6。
15/ 陳夢家《殷墟卜辭綜述》，科學出版社，1956 年，頁 528。
16/ 于省吾《釋齋》，《甲骨文字釋林》，北京：中華書局，1979 年。
17/ 許倬雲《求古編》，新星出版社，2006 年，頁 114。
18/ 安金槐主編《中國考古》，上海古籍出版社，1992 年，頁 78。
19/ 《甲骨文編》卷七·一五·889 號，又附字表 3 號，轉引自彭邦炯文，《中華食苑》第四冊，中國社會科學出版社，1996 年，頁 158。

學家謝和耐（Jacques Gernet）說，穀子就是「狗尾草」（sataria viridis），就是莠草之類[20]，成語說「良莠不分」，有經驗的老農才能剔除。它的籽兒就是癟癟的稗子，《辭源》說「稗」表示卑微，不值得重視的史料叫「稗史」。穀粒也有沒長「實成」的，《論語・子罕》：「苗而不秀者有矣夫，秀而不實者有矣夫。」叫作「秕」。《尚書・仲虺之誥》：「若苗之有莠，若粟之有秕。」稗、秕，都是廢物。

能讓狗尾草籽兒變成粟、黍，穀子品種優選的過程，奇妙地記錄在「秀」這個漢字中。當「優秀」講的「秀」，上邊是禾字、下邊是人字的變形，而「人」就是杏仁的「仁」。這等於斷言：粟乃是從狗尾草籽選出的有仁兒的優「秀」者。《說文解字注》：「秀，從禾、人。非實不謂之秀。凡果實中有仁，《本草》皆作『人』。」「以農立國」的神農子孫，改良品種的能力了不起，但經過上萬年的培育，小米卻才不過沙粒兒大，可見最早的穀子多麼廢物，可見華人的飲食歧路是多麼崎嶇而曲折。西方人吃牛肉，牛是最龐大的動物；中國人吃的穀子是最細小的植物，恰好是兩個極端。世界上最龐大的人口，卻靠最細小的食物來養活，這是多麼叫人驚駭的命運！

/// 禾：穀穗下垂之象，文化戀根之由

我們常拿「葉落歸根」來形容華僑的思鄉，那說的只是海外遊子面臨老死時的心願。其實古人觀念裡早有「歸根」情結，類似於宗教情懷：從長大成人起，總是心向着自己的生命之根。分析起來，「根」是經過父親（母從屬於父）代代上溯，直到遠祖，以至養育祖先的故鄉山川，最後歸結為「天」（地從屬於天，列祖的靈魂都在天上）。這個神聖系列，教中國人牢記「養育之恩」。有「養」然後有「育」，而「養」就是食物。洋文「養育」（nurture）也與「營養」（nutrition）同源。

表示糧食作物的漢字都帶「禾」字旁。「禾」字畫的是一棵粟草，下邊是莖葉，上邊一撇代表穗。下垂的穀穗，是穀子跟莠草的根本不同，老農也只能等快

20/ 謝和耐《中國社會史》，江蘇人民出版社，1995 年，頁 37。

成熟了才根據這個來辨別。《說文解字》:「禾,從木,象其穗。」段玉裁的注釋說:「莠與禾絕相似,雖老農不辨。及其吐穗,則禾穗必屈而倒垂,莠穗不垂,可以識別。艸部謂莠揚生,古者造禾字,屈筆下垂以象之。」我們祖先認為那一撇有極為神聖的意義,遠遠超過糧食。「鋤禾日當午,汗滴禾下土。誰知盤中飧,粒粒皆辛苦。」細沙般的小米粒,凝聚的不僅是汗水,更有思念祖先的淚水。讓小學生唸這首詩是教他們別忘本。

　　《說文解字》的注釋者引古書說,禾穗下垂,是老天教導人們,做人可不能忘本。段玉裁的注釋引《淮南子‧高誘注》說「禾穗垂而向根,君子不忘本也」。張衡《思玄賦》也說「嘉禾垂穎而顧本」。那就像屈原說的「狐狸死時必定頭向着山丘」一樣,《九章‧哀郢》:「狐死必首丘。」人就算回不了鄉,死的時候也必得頭向家山,想着禾田。《淮南子‧繆稱訓》:「狐向丘而死,我其首禾乎!」

　　學貫中西的季羨林先生鼓勵筆者對中華文化本原的探索,認為「尊老報德」是「東方文化的精華」[21],他這麼說的根據是經書裡的「報本反始」。《禮記‧祭義》:「教民反古復始,不忘其所由生也。」意思是回報、回歸最早的生長點。根生在泥土裡,所以穀穗要反過來向着下邊的土地。

　　華人都會種豆芽:種子最先長出的「芽」其實是「根」。可以斷言:中華文化這棵參天的古樹,整個是從細小的穀粒兒裡長出來的。

/////////////////////////////////

21/ 見高成鳶《中華尊老文化探究》書前圖板‧中國社會科學出版社‧1999 年。

// 畸形定居：繁生 ⟷ 災荒的惡性循環

/// 種族生存的「魚子戰略」

我們吃鯽魚時常常驚奇魚子粒團塊之大，去了它，魚簡直成空殼了。俗話說「大魚吃小魚」，鯽魚是小魚，加上黃河低地瀰漫的水容易乾涸，若不多生，怎麼能抵禦大量的夭亡，維護物種的生存？「多如過江之鯽」的種群就是這樣造成的。李漁，絕頂聰明的清朝美食家，曾拿魚子跟穀子相比。《閒情偶寄·飲饌部·肉食第三》：「魚之為種也，似粟，千斯倉，萬斯箱。」他說人若是不捕食魚，魚還不得繁生到填滿江河？他引用的「千倉」、「萬箱」之句，是古人祈盼穀米豐收的民歌，穀子多多以保證聚居的部族「萬壽無疆」（《詩經·小雅·甫田》）。

華人諺語說「人挪活、樹挪死」，黃河自古就鬧災害，氣象史專家竺可楨說，上下42 年間水災就達 1,590 次[1]。為什麼不像宋朝那樣大舉移民，到長江以南富庶的「魚米之鄉」？今天我們知道長江的文明不比黃河晚，但黃河的粟文明一直居於正統地位。晉、宋兩次南移，是異文明武力驅趕的結果。答案只能是：中華文化有非常強固的「故土難離」觀念。再深入地看，因為賦有繁生、聚居兩個基因。

在「聚居」的前提下，「繁生」必然導致生態破壞和災害，況且在生態本來就脆弱的地區，結果是大量的「夭亡」，於是更多地繁生。這樣就形成了惡性循環：繁生 → 生態破壞 → 災害 → 夭亡 → 繁生。

1/　竺可楨《竺可楨文集》，科學出版社，1975 年，頁 338。

要認識「繁生」就得重視「夭亡」。「夭亡」是跟「壽昌」對應的。「亡」的本意不是死而是逃。華夏文化就怕祖先的土地上不見了子孫生息；逃亡、死亡都一樣。「夭」是非常重要的詞兒，只有中國才有，洋文沒法翻譯，只能解釋為 to die young（死得年輕），推想古代的夭亡的兒童比活下來的更多？筆者忽發奇想：「幸」字是否跟「夭」有關？小心求證，果不其然。「幸」字的古體「𡴘」字上部為「夭」，下部為「屰」，「逆」去掉「辶」還當逆講，結論：「幸」為「夭」的逆反——不餓死是僥幸！

「𡴘」的篆字

古時的中國人就像魚一樣容易夭亡。魚憑着自然選擇，進化出大量繁生的天性。抗拒「滅種」是生物群體最重要的本能，子嗣多多益善，自然成了中原聚居部族的生存戰略，惡性循環就是必然的了。拿魚子跟人比較，西方人類學家會大喊荒唐，他們早就發現一大規律：面對着食物的缺乏，原始人類就會減少生育。《全球通史》的作者總結說遠古人類「從來不使自己的人口增長超出食物來源許可的範圍。相反，倒是採取墮胎、停止哺乳和殺死初生嬰兒等辦法，來降低人口密度。」[2]

「幸」的篆字

史學家也會駁斥華人「繁生」之說，嘲笑筆者不知中國人口晚到明朝才上億的史實。筆者的答覆是，權威的「中國通」費正清（John King Fairbank）論證：明朝的「人口爆炸」緣由是引進了高產的甜薯、玉米，他在《美國與中國》（The United States and China）一書中斷言，玉蜀黍是「今天在華北能夠得到的食物能量的七分之一左右」，甜薯「在華南大部分地區成為窮人的食糧」[3]。剛一飽肚就拚命生育，恰好證明繁生確實是中國文化的基因，先前的繁生一直被「飢餓→夭亡」所抵消。

關於聚居（以老人為核心）、繁生兩大基因的由來，請參閱拙著《中華尊老文

2/ 斯塔夫里阿諾斯《全球通史》上冊，上海社會科學出版社，1999 年，頁 83。
3/ 費正清《美國與中國》，北京：商務印書館，1971 年，頁 126。

化探究》[4]，此書為國家史學課題成果，前附季羨林先生手書推薦信，曾在韓國引起較大反響，因著者轉入飲食史研究而未能撰寫學術論文，遂致湮沒無聞。這裡只作極簡單的概述：黃土地上最早的種粟者（以周部落為代表）處在遊獵部落的包圍中，沒有條件從事原始農業必經的「遊耕」，無法實現農牧互補的普遍模式，開始「畸形定居」：為保衛收成不受掠奪，唯一的策略是靠人多勢眾、以柔克剛；人多又不挪地，必然導致生態破壞、陷入食物危機，被迫尋求可食之物及改進可食性的手段。正是在這個節點上，筆者受到突發興趣的誘引，投入飲食文化的探索。

/// 文化定型的關鍵：對糞便轉憎為愛

中華文化的定居幾乎是絕對的，除非被外力打破。華人自己早就認識到「安土重遷，黎民之性」（《漢書·元帝紀》）。至於近乎宗教的祖先崇拜，則以墓地為依託。墓地像按輩分排列，反映在家譜上，像倒立的大樹，不禁讓人想到家族生命酷似植物。

先民「不挪窩」的定居，最早是違背農業規律，也是違背文明史規律的。原理之一，就是初民排泄物的問題。人類學家說，人類的糞便是惡臭的，文學名著《不能承受的生命之輕》（ The Unbearable Lightness of Being ）提到，基督徒想不通上帝造人時為什麼犯下使其排便的「罪惡」[5]。人們自己也極其厭惡糞便，躲避唯恐不遠，所以西方人很早就有抽水馬桶的「偉大發明」，不僅不聞其臭，甚至不看一眼。1589年英國哈林頓爵士（Sir John Harington）首創抽水馬桶[6]。華人其實也同樣厭惡糞便，《孟子·離婁下》說縱使美如西施，若沾上一身臭屎，男人也會「掩鼻而過之」。

研究文化史的美國學者斷言，原始人類不肯定居，跟躲避自己的糞便有關。朱莉·霍蘭（Julie L. Horan）說：「廢物處理使人們不再到處遊走躲避自己的糞便，從而最終定居下來。」[7]

/////////////////////////////

4/　高成鳶《中華尊老文化探究》，中國社會科學出版社，1999 年，頁 57-65。
5/　米蘭·昆德拉《不能承受的生命之輕》，上海譯文出版社，2003 年，頁 292。
6/　《抽水馬桶的發明》，《世界發明》，2002 年第 2 期。
7/　朱莉·霍蘭《廁神：廁所的文明史》前言，上海人民出版社，2005 年。

《全球通史》為這種觀點提供了佐證：「定居生活使糞便和垃圾的處理成了棘手的問題，雖然狗愛吃糞，起到了清潔的作用」，但人們還是「跑到離住處較遠處解手」。這甚至成為原始遊耕的緣由之一。

另一方面，原始農業缺乏肥料。《全球通史》概述古代農業說，「精耕細作」的農業不大能行得通，由於肥料沒有發明，所以廣大的土地只能養活稀少的人口。「大量可耕地處於休耕狀態」，「人口密度必須很低」。然而先民村落的人口密度卻要超過常理允許的十倍。《全球通史》說「（一個）村莊的人口一般是一百到五十人」[8]，許倬雲卻說「半坡的村落有四百到八百人聚居」[9]。為什麼違背道理的事居然成為現實？奧秘原來在於大糞！

農耕的絕對需要，迫使先民發生了異於全人類的轉變，竟把大糞視為寶貝。廁所跟豬圈連為一體，合稱為「圂」。《說文解字》：「圂，廁也。」《漢書‧五行志》顏師古注：「養豕之牢也。」筆者小時侯去菜園買菜，新鮮的菜葉上偶爾會見到糞便中沒有消化的豆瓣。今天的年輕人也許會不相信，像他們否認某幾年曾大量餓死人一樣。華人視大糞為寶，《雷鋒日記》是鐵證，說他過年不肯休息，兩天拾糞五六百斤交給「人民公社」。不過二十年前，報紙上還經常號召農村多積「農家肥」，用人的糞便添加草木、秸稈封土「漚」成，這種肥料經過發酵臭氣稍減，農夫用手抓了就撒到田裡。

歐洲人有無邊的可耕土地，用不着集約化耕作。他們二百多年前才開始使用肥料，農史專家說，在十七八世紀，英國、荷蘭的農民發現了使用動物糞肥提高土地產量的方法[10]。那是沒有臭味的牧場糞便，牧民還拿牛糞塗牆呢。

是什麼特殊情況逼着先民「窩吃窩拉」，克服了人類厭惡臭屎的本性？合理的解釋是，最初的定居地被圍困而無處「遊耕」，只有利用糞便來避免「休耕」。當然還要有個前提：最初務農的特定土地特別宜於特定作物連續種植，那就是何炳棣

/////////////////////////////

8/ 斯塔夫里阿諾斯《全球通史》上冊，上海社會科學出版社，1999 年，頁 93。

9/ 許倬雲《求古編》，新星出版社，2008 年，頁 38。

10/ 蓋爾‧約翰遜《中國農業調整：問題和前景》，《經濟發展中的農業、農村、農民問題》，北京：商務印書館，2004 年，頁 103。

先生發現的耐旱的小米、肥沃的黃土。

　　根據華人農業依靠糞肥的實際情況，可以說中華文化是從大糞裡「漚」出來的。

///饑「饉」：逃荒者屍「填溝壑」

　　華人的飢餓經歷，敢說是洋人及現今的國人難以想像的。《辭海》裡找不到「飢餓」，只有「饑饉」，「饉」跟「殣」通用，而「殣」特指埋在大路邊上的死人。唐人李善注釋《文選》時，在《王命論》一篇中引荀悅曰「道殣謂之殣」。為個別的死人何至於造個專有名詞？哪裡是個別，是大批。專用字還不只一個，更常用的是「莩」，「莩」除了表示餓死的人，也當草木葉子枯落講(《廣韻》)，還有個異體字「荸」，草字頭表示人像秋天的草一樣統統枯死。《孟子·梁惠王上》說：「民有饑色，野有餓莩。」

　　號稱「詩史」的杜甫有一首詩自述身世，哀歎自己可能餓死，說「焉知餓死填溝壑」(《奉贈韋左丞丈二十二韻》)。名將岳飛在另一闋《滿江紅》中懷念敵佔區的父老，唱道：「遙望中原，填溝壑。」「溝壑」就是山路旁邊的低窪帶。餓死了為什麼偏要填溝壑呢？因為是在逃荒的路上倒斃的。《辭源》解釋上引《孟子》的話，就說「餓死而棄屍溪谷」。只有上世紀六十年代的大饑荒，餓死也不許外逃。孟夫子形容大饑荒中民眾的逃難，更嚴重地說成「平溝壑」。《孟子·梁惠王下》：「凶年饑歲……老弱轉乎溝壑。」「平」與「填」都有讓它變滿的意思，那麼死屍就要以千萬計了。

　　《詩經》裡饑、饉二字總是連用 [11]。辭書解釋說，「饑」是糧食絕收，「饉」是連「蔬」都枯死了。《爾雅·釋天》：「穀不熟為饑，蔬不熟為饉。」這裡蔬指野菜。貧窮百姓時常「糠菜半年糧」，每當糧食絕收，全靠野菜救命，野菜絕收就沒了活路。這種「饑饉」在中國歷史上是家常便飯，其中一次饑饉就幾乎死光了四個國家的人口。《詩經·小雅·雨無正》：「浩浩昊天，不駿其德；降喪饑饉，斬伐四國。」「餓」不像「饉」那麼

////////////////////////////////

11/ 陳宏天、呂嵐合編《詩經索引》，書目文獻出版社，1984 年，頁 442。

可怕，但也是要死人的。小學生都會背誦唐詩：「四海無閒田，農夫猶餓死。」（李紳《憫農》）「餓」特指個人的飢餓。「自然災害」年代的幼兒天天跟媽媽喊兩個字：「我餓。」中國的老百姓可說世世代代都一直處在飢餓狀態中。飢餓的母親乳汁不足，當嬰兒學會說「我」時，第一個訴求就是「餓」。猜想這就是「餓」這個字的由來。《說文解字》：「餓，從食，我聲。」

///「菜色」與「鬼火」

黃種人的膚色是黃的，但華人百姓歷來卻透着綠色。舊時形容窮人常說「面有菜色」。《漢書·元帝紀》：「歲比災害，民有菜色。」有「菜色」是正常的，所以讓百姓沒有「菜色」倒成了聖王的理想。《禮記·王制》談到德政的目標時說：「雖有凶旱水溢，民無菜色。」

「蔬」字本是「疏」，指的是穀糠、野菜之類粗疏的「果腹」之物。菜就是「草之可食者」，野菜跟草並沒有什麼界限。魯迅小時候曾把家藏的《野菜譜》影抄一遍，請看其中的一首民謠：「苦麻臺，帶苦嘗，雖逆口，勝空腸。」[12] 談中國飲食文化的書及文章，常重複古人的名言「五穀為養……五菜為充」。先前筆者也像眾位研究者一樣，曾把這話理解為中餐「膳食平衡」的超前實現。直到形成「飢餓文化」的觀點後，才覺悟到那種想當然的「古代營養學」大有問題。《黃帝內經·素問·藏氣法時論》：「五穀為養，五果為助，五畜為益，五菜為充。」很清楚「（營）養」靠糧食，水果可以「助」養，家畜肉是有點奢侈的特殊營養。蔬菜、野菜夠不上營養，所以放在最後。菜的作用很清楚為「充」，也就是填充，就像「自然」災難時期當局編造的詞兒「代用品」一樣。飢餓耗盡了皮膚下邊的脂肪層，毛細靜脈血管就顯露出來。靜脈的藍色跟皮膚的黃色結合，便成為綠色了。

「飢腸轆轆」實在難熬。老中國人都聽說過吃「觀音土」，草根樹皮吃光後，百

//////////////////////////////////

12/ 轉引自李何林《魯迅先生與烹飪》，韋君編《學人談吃》，中國商業出版社，1991 年。

姓常吞這玩意兒，儘管它是致命的。二月河的歷史小說《乾隆皇帝》：「老百姓吃觀音土，拉不下屎憋死在溝裡。」[13] 這時人們就要吃人了。《阿Q正傳》結尾有個細節：阿Q被砍掉之前的腦袋裡閃過記憶的一幕：「要吃他的肉」的餓狼，眼睛「閃閃地像兩顆鬼火」。「鬼火」是藍的，可見中國俗話說「餓藍了眼」是有根據的，根據就是餓狼的眼睛。漢朝的智者賈誼有一篇關於饑荒的專論（《新書・無蓄》），其中恰好說，一鬧旱災，百姓的眼睛就會露出狼一樣的凶光，「失時不雨，民且狼顧。」準備「易子孫以咬其骨」了。他的結論是：飢餓是天下百姓的正常生活狀態，否則倒反常了。「世之有饑荒，天下之常也。」又《新書・積穀》：「饑荒乃天下之常。」「鬼火」這個詞兒經常出現在描寫大饑荒的文章裡。例如歷史小說《李自成》說：「荒涼的地方堆滿白骨，黃昏以後有磷火在空氣裡飄蕩。」[14]

　　早在春秋時代，就出現了「易子而食」的悲慘現象。《左傳・宣公十五年》：「敝邑易子而食，析骸以爨。」《莊子・徐無鬼》也提到「人相食」。在漢代，這種慘劇已是司空見慣。舉兩次典型者。《漢書・高帝紀》：高祖二年（前205年），「關中大饑，米斛萬錢，人相食。令民就食蜀漢。」《漢書・五行志》：元鼎三年（前114年），「關東十餘郡，人相食」。記載還說「死者過半」，覆蓋「十餘郡」，可見饑荒的規模。

　　中國文化的道路，是飢餓的道路。獨特的中國文化可以稱為「飢餓文化」。

/// 豬、雞：何以餓到極端反有肉吃？

　　本書旨在探究中餐的由來，牽扯到中華文化的飢餓本原。有人責問筆者：光說餓餓餓，一句話就問倒你，老年頭鄉下平常人家都養豬，逢年過節家家吃肉，這怎麼說？問得好！不瞞你說，本人也曾拿這個問倒過自己。問題逼人思考，恍然大悟之後，觀點也更深入更牢靠。

13/　二月河《乾隆皇帝》第14章，河南文藝出版社，1987年。
14/　姚雪垠《李自成》第3卷第54章，中國青年出版社，1981年。

確實，從有豬那年頭，就家家養豬，以至於豬成了「家」的標誌：「家」字的寶蓋代表屋頂，下邊的「豕」就是豬的古稱。權威文字學家解釋字形，道理是豬的生殖力最強，這恰好符合筆者提出的「繁生」、「聚居」的文化基因。家庭是中國「家族社會」的細胞，《說文解字》說，「家」的本義是聚居。段玉裁注釋說，豬「生子最多」，因而人的聚居處要「借用其字」。

「家」的篆字

人類學家說，家畜的馴化是很自然的。馬、牛等動物大而溫馴，獵人跟蹤在牠們的後面，等着吃牠們的肉；野豬、狗等動物小而兇猛，跟蹤在人群的後面，等着吃人的廢棄物，慢慢就被馴化了。人口、生態的實際情況注定：先民不能像遊牧文化那樣靠飼養牛羊而生存，人類學家說：「馬、牛、羊的飼養……中亞山區及其以北的草原地區，具備有利的條件。」[15] 因而被迫上了「粒食」的歧路。

「豕」的甲骨文

中國古代早有「六畜」。《三字經》說是「馬牛羊，雞犬豕。此六畜，人所飼。」或去了馬，稱為「五畜」，見《靈樞經·五味》。問題的尖銳之處在於：因為吃不上肉才拿穀子當代替，肉又從何來？然而事實是吃上穀子反而又能帶來一些肉食。這是「物極必反」的哲學在飲食方面的無數體現之一。

原來窮人之家也養得起雞、狗、豬，拿被人廢棄的糠餵牠就行。古書中常管最難堪的食物叫狗食、豬食。即「犬彘之食」，例如《漢書·食貨志》：「貧民常衣牛馬之衣，而食犬彘之食。」農學專家發現，中國的家豬已有八千年的歷史，領先於世界。西方人吃的肉，是耗費了驚人數量的糧食換來的，餓到極點怎麼反有肉吃？其實箇中道理簡單而奇妙：華人吃的肉是白撿的！考古學家在河北武安縣的磁山遺址做過人、畜的「食性分析」，結論是：人吃小米，豬吃小米殼 [16]。

///////////////////////////////

15/　利普斯《事物的起源》，四川民族出版社，1982 年，頁 97。
16/　袁靖《略論中國古代家畜化進程》，《光明日報》2000 年 3 月 17 日。

雞與狗的情況跟豬一樣。洋狗吃的罐頭比人的吃食還貴，中國狗跟着人挨餓，餓得什麼都吃。俗話說「狗不嫌家貧」。狗肉在中國古代幾乎跟豬肉一樣流行。秦漢時代還有人拿殺狗當職業，刺殺秦始皇的荊軻有個好朋友就叫「狗屠」。《史記·刺客列傳》：「荊軻嗜酒，日與狗屠及高漸離飲於燕市。」後來狗肉不大吃了，固然跟道教推行飲食禁忌有關係，道教拿食物跟倫理掛魚掛鈎，提出「六厭」之說，「天厭雁（有「夫妻之義」），地厭犬」，更重要的原因恐怕是狗的產肉量低而飼料成本高，「投入產出比」遠不如養豬。

/// 奇妙的迴圈：糧 →「糞」→ 豬雞 → 農家肥 → 糧

筆者孩提時代為躲避日寇，在農村住過半年，記得那茅坑跟「豬圈」是連着的，人拉屎時，豬總要來拱屁股。想必熱屎比涼糞好吃吧？古人管這種設施叫「圂」，圈裡有豕（豬），此字也有加三點水的。《辭海》的解釋就是廁所兼豬圈。《漢書·武王子傳》：「廁中豕群出。」今天的國人說起來會不好意思，但從前民間的豬圈只能是這樣。《墨子·旗幟》稱之為「民圂」。古人貴族也嫌這樣養的豬髒，《禮記·少儀》：「君子不食圂腴。」要吃「特供肉」，那豬是在皇家園林裡養的。《後漢書》說梁鴻小時候曾「牧豕於上林苑中」。

肉食極端短缺被迫才吃穀子，誰想到反而又有肉可吃。前面說過，餵豬的糠純屬廢物。作為主食的穀子，多到「千倉萬箱」，佔總重量多達三成的糠秕也有可觀的數量，農家即使荒年「糠菜半年糧」，都能養得起豬。跟糠秕同樣重要的還有廁所裡的糞便。「糞」的本意不是屎，而跟糠一樣都是農人的廢棄物。《說文解字》：「糞，棄除也。」古注還說糞是「似米而非米者」。

人屎可以當豬食，豬屎也是廢而不棄，當肥料種地。從前沒化肥，只有大糞。不過農夫用手抓了撒到大田間的並不是鮮屎，而是經過「漚糞」，就是摻了穀子秸葉、泥土，一起發酵。這道作業是在豬圈這個肥料廠裡由豬完成的，人利用豬愛洗澡的生性，讓它擔當攪草入屎尿池的勞役。下一道工序還有個小工，就是雞。

雞總在糞場上「刨」食，尋找糞便裡消化不了的秕與稗子，同時摻土、拌勻。經過「堆肥」（封土發酵）後的糞肥，現代雅稱「農家肥」。

這種變廢為寶的便宜事，不啻老天爺對飢餓民族悲慘命運的補償，正像古代智者說的「化臭腐為神奇」（《莊子·知北遊》）。談吃本該讓人垂涎，卻扯到人作嘔的東西，真得說聲抱歉，不過也理直氣壯。對於糞便，老年頭的華人實在是珍視大過厭惡。

老人是家庭聚居的核心，其營養必須確保，所以孟老夫子反覆強調「七十非肉不飽」（《孟子·盡心上》），肉哪來？聖人早就盤算好了：八口的標準之家，養五隻母雞，兩頭母豬，老人就有肉吃了。《孟子·盡心上》：「五母雞，二母彘，無失其時，老者足以無失肉矣。」於是在中國的農耕生活中超前形成了一個無比合理的「生態迴圈」：人吃加工過的糧食→加工的廢物及人屎（合稱糞）用來養豬（雞）→豬（雞）幫助提供肉食與農家糞肥→糞肥回過來再種糧食。這個迴圈顯示，中國人的肉食跟畜牧民族的有根本不同，是飢餓文化的極其特殊的產物。幸虧有白撿的肉，不然，中國飲食沒了葷素對立，簡直就沒什麼可談的了。有了肉料，加上吃淡味乾飯所必須的濃味「下飯」，才能實現《西遊記》所說的「五穀輪回」及莊子所說的「化臭腐為神奇」。

東漢中後期的明器（即陪葬品），綠釉陶廁所豬圈。

第三章/
飯菜分野與
味的啟蒙

// 「生米做成熟飯」曾歷盡艱難

/// 遠古只有石碓，秦漢引進石磨

粟籽兒外面緊裹着硬殼，亮晶晶地像小鋼珠。拿它當主食，第一道難關就是脫殼。麥粒外面沒殼；稻粒大，去殼比較容易。石器時代，最早的脫殼方法是攤在石盤上，拿石頭的「擀麵杖」滾壓。考古學家管這叫「石磨盤」、「石磨針」。例如在裴李崗文化遺址出土的七千年前的器物[1]，見於河南新鄭博物館。帶個「磨」字是錯用，只有兩扇有齒的圓石盤對轉才能叫「磨」。清人《六書通》有準確定義：「磨合兩石，琢其中為齒，相切以磨物。」用擀麵杖壓穀子，酸了胳膊腫了手，也只能是大粒脫了殼，小粒原封不動。

上千年後才有進步，出現了臼、杵。《周易 · 繫辭下》：「斷木為杵，掘地為臼。」一位農業史學者說，西元前四千年「舂搗法『代替了』碾壓法」[2]。臼跟磨盤沒關係，是另闢蹊徑，把穀子放在臼中拿杵搗。拿杵搗的動詞叫「舂」。李白詩《宿五松山下荀媼家》：「田家秋作苦，鄰女夜舂寒。」西方歷來沒有臼。《人類學詞典》查不到，《漢英辭典》跟臼對應的 mortar 是研缽。臼沿用到現代，至今有的村落中還能見到公用的遺物；杵則有改進，木棒變成帶把兒的半個石球，叫作「碓」。

又過了上千年，「磨盤」那一支也有了改進，「擀麵杖」變成了巨大的石碾，安在圓形的大石盤上，圍繞中心的立軸滾動。後世「碓」有了重大進步，晉代甚至發明了機

1/　藤本強《略論中國新石器時代的磨臼》，《農業考古》，1998 年第 3 期。

2/　馬洪路《新石器時代穀物加工在古代飲食文化中的意義》，收入《中華食苑》第六冊，中國社會科學出版社，1996 年。

明代《天工開物》的插圖，左圖為碓，右圖為水力推動的水碓。

械化的「連機水碓」，西晉著名富豪石崇就是這種大型穀物加工廠的老闆。《晉書·石崇傳》：「有司簿閱崇水碓三余區……」你會奇怪為什麼沒有像英國那樣先出現「連機水磨」？英文水磨坊 mill，也當「工廠」講。西方諺語說「需要是發明之母」，「西域」以西各民族的主要糧食是沒有殼的麥子，麥粒的厚皮又硬又韌很難嚼爛，不用石磨磨成麵粉哪行？華人需要的則是碓，神話說月亮裡的兔子還搗碓哩。

小麥是從西域傳進中國的，開始種植是在五千年前。日本學者田中靜一《中國食物事典》：「小麥起源於土耳其、伊拉克等地。」[3] 東漢以前，人們連大麥小麥都不加分辨。日本學者篠田統《中國食物史研究》：「前漢末的農書《氾勝之書》才第一次有大麥、小麥的區別。」[4] 直至漢代，「白麵」成了重要糧食，石磨才有了廣泛需要。石磨原先叫「磑」，這個字出現在漢朝。西漢史游的《急就章》把磑列在碓後面，古注說：「古者雍父作舂，魯班作磑。」

麥子的吃法曾經跟米一樣，整粒兒蒸成「麥飯」。漢朝有人用麥飯待客，客人發牢騷：就給吃這窮玩意兒！「何其薄乎！」見《後漢書·井丹傳》。隋朝有個孝子，因為母親病中沒能吃上大米粥，他終生光吃「麥飯」來苦自己（《陳書·徐孝克傳》）。

///「粗糙」一詞來自穀粒

編輯常說「這篇文章寫得太粗糙」。粗糙兩字跟「精」一樣都帶「米」。穀子去了糠就是米。古書裡常說某人吃的是「脫粟之飯」，例如春秋時代的賢相晏子，《晏子春秋·雜下》：「衣十升之布，脫粟之食。」這不是形容吃得好，相反，是說他跟百姓一樣吃粗糙的米。明朝還管粗米叫「脫粟」。《明史·李自成傳》：「自成不好酒色，脫粟粗糲，與部下同甘苦。」古書說富貴人家「食必粱肉」，「粱」才是精小米。《辭源》說「粱」本是優良品種的穀子，例句《左傳·哀公十三年》：「粱則無矣，粗則有之。」顯示精粗對立。

穀子去了糠怎麼還會粗糙？書裡查不着，筆者請教過賣糧的老農才明白：原

3/　田中靜一《中國食物事典》，中國商業出版社，1993 年，頁 15。

4/　篠田統《中國食物史研究》，中國商業出版社，1985 年，頁 23。

來「糠」不光指穀殼，還包括一層內膜。老年頭舂米，第一道去殼，第二道去膜。現今機器加工一道完成。只是去殼的「脫粟之飯」，難怪就粗糙了。《史記索隱》：「才脫殼而已，言不精也。」膜也夠硬，但湊合着能下咽。脫殼而成粗糙的「糲」米，損失的糧食竟有三四成之多。《史記·太史公自序·集解》：「一斛粟，七斗米，為糲。」又說：「五斗米，三斗粟，為糲。」米是用石、斗等標準容器來計量的。糲米再舂細，碎米碴粒跟糠一起篩掉的又得有一成。「食不厭精」是說穀類加工次數越多米就越精細，那就別怕細碎造成損失分量。表示破損的「毀」就帶有臼字，還有個動詞「糓」表示用臼脫糠。惜穀如金的百姓有那麼糟蹋糧食的嗎？所以說，「粗糙」是「粒食」的本色。

　　臼本該是石頭的。但古書說它的發明是掘個土坑用火燒硬。《周易·繫辭下》：「斷木為杵，掘地為臼。」《黃帝內傳》：「掘地為臼，以火堅之，使民舂粟。」推想多半是先在黃土濕地上挖個坑在裡面燒火「炮」鳥（炮，讀陽平，非武器之炮），即用稀黏土裏燒，無意中把坑整個燒硬了；遇洪水沖刷稀泥，就成了臼。河南曾發現鍋底形的坑，周圍燒成硬土，近旁還有個石杵，著名考古學家夏鼐先生認為「或許是做搗臼之用」[5]。這樣的「臼」當然坑坑窪窪，舂出的米能不粗糙嗎？

　　古書記載得很明確，最早的米飯曾經不脫糠，就像最早的羹不加調料一樣。《淮南子·主術訓》：「大羹不和，粢食不毀。」後來才有了杵、臼，有了簸箕、篩子。《詩經·大雅·生民》描述了從穀子到米飯的過程，包括舂、簸。最早的米是只舂一次的「糲」米，不光帶着硬膜，更混着各種粗糙的成分，包括稗子、舂不着而帶殼的癟穀（秕）、簸不盡的糠，以及臼碎的砂土等雜質。就說稗子，這東西好像專為跟華人搗亂而生的，它帶着殼兒時比穀子略小，舂幾道也舂不着它，只能趁它還是長在田裡的莠草時整棵拔掉，偏偏莠草跟穀子長得一模一樣，於是有「良莠不分」的成語。

　　可以想到，我們祖先最早吃的「粒食」跟砂紙一樣「粗糙」，不借助汁液潤滑就咽不下去。

//////////////////////////////////

5/　夏鼐《河南成皋廣武區考古記略》，《科學通報》，1951 年第 7 期。

/// 穀粒怎致熟？燒熱石板烘

肉食時代，中國人弄熟食物是用獨有的「炮」法：拿稀黃泥包了小動物再放進火坑裡燒。沒肉吃了改粒食，可不能倒退到生吃；沿用老辦法也不行，穀粒細小，沒法裹了泥再燒。怎麼辦？只能攤在燒熱的石板上烘熟。為了避免焦糊得太厲害，還懂得先過過水，這道工序叫「釋」，就是先拿水泡過。《禮記‧禮運》：「夫禮之初，始諸飲食，其燔黍捭豚……」漢人鄭玄注釋說：「古者未有釜，釋米捭肉，加於燒石之上而食之。」譙周《古史考》：「及神農時民食穀，釋米加於燒石之上而食。」《辭源》「釋」有「浸漬」義項。這也說明，先民開始吃穀子早在陶鼎發明之前。

翻遍人類學的書也沒見這樣的烹飪法。別的民族有「石烹」，把燒熱的卵石放進容器裡當熱源。例如印地安人「在地上掘個窟窿四周鋪以牛皮，然後攔水、攔食物、攔燒熱的石塊」[6]。文獻裡也找不到中國先民使用此法的記載，西南邊疆少數民族例外[7]。著名學者王學泰先生的專著說，雲南西雙版納地區至今還有「將牛皮或芭蕉葉鋪在坑的四周，把要煮的食物投入坑內，再把燒熱的卵石投入」的方法[8]。中國沒有石烹，可能因為黃土地帶沒有卵石，牛皮也極為難得。

石板上烘的糧食肯定半生半糊，極燥極硬。烘焦的穀粒是「倒欠」水分的，曬乾的穀粒含有「結晶水」（crystalized water），烘焦穀粒會使結晶水溢出，吃進肚裡就要吸收胃液，叫人極度乾渴。莊子形容野雞的生活自在得叫人羨慕，說「澤雉十步一啄，百步一飲」（《莊子‧養生主》）。中國話說「飲食」，總是飲在食先，翻譯成英文時，得再倒過來變成「食飲」（food and drink）。要找原由，就要追溯到石板烘穀子。這也奠定了後世華人「乾稀結合」的飲食習慣，成為中餐的一大特點。著名典故「嗟來之食」說，古代救濟飢民還要一手拿乾飯，一手拿水。《禮記‧檀弓》：「黔敖為食於路……左奉食，右執飲，曰：『嗟！來食！』」孔夫子形容弟子顏回極度簡樸的生活，說他吃乾

6/　羅伯特‧路威著、呂叔湘譯《文明與野蠻》，北京：三聯書店，1982 年，頁 55。

7/　王仁湘《飲食與中國文化》，人民出版社，1993 年，頁 8。

8/　王學泰《華夏飲食文化》，北京：中華書局，1993 年，頁 16。

飯，喝涼水。《論語·雍也》：「一簞食，一瓢飲」。

從飲食的角度來看，人類最早的工具應該是盛水的容器。考古學家說最早的工具是石刀，那是死腦筋，就認挖掘出來的實物。那到底是什麼？死人腦袋！這是權威的人類學家說的。房龍在他著作中說：「要裝水，先得找一個仇人的頭，鋸下上半截，就正好派上這個用場。」[9] 我們聽了怪嚇人的，中國古書裡從來沒有這樣的說法。我們祖先盛水有現成的容器，就是用葫蘆剖成兩半的瓢。有了陶罐後還一直用到現代，瓢在水缸裡，又輕又不怕摔。無怪葫蘆在中華文化中有很神秘的色彩。

/// 早期中國陶器：非盛水之罐，乃烹飪之鼎

陶器的由來還是個謎。人類學家羅伯特·路威（Robert H. Lowie）否定了多種說法，總結說「陶器是怎樣起源的，沒人知道」[10]。它不大可能是遊牧文化發明的，因為在遷徙中容易打破。他們的水及牛奶慣用皮囊來盛。人們對洋成語「舊瓶裝新酒」的理解大錯特錯，考證的結果叫人吃驚：「瓶」bottle 本來是個皮袋子。權威的《韋氏第三版國際詞典》（Webster's Third New International Dictionary）給 bottle 的解釋是「遊牧民族用以盛液體的一頭紮緊的皮袋」（a nonrigid container resembling a bag, made of skin, and usu. closed by tying at one end.），還引了《聖經》中的例句：「也沒有人把新酒裝在舊皮袋裡……」出自《新約·馬太福音》。清代人的筆記記述蒙古人的生活也是如此。阮葵生《蒙古吉林風土記》：「虎忽勒（蒙古話皮囊），乳桶，以皮為之，平底豐下而稍銳，其上抒乳盛之，於取攜為便。」

中國古書的記載當不得真，《世本》說「昆吾作陶」，但有一條有點道理：陶是在河邊做成的。《呂氏春秋·慎人》：「舜耕於歷山，陶於河濱。」「河」就是黃河，河濱都是黏土。關於中國陶器的前身，筆者有個大膽猜想：中國獨有的古怪樂器「壎」，是炮鳥過程中產生的陶。「壎」字為「土」加「熏」，《說文解字》曰：「熏，火煙上出也。」

//////////////////////////////

9/　房龍《人類征服的故事》，江蘇人民出版社，1998 年，頁 49。

10/ 羅伯特·路威著、呂叔湘譯《文明與野蠻》，北京：三聯書店，1982 年，頁 99。

於河姆渡遺址出土的中國樂器「壎」。

與炮相關。喜好破案故事的讀者，請參閱筆者的長篇「推理散文」《壜裡乾坤》[11]。壜是最小的，大的還有臼（前面談過其由來）；壜、臼都是用火燒食物時無意中產生的。中國陶器可說是「吃」出來的，又立即在「吃」上派了煮熟食物的用場。

埃及與巴比倫的農業文明也很早有了古陶器，但那都是為了取水之需應運而生的陶罐。他們吃的肉是烤熟的，麥粉大餅也是在烘爐裡弄熟的，不用水煮。常見旅遊者描述，做埃及大餅用的是烘爐，跟維吾爾族的烤「饢餅」爐相似。

「熏」的篆字

前些年大陸考古學家提出總結，陶器發明的時間可以上溯到一萬幾千年前。經過最新的「碳同位素14」技術測定，時間早在萬年上下（最早的 10815 ± 140 年）。考古報告有個值得注意的特別之處：常常提到陶器底部有煙炱。例如 1997 年北京大學考古系在徐水遺址出土的陶器平底罐，底部「都有煙薰火燎的痕跡」[12]。這表明我們祖先發明用水煮熟食物的方法幾乎是跟「粒食」同時的。古代容器之名有不少古怪的字，用來烹煮的統稱為「鼎」。字書的解釋是有三條腿兩個耳朵。《說文解字》：「三足兩耳，和五味之寶器也。」一般人認為鼎是青銅做的，比陶器晚，這是商周青銅鼎被當做禮器而給人的印象。其實最早就有陶鼎，所以後世常說「鼎鬲」、「鼎鑊」，鼎在前頭。新石器時代遺址有大量出土，例如大汶口遺址的兩件陶鼎，一個裡面有粟，一個有魚骨[13]。這是陶鼎用於烹飪主食、副食的「鐵」證。鼎底上滿是煙炱，就不用說了。

/// 鬲：黃帝教民喝粥，孔子之祖吃「饘」

一萬多年前的事，換了任何文化也不會留下記載，中華文獻裡居然言之鑿鑿：「黃帝始蒸穀為飯，烹穀為粥」。三國時代的重要著作《古史考》收錄了這兩

//////////////////////////

11/ 高成鳶《壜裡乾坤》，《飲食之道——中國飲食文化的理路思考》，山東畫報出版社，2008 年，頁 311-332。
12/ 趙朝洪、吳小紅《中國早期陶器的發現、年代測定及早期製陶工藝的初步探討》，《陶瓷學報》，2000 年第 4 期。
13/《山東廣饒新石器時代遺址調查》，《考古》，1985 年第 9 期。

句，作者譙周，其書是對《史記》的補充、糾正。《晉書·司馬彪傳》說：「譙周以司馬遷《史記》書周秦以上，或采俗語百家之言，不專據正經，周於是作《古史考》二十五篇，皆憑舊典，糾遷之謬誤。」原書已佚，清人有輯本一卷，根據的是失傳的《逸周書》。史學家李學勤先生說，此書之名始見於前漢的《說文解字》，內容不同於《尚書》裡的《周書》，「研究中國學術史，對此似不宜忽略」[14]。宋代的《太平御覽》引用時分成兩句。分別收在《飲食部·飯》、《飲食部·糜粥》章節內。這裡有個問題：原書先提飯、後提粥，明顯不合乎事理；或許是兩句顛倒了。

　　「烹穀為粥」就是煮粥。「烹」跟「煮」意思一樣，「粥」的正字為「鬻」，下部的鬲是煮具，上部中間是「米」，兩邊的曲線象蒸汽之形。「煮」本是個簡化字，宋代以後才流行起來。宋代字書《集韻》：「烹，煮也。」「煮」最早就出現在《說文解字》對篆體「粥」字的釋文中。煮的前提是有水，水火是不相容的，石器時代，先民怎麼會想到把粟跟水一起放進陶鬲中加熱？猜想當是跟石板烘穀時期的先把穀子過了水的傳統經驗有關，再往前追索，可能更跟炮鳥時期的先拿濕泥包裹有關。總之，中國的粒食文明一開始就跟「親水」是同步的，對於中國人，水、火這對冤家最早就是結伴而來的。

「鬻」的篆字

　　粥裡水多灌得慌，多吃也只能落個「水飽」，於是下一步就必然要想辦法減少水分。解飽的「乾飯」不易發明，第一步只能做成「乾粥」。有個時期就拿少水的粥充飢，還有個專名叫作「饘」。《辭海》的淺顯解釋是「厚曰饘，稀曰粥」。最著名的例句，恰好是孔夫子祖上鑄在一個著名銅鼎上的銘文，告訴子孫：「（我們）吃的就是這個鼎裡的乾粥，或這個鼎裡的稀粥，就靠這來餬口。」《正考父鼎銘》曰：「饘於是，粥於是，以餬余口。」見《左傳·昭公七年》。孔子祖上是宋國的貴族，也靠吃粥餬口，老百姓更不用說了。那時沒有更高級的吃食。讓粥裡的水儘量少些而變成饘，這顯然是從稀粥到乾飯的必要過渡。

　　我們的祖先經歷過吃饘的階段，雖有記載卻很少有人認同，因為未能從情理上思考問題。猜想吃饘的階段不長，因為乾粥粘鍋底，太容易燒焦了。

///////////////////////////////

14/ 黃懷信等《逸周書彙校集注》李學勤序言，上海古籍出版社，1995 年。

商代陶鬲，表面飾有繩紋。

/// 甑：蒸飯鍋的偉大發明

華人愛用「吃幾碗乾飯」表示一個人的能耐。「乾飯」的發明顯示了老祖宗的集體能耐。「黃帝蒸穀為飯」，前引《古史考》把這句放在「烹穀為粥」的前面，顯然是從「烹穀為粥」跨出的一大步。

減少粥裡多餘的水就成了「饘」，再減水就很難避免焦糊，必須另闢蹊徑。蒸飯的原理跟煮粥一樣，要借助水來控制火。既要利用水又要脫離水，即使對於現代科學家來說，這個課題也不輕鬆。要克服自相矛盾，就得發明一件神奇的裝備。那就是「甑」，古老的蒸鍋。

陶甑最早出現在仰韶文化時期，以河南省澠池縣為代表，其聚落遍及黃河流域，時間為七千到五千年前，恰好約為傳說中的黃帝時代。見考古學家安志敏的總結性論文[15]，以及張光直先生的長文《中國新石器時代文化斷代》[16]。蒸飯的甑，是由煮粥的鬲改進而成的：甑比鬲多了兩個關鍵部件，就是蓋子與箅子。這在中國粒食文明史上具有重大意義，讓我們分別考察。

先看箅子。最早的蒸鍋只能就着先前的鼎、鬲加以改進，先是在鬲的上邊添加個名叫甑的陶製部件。通常說的「甑即蒸鍋」，其實是不準確的。甑實際像籠屜的一層，有幫無蓋，底上有七個大圓窟窿。《說文解字》段注引古代技術專著《考工記》說，陶匠做的甑「厚半寸，唇寸，七穿」。段玉裁的注釋說：「按，甑所以炊蒸米為飯，其底七穿。」

為了別把米漏下去，得在底上鋪一片竹篾編的蓆子，相當於籠屜布。《說文解字》說「箅」就是遮蔽的「蔽」。「蔽也，所以蔽甑底」，段玉裁注釋說：「（甑）底有七穿，必以竹席蔽之，米乃不漏。」燒過飯的陶鬲，半天水還沸着，怎麼取飯吃？所以得有甑。甑總是跟鬲配套的，上甑下鬲，配成的整體有個名字叫「甗」。《辭海》說甗「盛行於商周時期」。

//////////////////////////////////////

15/ 安志敏《我國新石器時代的仰韶文化和龍山文化》，《歷史教學》，1960 年第 8 期。

16/ 張光直《中國新石器時代文化斷代》，《中央研究院歷史語言研究所集刊》第三十本上冊，1959 年。

戰國時代的甗，上半部為甑，下半部為鬲。

鬲用作煮水，水蒸汽的熱力通過甑底部設的氣孔，把甑中放的食物蒸熟。

後世發明了輕便的籠屜，出現時期無法考證，籠屜本來叫「蒸籠」，這個詞出現也比較晚。《辭源》的例句是明人的《麵食詩》：「素手沒自開蒸籠」。蒸饅頭的出現是在三國時期，晉代「美食家」何曾吃蒸餅，非開十字花的不吃，推想蒸籠已有應用。《晉書·何曾傳》：「蒸餅上不坼作十字不食。」

蒸飯的發明純是為了飽肚，不可能顧及味道而加鹽；這在飢餓中相沿成習，導致華人獨有的「主食純淡」的頑固食性，以致有羹（菜）的分工，這是後話。

/// 考古學一大疏失：無視「器蓋」

要發明蒸鍋，蓋子絕對是前提。這個不起眼的玩意能讓鍋裡氣壓加大、溫度超過100°C，這樣，米才能單靠蒸汽的熱力而蒸熟，否則鍋裡的上部永遠達不到煮粥的沸點。物理學告訴我們，氣壓加大則沸點提高，西藏高原空氣稀薄、氣壓低，沸點才八十多度，煮不熟飯。儘管筆者對考古學一竅不通，卻要斗膽大呼：考古學家們是不是犯過一個大錯──長期無視陶器的蓋子！歷來大量的考古報告絕少見到「器蓋」的蹤跡，所附的圖版中，各種早期陶器都敞着大口。在網上費了大半天工夫才搜索到 3 條，最早的是 1965 年的夏代遺址發掘報告 [17]。再就是 1979 年的大河村遺址報告 [18]，另一項則發現於河姆渡遺址第 2 層，年代是 5,200 至 4,700 年前（河姆渡遺址博物館藏）。

還有權威論文顯示，考古學家對器蓋確實有所忽略。權威的石興邦先生（因發掘西安半坡遺址而享譽世界）寫過長文綜述仰韶陶器，最早論及甑的出土時完全沒有提到「器蓋」。《中國新石器時代考古文化體系及其有關問題》「仰韶文化」一章，「廟底溝類型」（仰韶文化的繁榮時期）一節有甑而無蓋 [19]。然而同一篇，在講述另一處遺址時又突兀地說（出土的）器蓋「加多」。上述文章後部「下王崗類型」一節中說「陶器有甑、鼎、缽、碗……等，器蓋和器座加多。」直到近年考古報告才正視「器蓋」，例如中科院考古所洛陽發掘隊

////////////////////////////

17/《河南偃師二里頭遺址發掘簡報》，《考古》，1965 年第 5 期。
18/《鄭州大河村遺址發掘報告》，《考古學報》，1979 年第 3 期。
19/ 石興邦《中國新石器時代考古文化體系及其有關問題》，收入《亞洲文明論叢》，四川人民出版社，1986 年。

於河姆渡遺址出土的器蓋。

的《河南偃師二里頭遺址發掘簡報》。

筆者在深入考察中忽然悟出，蓋子的意義大得驚人，幾乎可說涵蓋了中華文化的一切。從哲學上用一句話總括中華文化，就是「天人合一」。「合一」的「合」就跟蓋子有依賴關係。這個觀點得用文字學方法來論證，不免有點曲折。「蓋」字上邊的「艸」，《說文解字》解釋為草做的苫蓋，這不合乎本書用飲食解釋中華文化特色的觀點；轉而考察「蓋」字下邊的「盍」字，古又作「盇」，它的篆體是「大」加「血」，而「血」字又能再拆成「一」加「皿」，皿是食器。「從皿，一象血形。」再看《說文》，有「亼」一字，是「人」、「一」合成的三角形，並說「象三合之形」，大有深意的是由此引出的「合」字，《說文解字》斷言其上邊同樣是三角形。這樣就聯繫到「天人合一」哲學觀念的由來。

「盇」的篆字

中華文化中沒有三角形的概念。後邊有專題詳考。《說文解字》把「人＋一」說成是三合之形，段玉裁在權威的注釋中已有點疑問。讓我們從事理本身來推想：許慎對「蓋」（盇）的解釋是「覆也，從皿，大聲」。段注卻認為「大」不表示讀音，而表示上邊的蓋子必須大於下邊的器皿。「皿中有血而上覆之，覆必大於下，故從大。」一般的苫蓋固然要「上大於下」，但蒸鍋的蓋子卻必須嚴絲合縫，不能跑氣兒，後來進化為籠屜，上邊還得壓塊大石頭呢。

甑的「器蓋」一開始就要求跟本體相「合」。蓋子的發明應當是在甑之前。因為蓋在鼎鬲上煮粥，會保存熱量、提早沸騰，節省黃土高原缺乏的柴草燃料。甑的發明則第一步就要求改進蓋子，讓它跟鼎口精密相「合」。考古學資料恰好證明，較早的「器蓋」已經像現代「子母扣」一樣能上下咬合，考古學家還給它專名就叫「子母口器蓋」。例如一篇考古學論文說：「（龍山時代）克、煙、濰的陶器中，……都有子母口帶紐器蓋……」[20]

結論是，蒸飯的客觀需要，迫使中國先民發明了蓋子，誘發了「合」的觀念，

/////////////////////////////////

20/ 王迅《模糊數學在考古學研究中的應用》，《考古與文物》，1989 年第 1 期。

是為「和」的哲學的前提。另外，蓋子還派生出中國天文學上的「蓋天說」，以及作為「天子」儀仗的大傘「華蓋」。《辭海》：「蓋天說，我國古代的一種宇宙論，認為天圓象張開的傘，地象覆蓋的盤。」

//羹一菜：助咽劑、唾液刺激劑

///老周公吃頓飯為啥吐出三回

最早的「乾飯」又粗又澀，能勉強下咽也全靠唾液幫助。《簡明不列顛百科全書》說唾液能「黏附食物碎屑，能將食物變成流體、半流體，以便與辨味與吞咽」。有個著名典故最能證明，說的是老周公禮賢下士的事跡，由於頻頻接待訪客，他吃一頓飯竟要吐出三回來。《辭源》解釋「吐哺」說：「吐出口中的食物。相傳周公熱心接待來客，甚至『一飯三吐哺』，見《史記‧魯世家》。後指殷勤待士的心情。」我們正吃着飯，要說話怎麼辦？你會說咽下去不就得了。老周公偏要把嚼了半截的飯吐出來，這只能解釋為輕易咽不下去。

老年人唾液減少，這是生理常識。老人咽粟飯有困難，成語「吃飯防噎，走路防跌」曾很流行。《水滸傳》第三十三回：「自古道『吃飯防噎，走路防跌』。」今天人們聽了會納悶，但古代老人吃飯噎着是常事。漢朝皇帝推行的尊老禮制，規定老人吃飯時得有人負責提醒別噎着。《後漢書‧明帝紀》說，皇帝在「養老之禮」上要親自給老人代表敬奉酒食，還要「祝哽在前，祝噎在後」。古注：「老人食多哽咽，故置人於前後祝之，令其不哽咽也。」[1] 皇帝頒贈給七十歲老人的鳩杖，有「特權證書」的功用，上端要用銅做裝飾，道理是據說鳩鳥嗓子眼大，總也噎不着。《後漢書‧禮儀志》的解釋是鳩為「不噎之鳥」。古代老人多噎喝，猜想很多人都患了食道癌。歷史上粟食的河南一帶，至今是世界有名的食道癌高發地區，這當跟食道長期受刺激有關。

1/　高成鳶《中華尊老文化探究》，中國社會科學出版社，1999 年，頁 129。

老人咽不下「乾飯」還有一大佐證是，古代的「養老」禮制中規定，以天子名義頒給老人的慰問品，居然是最不值錢的煮得稀爛的「糜粥」。《禮記·月令》：「（仲秋之月）養衰老，授几杖，行糜粥飲食。」《後漢書·禮儀志》記載了施行的史實。老人是家族群體的凝聚核心，他們的健康長壽是至關重要的，所以中國從上古就有嚴格的尊老禮制，重點是用飲食「養老」。按禮俗要求，老人的飯食，除了人人不離的羹外，還有三樣方式以助下咽，就是用糖稀、蜂蜜來「甘之」，用人工黏滑劑來「滑之」，用動物油脂來「膏之」。《禮記·內則》：「飴蜜以甘之……滫瀡以滑之……脂膏以膏之。」「糖稀」是「飴」的俗稱，跟蜜一樣是黏稠的流體，據季羨林先生的專著《糖史》，糖是唐朝以後從印度傳來的，古代只有流體的飴糖[2]，用來澆拌，能讓飯變得黏滑而甘甜，所以說「以甘之」。「膏」是豬肉煉出的油脂，很滑膩。「細膩」是「粗糙」的反義詞，膩字就屬於「肉」偏旁。

/// 粟飯離不開「助咽劑」的羹

先秦古書說，小孩玩「過家家」遊戲，拿泥土當乾飯，也少不了拿泥漿當稀羹。《韓非子·外儲說左上》：「夫嬰兒相與戲也，以塵為飯，以塗為羹……塵飯、塗羹可以戲而不可食也。」清代美食家李漁說：飯就像船，羹像水，沒羹，飯就在嗓眼裡下不去，就像船在灘上乾晾著。《閒情偶寄·飲饌部·穀食第二》：「飯猶舟也，羹猶水也，舟之在灘非水不下，與飯之在喉非羹不下，其勢一也。」古人不論老少，離開羹就吃不了飯。實在沒有羹，也得拿「漿」或水來湊合。

孔子的窮學生顏回就是一口涼水一口飯。《論語·雍也》：「一簞食，一瓢飲。」水只能把食物的碎屑變成半流體；「漿」滑，還有點酸，初步具有「味」的屬性。《辭源》解釋「漿」是「用水浸粟米製成的酸漿」。先秦就有賣漿的專業戶，《史記·魏公子世家》說「薛公藏於賣漿家」。酸味能刺激唾液的分泌，這有「望梅止渴」的典故可證。路旁的百姓慰勞行軍中的戰士，也要有飯有「漿」。《孟子·梁惠王下》：「簞食壺漿，以迎王師。」

2/　季羨林《白糖問題》，收入《中華食苑》第四冊，中國社會科學出版社，1996年。

就連救濟餓得要死的飢民也要「左奉食，右執飲」，「飲」當是低等的漿水。見前述「嗟來之食」典故。

用酸漿送淡飯，生命所必需的鹽分從哪裡來？不消說漿必有鹹味。在鹹、甜、酸、苦、辛中，鹹是唯一為維持生命必不可少的。味覺退化的老年人總是抱怨口味太淡；加鹽能使唾液多些。刺激唾液分泌，梅子的酸味更厲害。鹽、梅正是做羹用的最早的調料。梅當佐料時還沒有醋的前身「醯」。古書中鹽、梅常常並稱，如《尚書·說命》：「若作和羹，爾惟鹽梅。」

對於吃不着肉食的先民，最能構成美味的是肉類。《論語·述而》說，孔夫子曾用「三月不知肉味」誇張地形容叫他沉醉的音樂。經典強調老人的飯需要搭配脂膏，古注說脂膏可以增添肉的「香美」（《禮記·內則》鄭玄注）。羹中之肉經過特殊的烹調處理，具有世間本來沒有的美味。羹是肉湯，上面提到的流動、滑溜、用味刺激唾液分泌三種功能齊備。「羹」對唾液的刺激遠非酸梅那樣簡單，其神奇之處在於通過「饞」的心理、生理變化激起食慾，使唾腺已經退化的老人垂涎三尺；唾液不僅潤滑，更能讓食物還在口中就開始消化。《簡明不列顛百科全書》說，唾液裡「含有少量澱粉酶，能使碳水化合物分解」。

羹是最早的烹調成品，中餐菜餚的前身，也是漫長的時期中日常飲食的要件。王公貴族早有肉醬、筍菹（鹹菜）之類的珍饈可以「佐餐」，但還是離不開羹，所以古書斷言羹是從諸侯到百姓，不分等級的通用食品。《禮記·內則》：「羹食，自諸侯以下，至於庶人，無等。」著名人類學家張光直先生指出：由於羹的出現，「便有了狹義之『食』（即穀類食物）與菜餚之對立」[3]。中餐的「飯」、「菜」對立格局於是形成。

有粟可吃的地方，菜也多。所以最普通的吃食可以用「疏食菜羹」來概括（《論語·鄉黨》）。

//////////////////////////////

3/　張光直《中國古代的飲食與飲食具》，《中國青銅時代》，北京：三聯書店，1999 年，頁 348。

/// 羹：從純肉一步步變為無肉

唐詩裡描寫當新媳婦的難處說，因為摸不清婆婆的口味，做了羹湯得先給小姑子嚐嚐。王建《新嫁娘》：「三日入廚下，洗手作羹湯。未諳姑食性，先遣小姑嘗。」羹、湯連用，說明唐朝的羹已經跟湯差不多了。「羹」的字形不像「湯」、「汁」那樣帶水旁。上面是羊羔的羔字，下邊是美字。羹的意義曾經歷過一系列的變化：純熟肉→帶汁的肉→稀肉汁→帶菜的稀肉湯→帶肉的菜湯→沒肉的菜湯。

粗飯靠油滑的流體幫助下咽，「羹」便從純肉演變成帶汁的肉，而肉塊要優先給家族裡的老人吃。《孟子·盡心上》：「七十（老人）非肉不飽。」又《孟子·梁惠王上》：「雞豚狗彘之畜，無失其時，七十者可以食肉矣。」可是五六十歲的也需要「潤滑劑」，煮肉時就得多加水，於是羹就成了肉汁。到完全沒有肉時，不管老少，吃飯還是離不了羹，只好用代用品，「羹」變成菜湯就是必然的了。

起先貴族老少都是以吃肉為主，百姓管貴族叫「肉食者」，貴族也輕蔑地管百姓叫「藿食者」。據劉向《說苑·善說》，有平民向晉獻公上書，獻公訓斥說：「肉食者已慮之矣，藿食者尚何與焉？」「藿」是豆類的嫩葉，戰國時期的韓國，土地貧瘠光產豆子，百姓只能吃豆飯、豆葉羹。《戰國策·韓策》張儀遊說韓王曰：「韓地險惡，山居，五穀所生，非麥而豆；民之所食，大抵豆飯藿羹。」所以「藿食」近似吃糠咽菜。

肉料是一點點減少的，往肉汁裡填充的菜是一點點加多的，直到肉羹變成「菜羹」。吃草有個動詞叫「茹」，往羹裡加菜也有個動詞叫「芼」。《詩經》開篇的情歌裡就提到「芼」荇菜。《詩經·周南·關雎》：「參差荇菜，左右芼之。」說的是姑娘們在採摘一種水菜，當是做羹用的。古書裡有「芼羹」，解釋是拿菜往肉羹裡摻。孔穎達疏《禮記·內則》「芼羹」一詞曰：「用菜雜肉為羹。」拿菜充肉，起先出於不得已，無意中卻有了重大發現，「湊合」竟變成「講究」了，羹裡的小塊肉就從主料變為調味料。

戰國時期的貴族早已不是純粹的「肉食者」了，他們實際是「食必粱肉」。《管子·小匡》說齊襄公「食必粱肉」，「粱」就是精細的黍米。因為「飯羹交替」的美食格局確實比單調的肉食要高明得多。一經廣大平民創造出來，貴族當然也要享用。再

說，羹的美味經過「藿食者」無意中的改進，也遠遠超過了單純的煮肉。這自是後話。

/// 從羹裡加糝到菜裡勾芡

脂膏最能讓乾澀變為滑溜，因為缺肉，先民發明過種種代用品。《禮記·內則》篇講到老人的飲食時曾有列舉，七八種植物原料的名稱都是怪字，最後的「滫瀡」不知是什麼東西，清代孫希旦《禮記集解》總括說「古今異制，不能盡曉」，《辭源》乾脆自作判斷，說是「古代烹調方法，用植物澱粉拌合食品使其柔滑」。筆者琢磨「滫瀡」是用那些怪植物做出來的「人工黏滑液」，其原料是富有黏性的葵菜、菫菜、榆樹皮等，字書說都能在飲食的調和中起到「甘滑」作用。清朱駿聲《說文通訓定聲》說：「按此菜野生……瀹之則甘滑。」「瀹」就是加在羹裡調味。草木繁茂的季節有菫菜之類可採，為度過漫長的冬季，還要選特殊的草木來曬乾保存，例如苣草。鄭玄注釋說：「苣，菫類也，乾則滑。夏秋用葵，冬用苣。」

肉羹又滑又美味；「漿」則光有酸、鹹，黏滑性太差；特製的「滫瀡」夠黏滑，滋味卻太差。回過頭來再從羹的改進上琢磨，終於找到了沒肉也滑的好辦法，就是往羹裡添加碎米碴，有個專名叫「糝」，當動詞表示往羹裡加糝。《辭海》說糝是「以米和羹」，很不準確，沒提得把米弄碎。飯離不了羹，菜羹離不了糝。古書裡「糝」字隨處可見。多窮的人家，有粟就有糝。吃不起糝的情況只有一種，就是斷了糧，沒米碴能糝了，光能喝野菜湯。有個著名的典故說，孔夫子周遊列國，在陳國被人包圍了七天，師生一行差點沒餓死，弄點野菜湯喝喝，連糝也沒有，古書就說「藜羹不糝」。《呂氏春秋·慎人》：「孔子窮於陳、蔡之間，七日不嘗食，藜羹不糝。」

小米再弄碎就有點像今天的棒子麵（玉米麵粉），一煮就成黏粥，加上野菜、鹽，味道就稍微有點像肉羹了。為什麼先民不用更細膩的白麵作糝？因為那時還沒有。「麵」古代叫「粉」，就是碾碎了的米。中國古代有麥子也弄不出麵粉來，因為有碾沒磨。那麼後世有了白麵怎麼還是不拿來當潤滑劑？答案：「芡」一發明就

必然取代「糁」。這就是糁從日用不離到遽然消失的緣由。

　　芡粉是用芡實做成的澱粉。芡是中國常見的水生植物，把它的種子搗碎加水，會沉澱成細粉。李時珍《本草綱目‧果六‧芡實》引前人說：「天下皆有之」，可「采子去皮，搗仁為粉」。水澱粉遇熱則細胞破裂膨脹，吸收大量水分，「糊化」成透明的「溶膠」。科學上的澱粉，可能是作為中餐進化的副產而最早發現的。芡代替了糁的同時，「菜」也代替了羹。只有華人「勾芡」，就像只有華人炒菜一樣。

/// 羹最早令人「垂涎」

　　管羹叫「助咽劑」真委屈了它，忽視了它的高級功能：用美味刺激唾液分泌。吃肉是不費唾液的，但中國先民改為「粒食」後情況大有不同：乾澀的粟飯全靠吸收大量唾液，攏成一團才能下咽。你說吃乾飯可以像成藥方單上說的「溫水送服」？水多了沖淡胃液，會妨害消化。唾液裡的「澱粉酶」最能消化糧食。《簡明不列顛百科全書》「唾液」條目說：「唾液由水、蛋白質⋯⋯及澱粉酶組成」，「澱粉酶可使碳水化合物分解」。也巧了，洋人的冷麵包也沾水就化，而後世的涼饅頭比小米飯更費唾液。所以華人注定了要發明美味的羹。

　　貓兒愛吃腥是本能，可不等於它懂得欣賞魚味。野蠻人吃肉也一樣。羹是世界上第一件烹調成品，作為美味載體，它是滿足文明人欣賞需要的產物。用遠古祖先的吃法對比：為了照顧他們的原始口味，先秦擺祭的煮肉連鹹味都沒有，還有個專名詞叫「大羹」。《禮記‧郊特牲》：「大羹不和。」後來羹要用鹽、梅等作料來調味，《尚書‧說命下》：「若作和羹，爾惟鹽梅。」純是為了用美味刺激食慾，好增加唾液的分泌，來幫助粟飯的下咽。《簡明不列顛百科全書》說「當聞到食物香味」時，「唾液分泌就會增多」。

　　即使羹沒有「送飯」下咽的任務，煮肉也會改進到加鹽，那主要因為鹽是人體的需要，洋人連麵包還帶鹹味呢。洋人的烤牛排我們總嫌太淡，洋人則總是批評中餐菜餚太鹹，國人卻不懂怎麼樣給人家解釋。其實有個好辦法：給他盛，讓他一連氣吃下一碗小米飯，他就會明白吃鹹的是為了讓純淡的「飯」更容易吃。反過來

說，我們習慣了鹹淡分工的格局，也不易接受洋麵包的鹹頭。

　　肉本是普通食物，後來成了美味佳餚的主料。「肴」的字形本是上「爻」（表示讀音）下「肉」（月，表示字義）。肉要變成美味，得靠加「佐料」來烹調。除了鹽有特殊性，是自然存在的無機物，佐料都是植物。酸味最早只有梅，也是植物。中國人燉肉加的作料品類繁多，經過幾千年篩選，常用的還有「十三香」。烹飪史家、友人熊四智先生列舉常用的就有 32 種[4]，還沒包括蓽蘿、蓽撥、砂仁等等。宋代烹飪專著《吳氏中饋錄》中還十分常用。你會說有的是草藥啊，沒錯，這就叫「食藥不分」。有一種調料名字就帶着藥——芍藥，還是菜餚的代稱，韓愈形容美食之家，詩句就說「五鼎烹芍藥」。宋代周密的《癸辛雜識》注釋引司馬相如《上林賦》的古注說「呼五味之和為芍藥」。有人還認為「芍」字跟炒菜的勺有關聯。

　　肉類與植物互相作用會產生美味。兩種東西怎樣才能相互作用？唯一的場合是「煮肉時加進植物材料」。華人自古以煮法為主，有了水作溶劑，肉跟佐料才能融合；中國早期發生肉食匱乏，逼着人們往肉裡填「菜」。在實踐中，人們無意間發現，有一類菜能以強烈氣息跟肉的一部分氣息發生「火拼」，兩敗俱傷的同時，奇跡般地生出美味來。

////////////////////////////////

4/　熊四智《中國人的飲食奧秘》，河南人民出版社，1992 年，頁 97。

//飯、菜的分野

///醬、菹「齁」死洋人

　　有位洋朋友多次吃過筆者家的飯，樣樣讚不絕口，唯獨稀飯除外。故意讓他嚐嚐「就」稀飯的鹹菜，他大叫一聲。濱海的老家，常拿蝦醬就飯，醬罐裡一層白鹽，「齁」鹹。《現代漢語詞典》說「齁」是「非常（貶義）」：如「天齁冷」。古人還誤以為醬比鹽還鹹，東漢應劭《風俗通》：「醬成於鹽而鹹於鹽。」拼命提倡「少鹽」的洋人嚐了，不等鹹死就得嚇死。

　　鹽是生命所必需。古人說酸甜一年不吃都行，鹽幾天不吃就「縛雞」的力氣都沒有了。明代宋應星《天工開物·作鹹》：「辛酸甘苦，經年絕一，無恙。獨食鹽，禁戒旬日，則縛雞勝匹，倦怠懨然。」鹹味又能引起唾液分泌。做羹的肉料常年缺乏，蔬菜過了季節也沒有，漫漫冬季，拿什麼就飯？只有鹹菜及醬。晉人嵇康記述過這種生活。《養生論》：「關中土地，俗好簡嗇，廚膳肴饈，不過菹醬而已。」所以鹹物是最起碼的「下飯」之物。監獄囚犯的伙食不能再糟了，還給窩頭眼裡插根鹹蘿蔔呢。

　　醬的發明能追溯到神話裡去。據班固《漢武帝內傳》，西王母下凡跟漢武帝提過三種醬。起先醬是獸肉做的，古書裡叫「醢」。《說文解字》：「醬，醢也，從肉、酉。」《周禮·天官·醢人》鄭玄注：「必先膊乾其肉，乃後莝（切碎）之，雜以粱麴及鹽……」原料還擴大到魚、螺蛤、昆蟲。《周禮·天官·醢人》：「魚醢、蠃醢、蜃醢、蚔醢。」沒聽說洋人有把肉弄成鹹醬的事，相反，醬在中國的流行是必然的：肉料難得，想保存就得多加鹽；作為粟飯的搭配，得同樣有細小的顆粒，俗話說「剁成肉醬」，孔夫子的學生子路被人殺了還做

成「醢」，老人家再也不吃醬了（《孔子家語‧曲禮子貢問》）。後來肉餚烹調得越來越美味，肉醬才衰落。肉醬太珍貴又發明了豆醬，成分都是蛋白質，味道跟肉醬很相似。《四時纂要》卷四說：唐代的豆醬「味如肉醬」。醢、醬都帶「酉」字旁，跟酒一樣經過發酵，味道比肉濃烈得多。醬後世變成了調料，豆醬就是醬油的前身。

說到鹹菜，古名有兩個：齏、菹。齏近似蔬菜做的醬，「齏」屬於韭部，最早是韭菜做的，至今吃涮羊肉還要蘸韭花醬。鹹菜都是切塊再醃，古人叫「菹」。齏、菹常常通用。鄭玄注《周禮》：「齏菹之稱，菜肉通稱矣。」周朝宮廷膳食就有「七菹」，包括至今還常吃的鹹疙瘩頭。《周禮‧天官‧醢人》中稱為芹菹、筍菹、菁菹。「疙瘩頭」是「蔓菁」的俗稱。「菹」的本義是酸菜，經過發酵，有跟醬類似的美味。周作人譯過日本學者談中國鹹菜的長文，談到北方有一種「酸菜」，「自然發酵成為酸味」[1]。東北人管醃白菜叫「jī酸菜」，沒人知道 jī 是哪個字，筆者推斷是「齏」。此處用作動詞。碎切大白菜加蒜醃製的「冬菜」，名字就從過冬而來。近世南洋華僑還喜歡吃，天津有大宗出口。

醬及鹹菜像羹一樣，都屬於「下飯」範疇，貴族用它豐富美味的多樣性，貧民取其比羹更加儉省。醬翻成洋文常用 paste，只取其「膏狀」含義。鹹菜則只能用 Chinese pickled vegetables（醃過的蔬菜）來描述。

/// 西餐無分主副，菜餚等同碟子

羹、肉醬、鹹菜，這些東西相差很遠，幫助下咽的功用卻一樣。它們共同的類名不只一個：佐餐、下飯、菜餚、副食。

【佐餐】字面上的意思跟「助咽」一樣。北京王致和牌臭豆腐的標籤上就說「佐餐佳品」。美食家梁實秋說過用肉類「佐餐」。《饞》：「平夙有一些肉類佐餐，也就可以滿足了。」《饞》為單篇，未收入《雅舍談吃》。「佐餐」一詞遲至清朝才流行，例如阮葵生的《茶

//////////////////////////////

1/　青木正兒著、周作人譯《中華醃菜菜譜》，香港《新晚報》，1963 年 10 月 2-23 日。

餘客話》中引了一首頌粥的詩說「佐餐少許抹鹽瓜」，《辭源》裡還查不到，可能因為「餐」字古代不常用。

【下飯】有人問「何物可下飯？」回答竟是：唯有飢餓（宋代范公偁《過庭錄》）！後來「下」曾借用已死的古字「嗄」，《莊子·庚桑楚》有此字，寫作「嗄飯」。女作家張愛玲寫過隨筆《「嗄」？》來考證[2]。「《金瓶梅詞話》稱菜餚為『嗄飯』，一作『下飯』。『下飯』又用作形容詞：『兩食盒下飯菜蔬』。蘇北安徽至今還保留了『下飯』這形容詞，『不下飯』指有些菜太淡，佐餐吃不了多少飯。」張愛玲畢竟不長於考證，不知「嗄飯」宋朝就有：《辭源》中「嗄飯」的例句就引自南宋人對東京市場的回憶。吳自牧《夢粱錄·天曉諸人出市》：「買賣細色異品菜蔬，諸般嗄飯。」「下飯」早期跟「物」連用，後世還有沿用的。《水滸傳》第四回：「春台上放下三個盞子，鋪下菜蔬果子下飯等物。」不少地方直接拿「下飯」當名詞用。第十回：「小二換了湯，添些下飯。」《水滸傳》的大部分、《金瓶梅》的全部，都用「嗄飯」。嗄字在「話本」之類的民間讀物裡還有兩種變體：食字旁加「下」，或食字旁加「夏」。南宋時的《夢粱錄》說「雖貧下之人，下飯、羹湯亦不可無」，這說明「下飯」已不包括羹湯。張愛玲考證「下飯」時，提了佐餐、菜。這三個詞大致同義，但也有不同：「佐餐」範圍更大，可以包括羹湯、水果等一餐的組成部分；「菜」特指烹調的菜餚。

洋人沒有「菜餚」概念、名詞，只好拿「碟子」（dish）代替，華人覺得可笑：英國人愛吃瓷器？《朗文英漢雙解詞典》的例句是 baked apples are his favorite dish。──烤蘋果是他最愛吃的碟子（菜）。

【副食】幾十年前周作人在《知堂談吃》中還頻頻提到「下飯」。例如《吃蟹》：醃蟹「可以下飯」[3]。今天怎麼沒人說了？都怪新名詞「副食」的衝擊。半世紀前大陸「工商業改造」，民營雜貨鋪統一改掛「副食店」牌子。「副食」並不準確，醬醋之類的調料能「食」嗎？水果是副食卻另有水果店。公共食堂的小黑板上寫着「今日副食」，下邊是幾種「菜」名。

/////////////////////////////////

2/　張愛玲《張愛玲散文全編》，浙江文藝出版社，1992 年。

3/　周作人《知堂談吃》，中國商業出版社，1990 年，頁 134。

西餐的麵包相當於「飯」，屬於主食，煎蛋當然是「下飯」，是副食，但洋人壓根兒沒有主食、副食的觀念。《實用漢英辭典》裡「副食」只能描寫為 non-stable food，即「非主要的食品」。關鍵的 stable 一詞的頭一條解釋是「大宗出產、銷路穩定的商品」。美國華裔食評家盧非易說：西方人「吃米飯的方式讓我們嘖嘖稱奇」，還乾脆管「米飯」叫「菜」。比方說「希臘米湯」，生米用肉湯煮熟，澆上生雞蛋、檸檬汁，黏黏糊糊又鹹又酸，芝加哥的希臘館子裡就有「這道菜」[4]。

/// 飯：從蒸米到正餐一套

華人見面問「吃飯了嗎？」這「飯」的內容可能是饅頭＋炒菜＋湯，或者是包子＋稀飯＋鹹菜，而不是本義的「乾飯」。「飯」，最早跟「吃」一樣也是動詞。孔夫子形容學生顏回的極端簡樸，說他「『飯』疏食，飲水」，就是吃粗糙的食物。段玉裁在《說文解字》的注釋中考辨，動詞的「飯」讀上聲〔反〕。從動詞派生的名詞，漢代有人用新造的「飰」字，讀去聲。《漢語大字典》裡的例句是漢代人枚乘的《七發》：「楚苗之食，安胡之飰。」後來才不分詞性統統寫作「飯」。名詞的「飯」出現較晚。始見於南北朝的《玉篇》，例句為《周書》的「黃帝始蒸穀為飯」。

「飯」、「食」的本義相同。《說文解字》說「食」就是米的集團。字是「亼米也，從皀，亼聲。」段玉裁注釋說，「亼」即「合」字的上部，意思是「集也」，「皀」是米粒（上部象「嘉穀在鍋中」，下邊是撥米飯的「匕」）。段玉裁給「食」字的解釋是「集眾米而成食也」，證明了文字記載的中華文化是從「粒食」開始的，雖然後來肉食算是更上等的「食」。

「飯」是主食，所以它自然就變成「一次定時正餐吃下的各種東西」的總稱。非定時的「進食」，即俗話「墊補墊補」，叫作「點心」，始見於唐朝。唐人筆記《幻異志·板橋三娘子》：「置新作燒餅於食床上，與諸客點心。」近代又改叫「小吃」。近代北京話「點心」特指糕點，才有新詞「小吃」，《辭海》不收。為什麼點心、小吃在華人飲食文化中特別發達？應當說是多數人經常處於半飢餓狀態。華人特有的瓜子兒等「零食」道理也一樣。

周朝貴族日常的一餐就包括食（飯）、羞（珍饈）、羹、醬、飲（酒類）。詳見《周禮·膳夫》及《禮記·內則》。平民只有羹，沒羹也得用水代替「稀的」。米飯跟水合成水泡飯，給行軍戰士送「壺飧」，「飧」是水泡飯，還要「就」鹹菜。歷史各個時期，「飯」的內容不斷演變，但主、副之分，乾、稀之別，是中餐不變的格局。不論條件多艱苦，「就」的鹹菜也決不可少。南北朝有個大清官，吃的是比米便宜的豆子、大麥，但也得有鹹菜。《周書·裴俠傳》：「俠躬履儉素，愛民如子，所食唯菽麥、鹽菜而已。」《梁書》中有個喪期的孝子「不嘗鹽醬」，結果虛腫到不能站立。

廣義的「飯」近似現代漢語的「餐」。莊子就管三頓飯叫「三湌」。《莊子·逍遙遊》：「三湌而返，腹猶果然。」飯（餐）一般每天只吃兩三次，此外更潛含着全家共食之意，也因而獲得文化意義，這跟歐洲人對比就能看出。《歐洲飲食文化》一書說，人類最早「近乎其他動物」，不懂得「何謂用餐時間」[5]。即便窮到只有糠菜，也叫一頓飯，否則是「斷炊」。一頓「飯」（一餐）總是主食與副食、「乾的」與「稀的」一應俱全的一整套。周作人談「飯」，說有個老太太胃口不開，一天只吃了餃子之類，自己聲稱「飯並沒有吃」[6]。

/// 菜：從可食之草到龍肝鳳膽

老外到中餐館吃飯，面對滿桌油膩，用生硬的漢語說：「多來點菜！」可好，又給添了一些肉餚。老外大為氣惱，堂倌卻說：「您不是要添『菜』嘛！」老外以為「菜」是蔬菜（vegetables），跟「菜餚」（dishes）是兩碼事，豈知中餐館裡的「菜」大多是雞鴨魚肉。「菜」的字義完全顛倒了：從沒有肉的野菜，變成沒有菜的肉餚。口頭漢語詞彙「雙音節化」不足，是哪個「菜」說不清楚。語言學權威呂叔湘談到漢語的古今詞義變化，就舉「菜」為例。「菜，原來只指蔬菜，後來連肉類也包括進去，到菜市場去買

//////////////////////////////////

5/　希旭菲爾德《歐洲飲食文化》，左岸文化公司，2004 年，頁 42。
6/　周作人《知堂談吃》，中國商業出版社，1990 年，頁 58。

菜或者在飯店裡叫菜，都是葷素全在內。」[7] 為什麼詞兒變亂了？沒見有人琢磨。一考證便會發現，「菜」義的變化反映了中華飲食文化的曲折歷史。《說文解字》說菜是「草之可食者」，這個定義準確無比。前面說過中國先民「嘗百草」是飢餓所迫；《黃帝內經》所謂「五菜為充」，記錄了糧食不夠拿草類填「充」的事實。今天的研究者讚歎老祖宗是天才的營養學家，吃菜多，是「膳食結構合理」，哪有這事！

　　宋代以前沒人把菜餚稱為「菜」。南北朝時還把「菜」看成是跟肉餚對立的。宋人王懋筆記《野客叢談》說，南齊宮裡死了人，宦官打破吃素的禮法而大吃「肴饌」，巧立名目叫「天解菜」，以代替「開葷」一詞。可見「菜」跟「葷」對立。直到清代才正式管菜餚叫「菜」，例如袁枚說「滿洲菜多燒煮，漢人菜多羹湯」（《隨園食單‧須知單》）。明朝還有人對「菜」的新含義感到詫異，那時杭州有一種貝類動物俗名叫「淡菜」，學者郎瑛還想不通。《七修類稿》：「杭人食蚌肉，謂之淡菜，予嘗思之，命名不通。」

　　據筆者考證，菜的詞義擴大發生在宋代，那時就有個別地方管魚叫「菜」。南宋文人林洪注意到民間管一種酒煮鯽魚叫「酒煮菜」，他在《山家清供‧酒煮菜》中議論說：「非菜也，純以酒煮鯽魚也。以魚名『菜』，竊嘗疑之。」其實早在北宋，江邊個別地區就出現過一個過渡性的名稱叫「魚菜」。南宋趙與時在筆記《賓退錄》中有一段記述，從中能看出「菜」義的演變經歷過兩個步驟：首先有方志書記載江蘇江陰（靖州）辦喪事的風俗有「以魚為蔬」的事實，後來「魚菜」的名稱開始在湖北流行。《賓退錄》：「《靖州圖經》載，其俗居喪，不食酒肉……而以魚為蔬。今湖北多然，謂之『魚菜』。」拿魚作「菜」的修飾詞，說明人們一開始還不容易接受「魚就是菜」的邏輯混亂。

　　分析起來，「菜」的詞義擴大先是經過「僅限於烹飪原料」的階段，擴大的緣由是某些地區盛產魚類、貝類，因為價錢極便宜，便拿它代替蔬菜。郎瑛猜想「淡」與南海以採珠為業的民族「蛋（dàn）」民同音，對於他們而言，蚌肉「賤之如菜」，故曰「淡菜」。唐代杜甫詩也說江邊漁民頓頓吃魚，《戲作遣悶二首》：「家家養烏鬼（魚鷹），頓頓食黃魚。」魚比

7/　呂叔湘《語彙的變化》，《語文常談》，北京：三聯書店，1980 年。

蔬菜更賤，漁民自然會「以魚為蔬」了。「菜」從「沒肉的蔬菜」變成了「沒蔬菜的肉餡」，以至山珍海味龍肝鳳膽。菜義的擴大，前提是華人鐵定的進餐方式：吃乾飯離不開「下飯」，對於平民就是加過工的蔬菜。

/// 多湯的羹何以變成無湯的「菜」

羹本來是煮肉。俗話說「巧婦難為無米炊」，然而拙漢子卻能做出沒肉的羹。《漢樂府‧十五從軍征》描寫一位八旬老兵「春穀持作飯，采葵持作羹」。做羹的肉越來越缺，往裡填充的蔬菜越來越多。羹的原料低賤了，功能卻不能降低，照樣得用美味刺激唾液分泌，這逼着先民想辦法提高技巧。這得先弄清羹的美味美在哪裡。肉的成分是蛋白質及脂肪，都會部分溶進湯汁中。蛋白質、脂肪都不溶於水，但肉在沸水中會釋出「膠原蛋白」，脂肪會成為顆粒懸浮的膠體狀態，所以肉湯呈乳白色。這些成分跟調料在水裡融合成美味。美味的微粒既然在湯水裡，就有「濃淡」的問題：湯水越多味越淡，越少味越濃。《說文解字》：「淡，薄味也。」「味」太複雜太微妙，就拿最簡單的鹹味來代表吧。「鹹」的對立面恰好是「淡」。純水最淡。《莊子‧山木》：「君子之交淡如水。」

最早的肉羹肯定很濃，甚至接近於「脂膏」。最早老人的飯就要用「脂膏」來「滑之」，見前引《禮記‧內則》。後來煮肉羹加的水多了起來。這樣便於「送」飯；化學方面，也為了提供化學作用的「接觸劑」（觸媒）。「味」產生在水裡，卻又跟水有天然的矛盾。人們一旦迷上美味，勢必不斷追求它的濃度。羹裡的水越來越少，就自然變成了「菜餡」。

於是，炒的新模式成為中餐菜餡的代表。炒的菜餡跟羹有很大的共同性。都是以肉為主料，除了蔥醬等調料，還要外加蔬菜配料作為襯托。舉古老「魯菜」的代表「爆三樣」為例，據權威菜譜，主料為豬腰、豬肝、裡脊肉，配料有菜花、玉蘭片、南薺等蔬菜[8]。主要的不同之處，只是炒時完全不加水；裝盤的成品稍帶湯汁，那是蔬菜含有的水分受熱釋出的，還有油、醬等流體，人們管它叫「汁」，以跟「湯」區別。「湯」的本意是熱水。極少的湯汁

8/　中國烹飪協會主編《八大菜系‧魯菜》，華夏出版社，1997 年，頁 20。

裡，溶有極濃的「呈味物質」。

　　沒有湯汁的「菜」出現後，「飯羹交替」變成了「飯菜交替」。「菜」作為下飯的烹飪品，包括三類：可以是加了蔬菜的肉餚或加了肉的蔬菜，例如炒肉片與民間的肉片熬白菜，可以是純肉餚，例如燉肉，蔥薑在成品中幾乎消失，還可以是烹調過的純蔬菜。純蔬菜的「菜」是百姓簡樸的日常「下飯」之物；純肉餚的「菜」是節慶場合解饞的宴席。

　　從羹到「菜」的演變，其間經歷了大約兩千年的漫長而曲折的發展。羹的成熟約在商代之初，以《呂氏春秋·本味》記載的伊尹理論為據。炒菜萌芽於南北朝時期，以《齊民要術》記載的「膏煎紫菜」等菜餚為標誌。典型的炒菜，吾友邱龐同先生確定為宋代食譜《吳氏中饋錄》中的「肉生」（菜餚名稱）[9]。邱先生是菜餚史的權威，曾任揚州大學烹飪系主任。炒菜比羹更能刺激唾液分泌，羹的「助咽劑」角色被「菜」代替，衰落是必然的，現今只剩席終「謝幕」偶爾露一面。

///////////////////////////////

9/　邱龐同《中國菜餚史》，青島出版社，2001 年，頁 149。

// 食的異化與味的啟蒙

/// 雞肋沉冤千古，濃味偏誣「無味」

有句成語掛在華人嘴上：「食之無味，棄之可惜」。這可是核對無誤的原話，這麼強調也引不起你的注意。可是這此話實在「狗屁不通」。雞肋啃不着一點肉卻捨不得扔，不就因為有味嗎，怎麼偏說「無味」？

成語故事出自曹操給軍營定下的口令「雞肋」，就憑這，聰明的謀士楊修猜出了他盤算着要退兵。史書中的原文並沒錯：「棄之如可惜，食之無所得。」（《三國志·魏書·武帝紀》裴注引《九洲春秋》）「無所得」就是沒肉，那麼，可惜的就是那點味兒了。可是到《三國演義》就出現了混亂，說什麼「食之無味，棄之可惜」（《三國演義》第七十二回）。這樣雞肋就蒙上了沉冤，千年不得昭雪。就連現代文豪魯迅也不動腦筋地跟着說「食之無味，棄之不甘」（《魯迅書信集·致章廷謙》）。明顯的大謬誤，億萬人，千百年，竟然沒有一人覺察。

跟雞肋相似的還有雞爪子，不過只多出一點兒皮、筋，都屬於雞「雜碎」，卻儼然成了一道名菜。早在先秦，齊國國王對雞爪子就有狂熱的嗜好，一次不吃它幾千個不算完。《呂氏春秋·用眾》：「齊王之食雞也，必食其蹠數千而後足。」又梁代名著《文心雕龍·事類》：「雞蹠，必數千而飽矣。」雞爪子在歷代宮廷裡流傳，到慈禧太后而尤甚，不少清宮筆記中對此津津樂道，給它起了個美名曰「鳳爪」。

台灣哲學教授張起鈞研究過飲食文化，他說有位朋友周先生當年留學英國，常到飯館去買些豬腳自己做了吃，店東開玩笑道：「還有雞毛雞骨頭你要不要？」

周說：「你們英國人要懂得吃雞腳，還要進化兩千年！」[1] 林語堂說：「多數美國人沒有那種聰明，把一根雞腿啃個一乾二淨。」[2] 他把啃雞骨頭看成是一種聰明，說明他真聰明絕頂。然而他也沒有料到，後來沒多少肉的雞爪子竟能讓香港的洋食客為之傾倒。近年來它在香港大行其道，每年消費幾千噸[3]。來此世界第一自由港的各國食客一嚐鍾情，於是華人的「雞爪瘋」傳染到全球。

中國成語說「打破砂鍋問到底」。並不是筆者發現了「雞肋」問題才進一步打破砂鍋問到底，而是「砂鍋」先被我失手打破了，其中的問題才可能顯現出來。這個砂鍋就是中國先民煮食物用的陶器，也即是中國烹調的出發點。沒有烹調也就沒有雞肋的美味。

語言的變化是反映生活的，從《三國志》（作於晉代）到《三國演義》（作於元末明初）一千年間，中國飲食生活經歷了巨大的進步，詞語應當越來越精確，「味」的內涵怎麼反而變模糊了？經過多年探索，筆者終於悟出：在飲食文化中，漢語的退化，恰恰是由於中餐的進化。

/// 異化：「味」的靈魂背棄「食」的軀殼

人餓極了的時候，吃塊窩頭也特別香。對飢餓的先民來說，「味」的沉醉掩蓋了「飽」的滿足，於是得「味」而忘「食」。無形的「味」比有形的「食」更突出，這正像莊子寓言中的「得意忘言」。《莊子‧外物》：「言者所以在意，得意而忘言。」言語畢竟是有聲音可以分析的，而「味」更難捉摸。

「味」本是食的屬性，是完全依附於「食」的。可是隨着飲食文化的進步，人們在進食時越來越重視「味」，其觀念便在「食」中漸漸生成，後來竟居然脫離「食」而獨立，甚至變成了食的代稱，讓人忽略了「食」。這樣「味」和「食」便形成了對

////////////////////////////////

1/　張起鈞《烹調原理》，中國商業出版社，1985 年，頁 128。

2/　林語堂《飲食》，《林語堂散文精粹》，海南出版社，1998 年，頁 446、456。

3/　聶鳳喬主編《中國烹飪原料大典》上卷，青島出版社，1998 年，頁 55。

立的一對「範疇」。事物發展的這種過程，在黑格爾（Hegel）的哲學中有個術語，就叫「異化」（Alienation）。《辭海》「異化」條目的解釋是：「德語 entfremdung 的意譯。主體在一定的發展階段，分裂出它的對立面，變成外在的異己的力量。」

在雞肋的冤案中，「味」本是雞肉的屬性，雞肋沒有肉還捨不得扔，這表明「味」有了獨立的價值。「味」的異化十分徹底，達到了跟「食」對立的地步。所以本篇小題中用「背棄」一詞。中華文化裡沒有「異化」這個概念。這並不是欠缺，相反，古老的「一分為二」理論可說一上來就涵蓋了「異化」。黑格爾在名著《精神現象學》（Phänomenologie des Geistes）中說，異化「是單一的東西分裂為二的過程、或樹立對立面的雙重化過程」[4]。「陰陽」學說的「一分為二」，比「異化」更深刻更全面。《周易·繫辭上》：「易有太極，是生兩儀。」《禮記·禮運》：「分而為天地，轉而為陰陽。」

魚蝦等類都是吃的，吃到南北朝時期就改叫「海『味』」了。《南齊書·虞悰傳》：「雖在南土，而會稽海味無不畢至。」對比洋文，sea food 是海產食物。打獵為的是捕獲美味的鳥，古人卻說是為了「得味」。《史記·貨殖列傳》：「弋射漁獵，犯晨夜，冒霜雪……為得味也。」這叫洋人沒法弄懂。有人會舉出洋文中的 delicacy，說它派生的雅語 marine delicacies 類似海鮮，說中西不都一樣嗎，豈知引出來的新問題更難解釋。漢語的「鮮」是褒義的，最愛究真的洋人會進一步追問：「味」既包括美味也包括惡味，怎知道「海味」指的只是鮮美之味？這回華人沒法解答，只好承認被美味迷住了心竅。

「味」的得寵使她變得飄飄然，恣意膨脹，於是有很多活用法。不僅做食物的代稱，「味」還能當量詞用：儉省的吳國國王一頓不肯吃兩樣菜餚，古書就說他「食不二味」。《韓非子·外儲說左下》：「食不二味，坐不重席。」中藥一種也叫一「味」。《儒林外史》第十一回：「加入幾味袪風的藥。」「味」更進一步當作動詞，表示進食。先秦古書提醒貴人們不要過多地去「味」各種山珍海味，免得撐破肚皮。《呂氏春秋·重己》說「味眾珍則胃充」，此處「味」就當「吃」講。

///////////////////////////////

4/　黑格爾《精神現象學》上卷，北京：商務印書館，1996 年，頁 10。

/// 守財奴的大笑話：民以「味」為天

《元曲選》裡有個守財奴的笑話：吝嗇的賈員外捨不得買店裡擺賣的烤鴨，就在上面使勁抓了一把，回家哂哂四個指頭便「下飯」四碗，剩下一個指頭留下頓再哂，睡覺時那個指頭被狗舔光，氣得一病不起。哂哂指頭就像吃了菜餚一樣能下飯，這雖屬誇張卻不悖情理：菜餚刺激唾液分泌，憑的是「味」的感覺，而不是菜餚的實體。

中餐「飯菜分野」，米飯淡而無味，菜餚特別有味。「飯」跟「菜」的對舉，相當於「食」跟「味」的對舉。烤鴨的「味」從烤鴨中獨立出來，「味」就成了完全無形的東西。肉食時代「味」跟「食」渾然一體，自華人走上粒食歧路，從調羹開始了「味」的追求，這就是中餐的「開天闢地」。跟洋人「上帝創造世界」的信仰不同，華人相信宇宙是自然生成的。天地形成以前，只有迷蒙一團的「混沌」。《淮南子‧詮言訓》：「洞同天地，混沌為樸。」

順便說說什麼叫「民以食為天」。這句古話早就成了陳詞濫調，沒有全新的領悟就不必重複。「食為天」的意義首先是政治的。漢語裡「天」是政權的代稱，造反奪權改朝換代叫「變天」。大政治家管仲說「食為天」是警告統治者，單靠鎮壓，百姓餓極了也會搶糧造反，你的政權就完蛋了，所以食物是「天之天」。全句是：「王者以民為天，而民以食為天；能知天之天者，斯可矣。」出自《史記‧酈生陸賈列傳》，但唐代司馬貞《史記索隱》作為管子的話引用。

筆者認為「食為天」有更深邃的哲學意蘊。「天」的中國哲學（「道」）的出發點，漢代董仲舒斷言：「道之大原出於天，天不變，道亦不變。」「天」本指大自然，華人相信人事是「天道」的表現。儘管漢語被認為是詩的語言，但並非不能用於邏輯推理。讓我們像做代數習題那樣，拿「哲學」置換那句古語中的「天」，便會得出「民以食為哲學」的命題，意思是「中國飲食體現着中國哲學」，或「中國哲學蘊含在華人的飲食中」。這個語言把戲使我們吃驚，然而卻是大致能成立的判斷。

國人一聽「哲學」就頭疼。漢語沒有「哲學」一詞。其實說相聲的早就教給你，

哈哈一笑可以叫人「清氣上升，濁氣下降」。這話來自「開天闢地」的傳說，舊時的學童都會背誦：古代啟蒙課本《幼學瓊林》說「混沌初開，乾坤始奠」、《淮南子．天文訓》又說：「氣之輕清者上升為天，氣之重濁者下凝為地」。這話符合中餐特有的飯菜之別。吃雞肋，咂完了味兒吐出的渣滓不就是「重濁者」嗎？雞「味」是「輕清者」，像天；提過雞湯的肉是雞之「重濁者」，像地。

　　對比西方，洋人「人之初」就吃烤肉，一路吃下來，沒有重大由頭能啟發他們，就很難把肉「味」跟肉本身分離開來。洋人的認識當然也會深化，然而路子不同。他們也發現了食物含有「輕清者」，但那是營養，而不是「味」；營養可以提純，就談不到「異化」，不管怎麼「純」也是物質，決不會把一種感覺分成獨立的存在。「味」最能體現中國哲學的「道」，要說「食」是「天之天」，「味」就像「道」一樣，是「天之天之天」了。

/// 彩畫要靠白地襯：「甘受和，白受彩」

　　古羅馬的油畫太「出色」了，筆者對美術一竅不通，也會被它的絢麗征服。油畫畫在亞麻布上，底子得是素白的。中國畫色彩暗淡，孔夫子還教導說：畫畫要在備好素白絲絹之後。《論語．八佾》：「繪事後素。」朱熹《論語集注》：「繪事，繪畫之事也。後素，後於素也。」有白地反襯，色彩才顯得鮮艷，這點道理洋人比咱們清楚。

　　然而，同樣明顯的道理，用在欣賞美味上，洋人就不那麼清楚了。古老的《禮記》就強調了一大藝術規律：「甘受和，白受彩。」（《禮記．禮器》）筆者發現這句話時曾經大為興奮，後來曾在文章裡反覆引用。「白受彩」就不用講了；「甘受和」的意思是，美味的菜餚需要有淡而無味的米飯來反襯，才能凸顯。「甘」指糧食的「無味」。《尚書．洪範》：「稼穡從甘。」漢代學者董仲舒的《春秋繁露．五行之義》說：「甘者，五味之本也。」「和」就是菜餚。齊桓公最欣賞國廚易牙做的菜，古書裡就說「桓公甘易牙之和」。「甘」在這裡當動詞用。據《隨園食單．飯粥單》，袁枚不愛吃湯澆飯，說寧可一口湯一口飯，「兩全其美」。洋人不懂得什麼叫「甘」，他們沒有吃「苦」的經歷，不會感

受到「不苦」跟甜在心理上的接近，但借鑒「白受彩」，道理也會一點就破。

　　日本學者篠田統說過一句有創見的話：「（華人）從非常古老的時代起，味覺就特別敏銳。」[5] 原因他沒談。一個道理是，飢餓讓人對食物的感覺變得靈敏，蘇東坡說過，人若餓極了，吃草木也會覺得賽過宮廷裡的「八珍」。《東坡志林・記三養》：「夫已饑而食，蔬食有過於八珍……未饑而食，雖八珍猶草木也。」更重要的是主食、副食的分野，中餐有「飯」、「菜」之別，有「無味」來反襯「有味」。

　　「甘」跟「白」的反襯作用說明，美術的道理跟美食的一樣。孫中山先生曾把繪畫、美食統稱為「美術」。「夫悅目之畫，悅耳之音，皆為美術；而悅口之味，何獨不然？是烹調者，亦美術之一道也。」[6] 他說的「美術」就是藝術。藝術包括音樂，沒了休止符的反襯，就沒有美妙的樂曲，正如唐詩所說，「此時無聲勝有聲」。白居易《琵琶行》：「冰泉冷澀弦凝絕，凝絕不通聲暫歇。別有幽愁暗恨生，此時無聲勝有聲。」錢鍾書《管錐編・大音希聲》引曹植《七啟》「造響於無聲」，說音樂在歇息中「方能蓄孕大音」。「無聲」對樂曲的反襯是消極的、靜態的，而「飯」對「菜」的反襯卻是積極的、動態的。心理學家發現人的感受力有疲勞及「殘留」現象。電影就是利用「視覺殘留」的原理發明的。「白受彩」只能消極地減輕「感覺疲勞」，「甘受和」卻能消除「感覺殘留」。

　　「白受彩」這樣重要的藝術規律，卻沒見洋人有明確的認識，華人能提出來，是多虧中餐的啟發。至於「甘受和」，洋人更不可能發現。他們不懂為什麼不苦就叫「甘」，也不懂烹飪中的調和。西方的哲學家曾經思考過飲食跟美學的關係，結論是明確的否定。黑格爾曾斷言，鼻、舌兩大感官的感覺必須排除在藝術美感之外。因為他認為：「嗅覺、味覺和觸覺這三種感覺的快感並不起於藝術的美」[7]。

////////////////////////////////

5/　篠田統《中國食物史研究》，中國商業出版社，1985 年，頁 57。

6/　孫中山《建國方略》，中州古籍出版社，1998 年，頁 62。

7/　黑格爾《美學》卷一，北京：商務印書館，1981 年，頁 48-49。

/// 螃蟹為何必須自剝自食？

中國古話說「入芝蘭之室，久而不聞其香」，並列的半句是「入鮑魚之肆，久而不聞其臭」(《孔子家語‧六本》)。兩句都接著說「則與之化矣」，意思就是感覺器官的感受力跟氣味「適應」了。這屬於「嗅覺疲勞」現象，跟「味」的審美有密切關係。人吃東西，口腔的感覺同樣會有疲勞的現象。

菜餚雖然有美味，但一口連一口地吃，由於感受力的疲勞，味的刺激會變得不那麼明顯。這時得想辦法讓疲勞能夠恢復。簡單的辦法，打斷時間的連續就行了。這就要故意在吃的樂曲裡安排一個「休止符」。

最生動的例證莫過於吃螃蟹。美食家公認，螃蟹必須親手自剝自吃，任憑多麼富貴懶惰，也沒有讓丫鬟用玉指代勞的。自稱「蟹奴」的清朝美食家李漁，有一篇精彩的宏論，歌頌螃蟹的美味。談到吃法，他斬釘截鐵地說，若是「人剝而我食之」，就會變得「味同嚼蠟」，甚至螃蟹不再是螃蟹了。《閒情偶寄‧飲饌部‧肉食第三》：「凡食蟹者⋯⋯聽客自取自食。⋯⋯凡治它具，皆可人任其勞，我享其逸。獨蟹與瓜子、菱角三種，必須自任其勞。⋯⋯人剝而我食之，不特味同嚼蠟，且似不成其為蟹與瓜子、菱角，而別是一物者。」

李漁還拿吃瓜子跟吃螃蟹並提。世界上似乎只有華人吃瓜子。周作人有《瓜子》短文，說「吃瓜子不知起於何時，大概相當地早吧」。他只能舉出清朝的《紫桐軒詩集》的記載，但筆者考據，南北朝《齊民要術》中「種瓜」一節就有「收瓜子法」的記載，提到瓜子「氣香」，顯然是專供零食，而不是留種子的。周文中還提到西班牙小說裡提到吃瓜子，那很可能是阿拉伯人從中國傳去的 [8]。這又要歸因於飢餓文化，華人的「粒食」伴隨着「糠菜半年糧」，瓜類在菜中是含碳水化合物較高的，瓜子跟草籽(穀物)一樣被看成最解飽的東西。

豐子愷有篇散文《吃瓜子》，足以跟李漁談吃蟹媲美。其中說他在海船上教給同艙的日本人吃瓜子，生動描寫令人失笑。那日本人「咬時不得其法，將唾液把瓜

8/　周作人《知堂談吃》，中國商業出版社，1990年，頁144。

子的外殼全部浸濕，拿在手裡剝時，滑來滑去，無從下手，終於滑落在地上，無處尋找了。他空咽了一口唾液，再選一粒來咬。」[9] 華人沒事就嗑瓜子，樂此不疲，火車車廂、電影院等地方總有掃不完的瓜子殼。

螃蟹、瓜子的這種吃法道理何在？李漁沒提。其實一點就破，同樣因為等待剝殼而更饞。剝殼的間歇，會讓你疲勞了的感覺得到恢復，這不是跟音樂的休止符一樣嗎。

/// 喜愛中餐舉國發狂，洋人何不痛快接受？

研究世界史的學者都知道：古羅馬的貴族生活奢侈，宴席時間拖得很長，還常拿羽毛刺激食道，把吃進胃裡的食物嘔吐出來，騰出地方來好繼續大吃大喝。台灣的洪蘭教授為《有趣的吃》一書寫序：「再美味的食物也不過是在通往食道之間短暫的滿足而已，就如同書中所說的，羅馬人吃了去吐，吐了再吃就變成縱欲。」[10] 儘管中國人嗜「味」如命，古往今來卻絕對沒見類似的記載。

聽了「吐了再吃」的海外奇談，華人會大笑其愚不可及。我們的老饕不受嘔吐之苦，而能安享「口福」（英語裡根本沒這麼個詞兒）。國人感受美味獨有出奇制勝之道，就是「一口飯，一口菜」。

「飯菜交替」跟羅馬人的「吐了再吃」，現象上差之千里，但琢磨其原理，也頗有共同之處，都是為了盡可能享受美味帶來的感官愉悅。這是人性的共同點，正像孟老夫子曾經斷言的「口之於味，有同嗜焉」（《孟子·告子上》）。洋人不是感覺不到美食是享受，但沒經過「味的啟蒙」，吃得渾渾噩噩，沒有達到自覺的境界。

還有不那麼明顯的一致之處：嘔吐本身佔用的時間，會讓疲勞的「感受力」得到恢復。吐了再吃，這場折騰少說也得半小時，而華人的飯菜交替只用半分鐘

9/ 豐子愷《吃瓜子》，陳平原編《閒情樂事》，人民文學出版社，1999 年，頁 25。
10/ 戴安娜·史旺生《有趣的吃》洪蘭序，小天下出版社，2003 年。

時間，卻能讓對美味的感受力煥然一新。效果相同，而華人的時間效率卻能提高百倍。況且吐了再吃難免損失胃液，這又會直接破壞食慾，會降低對美味的感受力。

　　順便可以解開一大疑謎：洋人對中餐的態度問題。幾乎所有的洋人，對中餐無不交口稱讚。孫中山先生說洋人「及一嘗中國之味，莫不以中國為冠矣。」[11] 接下去，中山先生甚至說，全體老美都對中餐饞到發狂的程度。「美人之嗜中國味者，舉國若狂。」讀者就會提問：那他們為什麼不乾脆拋棄西餐，全盤改吃中餐？道理在於，沒人把中餐吃法的絕密洩漏給他們。宴席上吃的，從頭到尾全是肉餚，「味覺」早就疲勞到極點，用中國話來說，就是「吃傷了」。張起鈞教授說過：「有錢而嘴饞的，多吃菜少吃飯則有之，光吃菜不吃飯的很少。」[12] 米飯淡而無味，卻是中餐的生命之根。中國諺語說得好：「好吃家常飯」，道理就在於一頓有一半是吃米飯。你中國人都受不了的罪，想拿來欺負洋人？

　　大量同胞在海外靠中餐謀生，他們最盼望的是洋食客光吃中餐。還有億萬民族主義狂熱的小「憤青」，恨不能讓中餐打頭陣好征服世界。給你們指條明路吧：想推廣中餐嗎？就教洋人懂得一口飯一口菜的吃法。

//////////////////////////////////

11/ 孫中山《建國方略》，中州古籍出版社，1998 年，頁 63。
12/ 張起鈞《烹調原理》，中國商業出版社，1985 年，頁 180。

第二部

「味道」的研究

第一章／
華人「味道」
感官的調適

// 難以捉摸的「味」

/// 滿紙荒唐言，誰解其中「味」

　　洋人眼裡，中華文化就像《紅樓夢》一樣帶有濃厚的神秘色彩。這個民族發明的紙張上寫滿了古怪的文字，這不正是「滿紙荒唐言」？洋人連漢學家也看不懂《紅樓夢》，這不正是「誰解其中味」？中華文化最難解的奧秘，大概就在於這個「味」字。「味」本來是舌頭感覺的酸甜之類，淺顯得很，但對於生為「烹飪王國」之民的你我，「味」又顯得深奧莫測。它的含義竟已膨脹到無所不包，所以特別值得專題研究。

　　最籠統的「味」，可以是概括人生全部感受的「世味」。隨着《菜根譚》在日本的風行，如今連那裡的商人們都能把含有這個詞兒的格言背誦得滾瓜爛熟。明代談處世之道的通俗讀物《菜根譚》被日本人奉為「管理學的經典」。內有「備嘗世味，方知淡泊之為真」之句。古書裡「世味」的例句可說俯拾即是，我們寧可用美食家蘇東坡的詩句：「崎嶇世味嘗應遍。」（《送張安道赴南都留台》）

　　用在飲食以外的「味」，首先是文學方面。中國是「詩的國度」，最早的詩學專著《詩品》斷言「味」是詩的最高標準。梁代鍾嶸《詩品·序》：「使味之者無極，聞之者動心，是詩之至也。」詩的「味」近似今天所說的「意境」。明人朱承爵《存餘堂詩話》：「作詩之妙，全在意境融徹……乃得真味。」反過來，人們又拿對詩的感受來比喻對「味」的感受，美食家袁枚詩曰：「平生品味如品詩。」見《隨園詩話·〈品味〉二首之一》，下句是「別有酸鹹世不知」[1]。

1/　轉引自趙榮光《袁子知味》，張立升《社會學家茶座》第五輯，山東人民出版社，2003 年。

古人寫文章同樣講「味」，統計一下文論經典《文心雕龍》，作者劉勰與鍾嶸同時代而稍晚，其中「味」字出現了17次之多。例如《龍宗》篇：「是以往者雖舊，餘味日新。」「味」可以用作動詞，意思是品味。《總術》篇：「味之則甘腴，佩之則芬芳。」更有意味的是，作者沒忘記指出泛化之「味」的由來出處：書中說，商朝的開國賢相伊尹就是借着「味」的原理教導湯王怎樣治理國家的。《論說》篇：「伊尹以論味隆殷，太公以辨鉤興周。」「味」在文學上的泛化，發生在南北朝時期，依據是《詩品》、《文心雕龍》兩部文學理論專著都出現在這個時期，這不是偶然的，而是反映了中國飲食文化在南北朝時期的初步成熟。北朝名著《齊民要術》裡就包含了大量菜譜。

「味」在哲學上的應用，大大早於文學方面。先秦時代，「味」就跟「道」意思相通。《道德經》五千言中，「味」字出現了四次。《道德經》第十二章：「五色令人目盲，五音令人耳聾。」第三十五章：「道之出口，淡乎其無味，視之不足見。」第六十三章：「為無為，事無事，味無味。」《文心雕龍》也借用了老子「味」、「道」詞義相近的觀點。《附會》篇：「道、味相附。」「味」還跟中國哲學裡的另一個重要概念「氣」相通。先秦的思想家鶡冠子甚至說「氣」是從「味」中產生的。《鶡冠子·泰錄》：「味者，氣之父母也。」

近代比較狹義的「文」，特指文藝，包括音樂，可以用戲劇為代表。京劇唱腔的微妙，用西方精密的樂譜也無法記載，只能用「味兒」來表示。

/// 知味：困倒聖哲的難題

齊國的宮廷廚師易牙被孟夫子認定為天下「知味」的權威。《孟子·告子上》：「至於味，天下期於易牙。」易牙為了追求美味，把自己的小兒子烹成一道佳餚，巴結饞嘴的君王。《史記正義·齊太公世家》記齊桓公曰：「易牙烹其子以進寡人。」「知味」竟然跟死亡連在一起。無獨有偶，有人問大美食家蘇東坡：劇毒的河豚滋味如何？他回答說「值那一死」，時人評他「可謂知味！」（吳曾《能改齋漫錄》卷十）拿死換來的「知味」不過是對美味的直觀感受，至於「味」到底是什麼，還是說不上來。

「味」似乎能隱藏自己不叫洋人注意，這本身也表明了它的深奧。然而在中

國，「味」的奧秘從遠古就成了智者深思的對象。孔夫子早就說，別看人沒有不吃東西的，卻沒幾個人知道什麼是「味」。《禮記·中庸》：「人莫不飲食也，鮮能知味也。」從此留下「知味」這個挑戰性的名詞，使歷代的無數智者為它困惑不已。

商朝的伊尹是「味」的第一個探究者，有不少偉大發現，但結論卻只是：「味」實在太微妙了，根本沒法言喻！《呂氏春秋·本味》：「精妙微纖，口弗能言。」直到清朝，大美食家袁枚終於作出總結，他在給自己家的天才廚師寫的傳記中斷言：「知己難，知味更難！」（《廚者王小餘傳》）而「知己」之難莫是公認的。所以《道德經》第三十三章說「自知者明」。

袁枚說過「平生品味如品詩」，也在論詩的專著中提到「知味難食」。《續詩品·知難》：「趙括小兒，兵乃易用；充國晚年，越加持重。問所由然，知與不知。知味難食，知脈難醫。」這話的意思更深，是說「味」本質上跟美食是兩碼事，捉摸得越深越不明白。他用軍事家趙充國、趙括父子的故事來比喻理論跟實戰的不同，「知味」也一樣。

「知味」之難，從反面可以看得尤其清楚。大哲學家老子陷進了「味」的迷魂陣，大軍事家孫武栽倒在「味」的滑鐵盧。《孫子兵法》借吃喻兵，竟說嘗不完的美味無非是五種感覺的不同組合。《孫子·兵勢篇》：「味不過五，五味之變，不可勝嘗也。」這句名言後來為諸子百家不斷重複，例如《淮南子》。你想中餐裡的萬千美味豈是僅僅由鹹、酸之類「變」得出來的？純粹是舌頭的味覺嗎？鼻子的嗅覺怎麼就沒想到？聰明絕頂的老子，也犯了同樣淺顯的錯誤，用「五味」來稱呼一切美味佳餚。《道德經》第十二章：「五色令人目盲，五音令人耳聾，五味令人口爽（傷）。」

「味」的難知，難在弄不清楚它到底是客觀的存在，還是主觀的感受？孟子說人人喜好美食：「口之於味，有同嗜焉。」（《孟子·告子上》）那是「味」的共性方面，或者說是客觀方面。成語「羊羔雖美，眾口難調」（唐朝佛教典籍《五燈會元》）說的就是「口味」，是「味」的個性方面，或者說主觀方面。兩句名言都是真理，卻互相矛盾。洋文裡連相關的詞語都不全，「口味」這個詞兒就沒法翻譯。《漢英詞典》例如「西餐不合中國人的口味」，口味只能翻成 taste。

「味」還涉及「知與行」的問題。「知行」是中國哲學的重要範疇，從先秦爭論到近代。

值得深思的是，闡述「行易知難」的《孫文學說》第一節題為「以飲食為證」[2]，就是借「味」來論道的。

///「味」字蘊含遠古奧秘

舌頭是「味覺」的主角，「味」字卻不屬於「舌」部，倉頡造字何其不公！然而，筆者剛要為舌頭爭功，轉眼又要說「味」字造得就是對！

先看古代字書是怎麼解釋「味」字的。《說文解字》說，「味」就是「滋味」。「味‧滋味也。」「滋」帶「三點水」旁，規定了「味」不離水，這就強調了是味蕾的感覺，《簡明不列顛百科全書》說，味覺是對「溶解（於水）的化學物質」的感覺，而不是鼻子感覺的「臭」。味、臭本有分工，可惜後來「味」就變了味兒，包括了氣味。《辭海》解釋「味」字跟古代字書不同，頭條就是：「滋味；氣味。」接下來就把味覺、嗅覺混在一起，說「如酸味、甜味、香味」。「味」字變得不分滋味、氣味，時間大約在唐朝，《辭海》的例句是杜甫的詩，歌頌奶酒「氣味濃香」。《謝嚴中丞送青城山道士乳酒一瓶》：「山瓶乳酒下青雲，氣味濃香幸見分。」若說「味濃（甜？）氣香」才算清楚。

「味」的字形更值得仔細玩味。《說文解字》只說「從口，未聲」，未免簡單。可以再從去掉偏旁的「未」字捕捉點兒資訊。「表音的字元更能表義」是漢字發展的規律。一查，果然大有啟示：「未」字本來就當「味」講。《說文解字》：「未，味也。六月滋味也。」注意又提到「滋味」。「未」的篆字是枝葉下垂之象，《說文》：「象木重枝葉也。」表示禾木繁盛，這可能透露了中國人「味」感發達源於種莊稼的實踐。

再深思，連十二時辰的「未」也來自農作。《說文》：「五行老於未。」段玉裁注引《淮南子‧天文訓》說：植物從生到老的時間階段，對應着一天的十二時辰，轉捩點在下午兩三點鐘。這就提示我們，「粒食」的華人感受的「味」，跟別種文明的人類古來就是不同的。例如「甘」是「嘗百草」的中國人獨有的味覺，洋文沒法翻譯。「五行」理論也跟

2/　孫中山《建國方略》，中州古籍出版社，1998年，頁61-80。

「味」密切相關，最早對「甘」味的闡述就是從莊稼來的，《尚書‧洪範》：「五行：……稼穡作甘。」「五味」就是「五行」的表現之一。

「甘」是五味之本，董仲舒《春秋繁露‧五行之義》：「甘者，五味之本也；土者，五行之主也。」是一種似淡非淡、非常微妙的感覺，其微妙在於包括嗅覺的成分，即黍米的暗香。「香」的篆體字形是上「黍」下「甘」。「暗香」是吃在口中的嗅覺，這是本書核心中的核心，詳見後文。穀物的暗香，因為太微弱，要麼被正嗅覺的花香所掩蓋，在肉食的西方就是如此。要麼跟「味覺」結合得難解難分。唯有「粒食」的中國人才可能體味到它的存在。為了避免跟「嗅覺」含混，為了方便本書對「味道」的分析，筆者決定使用一個新術語：「鼻感」。

《說文解字》對「甘」字的解釋說：「甘」就是美味。「甘，美也。」又，「美，甘也。」釋文接下來還有更深奧的一句：「甘」還象徵着「道」的哲學奧秘。「甘，從口含一。一，道也。」這就是飲食文化探究的巨大意義與興趣之所在。

總之，不管帶不帶口字旁，「味」（未）字都透露了中國話的「味兒」之奧秘：簡直沒法排除「鼻感」的成分。注意不是說「嗅覺」。

/// 飲食之「味」：三物同名煩死人

一代相聲宗師侯寶林有段相聲談方言，說膠東人油、肉不分都拼作 you，有肉舖掌櫃向顧客要錢，說「你給了肉錢沒給油錢」，顧客說都給了，他還是重複給了 you 錢沒給 you 錢，總也說不清楚，一生氣連喊「不要了！」其實膠東話裡肉、油可以靠聲調來區分。這個笑話表明，兩個東西名字混同是多麼煩人的事，更不用說三個東西完全同名了。漢語裡的「味」是三個東西共用一個名字，這給人帶來的困窘就可想而知。

如今一提「味」，筆者的腦子裡就有三個意思一起蹦出來，叫人有口難辯，真煩死人。讀者諸君不會有這種煩惱，筆者研究飲食問題之前也一樣。大熱天汗水流進嘴角裡，「味兒特鹹」，說的是舌頭的感覺。穿膠鞋腳出汗，「味兒大極了」，說的鼻子的感覺。美食家嚐了一口蟹蝥白肉蘸薑醋，喊聲「味兒好極了」，說的是舌頭感到的鮮

加上鹹，加上鼻子感到的清香。孤立地聽個「味」音或見個「味」字，誰知是舌頭感覺的「滋味」？鹹、酸、甜、苦？鼻子感覺的「氣味」？花的芬芳，肉的腐臭？還是口跟鼻子一塊兒感覺的「味道」？

化學老師說，水的性質是「無色、無味、⋯⋯」；如果他是北方人，他說的「味」肯定是不帶「兒化」韻的，「兒化」有時能幫助區分詞義；去看中醫，處方中有魚腥草，回家查查藥書，此藥的「味」是「辛」，辛近於辣，傳統上被認為「五味」之一，卻隻字不提帶有腥氣；丁香「味苦」，藥書也不會說「香」。原來中醫跟化學家一樣，所謂「味」純粹指的是舌頭的感覺，鼻子的感覺是另外一件事。

漢語的實際情況就這樣，實在沒辦法；現在要分析概念的不同，沒有清晰的詞彙怎麼行？恕我當回洋奴，只得暫且借用洋詞兒：舌頭的感覺用 taste，鼻子的感覺用 smell，吃東西時口鼻合一的感覺用 flavour。誠然，英語中的 taste 偶爾也跟 flavour 混用，smell 則是絕對獨立的。

筆者曾抱怨祖先：怨不得人家說漢語落後，連日常生活的用詞都一塌糊塗。研究飲食文化時，一經深入探究就恍然大悟，責怪自己的數典忘祖。跟「吃的感覺」相關的詞彙，漢語裡本來既不缺少也不含糊，相反，甚至比洋文的概念更清晰。下文細說。「味」的詞語混淆確實存在，但那是後來演變的結果；表面看是詞語的「退化」，實際上恰恰是「吃」的感覺超常進化的結果，反映了中國飲食文化的高度發達。至於文化的進化為什麼偏會帶來概念的混亂？真是一言難盡。簡單說，三個詞語的混淆，反映了「味」的難知。

「味」是個複雜又微妙的謎團，要把其中的道理講清楚，不得不大費周折。道理叫人感覺枯燥無「味」，美味卻讓人津津樂「道」。這像破案一樣引人入勝。下面用幾章篇幅，試圖偵破這個疑案。

//「味」的破譯（一）：華人嗅覺的退隱

///古人說蘭花很「臭」

氣味、滋味、味道，糾結成「味」的一團亂麻。要想擇清，從哪兒下手好？筆者先從舌頭的感覺開始，絞盡腦汁好幾天，也沒法把簡單的「五味」跟複雜的「味道」分析到「井水不犯河水」。捉摸舌頭的感覺時，鼻子的感覺總是頑固地摻和進來。以下簡稱「舌感」、「鼻感」。後來恍然大悟：嗅覺才是打開「味」的迷宮的鑰匙。

「味」發生混淆的關鍵，在於現代漢語裡缺少表示「氣味」的詞兒，英文的smell。詞典解釋 smell，說是「一種能對鼻子發生效應的性質」。《朗文英漢雙解詞典》的釋文是「A quality that has an effect on the nose.」百科全書的解釋更精確，強調 smell 是對「空氣中的化學物質」的感覺。《簡明不列顛百科全書》的「嗅覺」條目的定義是「借感覺器官探知和鑒別空氣中化學物質的作用」。可是當華人感覺到一陣風吹來什麼「空氣中的化學物質」時，會喊「什麼怪味兒！」翻成英語，得說 What strange smell？而決不能說 taste。鼻感的 smell、舌感的 taste 都叫「味兒」，現代漢語裡沒法分別。不錯，英文的 taste 有時也兼能表示「味道」，《朗文英漢雙解詞典》裡的例句：「This cake has no little taste.」這塊糕點沒有一點味道，但生理學上跟「嗅覺」並列的「味覺」用的就是這個詞兒，表明它的準確定義是排除嗅覺的。

日語跟漢語有淵源，可是就連日語裡也有「氣味」跟「滋味」的分工，還特別有一個「匂」字來專門表示氣味。例如「酒の匂いがぷんぷんする」，意思是「酒味撲鼻」。

敏銳的讀者注意到本文開頭的「氣味」，會問：你不是說缺少這個詞兒嗎？我

是說「現代漢語裡沒有」。「氣味」一詞又會引起古今之間的混亂。原先漢語詞彙絕大多數是單音節的,「氣」、「味」本是並列的兩個詞兒:聞起來叫「氣」,嚐起來叫「味」。舊版《辭源》解釋得很清楚:「嗅之曰『氣』,在口曰『味』。」你說那就像古人一樣光用「氣」?後世「氣」衍生出種種含意,熱氣、元氣、士氣,……還嫌它不忙?況且用在飲食上的「氣」又形成了特指不良氣息的習慣。例如宋代飲食著作《吳氏中饋錄》說:「煮陳臘肉,將熟,取燒紅炭,投數塊入鍋內,不油蘸氣。」

那麼現代漢語管 smell 叫什麼好呢?我建議用「氣息」。《辭源》「氣息」條目的解釋是呼吸,但現代有了轉義,例如女作家陳學昭的散文《獻給我的愛母》說:「一陣怪難聞的氣息,有時真令我要嘔吐。」[1]我們祖先怎麼會連表示氣味的詞兒都沒有?有!古漢語裡跟 smell 相當的詞兒是「臭」,意思是氣味較濃。《周易》說「其臭若蘭」,若是強調好聞,得說芬芳。《周易·繫辭上》:「同心之言,其臭如蘭。」唐代孔穎達的注釋說:「氣香馥若蘭也。」「香」起先只能形容黍米。關於臭的古義,《禮記》裡有更驚人的例句:身上佩帶的香囊居然叫「臭」囊。《禮記·內則》:「男女未冠笄者……衿纓,皆佩容臭。」這裡的「臭」古人不念 chòu,而跟嗅覺的「嗅」讀音一樣念 xiù。《集韻》:「臭,許救切,去。」古書《列子》更把「臭」跟「味」區別得清清楚楚,說氣味比椒蘭還臭,滋味比好酒還美。《列子·湯問》:「臭過蘭椒,味過醪醴。」

///「臭」何時變得臭不可聞

「臭」,本來指的是鼻子感覺的一切氣味,不管是香是臭。台灣四十冊的《中文大字典》總結得好:「氣通於鼻皆曰臭,無香、穢之別。」從先秦文獻裡面很難找到有傾向不良的「臭」字。偶爾有,也會特別說明那是出於人的好惡。《莊子·知北遊》:「其所惡者為臭腐,其所美者為神奇。」直到清朝,古文雅語還有用「臭」來形容菜餚的香氣的。袁枚《隨園食單·須知單》:「嘉肴到目,到鼻,色臭便有不同。」

「臭」字是為什麼變成專門表示惡劣氣味的？弄清了這個，「味」的謎團就迎刃而解了。筆者經過多年考證，發現「臭」字的「變味」關鍵在於它的反面，即「香」字在華人中變得「吃香」。最早論述「臭」字「變味」的道理的，可能是唐朝經學家孔穎達，他說人們先管「善氣」（好聞的氣息）叫「香」，然後根據善惡的對立，自然就管「惡氣」（難聞的氣息）叫「臭」了。孔穎達注釋《左傳》：「臭，原非善惡之稱。但既以善氣為香，故專以惡氣為臭耳。」轉引自台灣版《中文大字典》「臭」字釋文。

「臭」字是在什麼年代變得「臭不可聞」的？是在西漢與東漢之間，根據是一句成語的演變：「入芝蘭之室，久而不聞其香；入鮑魚之肆，久而不聞其臭。」「香」、「臭」兩字其實是後加的。這句格言，多半是借東漢劉向的通俗讀物《說苑》而流行的。《說苑‧雜言》記孔子曰：「與善人居，如入芝蘭之室，久而不聞其香，則與之化矣；與惡人居，如入鮑魚之肆，久而不聞其臭，亦與之化矣。」《說苑》可能是取材於文體更正宗的《孔子家語》，兩書中那段話的原文完全相同，但《孔子家語》的作者、年代都有爭議，前人斷定是三國時代的王肅偽造的。李學勤教授說：「早在漢初確已有《家語》的原型。王肅作解的今本《家語》，大約就是在簡本的基礎上經過幾次擴充編纂形成的。」[2] 王肅用當時的語言改寫，因而「入芝蘭之室」一段話的定型可能較晚。所以當以《說苑》為準。

劉向決不敢盜用孔夫子的名義，他引的語錄必有依據。筆者翻過無數經典，終於在《大戴禮記》中也找到了大致相同的話。我驚奇地發現，上下句的結尾根本沒有「香」、「臭」兩字。原文是：「與君子游，苾乎如入蘭芷之室，久而不聞，則與之化矣；與小人游，貸乎如入鮑魚之次，久而不聞，則與之化矣。」（《大戴禮記‧曾子疾病》）《大戴禮記》的作者戴德也生活在西元前一世紀，但學者公認其書有更早的依據，包括曾子的佚書。《漢書‧藝文志》「儒家」類下著錄的《曾子》18 篇，已佚。這段缺少「香」、「臭」二字的語錄是直接由孔子的學生曾子轉述的，應當早於《孔子家語》。據此可以推斷，孔子的時代還沒有「香臭對立」的觀念，把芝蘭的「香」跟鮑魚的「臭」對立起來，這不符「臭」的古義，當然也沒有相關的語句。

///////////////////////////////

2/　李學勤《李學勤學術文化隨筆》，中國青年出版社，1999 年，頁 81。

　　劉向生活在西元前一世紀（約前 77 – 前 6），對照曾子的年代（前 505 – 前 436），就能確定較具體的時間：「臭」變得臭不可聞，是西元前四個世紀之間的事。由於古代學者還沒有弄清「香」、「臭」對立原先並不適用於飲食以外的場合，所以經典的傳統注釋也不免有誤解之處。例如《左傳·僖公四年》：「一薰一蕕，十年尚猶有臭。」本意是其香、臭存留時間都很長，晉人杜預注：「十年有臭，言善易消，惡難除。」

/// 臭 → 齅 → 嗅

　　「臭」字有兩個意思：既泛指一切氣息，為了辨析的準確，這裡不能說「氣味」，又專指難聞的氣息，普通話讀音分得很清楚。化學老師的古文底子不管多差，也會把「氧氣，無色無臭」的「臭」念成 xiù。《辭海》：「臭」字有兩個讀音，香臭的「臭」讀 chòu，例句是跟蘭花之香對立的「鮑魚之肆」之「臭」；另讀為 xiù，例句為《詩經·大雅·文王》：「無聲無臭」。把讀 xiù 的排在第二，是遷就今人的觀念。

　　「臭」的字形之妙，令人驚歎：上面是鼻子，下面是狗（犬）。「自」的本義就是鼻子，《說文解字》：「自，鼻也。象鼻形。」人們說「我」時，常會指着自己的鼻子。段玉裁注《說文解字》「鼻」字說：「『自』本訓『鼻』，引申為自家。」為什麼帶個「犬」字？因為古人早就認識到狗的嗅覺特靈。現代科學發現，狗的嗅覺比人高出四百萬倍，甚至能嗅出癌症的萌芽。1998 年倫敦的兩位醫學家在《柳葉刀》雜誌上發表的論文中談到，一位女病人的狗頑固地嗅她腿上的一顆痣，她去找醫生，發現那是皮膚癌。洋人訓練狗兒們擔當偵緝毒品及炸藥的重任，給人類立下了「汗狗功勞」。造字的聖人倉頡早就發現狗總是用鼻子到處嗅，說它能跟蹤禽獸走過時留下的微弱氣味。《說文解字》：「臭，禽（遠古禽獸合稱「禽」）走臭而知其跡者，犬也。」段注說「走臭」就是追逐氣味。「走臭猶言逐氣。犬能行路蹤跡前犬之所至，於起氣知之也。」

　　本來「臭」字除了不分美、惡，還能當動詞用，《荀子·榮辱》：「彼臭之而嗛於鼻。」意思是「它聞起來讓鼻子覺得不愉快」。這跟英文的 smell 相當，真是英雄所見略同。想不到的是，咱們祖先甚至比英國佬更英雄，「臭」字到漢朝時又進化出一個「齅」字

來，專門表示動詞。當然也讀 xiù。這個字的構成更有意思：「用鼻子往臭（氣味）上湊」。《說文解字》：「齅，以鼻就臭也。」「齅」字比 smell 還準確。跟名詞「臭」分工明確，而英語的 smell 是拿名詞當動詞用。這個字今天可能連漢語專家都不認識，說實話，筆者在研究飲食文化以前也不知道有這個字。古典文獻裡也極少出現，猜想它側重於狗的行為。

唐代以前，經典中沒有「嗅」字。宋人邢昺注釋《論語·鄉黨》中的「三嗅而作」說：「唐《石經》『臭』字左旁加口作『嗅』，則後人所改。」到了晉代，「臭」就被「嗅」代替。宋元時代的《古今韻會》開始收入「嗅」字，而這部字典的前身是晉代的《韻會》。自從出現了「嗅」字，「齅」字便永遠消失了。南北朝時期的字書《玉篇》最早有嗅字，解釋還說：「齅亦作嗅。」宋朝以後嗅字流行，用於愉快的感覺。蘇東坡就有嗅花香的詩句。《次韻子由所居雜詠》：「何以娛醉客，時嗅砌下花。」

「齅」字屬於鼻部，本來無比準確；曾經用過的先進詞語，為什麼今天成了死字？古詞典對「嗅」的解釋是「鼻審氣也」，明明用鼻子，為什麼從精確倒退到糊塗，改成了口部的「嗅」？為什麼從先前的超過英語，退步到比英語落後？「嗅」跟英語裡當動詞的 smell 一樣是從名詞派生的，由於後來「臭」字變了味，出於對劣氣息的極其厭憎而避忌之，便改用「口」字旁的嗅，以表明說的是食物的氣息。這變化的前提，是「吃」在華人的生活中變得極端重要，壓倒了其他的生活實踐。簡而言之，「臭」的「變臭」，是因為「香」的「吃香」。

不同的感官功能對應的詞語，在漢語裡往往有混同的現象。「嗅」，口語都說「聞」。早在先秦就說「入芝蘭之室，久而不聞」。這屬於心理學與美學上的「五官通感」現象。「聞」又屬於耳部，跟「口」一樣都跟鼻子無關。所以在本章的題目中要說「嗅覺的退隱」。同一原理再進一步，泛指「氣息」的「臭」，最終又被「味」字代替，造成了口鼻不分的混亂。

/// 華人的嗅覺享受：從好聞轉到好吃

　　達爾文發現動物的感官會進化、退化。最明顯的是鼻子，《簡明不列顛百科全書》說食肉目動物「主要靠嗅覺尋找食物或逃避捕食者」，人類不靠氣味覓食，嗅覺退化得豬狗不如。類人猿不懂美醜，視覺、聽覺毫無欣賞要求。嗅覺方面，狗吃屎都不嫌，人則厭惡臭的、欣賞香的。純粹的嗅覺享受是花香，歐洲仕女講究贈送鮮花；華人這方面似乎低人一等，然而古代的中國人甚至超過西方。先秦諸子的言論中常拿鼻的慾望跟眼、耳並列，荀子就說「鼻欲綦（極）臭」，《荀子‧王霸》：「夫人之情，目欲綦色，耳欲綦聲，口欲綦味，鼻欲綦臭……」還說人要用芬芳的氣味來「養鼻」，《荀子‧禮論》：「椒蘭芬苾，所以養鼻也。」還跟「養眼」並列。現今欣賞美女就愛喊「養眼」。經典明言，氣味是周代人的好尚。《禮記‧郊特牲》：「周人尚臭。」儘管書裡的「臭」說的是祭神，但對當時人們的習尚也不能排除。

　　後代華人對花香的慾望明顯淡漠了，筆者認為這是被美食的追求「邊緣化」。先是文人的「熏香」替代了鮮花。書房裡的熏爐始見於東漢，《藝文類聚》卷七十引漢劉向《熏爐銘》，此不同於供佛的香爐，大致在同時，用花「養鼻」的習尚趨於消失。宋代書香普遍流行，陸游《假中閉戶終日偶得絕句》：「剩喜今朝寂無事，焚香閒看玉溪詩。」同時以蘇東坡為代表的美食運動興起。花香的嗜好跟美食的嗜好相關，道理在於華人飲食的獨特。

　　不同類的嗅覺享受都用「香」來表示，這就要弄清「香」字的演變。篆字「香」是上「黍」下「甘」，僅僅指黃米的暗香。《說文解字》：「香，芳也，從黍、從甘。《春秋傳》曰：『黍稷馨香。』」蘭花很香，但早先只能用「芬」、「芳」形容。屈原《離騷》：「芳菲菲而難虧兮，芬至今猶未沫。」「芬」字出現更早些，「芳」字本來是草名。《說文解字》：「芬，草初生，其香分佈也。」「芳，香草」。屈原曾以「美人」、「香草」並用。黍米的「香」擴大到花上，從古書記載來看，過渡時間是漢代。《說苑‧談叢》「十步之澤，必有芳蘭。」不同版本中「芳」、「香」混用[3]。先秦文

「香」的篆字

//////////////////////////////////////

3/　向宗魯《說苑校正》談叢篇，北京：中華書局，1986 年。

獻裡找不到「香」用在吃食上的例句。最早的例子可能是漢代字書《急就篇》：「芸、蒜、薺、芥、茱萸，香。」列出的「香」物還限於蔬菜，這是向食品過渡的一步。老學究會找出兩例，但都不能成立。其一，《荀子》裡的「五味調香」，但這是「五味調和」的刊誤，後文有專門章節詳細考辨；其二，《詩經‧大雅‧生民》說「其香始升，上帝居歆」，國學大師俞樾考證香氣來自焚燒蕭草（還有牛脂），認為這是燒香祭拜的前身 [4]。

「香」字帶上「甘」這個零件，舌感就摻進了鼻感。黍米飯對華人的無比重要，使「甘」的嗅覺因素成為本位，衍生出好聞的香、好吃的香。早先常用「芬苾」形容香氣，《荀子‧禮論》：「椒蘭芬苾。」「苾」似乎是好聞與好吃的過渡。《詩經》中「苾」可指食物的香氣：《小雅‧楚茨》描述用美食祭神說：「苾芬孝祀，神嗜飲食。」還有個「飶」是《詩經》研究中的難題，朱熹也承認沒法解釋。《詩經‧周頌‧載芟》說「有飶其香……有椒其馨。」朱熹《詩經集傳》：「飶，未詳何物。」可以理解為烹調成品。後世「苾」、「飶」完全通用，唐代宮廷祭神的頌歌中就拿「芬飶」表示食器中的美味，見鄭善玉《郊廟歌辭‧儀坤廟樂章‧雍和》。

荀子用芬苾形容椒蘭，「椒」即花椒，很早成為華人烹飪的主要調料，是「養鼻」與「養口」的過渡之物。「香」用於肉類食物更要晚得很，不過先秦就有個「薌」字像是過渡。「薌」曾表示牛脂的氣味，《禮記》曾用「薌」形容牛油的氣味，筆者發現同一段話在《周禮》又作「香」。分別見《禮記‧內則》、《周禮‧天官》。牛本有羶氣，近似芳香的牛脂要加熱才能釋出，可見膳食之「香」都是人為烹調的產物。

順便說說華人用食物祭神的問題。夏丏尊先生說，其他民族祭奠用花，中國人用吃的 [5]。華人認為神鬼也怕挨餓，又面對祭品不會被吃的事實，因此相信神鬼會用嗅覺享受食物的氣味，還有更專用詞語就是「歆」。

4/　轉引自丁福保《佛學大辭典》「焚香」條，文物出版社，1984 年。

5/　夏丏尊《談吃》，聿君編《學人談吃》，中國商業出版社，1991 年，頁 4。

/// 鼻子的感覺迷失在「口」中

「香」屬於鼻子的感覺，但它原來的字形卻是帶有口舌感覺的「甘」字，這既是錯亂，顯示黍香有不可琢磨的屬性，又有道理——黍米的暗香就是吃在口裡才能感到，跟嗅覺的關係是極難發現的。

中國古人也很講究讓鼻子享受「芬芳」的嗅覺愉悅，就像眼睛需要享受美景一樣。《孟子·盡心上》：「口之於味也，目之於色也，耳之於聲也，鼻之於臭也，……性也。」古漢語裡還有表示嗅覺失靈的詞，例句說的是不能欣賞芬芳的遺憾。《列子·楊朱》：「鼻之所欲向者椒蘭，而不得嗅，謂之『閼顫』。」另外提到聾為「閼聰」，盲為「閼明」。這在世界各種語言中都是少見的，表明了華人的嗅覺審美曾經多麼發達。

「嗅」字用「口」旁代替了早先的「鼻」旁（齅），難道華人的鼻子都不管用了？經過長期探求，筆者才參透了箇中玄機：正是中國飲食文化的高度進化，造成了漢語的「退化」。你問那具體的機理是什麼？就是「味」審美的畸形發達，帶來了中國人飲食感官與心理的畸形進化。書法是中國特有的藝術品種，跟中餐有若干共同，借用書法家的話來說，就是所謂「臻於化境」。《辭源》解釋「化境」說是「藝術造詣達到精妙的境界」。華人把嗅覺、味覺的意識「化」在一起，變成「味」的一團模糊。

變化的具體過程，得從鼻子的功能說起。人的各個感官都有自己的快感、美感，有獨立的享受。耳朵要享受好聽的音樂，眼睛要享受好看的景色，同樣，鼻子也要享受好聞的氣息。荀子就說過，蘭花的氣息是鼻子的需要。《荀子·禮論》：「椒蘭芬苾，所以養鼻也。……琴瑟竽笙，所以養耳也。」但鼻子的感覺，除了獨立的一面，另有不獨立的一面：在欣賞美食時，鼻子又參與了口的感覺，無形中變成了口的附庸。

嘴巴能吞沒鼻子的功能，皆因鼻子長得太特別：它一頭是獨立的，另一頭通着口腔。漢朝思想家王充對鼻子的結構、原理認識得最清楚，說鼻子能享受美食的氣息，全靠鼻子通氣兒。他反對拿美食祭死人，說死人鼻不通氣兒，哪能聞到美食的氣息？《論衡·祀義》：「歆（神享受供奉叫「歆」）者，口鼻通也。使鼻齆（齆也作「齆」，意為鼻腔壅塞）不通，口鉗不開，則不能歆矣。」空氣中的外界氣息，花香、屍臭等等，作用於鼻子的前

門；吃東西時口中的氣息，黃米的暗香、水果蔬菜的清香，以及肉類的腥膻、烹飪佳餚的「醇」味等等，作用於鼻子的後門，兩者有內外之分、正反之別。

　　最早人吃東西單純為了飽肚，那時離開用嗅覺追蹤獵物的時期還不很遠，鼻子專管嗅外在的氣息來尋找食物，至於吃東西時口腔裡邊的氣息，因為還沒什麼意義，沒人注意。自從陷進「飢餓文化」，中國人對吃的感受大大強化了。羹、飯的分工帶來「味」的啟蒙以後，對口中食物氣息的感受十分突出，鼻子後門的感覺變得極端重要，前門的感覺就變得相對次要了。這樣「倒流嗅覺」就壓倒了「正流」。漢代以後的思想家，極少再像先秦時那樣談論花香的享受了。文化能改變人的感官，馬克思就曾藉着音樂談過這一客觀事實。「人的耳朵和原始的耳朵得到的享受不同……只有音樂才能激起人的音樂感；對於沒有音樂感的耳朵說來，最美的音樂也毫無意義。」[6]

/////////////////////////////

6/　馬克思《1844 年經濟學哲學手稿》，人民出版社，1979 年，頁 79。

// 「味」的破譯（二）：華人味覺的瀰漫

/// 醫家知「味」，佛家知舌

　　成語「口舌之爭」說的是人們之間的言語爭吵，這裡借用在飲食上，說的則是口跟舌頭的爭辯：欣賞美味是誰的功勞？它倆發生矛盾是可以想像的，因為關係含糊，舌頭既是口的部件，又有獨立性。按前邊所說，口的「黑洞」吞掉了鼻子的一半功能；同時還會埋沒舌頭的整個功勞。

　　「口舌」有兩大用處：說、吃。口對吃的東西並沒有獨立的感覺，可古人提到美味總是跟「口」相聯繫。《孟子・盡心下》：「口之於味也，目之於色也，耳之於聲也，⋯⋯性也。」單獨提到舌頭，談的則僅只是它的說話功能。宋代分類收集古書資料的《太平御覽》，舌部 33 條都是說話，如《史記・平原君虞卿列傳》：「以三寸之舌，強於百萬之師。」洋人也一樣，英文裡「舌頭」跟「語言」是同一名詞。《朗文英漢雙解詞典》中 tongue（舌頭）的例句：「My native tongue is English.」——我的母語是英語。

　　舌頭本有「知味」天才，可憐生不逢地，受口腔的遮蔽。幸虧「嘗百草」的任務使舌頭較早地有了出頭機會，使它的辨「味」功能得到了鍛煉、強化。草的氣味千千萬萬，但中醫藥理要求排除其迷亂，只限於分辨出純舌感的本草之「味」。「味」跟藥性的「溫熱寒涼」並列，總的術語叫「性味」。一大文明成果是對味的種數認識周全，達到五種，常稱「五味」。對「五味」的認識，中華文化大大領先，最遲到春秋時代就成了常識。孫武所著《孫子兵法》一書裡就提到「味不過五」。

　　在「五行」學說的歸納中，「五味」是不可缺少的方面。《書經》提出「五

行」時，就把「鹹、苦、酸、辛、甘」納入「水、火、木、金、土」的「五元模式」。《尚書·洪範》：「（水）潤下作鹹、（火）炎上作苦、（木）曲直作酸、（金）從革作辛、（土）稼穡作甘。」可以說「五味」是「五行」觀念形成的實際根據之一。

知「五味」的功勞被口冒領，直到東漢的《說文解字》才明確了舌頭有「別味」的第二功能。「舌，在口所以言也；別味也。」給它這個新解釋的根據在於，那時中醫經典已作出了「舌能知五味」的判斷。《黃帝內經·靈樞·脈度》：「心氣通於舌，心和，則舌能知五味矣。」《黃帝內經》的成書年代有戰國、西漢、東漢等說法，馬王堆漢墓出土帛書中有醫書，經研究，《內經》成書也在東漢[1]。

先秦到東漢短短二三百年間，對舌頭的認識是怎樣發生突破的？筆者發現：是印度人通過佛經教給咱們的。據梁啟超考證，秦朝有「西域沙門……齎佛經來化」[2]，帶來的《般若經》跟善男信女們背誦的《心經》一脈相傳。佛教的《心經》寫感官享受的虛幻時，曾列出眼、耳、鼻、舌、身來，分別跟色、聲、香、味、觸對應。「無眼耳鼻舌身意，無色聲香味觸法」。只有人體五種器官中的舌頭跟五種感覺中的「味」相對應。為什麼印度人獨能認識舌能嘗味？猜想印度飲食獨成一系，特點是「香料覆蓋」[3]，香氣濃烈，易於被鼻子感知，這使嗅覺跟味覺的糾結易於覺察。隨着佛教的大普及，「舌辨味」的精確認識就取代了「口辨味」的模糊認識。

佛經說「味」說的是美食，警醒世人不要貪戀。中國文化從源頭上就是「醫食不分」，飢餓驅動的探求不期而然地獲得兩大成果：直接發現的中醫草藥、曲折發明的中餐烹飪；兩項成果都涉及「味」。草藥的味單純而清晰，名之為「五味」；中餐的味複雜而微妙，由於特殊原因，也用「五味」作代稱。味覺的真相只能由舌頭來分辨，而舌功能的運用還得等到印度佛經傳入之後才為人正識。跟佛家《心經》的舌能「別味」相比，醫家《內經》的「舌能知五味」是一大進步。

////////////////////////////////

1/　張其成《論〈周易〉與〈內經〉的關係 —— 兼論帛書〈周易〉五行說》，《國際易學研究》，2001 年第 6 期。

2/　梁啟超《佛教之初輸入》，《佛學研究十八篇》，北京：中華書局，1988 年。

3/　聶鳳喬《世界烹飪的三大菜系兩大類型及其比較》，《中國烹飪》，1995 年第 10 期。

/// 味覺突破於「苦」，bitter 有異被「咬」

中醫草藥的「五味」也不能排除食物。《周禮‧天官‧疾醫》：「以五味、五穀、五藥養其病。」古疏：「醯則酸也，酒則苦也，飴蜜則甘也，薑則辛也，鹽則鹹也。」但需要強調醫藥、飲食兩大領域中的「五味」有本質的不同，好像這還沒引起充分注意。本草的「五味」像化學課本中的「味」一樣屬於科學範疇，學科上屬於藥物化學，飲食上的「五味」，實際上已是醫藥概念之不恰當的濫用。

味道的舌感方面看似簡單直白，其實也夠混沌的。要理清，最好是從苦味入手。五味裡的「苦」難以天然認識，因為它跟吃的需要離得最遠。不信把其餘的四種滋味分析給你看。食物的甘、鹹、酸，都是人們生理上既不可缺少，感覺上又相當喜愛的。「甘」即微甜，可由醣類（碳水化合物）轉化出來，《辭海》：「醣為糧食的化學成分」；「鹹」是鹽之味，鹽是人體絕不可缺的物質；「酸」，常跟甜共存，是漿果的滋味，而果類是猿人的食物。「辛」味的蔥薑則是先民煮肉的調料。科學地看，辛不屬於味覺，而是對口腔的刺激。

筆者經多年探索後發現，原來洋人對苦味一直沒有深切的認知。洋文裡缺少原生的「苦味」一詞。從詞源學來看，bitter（苦）是從動詞 bite 來的，而 bite 意思是「咬人」。《朗文英漢雙解詞典》裡的例句是「Be careful, my dog is biting!」—— 當心，我的狗咬人！更有「被咬」的 bitten，是由 bite 衍生而來的被動式分詞，跟苦味 bitter 只有一個字母之差。獵牧者被毒蛇猛獸咬上一口，那是家常便飯。漢話也說「痛苦」，表明「苦」跟「痛」可以互相引申，不過跟洋文方向相反。印度語言裡似乎本來也沒有「苦味」這個詞兒，印度文獻也沒聽說有吃草的記載，要知道西方語言屬於「印歐語系」，大量詞彙相通；印度話若有，歐洲早就引進了，還用拿「咬」來對付？

除開被咬，洋人只能借用別的事物來形容苦味，說它是「尖銳的、被刺痛的味兒，就像啤酒或不加糖的黑咖啡」。字典對 bitter 的解釋是「having a sharp, biting taste, like beer or black coffee without sugar.」啤酒苦得很輕微，不加糖的咖啡才勉強說得上有點像挨了「咬」的痛苦。根據歐洲飲食史，洋人喝咖啡要遲至十七世紀。《歐洲飲食文化》：「十七

世紀中，咖啡（從阿拉伯地區）運抵中歐諸港，1643 年第一家咖啡館在巴黎開張。」[4] 總之，洋人嚐到「苦」頭不過是三四百年前的事。幸運的洋人竟是從奢侈食品開始接觸苦味的，跟華人完全相反。只有華人對「苦」的認識是原生的舌感，是跟酸、鹹同質的味覺。長於賞味的華人還認識到苦味也是美味的成分，例如詩人蘇東坡、陸游都曾歌頌苦筍。陸游《野飯》：「薏實炊明珠，苦筍饌白玉。」

值得強調的是，「苦」從來就是跟「甘」對比而言的，從不苦到甜，只是「甘」的程度不同。漢語中的「甜」字反而出現較晚，三國時的《廣雅》才有收錄，較早的例句是韓愈詩《苦寒》：「草木不復抽，百味失苦甜。」印度人跟西方人都不懂「甘」也不懂苦。苦、甘都是遍嘗百草的意外收穫。古語說「良藥苦口利於病」（《孔子家語・六本》）。什麼最苦？黃連最苦，老俗話「啞子吃黃連，苦在心頭」（《醒世恒言》卷三十九），而黃連屬於最常用的草藥，專治華人特有的「上火」。《神農本草經》列之為上品，謂善清「上焦火熱」。成語「苦盡甘來」最能概括從飢餓到美味的中餐發展歷程，洋文只能翻成「雨過天晴」。洋人不懂得為什麼苦要跟草關聯，更不懂為什麼不苦就叫「甘」。

苦味的獨特更在於：它的刺激帶來的強烈痛苦，叫人顧不上別的感覺，這才提供了一個突破口，叫人能從心理上拆開嗅覺、味覺的微妙結合，從而排除氣味，使「滋味」現形。

/// 識味覺中西印協力，用舊名口鼻舌混同

人類對「味覺」諸元素的認識，實際上是中華、印度、歐洲三種文化協力才告完成的。古代中國人的功勞是早早把「味」的種類湊齊為五；印度人的功勞是肯定嚐味的感官是舌；近代歐洲人則通過實驗，發現舌頭用不同的味蕾分辨鹹、酸、甜、苦，心理學奠基人馮特（Wilhelm Wundt），1879 年創建第一個心理實驗室，並在專著裡提到「舌頭

////////////////////////////////

4/　希旭菲爾德《歐洲飲食文化》，左岸文化公司，2004 年，頁 136。

後部對苦味最敏感」[5]，確認了苦味、排除了辛味，終於弄清了味覺的真相。大學者梁漱溟先生曾拿中國、西方、印度的文化作過比較，認為三家有差異互補的關係[6]。他沒有涉及飲食文化，這裡可以做點補充：三家在味覺上的觀念差異，真可算是文化互補的一個模型。

實驗心理學家終於弄清純粹的「味覺」為鹹、酸、甜、苦四種；同時還確定了舌頭不同部位在感知不同味種上的分工。網上有人變成歌謠：舌根苦，舌尖甜，舌面、兩側嘗酸鹹。至此，人類對味覺的認識可說「到家」了吧？且慢，認識的結果並不圓滿，留下一個明顯的缺陷，就是竟沒有給新發現的一組物件起個新名字，而仍然用古老的 taste。《簡明不列顛百科全書》的相關條目就是 taste，還在括弧裡附有一個拉丁語源的同義詞 gustation，其含意跟 taste 全同。Taste 首先是個動詞，意味「品嘗」，名詞 taste 的解釋中也概念混亂。名詞 taste 又有廣義的解釋，包括「（藝術）鑒賞力」：the ability to enjoy and judge beauty。

這樣實際上就有兩個義項共用 taste 一詞：狹義的 taste 屬於新的科學術語，《美國傳統詞典（雙解）》：「The sense that distinguishes the sweet, sour, salty, and bitter qualities of dissolved substances in contact with the taste buds on the tongue.」筆者做個簡明的轉述，就是「舌上的感受器接觸呈味化學物質溶液時的感覺」。廣義的 taste 是個含義混淆的俗詞，由於不能排除 smell，而跟 flavour（味道）有所重合，所以仍然存在口、舌、鼻感覺的混同問題。即便限於舌感，那麼鹹、酸等個別感覺都有具體名稱，從邏輯學的角度來看，有「專名」而無「類名」，肯定屬於嚴重缺陷。關於「類名」（taxon）的必要，馮友蘭曾有專論[7]。

然而這裡要提請注意：在中文裡，科學術語的 taste 並不像洋文一樣沿用古老的「味」，而是對應着一個新術語「味覺」。猜想當年華人心理學界在引進德國科學家的新學說時，多半發現了新發現的舌味跟古老的「味」有本質不同，覺察到西

5/　轉引自黃珉珉《西方心理學簡史》，《現代心理學全書》，中國社會出版社，1991 年。

6/　梁漱溟《東西文化及其哲學》序言，北京：商務印書館，1987 年。

7/　馮友蘭《三松堂學術文集》第三冊，北京大學出版社，1984 年，頁 109。

文中類名的遺漏，便藉着語言轉換的便利，有意加以補救，於是英明地造出一個新詞「味覺」。漢語「味覺」專門代表味蕾的一組感覺，跟「味道」沒有瓜葛，可說是世界上唯一準確的相關術語。可惜近年又大有代替「味道」的趨勢，詳見後文。

/// 老子「五味」太糊塗，食客「味覺」大倒退

常見菜館裡的對聯有「五味調和百味香」之句，食客也愛掛在嘴上。懂點「國學」的文人會說這句「古話」來自《荀子》裡的「五味調香」。筆者早就覺得這話真是豈有此理。「五味」是味覺、「香」屬於嗅覺，光給你鹽、醋、糖、花椒，材料是五味俱備，你能「調和」出川菜「魚香肉絲」的味道來？帶着問題查閱《荀子》的各家校本，果然證實：清代權威考據家早就指出：「五味調香」的「香」是個錯字，本來是「和」，和字有個古體「盉」跟香字很近似，刻書匠看走眼了。清末民初的王先謙《荀子集解》引清代王念孫曰：「香當為盉。《說文》：『盉，調味也，從皿，和聲。』今通作『和』。」[8] 筆者絕對贊同這個論斷，因為荀子那年頭菜餚的「香」還遠遠沒形成呢。

「五味調香」能夠以假亂真，因為人們對這話的意思本來就很認同。事實上還有類似的古語為人們所熟悉。始作俑者是大軍事家孫武，他在談論兵法的變化時曾拿五官感知的種種現象作比喻，斷言「味」雖然只有五種，但它們組配變幻的結果卻繁多到叫人嘗不過來。《孫子兵法·兵勢篇》：「味不過五·五味之變，不可勝嘗也。」《文子·道原》裡有同樣的話。但漢代劉向的引用稍有不同。《淮南子·原道訓》：「味之和不過五，而五味之化，不可勝嘗也。」《孫子兵法》錯就錯在不經意中發生了概念置換：「五味」說的是中藥的「味」，而嘗不過來的是中餐的美味。你捏緊了鼻子嘗過鳳梨再嘗葡萄，會覺得兩者沒啥差別，都是一味地甜。水果的品嘗離不開鼻子跟舌頭的合作，何況菜餚之「味」裡氣味的因素更要複雜得多。

用「五味」代替美味，推想可能是受了「五行」思潮影響的結果。《孫子》談五

/////////////////////////////

8/　王先謙《荀子集解》，《諸子集成》第二冊，上海：世界書局，1936年，頁231。

味，是列舉五官的功能中的一段上半句是：「色不過五，五色之變，不可勝觀也。」「五行」成了思維模式，某些方面的現象是勉強納入的。例如「五方」的東西南北中。至於普通食客，在中華文化的背景下，絞盡腦汁也不會想到把味道分析成舌感、鼻感，何況美味當前，饞涎直流，一心想吃？

　　吃草的先民對「五味」熟悉在先，對「味」在科學、生活兩方面的雙重內涵素有感受，或許因為這個，華人生理學家對相關概念獨能特別認真，所以藉着翻譯之機，超前先進地創造出比「味」準確的科學術語「味覺」。自那以後，據筆者觀察，前半期這個詞兒多能在專業場合準確運用，但自大陸進入改革開放時期後，「味覺」一詞有越來越被濫用的趨勢。如今總是掛在有點文化的人們的饞嘴上，說的卻不是心理學上的舌感，而是對佳餚美味的感覺。美食家、烹飪大師但求解饞、不求甚解倒也罷了，奇怪的是，烹飪教育家、飲食文化研究者也都犯了概念混淆的大錯。

　　大陸「新時期」有一陣「美學熱」，後來流行起「味覺審美」的說法，嚴格說來這近於昏話。鹹酸等味覺簡單至極，哪裡有「美」可「審」？近些年有幾位散文家專門談吃，某名人在為《私人味覺》一書寫的序言中談到「味覺審美」[9]。「私人味覺」也沒法理解——後來才知道那是模仿日本話。日人更常拿「味覺」代表美食，一家日本美食網站設有四季欄目，「春の味覺」包括「湯豆腐料理」等菜單，可說比華人更加糊塗。

　　氣味、滋味都叫「味兒」，如此咄咄怪事，千百年來人們居然見怪不怪。近代「味覺」一詞出現後，國人已習慣於準確地使用，卻又出現濫用趨勢。讓「味覺」的清水跟「味」的濁水再次混淆在一起，倒退到老祖宗「口」、「舌」不分的原地，辜負了華人心理學家造詞的苦心。看來國人「味」的觀念天生就有頑固的「模糊化」傾向。上述的種種現象都表明：吃東西時嗅覺是被忽略了，所以筆者把這稱之為「味覺的瀰漫」。

9/　李樹波《私人味覺》，陝西人民出版社，2003 年。

//「味」的破譯(三):鼻口之合結良緣

///「人中」穴的奧秘

味覺、嗅覺的微妙關係,最適合用中國人的「陰陽」模式來認識。舌頭、滋味屬於「陰」,鼻子、氣味屬於「陽」。「陰陽」本是天象,口、鼻是人體,看來毫無關係,卻有個神秘的結合點。很多老人都知道一個急救法:刺激人中穴,位於鼻、口之間,「唇溝」的中點,可用針刺或指掐,就能讓昏厥不省人事的病人立刻「還魂」[1]。現代已有試驗,結論承認了這個穴位的「特異功能」。這裡提到人中穴,是取其位置、名稱,以及跟味道的關係。

中華文化把天、地、人並列,稱為「三才」。《三字經》:「三才者,天地人。」天跟地結合而生萬物,又進化成「萬物之靈」的人。《尚書·泰誓上》:「唯人萬物之靈。」道教的《太平經》講的是天、地、人三者的關係。《太平經》是東漢末年道家思想普及化的產物,《辭海》說「似非一人一時之作」。人的鼻、口既然像天、地,那麼「鼻口中間」當然該叫「人中」穴。至於鼻子跟口舌的關係,《太平經》裡有一段淺顯的話,愚夫愚婦也一聽就懂,說天地之氣必然要上下互動,兩者就相交於居中之「人」。「天者常下施,其氣下流也;地者常上求,其氣上合也。兩氣交於中央。人者,居其中為正也。」[2] 由於口鼻相通,鼻子感到的氣味不可避免地也會「下施」進口中,舌頭上的味蕾也像氣體的溢出一樣

1/　李樂敬等《針刺人中治療瘕病性暈厥 18 例》,《臨床針灸雜誌》,2002 年第 7 期。

2/　王明編《太平經合校》,北京:中華書局,1960 年,頁 694。

「上合」到鼻腔的後門。有了鼻、口之間的雙向運動，嗅覺跟味覺能不化在一起嗎？

　　古代思想家認為：肺臟跟鼻子相關，主呼吸；脾臟跟舌頭相關，主飲食；而口跟靈魂所繫的心相關。《白虎通・情性》說：「肺繫於鼻，心繫於口，脾繫於舌。」舌頭、鼻子的感覺在吃的過程中融匯在一起，這實在是「陰陽結合」的最佳標本。此穴的位置、名稱都象徵了口鼻結合的飲食之道乃是中華民族的靈魂，意義關乎天地之心。《禮記・禮運》說：「人者，天地之心也。」

　　天地間常有兩股力量混在一起，像戀愛的男女，沒法分開。《聖經・創世記》說上帝不許亞當、夏娃交合，結果也是失敗。華人沒上帝，信的是「天」，天老爺首肯男女的交合，老話叫「天作之合」（《詩經・大雅・大明》），這話至今還是結婚的賀詞。

　　華人自古就拿「男女」跟「乾坤」分別配比。《周易・繫辭上》：「乾道成男，坤道成女。」「乾坤」即「天地」，兩者的高下是注定了的。《周易・繫辭上》：「天尊地卑，乾坤定矣。」廣義的天是茫茫宇宙，包括了「地」（地球），中國哲學論書裡總是講「天」，沒有單講「地」的，只是對生物來說，「天地」才有意義。《周易・繫辭下》：「天地之大德曰生。」天地的關係就像男女，妻子對丈夫必須服從。

　　說這些幹什麼？為了容易理解「味」的奧秘。鼻腔君臨在口腔之上，就像天籠罩着地一樣，「鼻感」在「味道」中佔着主宰地位，所以在品嚐美食時休想排除它，除非你捏住鼻子。英文的 taste 狹義是舌頭的味覺，但也不能排除嗅覺，因而也可以用在食物的味道上。氣味與滋味的融合機理，真是上帝留給人類的頂級難題。

/// 味蕾的逃逸

　　味道的奧秘，難以琢磨的還不是「鼻口連通」，那是明擺着的。最大的困惑在於，好容易看準了的東西，還會像小精靈般躲閃變幻，那就是味蕾。

　　生理學家發現味蕾時，會想當然地認為它們全部都長在舌頭上。筆者對這個判斷的絕對性尤其堅定不移，理由是本人在探究中發現，西方人早就從印度人那裡得知舌頭是味覺的感受器官。再說啦，酸甜苦鹹的「敏感區」都分佈在舌頭的不同

部位上。舌尖敏於感覺甜，舌的兩側感覺酸，兩側前部感覺鹹，舌根感覺苦[3]。《辭海》乾脆斷言味蕾就在舌頭面上。「味覺」條目的解釋是：「由溶解於水或唾液中的化學物質作用於舌面上的味覺細胞（味蕾）」而引起的。

　　然而，長期認為當然集中於舌頭上的味蕾，卻有少數不老實呆在大本營裡，而出人意料的，卻也散佈在上顎及咽喉等處的口腔黏膜上[4]。鼻子與口本來就相通，「逃逸」到鼻腔後門的味蕾，就像一個「私奔」的輕佻姑娘投身於情人的懷抱，進一步打破了鼻、舌功能「井水不犯河水」的界限，讓鼻子與舌頭變成難解難分的一體。這樣就成就了「味道」的「天作之合」。

　　男女的「異性相引」既是天性，按理「嗅覺」這個小伙子也不該坐等，至少會表現出同樣的主動。筆者很早就這麼推想，但怕人說「不科學」而不敢說出來，直到 2004 年的諾貝爾生理學或醫學獎公佈。兩位科學家的最新成果證實了我的推想：舌頭的味蕾中也存在着嗅覺的細胞！新華網《諾貝爾生理學或醫學獎成果解讀》：「阿克塞爾和巴克……還發現，舌頭味蕾中也存在與氣味受體類似的受體。」[5] 真是「無獨有偶」啊。

　　「舌和則知五味」、「鼻和則知香臭」（《難經・臟腑配象》），這既然是老天的安排，那麼味蕾就該集中在舌頭上，舌頭也不該摻和鼻子的事。然而老天卻偏要做出違背常理的安排，讓我們更有理由說「味道」是「天作之合」。

/// 中餐調料當紅娘：醋能「酸鼻」

　　人不分民族，五官的構成都一樣，那為什麼獨有中國人的口鼻能發揮出「知味」的功能？還得說是別有緣故。某些獨特吃食的長期磨煉，應當最能喚醒潛在的功能。食物中最有「味」的是調料，中國烹飪特別常用的兩種調料——薑、醋，都

//////////////////////////////

3/　壽天德《神經生物學》，九州圖書文物公司，2004 年，頁 279。

4/　Edwin G. Boring. *Sensation and Perception in the History of Experimental Psychology*. New York: Appleton Century Crofts, 1942.

5/　新華網新聞，2008 年 10 月 4 日。http://big5.xinhuanet.com/gate/big5/news.xinhuanet.com/world/2004-10/04/content_2052506.htm

對國人的「知味」起過特別作用。

　　薑是「辛」（辣）的，醋是酸的。酸、辣作為「五味」，分明都是舌頭的感覺；然而薑與醋卻很特別：都讓人感到「刺鼻」的「辛酸」，俗話說「辣（酸）得鑽鼻兒」，以至文言詞裡的「酸鼻」就當「流淚」講。《文選·高唐賦》：「孤子寡婦，痛心酸鼻。」古注：「鼻辛酸，淚欲出也。」生理學機理在於鼻腔與眼的淚腺相通。這裡必須強調，並不是「酸味」的吃食都帶有「酸氣」，比醋還酸的山楂果，不就聞不出酸味兒來嗎？比醋更古老的中國調料梅子也是一樣。《尚書·說命下》：「若作和羹，爾惟鹽梅。」

　　薑是中國烹飪特別愛用的調料。它並不是中國的原產，據《生物學詞典》，原產於南洋群島，卻很早成了中國人的寵兒，孔夫子吃飯離不開它。《呂氏春秋·本味》：「和之美者，陽朴之薑。」《論語·鄉黨》：「不撤薑食。」古人只舉兩種菜類時，其中就有薑，可見其重要。《千字文》：「果珍李柰，菜重芥薑。」《禮記》記載的十來種最早的蔬菜裡也有它。中國農業史、飲食史權威許倬雲先生說：「《內則》所舉諸項食物中，蔬菜有芥、蓼、苦、荼、薑、桂。調膾的蔬菜則有蔥、芥、韭、蓼、薤、薇作為調味的佐料。」[6] 對比西方來看，古希臘有 17 種蔬菜，其中沒薑，直到十一世紀才由東征的十字軍帶來，也遠遠沒有胡椒那麼重要[7]。

　　薑的辣味既刺激舌頭也刺激鼻子，這能突破兩個感官的界線，讓它們互相就合到渾為一體。無獨有偶，醋的酸味也有同樣的特性。醋本來是米酒變質而成的廢物，所以「醋」及它的本名「酢、醯」都帶着酒字旁。《說文解字》段玉裁注：「酢，今俗皆用醋。」為什麼能夠翻身而得寵？推想也是由於它的酸味既嚐得出也聞得到。酒的味道就有此特點。《太平廣記》記載：南北朝時代，有高昌國進貢「凍酒」，梁武帝讓一位食品鑒定專家檢驗，報告說是變質的酒，問「怎麼知道的」，回答說：「聞得出酸味兒來。」《太平廣記·梁四公記》：「帝問杰公群物之異，對曰：『……酒是八風穀凍成者，終年不壞，今臭（嗅）其氣酸。』」

//////////////////////////////

6/　許倬雲《西周史》第二節，北京：三聯書店，2001 年。

7/　希旭菲爾德《歐洲飲食文化》，左岸文化公司，2004 年，頁 80、131。

/// 鼻子能嗅出苦味：味道調和 → 感官調換

　　《三國演義》裡有個故事盡人皆知：曹操用妙計鼓舞乾渴的部隊堅持行軍——指指前方山頭上的酸梅林。「望梅止渴」的故事表明，梅子最能刺激唾液分泌。最早烹調用的酸味調料是梅子，它跟鹽一樣古老。後世用「鹽梅」代表各種調料。北周庾信《庾子山集・商調曲》：「如和鼎實，有寄於鹽梅。」要取其酸，梅子比醋有過之而不及，但後來它卻被醋給淘汰掉了。宋代的字書《集韻》裡才出現了「醋」及它的本名「酢」。什麼原因？

　　自打乾澀的蒸小米成了主食後，中國人最「渴望」就是唾液，多多益善。最能刺激唾腺的，莫過於酸梅了。然而單純的刺激會讓人有不舒服之感。隨着飲食文化的進步，人們要追求美味享受，梅子一味酸苦，不能「酸鼻」；而醋的酸味就不那樣單薄，多出了鼻子的醇厚的美感（「醇」字的右半邊跟古體的「厚」字相通，詳見下文），更能形成美味來增加人的食慾。唾液若是靠外在的刺激而來，不如因內在的食慾而生，這當是梅子被醋取代的緣由。

　　這提示我們捉摸「調料」的「調」字什麼意義。筆者恍然大悟：「調」不光是「調和」，這裡「調」普通話讀 tiáo 音，是現代語法上所謂的「自動詞」，別忘了也當「調動」講，此時讀 diào 音，語法上屬於「他動詞」，並有「互換」之義，《中國漢語大字典》分別列為第四、第七義項。「調」的最早例句就是弓、箭雙方互相調適。《詩經・小雅・車攻》：「弓矢既調。」從飲食來看，不光多種烹飪原料之間要調和，而且人的兩個「味道」感受器官的關係也要調適，讓舌頭與鼻子「互動」，讓「天作之合」更加美滿。這種追求美味的特殊實踐，會使感官本身也由於長久的鍛煉而發生功能進化：舌頭、鼻子互相接近，漸漸竟弄到難以區分了。

　　詩人黃庭堅知道好友蘇東坡愛吃苦筍，曾以此物為題寫詩勸他及早辭官。黃庭堅回憶自己本來不愛吃苦筍，初嚐覺得不光口裡苦，那「苦氣」更讓鼻子沒法忍受。宋代周密《齊東野語・諫筍諫果》：「試取而嘗之，氣苦不堪於鼻，味苦不可於口。」苦難道是氣味嗎？鼻子竟能嗅出筍的「苦氣」來，豈不怪事！

　　再舉一例：宋徽宗是賞茶專家，他能從茶水的微妙的味道中感覺到「酸氣」

來。《大觀茶論・香》：「茶有真香……或蒸氣如桃仁夾雜，則其氣酸烈而惡。」中國人賞味能力的發達，到品茶可謂達到頂點。

　　研究過美學的思想家馬克思，對人類感官的進化很有心得。他曾斷言人的感官是進化的產物，「在人與自然的交往和交互作用的過程中，雙方都日益發展，自然日益豐富化，人的感官也日益銳敏。」他說，隨着「客體自然的人化與美的形成」，「一切對象對於人就變成了自己的對象化……也就是說，人自己變成了對象」。還特意結合音樂、美術，使自己的意思更加好懂：「例如一種懂音樂的耳朵，一種能感受形式美的眼睛，總之，能以人的方式感到滿足的各種感官。」[8] 結論有點驚人：「（人類）五種感官的形成，是從古到今的全部世界史的工作成果。」他所謂的「工作」，依筆者的理解，就是「文明進程」。

8/　朱光潛譯《馬克思經濟學哲學手稿》，《美學》第二期，上海文藝出版社，1980 年。

第二章／
中餐「味道」
審美的形成

//「香」：火胾贄華越萬里

///澄清「香」霧

前邊下大工夫破解過「味」的謎團，在考察「香」時首先得複習一番。「味」的混亂正是由「臭→香」的嬗變引起的。像「味」的三物同名一樣，「香」也有多重含義。

【色鬼之香／饞鬼之香】巴黎香水有驚人繁多的「香型」（《不列顛百科全書》「香精」條目），華人在談論中餐的美味時，也是「香型」不離嘴。豈知在「飲食」、「男女」兩大領域，「香」的意思截然不同。誇大點說，是色鬼的香還是饞鬼的香？川菜「魚香肉絲」常被舉作「香型」的代表，假若有華人設計出「魚香肉絲香型」的香水，哪位閨秀灑在身上，豈不應了孟夫子的話：美女西施沾一身腥臭，人們也會捂着鼻子躲開她。《孟子·離婁下》：「西子蒙不潔，則人皆掩鼻而過之。」我們探討的是「飲食」，「男女」的干擾當然要排除。

古漢語要用「芬芳」形容花「香」，還有過渡的詞兒「芯」，先用於花後用於食。做形容詞例如《大戴禮記·曾子疾病》：「芯乎如入蘭芷之室，久而不聞。」「芯」又作「飶」，還衍為名詞。《宋史志第八十五·樂七》：「神嗜飲食，飶飶芬芬」。做名詞例如《詩經·周頌·載芟》：「有飶其香。」朱熹《詩經集傳》解釋：「飶，未詳何物。」當是某種有香氣的食物。早期「芬芳」也有用於美食的，《儀禮·士冠禮》：「甘醴唯厚，嘉薦令芳。」近世典雅的文言仍有沿用。《隨園食單·須知單》：「嘉肴到目……芬芳之氣亦撲鼻而來。」

單說吃食之「香」也是霧一團。可分析為三類成分：果蔬清香、餚香、焙香。

其共同性都是以分子形態呈現，分述如下。

【果蔬清香】各種植物類食物的氣味千千萬萬，例如韭菜、香菇。有的食用時可免用火，有「調」無「烹」，像拌黃瓜。水果、花卉在中餐裡不屬於膳饌範疇，偶爾加入烹調也不變本味，如歷史名菜「蟹釀橙」，做法為蟹肉、橙肉同蒸（南宋菜譜《山家清供》）。花椒值得注意：它本是愉悅嗅覺的，《荀子·禮論》：「椒蘭芬苾，所以養鼻也。」更用來塗抹後宮內牆，取其香氣能刺激性慾，《辭源》：「椒房……取溫、香、多子之意。」這都屬於「男女」領域；花椒同時又是肉饈的主要調料，例如川菜「椒香魚頭」。

【葷香】俗語「吃香的喝辣的」，「香」用於菜饈多指經過高手烹調的肉菜。「葷」的本意並非肉類，不過是有刺激性的蔬菜。《辭源》有「葷辛」條目，解釋為：「氣味劇烈之蔬菜的總稱。佛家戒食葷辛。」道教也戒食，為避免刺激性慾、干擾修行。「葷」因為是肉類烹調必不可少的調料，而成為肉饈的代稱。肉饈的香味也得有個專名，「葷香」一詞比較理想，也有出處，初現於名菜「佛跳牆」（罈子肉）的打油詩中，詩曰「啟罈葷香飄四鄰，佛聞棄禪跳牆來」。據《中國烹飪百科全書》，出自南宋《事林廣記》「佛跳牆」一節，查原書未見，但此書元明間曾幾次增補[1]。近年有「饈香」一詞自發流行，也夠明晰雅致[2]。

【焙香】典型是洋餅乾或新疆「饢餅」的香氣。它是麵胎在封爐中八面受熱，分子內部的結晶水被耗乾而產生的焦香。這種加熱方式非烤非烘（烘烤都不是整體同時受熱），至今沒有名稱。從黃帝煮粥開始，熬乾了水就該有鍋巴的焙香，但漢代以前還不會用「香」形容。筆者從一首描寫製茶工藝的唐詩裡找到「焙香」一詞，武元衡《津梁寺采新茶》：「陰竇藏煙濕，單衣染焙香。」建議用「焙香」來作這類香味的名稱。不管什麼，一「焙」就香，包括氣味難聞的青橘子皮。《本草綱目·果二·橘》：「須以新瓦焙香，去殼取仁，研碎入藥。」釣魚迷常把蚯蚓、蛆蛹「焙香」了當魚餌。焙香本質上跟油炸

1/　中國烹飪百科全書編委會《中國烹飪百科全書》，大百科全書出版社，1992年，頁651。
2/　羽嚴《靜悄悄的饈香　感受母親的愛》，美國《世界日報》，2006年11月28日。

所致的香氣相近，不過後者又外加植物油本身遇熱產生的香。

　　食物特有的以上幾類香氣經常同時呈現，還有缺少總稱的問題，建議命名「食香」，以便跟其他令人愉悅的氣味相區分。

/// 偵破「香」案，關鍵在磬

　　從黃米年糕的暗香，到巴黎香水的「芬芳」，「香」的演變曲折而微妙。循着時隱時現的蹤跡仔細追索，像福爾摩斯小說那樣引人入勝，真是一件千古未破的「香」艷奇案，而破案的線索竟是一種微弱的聲響，豈不怪哉。「倒流嗅覺」的「香」是內蘊的；而正面嗅覺的「芬芳」則能遠播。後來餓鬼、饞鬼的快感壓倒了色鬼的快感，「芬芳」也用「香」來表示了。這首先必須克服空間上的距離。先民語言簡單，要表達「遠播」，只好求助於比喻，用聲音來作暗示。物理學課本告訴我們，聲音跟氣味有共同的特性，都需要借助空氣才能傳播。作為過渡環節的是「馨」，最早的字典的解釋說，「馨」就是能讓人從遠處聞見的「香」。《說文解字》：「馨，香之遠聞也。從香，殸聲。」

　　單個「馨」字，或跟「香」連成「馨香」，用來表示一切「好聞」的氣息，包括黍米的暗香、鮮花的芬芳。《左傳》曾用「馨香」描述禾黍的氣味。《僖公五年》：「黍稷馨香。」屈原用「芳馨」描寫花草。《九歌·山鬼》：「被石蘭兮帶杜衡，折芳馨兮遺所思。」《詩經》用「馨」描寫佳餚的氣味。《大雅·鳧鷖》：「爾酒既清，爾肴既馨。」早期的文人還用過「馨烈」、「馨逸」等詞語，「烈」、「逸」都表現了對「香氣遠播」的強調。《辭源》裡各有例句，都是南北朝以前的。等到人們習慣了「香」的詞義擴大，「馨」字就完成了使命，自然被冷落了。

　　有趣的是，在這宗香的探案裡，一種最古老的樂器扮演了關鍵角色，它就是編磬。如今全世界都知道中國的戰國編鐘。1978 年「曾侯乙編鐘」在湖北隨縣出土，但其了不起的前身——編磬，卻沒人理睬。石器時代的編磬，唯有從未斷絕的中華文化才能傳承到後世。磬怎麼會被牽連到這樁奇案裡？因為它的樂音代了一切聲響。《說文解字》段玉裁注：「磬，石樂也⋯⋯五聲八音總名也。」還得從古文字上細心偵察，「馨」字的構

曾侯乙編磬。磬多為玉或石製成，而此編磬則為石製。

成透露了明顯的痕跡。字書說，「馨」字中的「香」表示字義，而上邊那「殸」字標示讀音。驚人的是，「殸」這個字頭原來就是編磬的象形！《說文解字》：「馨，從香，殸聲。」又說那個字頭「殸」是「籀文『磬』。」

循聲追查，再看「磬」字。《說文解字》對「磬」字的解釋反常地詳細，簡直像一幅編磬圖：上邊的「殸」又分兩半，左邊畫的是編磬的木架子上掛着一些玉片，每片只能發單音，合起來就是能奏樂曲的編磬；右邊的「殳」表示手拿棍子敲擊。《說文解字》段注：「磬，石樂也，從石。声象縣虡之形，殳所以擊之也。」段玉裁又進一步作了詳細解釋，例如說「虡」是鐘鼓的木架，上邊有虎頭形的裝飾，所以「虡」字帶有「虍」字頭。

「磬」的篆字

「磬」的籀文

讀者會問：為什麼獨獨要拿編磬的樂音來代表一切聲響？古人說：人類的聲響就該用獸類不懂的樂音來代表。《禮記 · 樂記》：「聲成文謂之音。……知聲而不知音者，禽獸是也。」玉片編磬發出的聲音無比清越，最能鑽進耳鼓、心靈的深處。徐鍇《說文解字繫傳》：「八音之中，唯石之聲為精詣，入於耳也深……故於文，耳殸為聲。」

黍米的香是「好聞」的氣息；編磬的音是「好聽」的聲響。《說文解字》段注：「音，聲生於心，有節於外謂之音。」「清越」是黍香、磬音共同的特性。「香」不能傳播而聲能遠聞，把「聲（磬）」的字頭借來加到「香」上，造出「馨」字，實在是表示「遠播之『香』」的最合理的辦法。中華文化史上沉埋千古的香案於是告破。

/// 沒有惡臭，哪來肉香

生肉毫無美味，貓才饞老鼠肉。華人被迫「粒食」以後更饞肉食，貴族有口福，被冠以「肉食者」的稱號；但人們饞的絕不是生肉，相反還會厭惡。洋人自古天天吃肉，對它的氣味，不管正面的反面的，都是「久而不聞」。粒食讓華人的嗅覺變得細膩，愛上黍米的暗香，反襯之下，對肉的不良氣味就再也沒法容忍了。

饞極了肉味，又不能容忍它的「惡氣」，這就逼着我們祖先千方百計尋求兩全之策。於是能發現中國烹飪的偉大原理：肉料「臭惡猶美」。意思是「肉正因為有惡味，才能變出美來」。要克服肉類的不良氣味，當然首先得把它摸透了。我們祖先老早就把動物分成三大類，把各自的不良氣味分析得清清楚楚：水生的有「腥」氣，吃草的有「羶」氣，食肉的有「臊」氣。《呂氏春秋·本味》：「夫三群之蟲，水居者腥，肉玃者臊，草食者羶。」對比洋人，幾千年後，他們仍然對這三種「惡臭」沒什麼覺察，洋話裡至今連腥、羶、臊三個名詞兒都沒有。比方「腥氣」，英語裡只能用一大堆詞兒來形容，說是「魚和水產食物的氣味」。《漢英詞典》：「smell of fish and seafood.」這還是不完全、不準確。華人用「腥」形容血的氣味，《成語詞典》裡有「血雨腥風」之句，還有鐵銹味兒，「五行」學說的五味配比，跟「金」對應的是「腥」，英語都沒法翻譯。「羶」就更可憐了，《漢英詞典》的例句「這羊肉羶氣太大」，只能翻成「氣味大」。「This mutton has a strong smell.」

「葷香」產生的原理，是通過高妙烹調手段能把肉的氣味從「惡」變成「善」。古老的烹飪經典《本味》把這個道理總結成八個字：「臭惡猶美、皆有所以」。用今天的話來說，就是：香從臭中來；技藝須講求。這個驚人的認識，多半早在商代就形成了。據魯迅考證，《本味》是記載商代傳說的佚書，因為被收入先秦古籍《呂氏春秋》而僥幸流傳至今。《中國小說史略》說《本味》「審察名目，乃殊不似有採自民間……蓋亦本《伊尹書》」。

「香」表示菜餚，最早用在牛脂上，還有個過渡的僻字「薌」值得注意。這是筆者細心對比古文獻的異同而發現的。《禮記·內則》：「春宜羔豚，膳膏薌。」同一句話在《周禮·天官·庖人》中用字不同：「春行羔豚，膳膏香。」「薌（香）」指牛的油脂的味道。經典強調牛肉羶氣；不同於豬羊，烹熟的牛肉又確有香氣。牛特稱「太牢」，用於最隆重的祭禮。牛肉是肉餚烹調的典型，讓肉料變惡為美有兩大手段。一是通過加熱來弱化腥、羶、臊。焙乾肉料中的水分就能轉化出香氣來，誇大點說，連臭魚烤焦了都可以變香。另一手段是讓肉在沸水中跟調料的氣味化合抵消。

所用的調料《本味》裡沒提。筆者請教過高手廚師，烹飪的肉料不同，調料也

各有側重。牛羊肉祛膻味必須重用花椒。魚祛腥味必須多加醋。遠古還沒醋，祛腥靠酸梅。《尚書·說命下》：「若作和羹，爾惟鹽梅。」周代酸梅被醋代替，醋起先叫「醯」。《論語·公冶長》疏：「醯，醋也。」豬肉祛臊味離不開薑、蔥。《呂氏春秋·本味》說「肉獲者臊」，指的是狼、狐、野豬之類，後來豬成了雜食的家畜，仍是「臊」的代表。蔥、薑後來成為中餐最常用的調料，因為豬肉是最普通的肉食。

/// 火胃東來，入贅中國

「香」會藉着「熱」來強化。《辭海》記「布朗運動」：「溫度越高，運動越激烈。」中餐烹調，高熱油鍋裡一澆醬，嘭地一聲，香氣藉着熱氣四散遠揚。各類食香，無不伴隨着熱。華人獨能欣賞黍飯與竹筍的暗香，全憑「吃飯趁熱」。所以可說中餐的「香」堪稱火神之子。

「葷香」的成分包括祛除惡氣的肉香、焙香、高熱油脂遇高熱產生的香。這三者都離不開火。動物食料中黃油獨有清香，最早的牛脂之「薌（香）」就是加熱的產物，生牛肉不可能自然溢出牛油來。

西餐以火烤為主，味道以「香」見長。遊牧者定居後也是農牧互補，食物致熟沿用烤法，做麵包也用烘爐，像新疆人做「饢餅」。連分子裡的水也烘出來了，能不香嗎？火烤自然會使肉類的惡味成分變質而弱化，這可能是西方不重視烹調法的一個緣由；中餐烹調不離水，把雞蛋打破在沸水中，其湯都會因為蛋白質的「水解」（hydrolysis）而產生腥氣，這使中餐不得不講究調和之道。中國飲食文化，火受水的抑制，一直「不吃香」。《呂氏春秋·本味》：「水最為始，火為之紀。」

華人獨有「味」的啟蒙，導致「鮮、香二元標準」的形成。屬水的「鮮」味，是在親水的本土飲食中孕育出來的。下章要專門探討「鮮」。西方跟水神之女喜結良緣，使他沾得幾分溫柔，但骨子裡的火熱還是本性難移。

屬火的「香」味，理應形成於拜火的西方。烘烤是西餐的拿手好戲，產生的「焙香」直白而單純，可以做「食香」的代表。「葷香」形成較複雜，不適合做典型。最突

出的是西洋餅乾，國人是近代才學來的。你說先民不也用火烤？最早用火的「炮」法也不離水。炮，就是用稀黃泥包裹後放進火堆，用於鳥及小獸。《詩‧小雅‧瓠葉》：「有兔斯首，炮之燔之。」後邊雖提到「燔」，但燔遠比炮少見，筆者懷疑其字的來由與表示蠻人的「番」有關。有水一摻和，就像餅乾受潮，香味立即大打折扣。不是有「炙」嗎？那不過供貴族一享口福，叫「膾炙人口」。肉那麼稀罕，還留着加水做羹湯呢。

焙香最早是隨着唐朝的「胡餅」來華的，一來就迷倒了中原人，「胡餅」就是燒餅，它不像一般的餅那樣是烙熟的，其加熱方法非烘非烤，至今沒有名稱。白居易就曾寫詩喊「香」。《寄胡餅與楊萬州》：「胡麻餅樣學京都，面脆油香新出爐。」焙香成為現代中餐美味的要素，講個「轟炸東京」的故事。抗戰後期，在飽受日寇轟炸的重慶，某菜館推出了一道菜叫「轟炸東京」：把蝦仁番茄雞汁澆在炙熱的鍋巴上，轟然一聲香氣四溢，吃起來大快朵頤、大快人心。這個傳說有幾種版本，美食家唐魯孫說創始者是國民黨元老陳果夫先生[3]。如今重慶還有家菜館叫「鍋巴香」。

中餐有主有副，胡餅得算主食；而華人對「味」的追求，更表現在副食的菜餚方面。南北朝的《齊民要術》裡首次出現了把「香」用到肉餚上的記載，又是從西域民族學來的。邊區居民大膽試驗，把中土的調味法跟西域的烘烤法結合起來，做成一道創新菜餚叫「胡炮肉」：把細切的羊肉、豆豉、蔥薑花椒等中餐調料拌和，填進羊肚子裡縫合了，埋進熄了火的熱灰坑中烘熟。嚐過的美食家盛讚道：「香美異常！」（《齊民要術》卷八）「香」字出現了，可後邊還得用傳統的「美」來補充說明。

古人認識到了胡炮肉之「香美」是從火來的，這可以用另一條記載來參證：書裡用「香美」形容烤灌腸，那可是「炙」熟的。《齊民要術》卷九記有「灌腸法」：「取羊盤腸……以灌腸。兩條夾而炙之，割食甚香美。」「胡炮肉」香味的「異常」，是因為中國先前只有沸水裡的「調香」，沒有直接用火的「焙香」。引進了胡餅、胡炮肉，陽剛的「香」跟陰柔的「鮮」交媾，「味道」寶寶就生出來了。「胡炮肉」姓「胡」，「香」這個火神的公子，是招來的西方駙馬，不遠萬里入贅來華，而成「烹飪王國」萬民

3/　唐魯孫《酸甜苦辣鹹》，廣西師範大學出版社，2005 年。

景仰的美味之王。今天常說「牆裡開花牆外香」，飲食上卻是牆外開花牆裡「香」。

　　「香」來到中國，是藉着烘烤法的引進，更是藉着植物油的引進。火跟油本來是孿生兄弟，油「性熱」，脾氣沾火就着。晉代張華《博物志》第四卷：「積油滿萬石，則自然生火。」明代更有人提出，油樣子像水卻屬於「火」類，還探討了其中的原理。明人李豫亨《推篷寤語》：「油乃水類，水能克火，何以敷火則燃？曰：油乃菜豆椿麻草木之液，蠟魚牛羊禽蟲之膏，皆火之類，故能敷火而燃。」

/// 與「油」失之交臂，與「香」相見恨晚

　　都知道帶「油性」的東西就「香」。吃炸油條喊「香」，名字就帶個油字。大陸「自然災害」後期有豬油炸的油條，一層白膜，軟嘟嘟的帶着腥氣。烹飪史家王子輝先生斷言：「寒具（麻花）一類食品，動物油是炸不成的，只能用植物油。」[4]

　　筆者發現，膳食的「香」最早都用在植物油加熱的場合。前文的「胡炮肉」沒提油，是極早見的例外。白居易的燒餅詩就說「油香」。《齊民要術》中有「髓餅」，因為沒有植物油，只用「美」形容。《齊民要術》卷九「髓餅法」：「以髓脂、蜜，合和麵⋯⋯便着胡餅爐中令熟，餅肥美可經久。」此書裡有幾處例證，表明只有用植物油加熱才「香」：燒茄子用的是蘇子油，談到做法就說「熬油香」。《齊民要術》卷九「焦茄子法」：「細切蔥白，熬油令香。」

　　提到中餐烹飪都說「煎、炒、烹、炸」，哪樣離得開油？但中國古人竟不知有油。筆者發現這個史實時，也吃了一驚。古字書給「油」的唯一解釋是一條河的名字。《說文解字》：「油，水⋯⋯東南入江。」不信，又查宋代大分類摘錄古籍的《太平御覽》，「飲食部」裡有油類 13 條，說的都是點燈、放火，就一條可能是吃的。當中引《博物志》一條提到「煎麻油，水氣盡」，或指烹飪。清代萬卷類書《古今圖書集成》「油部」33 條中，明確為食用的也只有兩三條。中餐植物油的起源，日本學者的相關權威

4/　王子輝《中國飲食文化研究》，陝西人民出版社，1997 年，頁 9。

著作也沒弄清。篠田統《中國食物史研究》:「不清楚植物油是什麼時候開始榨取的。」[5]

　　動物油古代統稱「脂膏」,凝的叫脂,稀的叫膏。《禮記·內則》:「脂膏以膏之(乾飯)。」古疏:「凝者為脂,釋者為膏。」又有定義說長角的牛羊的油叫「脂」;沒角的豬、雞、魚等的叫「膏」。《說文解字》:「戴角者脂,無角者膏。」

　　農耕文化畜類很少,按理應該熟悉植物油而不識動物脂,怎麼事實卻相反?筆者經過多年思考,豁然開朗:先民沒肉吃才改為「粒食」,往肉羹裡攙菜造成美味,後來切碎的肥肉被當成菜羹的調料。這個自然過程,決定了古人想不到另用植物油來烹調。煮肉時自然有脂膏浮起,倒有機會認識動物油,很早就會撇出豬膏留作別用,《齊民要術》卷八「炙豬肉法」:「以杓接取浮脂,別着甕中……煉白如珂雪,可以供餘用者焉。」唐代文豪韓愈描寫點燈「開夜車」,就說「焚膏」。《進學解》:「焚膏油以繼晷,恆兀兀以窮年。」用豬膏照明比用植物油要暗得多,這更證明了古代缺少植物油。

　　神農的「百穀」包括油料,因為都是「粒食」,餬口還不夠呢,哪捨得榨油。無怪最早的「油」是光能放火、做雨衣的大麻油了。《三國志·滿寵傳》:「灌以麻油,從上風放火,燒賊攻具……」宋人莊綽《雞肋編》:「河東食大麻油,氣臭,與荏子皆堪做雨衣。」

　　以下是筆者考證植物油的新見,僅供不怕繁瑣的讀者瀏覽。最早食用的是西漢外交家張騫從西域引進的芝麻油,簡稱「麻油」。芝麻先叫「胡麻」,沈括《夢溪筆談》:「漢使張騫使自大宛得油麻種來,故名『胡麻』。」人們吃不起進口麻油,才找到本土的「蘇油」,「蘇」是草類,種籽極細小,不堪充飢。《齊民要術》卷九「炙瓜瓠法」:「無肉,以蘇油代之。」唐宋以後常用菜籽油,歌頌麻花的唐詩說:「纖手搓來玉色勻,碧油煎出嫩黃深。」(劉禹錫《寒具》)碧油當指菜油,始見於北宋。《圖經本草·油菜》:「油如蔬清香。」[6]中國原產的大豆含油量特大,豆油宋代就有,為什麼明代才普及?蘇軾《物類相感志》:「豆油煎豆腐,有味」。《天工開物·油品》:「凡油供饌食用者,胡麻、菜菔子、黃豆……為上。」推想原因是大豆太硬,榨取較難。先前取油用煮法。元代《飲膳正要》記杏子油:「搗碎……水煮熬,

///////////////////////////////////////

5/　篠田統《中國食物史研究》,中國商業出版社,1985年,頁265。

6/　洪光住《中國部分食用植物油脂製取史》,收入《中華食苑》第一冊,中國社會科學出版社,1996年,頁146。

取浮油，綿濾淨，再熬成油。」《天工開物》才提到用大豆「榨油」，有榨機圖。蘇油最早是因為蘇子特軟，容易提取。宋人《演繁露》記載，古代大宗的桐油也叫「荏油」，可見統指容易提取的油。成語「色屬內荏」就是證明。

///「香」的成熟：元代「香油」是標誌

芝麻油有一大特性：必須先炒到高溫，才能提煉出來，不然產量很低，不似豆油可以冷榨。宋代筆記談到芝麻有八條自相矛盾的怪脾氣，其中一條說「炒焦壓榨才得『生油』」。宋人莊綽《雞肋編》言芝麻性有「八拗」：「開花向下，結子向上；炒焦壓榨，才得生油。……」芝麻油有生、熟之分，不加熱的生油專供藥用。梁代陶弘景《本草經集注》：「生榨者良，若蒸炒者，只可供食及燃燈耳。」再次加熱的是熟芝麻油，本來就香，加上熬得滾熱，根據「香不離熱」的原理，熟芝麻油的香氣比任何油類都濃郁得多。南北朝的食譜就懂得「麻油」熬了更「香」。《齊民要術》卷九「菹菌法」裡有燒蘑菇，「細切蔥白，和麻油，熬令香」。

把麻油用在烹調上，可能也是跟西方人學來的。晉代張華的《博物志》的一條記載可以參照。「外國有豆豉法：以苦酒浸豆，暴令極燥，以麻油蒸訖。」晉代，北方胡人南下中原，先接觸麻油，到了宋代，北人用慣了芝麻油，還把鮮美的蛤肉炸焦，鬧出笑話來。沈括《夢溪筆談》：「如今之北方人喜用麻油煎物，不問何物，皆用油煎。……煎之已焦黑，而尚未爛。坐客莫不大笑。」植物油是再也離不開了，就得找廉價的代用品，首先是蘇子油，後來是菜籽油、豆油。

芝麻油雖香，但起先絕沒有叫「香油」的，所以各地有不同的叫法，胡麻油、脂麻油、麻油等等。「香」是個形容詞，加在什麼油上都行，後來「香油」卻變成「芝麻油」通行的俗名。「香」作為美食標準的普及，有個非常明顯的標誌，就是「香油」這個別名的大流行。管麻油叫「香油」，據筆者考證，是從南宋文人開始的。那時的隱士食譜《山家清供》裡，此書著者是著名隱士林和靖的後人林洪，有一品甜點叫「通神餅」，做法中提到要加點「香油」。「入香油少許。」這本怪書裡多用特製的清

淡食品來抒發隱士情懷，「香」像傳統用法一樣形容花卉，「香油」名稱出現只有一次，顯示還很不流行。在同一書更有多處「麻油」之名，例如「黃金雞」一條說「用麻油、鹽、水煮」，顯示「香油」還沒有成為通用的名字。

「香油」大流行，是元代的事。這能從流傳至今的一本元代食譜裡看得很清楚。《居家必備事類全集》的飲食類裡「香油」處處可見，據筆者統計，多達13條，而且大都是用在典型的菜餚烹飪上。例如做「川炒雞」：「煉香油三兩，炒肉，入蔥絲」。「香油」的俗稱也取代了麻油。這清楚地表明，中餐「香」的價值標準，是在宋元之間的一個世紀中快速形成的。

//「鮮」：水妖現體越千年

/// 概念飄渺，孕育羹中

提起「鮮」味來，就會有人引用一大公式：魚＋羊＝鮮；外帶一個有趣的故事：彭祖嚴禁小兒子捕魚怕他淹死，一天兒子捕魚回家，他媽剖開正燉着的大塊羊肉，把魚藏在裡面。彭祖吃羊肉發現異常鮮美；經試驗證實，羊味跟魚味化合會生出「鮮」味。古書無記載，彭祖家鄉徐州的飲食文化同道提供的出處《大彭烹事錄》不過是民國初年的書。還留下叫「羊方藏魚」的名菜。這純屬瞎編。筆者研究尊老史，知道「八百歲壽星」彭祖並無其人。著名學者高亨認為「彭祖」指的是延續八百年的部落[1]。

還是先看《說文解字》吧。鮮字原形是三個魚堆成的「鱻」，《說文解字》段玉裁注：「自漢人始以鮮代鱻……今則鮮行而鱻廢矣。」釋文七個字：「新魚精也。不變魚。」真叫人糊塗。「鮮」是個大白字，連讀音都不一樣。念上聲 xiǎn，原意是「罕見」。《辭海》的解釋「鱻」最早的意思就是魚。例句是《道德經》第六十章：「治大國若烹小鮮」的古注。朱謙之《老子校釋》說：「鮮，敦煌本作『尠』，成玄英疏：『尠，魚也，河上公作「鮮」字，亦魚也。』」[2]「鮮」又是「乾」（薧）的對立面，《周禮·天官·漁人》：「辨魚物，為鱻薧，以供王膳羞。」《說文解字》段注引《周禮》古注：「鮮，生也；薧，乾也。」也可以用於表示死魚。段注：「鱻則謂其死者。」這違背了「新鮮」的本意。不乾就鮮，那臭肉也「鮮」嗎？捉摸段玉裁的

1/　高亨《老子正詁》，中國書店，1988 年，頁 184。

2/　朱謙之《老子校釋》，北京：中華書局，1963 年，頁 157。

注釋，準確說，是極其接近活魚。「死而生新自若，故曰不變。」極端的「鮮」得說是在生死之間，像饞鬼古人嗜好的「蜜唧」、「醉蝦」。前者即蘸蜜的幼鼠。分別見徐珂《清稗類鈔·飲食類》、李漁《閒情偶寄·飲饌部·肉食第三》。

魚或新死的禽獸都是名詞；後來「鮮」則演變成形容詞。「鮮味」正式確立之前的幾千年裡，「鮮」主要用來形容「新鮮」，例如說空氣新鮮。用魚表示新鮮大有道理：魚離水就死。鮮的轉義「新鮮」跟鮮味的概念混在一起沒法區分，這給研究平添了極大的困難。

肉食文化是不知「鮮」味的。不新鮮的肉之腐臭，加上烤肉的焦臭，洋文裡專有個名詞 empyreuma 表示燒焦的臭氣，漢語裡沒有對應；足以遮蔽一切味覺，何況鮮的感覺本來就很「微纖」。直接用火的烹飪方式更讓鮮味難以覺察。鮮味靠舌頭來辨識，前提是水溶液狀態，西餐以燒烤為主，鮮味沒有容身之地。

八千年前，黃河邊一個飢餓者把魚跟野菜一起放進陶鼎裡煮，孕育出一個「仙女」。她有沉魚落雁之姿，現在就讓我們認識一下她。先民吃「乾飯」要用羹來「下飯」；做羹的肉料不夠就攙菜，有的菜於是成了調料。肉料、調料在沸水中發生變化，嚐起來有一種細膩感覺，叫人愉悅卻說不出來，這其實就是鮮味的萌芽。廚師之祖伊尹分析「調和之事」，說得很清楚。他驚歎「鼎中之變」創生的奇妙感覺有口難言，那不是鮮味又是什麼！《呂氏春秋·本味》：「鼎中之變，精妙微纖，口弗能言，志弗能喻。」

有個客觀規律：鮮味是離不開鹹味的。「鮮」的呈現，需要「鹹」的伴生條件，這在烹飪教材裡叫做「各種味覺的相互作用」。這個術語來自食品生物化學[3]。張起鈞教授研究烹飪理論時說過：「雞湯是眾所公認最鮮美的了。但你一點鹽都不放，你去嚐嚐看，保你什麼味都沒有，甚至還有一點雞毛味。」張教授說的「五味」有辣而無鮮[4]。「鮮」孕育在羹裡，完全符合這條規律，因為羹也離不開鹹。鹹味跟酸、甜不同，人離開

/////////////////////////////////

3/　寧正祥主編《食品生物化學》，華南理工大學出版社，2006 年。
4/　張起鈞《烹調原理》，中國商業出版社，1985 年，頁 107。

鹽就沒法活命。自從有了飯、菜之分以後，一切「下飯」（菜）都是鹹的。古書記載，先民剛會煮肉時還不懂得加鹽，那時拿肉當主食，哪會用調料。後來照老規矩祭祖，還要做這樣的「大羹」。《史記‧樂書》：「大饗之禮，尚玄酒而俎腥魚，大羹不和。」

///隱身水中善匿形，百般描繪長無名

英國尼斯湖裡有水怪出沒，無人不曉。中國文化中的水妖「鮮」女之謎，意義重大得多，可歎還沒能得到洋人注意。要想叫人接受，自己先得弄清她的來龍去脈。

她遁形在水裡，漢代哲學家董仲舒已認識到「鮮」離不開水。《春秋繁露‧循天之道》：「甘味也，乘於水氣而美者。」這卻不能算發現鮮味，因為他明明說是「甘味」。她像隱約的水怪一樣叫人沒法確認，所以一直沒個名稱。然而對她捕風捉影的描繪卻歷來多有，擇要列舉：

【精、妙、微、纖】最早老伊尹曾連用「精妙微纖」來描繪。中文形容詞的這種連用，是近代才跟洋文學的，他愣是提前了二千多年，可見他想跟人談鮮味之美又沒法說，真憋極了。「精」恰好是《說文解字》所說的「新魚精也」。

【淡而不薄】伊尹又用「中庸之道」來解釋「鮮」。《呂氏春秋‧本味》：「酸而不酷，鹹而不減，辛而不烈，淡而不薄。」「不薄」就是「醇厚」，古書說，多加點水，味就變薄。《漢書‧黃霸傳》：「澆淳散樸。」古注：「以水澆之，其味滴薄。」可見厚薄指的是舌感。

【清烈】東漢人王逸注釋《楚辭》，就這樣描寫清燉甲魚的「鮮」味。《楚辭‧大招》：「鮮蠵甘雞。」王逸《楚辭章句疏證》：「其味清烈也。」「清」表示無形；「烈」表示有明顯的刺激，強調鮮味的存在。

【味長】有人懶得挖空心思，只用「長短」來表示鮮的存在。例如清代學者美食家李調元形容「牛魚」之味，就用一個「長」字。《然犀志》：「牛魚，食之味長。」元代百歲老醫生賈銘的名著《飲食須知》則從反面形容金魚「味短」。《飲食須知‧魚類》：「金魚……味短，不宜食，止堪養玩。」

【真味】鮮味「養在深閨人未識」，經過烹調才能顯示其真實存在，有人就用

「真味」來表示。明人宋嘉泰《吳興志》寫以魚骨熬羹,「淡而有真味」。

【滋味】鮮跟「滋味」的複雜內涵也有重合。唐代《嶺表錄異記》說牡蠣「肉中有滋味」。

【醉舌】這完全是「文學化」的描寫。宋人《清異錄》裡收集有一篇遊戲文章,《清異錄》是取隋代以來的散失典故寫作的筆記。記載文人用遊戲筆法給各種海產品「封官晉爵」,加給黿(鱉類)的爵號是「醉舌公」。陶穀《清異錄‧魚門》:「黿,名『甘鼎』……咽舌潮津,宜封『醉舌公』。」把感官定位為「舌」,無比準確。

【美、妙】蘇東坡歌頌魚、筍的好味道,詩曰:「長江繞郭知魚美。」(《初到黃州》)元代大畫家、美食家倪雲林在菜譜專著裡提到蛤蜊,說其汁「甚妙」。《雲林堂飲食制度集》記新法蛤蜊:「生擘開,留漿別器中。……入汁澆供,甚妙。」

幾千年來,中國人一直在品嚐、捉摸着這種迷離的滋味,卻找不到一個名字,因為捕捉不到「呈味物質」的蹤跡。「鮮」的現形為什麼這樣難?奧秘是她隱形在水裡難解難分。對比鹹味,也常潛在溶液裡,但很容易現出固體鹽粒之形。

/// 遲至宋初,芳名始露

「鮮」不再光指「新鮮」而指「舌頭的感覺」──到底這是什麼時候開始的?

權威的《辭源》還舉不出當「鮮味」講的例句,根本沒列為「鮮」字的義項。最早的例句要靠自己從文獻裡找。《漢語大詞典》倒有了例句,是唐詩「雞黍皆珍鮮」,權德輿《拜昭陵過咸陽墅》:「田夫競致辭,鄉裏爭來前。村盤既羅列,雞黍皆珍鮮。」解釋「鮮」當「美味」講。然而我覺得編者的理解很成問題。仔細推敲,雞、黍很「珍、鮮」,這沒法排除「新鮮」之意。農夫吃田裡的東西就是比城裡新鮮。筆者找了一句唐詩,白居易的「炙脆子鵝鮮」。《和夢得夏至憶蘇州呈盧賓客》:「粽香筒竹嫩,炙脆子鵝鮮。」儘管能明確是鵝肉「鮮」,也不能絕對肯定指的純粹是味道──新「鮮」鵝肉同時也更「鮮」美。

「鮮」跟「味」連用的例句才絕對沒有爭議。筆者找到的最早的「味鮮」例句出現在宋朝,而且同時就有兩條。一本隱士食譜裡說,挖出筍來就在竹林邊燒竹葉

煨熟了吃，「味甚鮮」。《山家清供‧傍林鮮》：「夏初林筍盛時，掃葉就竹邊煨熟，其味甚鮮。」書裡接着說：「大凡筍，貴甘鮮，不當與肉為友。」顯然「甘鮮」的「鮮」指的也是味道。

上面說的宋朝例句，還是個別情況，就像隱士的身份一樣。也許是隱士的味覺也清新超常吧。到了元朝，畫家倪雲林談到蛤蜊汁，還是不說「鮮」而說「妙」。

考慮到「鮮味」總是跟「新鮮」糾纏很緊，絕對可靠的「鮮味」例句，得能排除「新鮮」的含意。這樣的例句，據筆者查找，直到明末清初才出現。詩人美食家朱彝尊談到醬油時，說「越久越鮮」；提起一種臘肉，說「陳肉而別有鮮味」。《食憲鴻秘‧醬之屬‧秘傳醬油方》：「越久越鮮，數年不壞。」又《肉之屬‧蒸臘肉》：「陳肉而別有鮮味，故佳。」「陳」是「新」的反面，「鮮」而跟「陳」、「久」連用，可純粹是鮮味了。然而同一個人、同一本書裡還是有不用「鮮」而用「美」的例句，管鮮汁叫「美汁」。《肉之屬‧肺羹》：「入美汁煮，佳味也。」反映了那確實是「鮮」流行的初期。「鮮」字很長期間也沒能普遍流行。明人屠本畯記述福建海鮮的專著《閩中海錯疏》裡提及味美二十多處，卻不見「鮮」字。

清朝，中國烹飪的高峰出現，鮮味的觀念、「鮮」的詞語也完成了它在漢語中的大普及。種種同義詞，在口語、書面語裡幾乎消失。清代才子李漁在美食專著《閒情偶寄‧飲饌部》中提到鮮字多達 36 處，其中稱物料質地之鮮 9 處，其他 2 處，特指鮮味的有 25 處[5]。大美食家袁枚在《隨園食單》中提到「鮮」字多達四十多處。同時「味美」很少提，只有兩處。梁實秋的《雅舍談吃》裡更是隨處可見了。

/// 動物 → 植物：模特是鰣魚，纖手如春筍

現今很多事業都有「形象代言人」，往往由美女模特兒充當。鮮味那麼曼妙，其「模特兒」讓誰當？非鰣魚莫屬。

////////////////////////////////////

5/　趙榮光《趙榮光食文化論集》，黑龍江人民出版社，1995 年。

「鮮味」怎麼會從「新鮮」變來？因為魚出水就死，一死就開始變質。鰣魚，公認是魚裡第一美味，王安石《後元豐行》詩曰：「鰣魚出網蔽江渚，荻筍肥甘勝牛乳。」恰好又跟美女聯繫在一起：人們管鰣魚叫「水中西施」。有詩人歌頌鰣魚說：「網得西施國色真，詩云南國有佳人。」（清代謝墉《食味雜詠》）如今一提模特，國人就想到裸體。這一點鰣魚跟西施相反，是寧死不「脫」的烈女。她色白如銀，華麗炫目，味美就美在鱗上，《居家必備事類全集》：「去腸，不去鱗。」若是在網裡蹭掉鱗片，她立即就死，不受色鬼侮辱。要嚐她的鮮，容易嗎？皇帝老兒是天下第一色鬼、饞鬼，他遠在北京，偏要嚐江南美女模特的鮮。進貢鰣魚的慘劇一年一度上演。無數詩文記載的細節令人髮指：為了極力保「鮮」，累死人馬無數[6]。鰣魚出水很快變質，運到北京還能吃嗎？到康熙皇帝才藉着有大臣冒死上書的台階，停止了進貢。山東按察司張能鱗有《代請停供鰣魚疏》。

從「新鮮」到「鮮味」要跨過的關鍵一步，就是從肉類擴大到蔬類。「鮮」從活魚開始不斷擴大範圍，時間要求也越來越模糊。首先推廣到獸肉，但強調得是新殺的。拔出的蘿蔔不像殺死鳥獸，轉天埋土裡還能活過來，所以「鮮」用到蔬菜上時間就沒法強調了。但菜園裡剛拔的菜確實更好吃，李漁在《閒情偶寄·飲饌部·蔬菜第一》中強調，吃菜要「凡宅旁有圃者，旋摘旋烹。」但菜新鮮不等於有鮮味。「鮮味」是先從肉裡感覺到的。從化學上看，只有蛋白質才會發出鮮味。亡友陶文台先生在《中國烹飪概論》中最早論述鮮味時，引用過日本研究者的話，把鮮味定義為「對於蛋白質的感覺」[7]。推廣到植物也一樣，只有少數富含蛋白質的植物才有鮮味，最突出的是竹筍、蘑菇、豆芽，恰好都是獨有華人嗜好。

「鮮」味成熟的標誌，應當是它開始用來形容蔬菜的味道。前面說過，最早明確地連用「鮮」、「味」來形容蔬菜的記載，出現在宋代。植物鮮味的「模特」當然是竹筍，最早被詩為「鮮」的就是它，前引《山家清供》說林邊燒筍，「其味甚鮮」。最有

6/　朱偉《考吃》，中國書店，1998年，頁127。
7/　陶文台《中國烹飪概論》，中國商業出版社，1988年，頁130。

權威的兩大美食家讚賞的也都是它。袁枚說，埋在泥土裡的冬筍味道真鮮。《隨園食單·須知單》：「雍土之筍，其節少而甘鮮。」李漁更盛讚筍是美味蔬菜的女王，它美得遠超過羊肉，連熊掌都不在話下。《閒情偶寄·飲饌部·蔬菜第一》：「此蔬食中第一品也，肥羊嫩豕何足比肩！」

鰣魚、竹筍像姐妹。更可以說，肉類的「鮮」像美女的軀體，而植物的像四肢。特有意思的是，中國詩人總是拿「玉筍」來形容美女的手腳。《辭源》：「玉筍，喻美女的手指和腳趾。」從唐詩裡各舉一例，韓偓《詠手》詩：「腕白肌紅玉筍芽，調琴抽線露尖斜。」杜牧《詠襪》描寫裹着羅襪的嫩腳趾說：「鈿尺裁量減四分，纖纖玉筍裹輕雲。」

/// 千年「老味精」，就差沒提純

古人對味精有驚人的預見：引起「鮮」的感覺的，是一種純粹的物質，漢代先知稱之為「精」。《說文解字》：「鱻（鮮），新魚精也。」

「精」的顯露極為困難，因為沒辦法跟水分開。華人食魚的時代就用水煮。《道德經》第六十章：「治大國若烹小鮮。」「精」當然就存在於魚湯中，那時不懂烹調，讓腥氣掩蓋了。商朝伊尹說肉羹「精妙微纖」，正是「鮮」的感受。南北朝時，發現煮骨頭的湯汁鮮味特濃，便把骨頭砸碎了煮，提取鮮湯。《齊民要術》卷八「脯臘」：「捶牛羊骨令碎，熟煮取汁，掠去浮沫，停之使清。」從此有了中餐烹調主角的「高湯」。遊牧民族啃烤肉，沒啃光就把骨頭扔了，誰吃飽撐的會想到煮碎骨頭？

骨頭湯又要撇油又要澄清，因為要拿它當「鮮味劑」，只許讓舌頭覺着鮮，不許叫鼻子聞出骨頭氣味來。這不成了液體味精了嗎？誰說不是！書裡明確說，拿骨頭湯煮別的食料有「味調」的效果。《齊民要術》同上引：「用骨汁煮豉，色足味調。」至今菜館高廚們仍舊堅持用古老的「高湯」，而對味精嗤之以鼻。

後世的烹飪古籍裡多有提高湯的記述，只是名字不同。元代的倪雲林做出了很大的新貢獻，他的美食專著中處處閃動着「清汁」（更純的高湯）的倩影。雞、蛤蜊、對蝦頭都成了提取清汁的材料。「用對蝦頭熬清汁」添加在「海蜇羹」中；「蜜釀紅絲粉」

要用「清雞汁供」；「鯽魚肚兒羹」也可「煎汁捉清如水，入菜，或筍同供」。明代的朱彝尊也有較大創新，他所記述的高湯是拿魚、雞、蝦等多種肉料煮成的，統稱為「清汁」，還有「撈沫」、「澄定」的提純工序（《食憲鴻秘‧肉之屬‧提清汁法》）。

就像鮮味的形成經歷過「動物→植物」的擴展一樣，「液體味精」也從骨頭湯演進到筍湯、蘑菇湯、豆芽湯等植物高湯。清代李漁最早認識到筍湯有鮮味素的功用，多半親自做過實驗。他把焯筍的湯誇成高廚的法寶、不論葷素菜餚都要添加的萬能調料。《閒情偶寄‧飲饌部‧蔬菜第一》：「庖人之善治具者，凡有焯筍之湯，悉留不去，每做一饌，必以和之。」他讚美香菇湯，說「蕈（香菇）汁」比蕈肉還要鮮美。「蕈之清香有限，而汁之鮮味無窮。」清末民初的薛寶辰有一本素食專著，末尾幾段專論素湯，從中可以看出清代後期「素菜高湯」的地位已經確立。《素食說略》：「蘑菇⋯⋯其湯為素菜高湯。」他對冬筍湯、蠶豆湯、黃豆芽湯個個都給以「最」高的讚美。「冬筍⋯⋯湯為素蔬中最鮮之湯。」「蠶豆湯⋯⋯作為各菜之湯，鮮美無似，一切湯皆不及也！」也許是被「鮮」暈迷糊了，以致幾個「最」自相矛盾。

「植物高湯」沒有肉類的葷氣，更接近純淨的舌感，所以李漁說蘑菇「清香有限，鮮味無窮」。更了不起的是，他還天才地認識到：造成「鮮」感覺的物質是客觀存在的。前引《閒情偶寄》言筍湯中「有所以鮮之者在也」。

「味精」的提煉，只差去除大量的水分及少量的雜質。朱彝尊拿蝦米粉、筍粉當調料，可說就是低純度的味精。《食憲鴻秘‧魚之屬‧蝦米粉》：「各種煎炒煮燴細饌，加入極妙。」李漁也已清楚認識到筍的「渣滓」與「精液」的對立。《閒情偶寄》同前引：「有此則諸味皆鮮，但不當用其渣滓，而用其精液。」

值得深思的是，竹筍、豆芽都是只有中國人才懂得欣賞的美味。

///「味之素」日人捷足先登，「新魚精」神秘讖言證實

味精潛在水裡，幾千年前就發現了蹤跡，幾百年前就看出了身影，就是沒法讓她現形，露出純潔的玉體來。日本人，中國文化的學生，一接觸西洋文化就看

透了自家的短處，喊出了「脫亞入歐」的口號，拜德國為師。恰好 1866 年德國化學家雷特豪森（Leopold Ritthausen）剛從麵筋裡發現了新化合物「麩酸鈉」，如今通稱「谷氨酸」，不知有什麼用。留學生池田菊苗成了雷特豪森的徒弟，別有用心地抓住老師丟到一邊的線索當主攻方向。回國後不久的 1908 年，他就宣佈「味の素」（味之素，即味精）提煉成功 [8]。

今天提到味精的發明，中、日讀物都津津樂道於一個故事：一天傍晚，池田教授疲憊地坐在飯桌旁，太太端上一碗用海帶做的湯，他嚐了一口若有所思，立刻跑進實驗室。經過半年努力，「味の素」誕生了。池田的貢獻固然不小，但不過是用東方人的眼光重新認識德國人忽略了的東西。轉年，他就取得專利，辦廠子大量生產「味の素」。用麵筋當原料成本太高，改用海帶，成本低到幾乎白撿。

德國科學家跟「味の素」失之交臂，等着日本人來「名利雙收」。味精的發明者當然是嗜好鮮味的華人，最大的消費群體也是華人。日本人用味精從中國賺去的錢可大發了，直到 1923 年上海生產出「天廚牌味精」才把「味の素」擠出巨大的中國市場，「味精」的名字才流行起來。

味精的「精」讓人想到漢朝古人解釋「鮮」字所說的「新魚精」。華人吃虧在不會提純，就差一步，名利全丟。日人不願讓人想到「鮮味」的專利中本該有中華文化遺產的份額，便把日語「うまみ（umami）」定為「鮮味」的正式名稱；跟うまみ對應的漢字也避開「鮮」字，改稱「旨み」，有時也寫作「旨味」。這事很多華人還不知道，筆者也是在為寫這一節搜集材料時才發現的。

人類的四種味覺又加了一種，這不是足以跟「地理大發現」並列嗎？然而西方人對新事實卻置若罔聞。慣常吸收外來詞彙的英語，對日文うまみ排斥至今，連大型的英語詞典裡也找不到這個詞兒，連「味精」也沒法翻譯。只能描述為 gourmet powder（美味粉末），要麼就是誰也記不住的化學名字 monosodium glutamate（谷氨酸鈉）。

///////////////////////////////

8/　古澤公章、洪光柱《論日中鮮味科學進展》，收入《首屆中國飲食文化國際研討會論文集》，1991 年，頁 121。

相信「鮮味」會成為人類共同的日常體驗。1987 年在荷蘭海牙召開的國際專業會議已經正式承認「鮮味」。「聯合國糧農組織和世界衛生組織食品添加劑專家聯合會第 19 次會議」作出結論。至於讓普通人覺得親切，恐怕還要等中餐在世界上的大普及。

// 道分陰陽，味合鮮香：「味道」在近代的形成

///

/// 美食標準的分久必合、合久必分

　　台灣哲學教授張起鈞寫過一本《烹調原理》，有位學者在序言裡譽之為「我國哲學界的一本劃時代的巨著」[1]。這未免過獎。那書不過是作者在美國度假的遣興之作，不大涉及哲學，「味的分析」一節連味覺、嗅覺都沒涉及。但書中也有亮點，如提出一大發現：「美國人凡是好吃的一律用『底里射死』（Delicious）來形容。」[2]

　　「底里射死」是從形容嬌娘而來的，《英漢詞典》裡另有個形容詞 delicate，解釋是「嬌嫩的、纖細的」。你說漢語的「美」也形容女郎？但那是轉義，本義是談吃的。古諺語集《名賢集》：「羊羔雖美，眾口難調。」洋人喊「底里射死」等於張教授說的「好吃」。好、吃兩字連用洋人可能不解，豈知那本來是說「容易」吃，那只能是從華人熟知的草根之「難吃」衍生出來的。「好吃」太常用了，又衍生出類似的詞語，例如沒道理的「好看」。

　　華人形容好吃的，最早也是只有一個「美」。例如學生問孟夫子：膾炙跟羊棗比，什麼更「美」？《孟子・盡心下》：「公孫丑問曰：『膾炙與羊棗孰美？』孟子曰：『膾炙哉！』」儘管兩種東西味兒差遠去了，老先生並沒說學生用詞不當。可能會有老學究逮著漏兒，說還有「甘」字呢！沒錯，我還要說「甘」字更重要呢。從詞義上說，甘就是

/////////////////////////

1/　吳森《比較哲學與文化（二）》，東大圖書公司，1979 年，頁 257。

2/　張起鈞《烹調原理》，中國商業出版社，1985 年，頁 164。

美、美就是甘，二字互釋。《說文解字》：「美，甘也。」「甘，美也。」

　　後世隨着飲食文化的進步，華人對美食的欣賞，既要鮮又要香。用理論詞語來說，就是「飲食審美的二元價值標準」。仔細分析，古人所說的「甘」跟「美」也有質的不同。華人先祖曾跟各種族一樣以肉食為主，後來則以「粒食」為正宗；文字上「美」來於肉食，帶個「羊」字。《說文解字》：「美，從羊，從大。」徐鉉注：「羊大則美。」近世對「美」字有不同解釋，如李孝定《甲骨文字集釋》：「疑象人飾羊首之形。」但「羊大為美」早已深入人心。粒食文化家家養豬，羊肉遂成珍饈。「羞（饈）」字也是羊部，本意最美味的羊臉肉。「甘」字則來於「粒食」。《尚書·洪範》鄭玄注：「甘味生於百穀，是土之所生，故甘為土之味。」為什麼這種差異後來被忽視了？可能道理在於甘、美毫無「對立統一」關係，不像鮮、香之別那樣合乎「陰陽」格局。

　　「味」真正具有本質意義的分析，要從吃的感官構成入手。我們祖先還把鼻子、舌頭的感覺看成同一的「味」，等於洋人的「底里射死」。這個現象，用哲學名詞來說，就叫「合二為一」。

　　華人連漁夫、樵夫都熟知一個哲學規律：「分久必合，合久必分」。《三國演義》第一句就是「話說天下大勢，分久必合，合久必分」。作為事物發展模式的這種觀念，不光是從朝代興亡總結出來的，實際上更符合中國人的生活實踐，尤其是飲食經驗。假如有一部中國美食史的「演義」，也拿《三國》那兩句來概括，真是貼切極了。頭一回合的「分久必合」，體現在「美」與「甘」的「合二為一」上。

///「甘」的字形預言「味」將一分為二

　　同義的「美」、「甘」，哪個字更通用？「甘」字。段玉裁在《說文解字注》裡解釋說：「甘為五味之一，而五味之可口皆曰甘。」今天人們對「甘」字有點陌生了，那是古文改白話造成的。古文裡談美味一般都用「甘」，顯明的表徵，是拿「甘」當動詞用：「甘之」就是「覺得（它）好吃」。齊桓公愛吃御廚易牙做的菜，古書就說「桓公『甘』易牙之和」。「美」字則分工表示「美人」與「抽象的美感」。例如《左傳·昭公元年》：「美哉·禹

功！」中國平民長年吃米，肉摸不着吃，自然用於肉味兒的美就遠了一層。

「甘」字有點神秘，老祖宗早就用它的字形做出預言：必將一分為二的那個「一」乃是穀子的「味『道』」。老倉頡造字那會兒，伴隨着驚天地、泣鬼神的現象，包括天降小米雨，《淮南子‧本經訓》：「昔者，倉頡作書而天雨粟，鬼夜哭。」後來「及時雨」就較「甘霖」。愛幻想的讀者會猜：半夜鬼哭因為天機洩露？天降粟雨，透露了中華文化跟粟米的關係。

《說文解字》解釋篆字「甘」的字形，四框象「口」，口裡含着個個「一」字，還斷言那個「一」的意義不是別的，正是深奧的「道」。「一，道也」，這三個字當得千言萬語。可以參看對「一」字的解釋。《說文解字》頭一個就是「一」，最簡單的字形，釋文篇幅卻最長，大意說：「道」就是從「一」來的，「一」又派生出天地及萬物。「一，唯初太始，道立於一，造分天地，化成萬物。」再看「道」，讓人失望，只說是道路，深奧的學理不是一部「簡明字典」所該談的。

「甘」的篆字

倉頡以後，《周易》與大哲學家老子都道出了「道」的秘密，儘管老子聲稱「道」不可道。「道」要一分為二，生成陰陽。《道德經》四十二章：「道生一，一生二……」《周易‧繫辭上》：「易有大極，是生兩儀……」「一陰一陽之謂道。」讀者可能嫌離題太遠，這就回到飲食。到了清代，人們對飲食經驗夠多、思考夠深了，《說文解字》注釋者集其大成，終於明白地指出：所謂「道」，就是從種種食物裡抽象出來的。段玉裁注：「食物不一，而『道』則『一』，所謂『味道之腴』也。」「味道之腴」是味（動詞）、道（哲學名詞）二字連用的最早例句，出於《漢書》。「道」的哲理正好能藉着華人的食物而形象化。

中華飲食文化認定「甘為百味之本」。大美食家袁枚就是這麼說的。《隨園食單‧飯粥單》：「飯者，百味之本」，「飯之甘，在百味之上」。按照「一生二」的「『道』理」，「甘味」派生「百味」之前，也得實現「一分為二」，也得先變出兩種「味」來。中國飲食史的發展正是這樣。

///從「甘」到「鮮」+「香」

「甘」味分化成哪兩字呢？筆者經多年研究，從 1991 年「首屆中國飲食文化國際研討會」，發現「香」、「鮮」二字。之後發表了兩篇專論，分別考察鮮、香的形成過程，發表於《中國烹飪》雜誌(早期為學術園地)為我特設的「烹飪哲學」專欄(該年第五、六兩期)，提出飲食審美「價值標準」的概念。

「甘」味的「一分為二」，清楚地顯示在另一個漢字的字形中，就是「香」。「香」是個「老簡化字」，書法家都愛寫篆字。篆字的「香」，是「黍」、「甘」兩字合成的。《說文解字》：「香，從黍、從甘。」「香」是黃米才具有的特殊「甘」味，跟一般穀類淡而無味之「甘」不同。前邊說過，對於吃草的古人，不苦就是「甘」。

經過前邊對氣味、滋味的分析，人們會發生疑問：黍米特有的「甘」是滋味還是氣味？讀者甲會說，既然「香」，當然是氣味。讀者乙家裡有黃米，抓一把聞了聞，什麼氣味也沒有，會說「黍甘」的「甘」不是氣味。我要說，你倆都錯了，而且也沒法正確，因為字形裡就包含着迷亂。「香」字帶個「甘」，是造字的倉頡本人也讓吃黍米那種神秘感覺給弄迷糊了。

黍米之「甘」，既不是舌頭的味覺，舌頭不可能嚐出香來，「甘」倒可以指微甜，又不是鼻子的一般嗅覺，讀者乙嗅不出氣味來，準確說，這是一種非常特異的嗅覺，筆者稱之為「倒流嗅覺」。華人所謂的「味」極其複雜，得用「陰陽模式」來把握。構成「味道」之「陽」的是「香」。西餐以香取勝，中餐以鮮見長。華人吃的感官既已發生獨特變化，其對象也會相應地特殊：構成「味道」之「陰」，是中餐特有的「鮮」。

舌頭的感覺，酸甜苦鹹洋人也認識到了，但這些簡單的味覺並沒有多少欣賞價值，甜味稍稍例外。「美」是無限量的，甜也是如此，而鹹、酸超過適當程度則有負面效應。酸鹹之類，不管怎麼配比變幻，也嫌簡單，夠不上審美對象。讓純粹的味覺有「美」可審的，全靠姍姍來遲的新元素「鮮」味。這要等中餐菜餚的演進。

探究鮮、香的分化，還有一個更有效的角度，就是中餐特有的「飯菜分野」。

飯的主要屬性是淡而無味，濃郁的「味」是「下飯」之「菜」的天職。鮮、香的形成是「菜」的一分為二。「鮮」的前提是肉料。《呂氏春秋·本味》：「臭惡猶美。」中餐的演進，主要是肉餚烹調技藝的提高。

/// 誰知「味道」是個近代新名詞

電視的美食廣告中，幼兒都會學舌說：「味道——好極了！」中餐的美味是幾千年進化來的，「味道」一詞之古老還用說嗎？大錯特錯。這個詞兒是直到近代才流行的。你不信，一查《辭源》裡就有「味道」條目，但那不過是兩個字的連用，跟吃無關。這種連用也是後漢才出現的。音樂家蔡邕不肯跟官場同流合污，上書明志，最早提過「味道」，《後漢書·申屠蟠傳》說他自己寧願「安貧樂潛，味道守真」，意思其實是沉醉在對「道」的體味中。這裡的「道」，是個哲學概念。《漢語大詞典》就把「味道」解釋成體味哲理。

用於美食的「味道」，辭書裡只能舉出現代作家的例句。《漢語大詞典》引用的例句出自沈從文短篇小說《燈》。考察一個概念的形成，得找出它的詞語何時最早出現。「味道」是新名詞，這麼驚人的說法，不抬出權威學者來，很少有人信服。筆者查閱了各種大型辭書，最可取的當屬四十冊巨帙的台灣版《中文大字典》，它在「味道」條目中引用了國學大師的考證：章太炎的詞語專著《新方言》肯定，「味道」不過是「今人」對「味」的新稱呼。字典草部「蕈」字的釋文中提到「味覃」一詞，解釋說：「今人通謂『味』為『味道』，本『味覃』也。」筆者認為這個「覃」字包含着中華文化的核心奧秘，下邊要專門破譯。

所謂「今人」指什麼年代？章太炎《新方言》的成書年代是1907年，時年40歲[3]。可見「味道」代替「味」而普遍流行，當是清朝後期的事。這時「味」的內涵已然經歷了「分→合→分」的變化，借用一個物理學名詞，就是「躍遷」（transition）。

前邊說過，「味道」有兩大要素，「香」形成在先（以「香油」的通用為標誌），

3/　姚奠中《章太炎學術年譜》，山西古籍出版社，1996年。

「鮮」在後（以「鮮」味的通用為標誌），考察味道的形成，就要確定「鮮」的形成時間為準。恰好這是有年代可考的：通用「鮮味」的《隨園食單》問世於乾隆五十七年（1792）。「味道」這個詞語最早的例句還不能確定，時間範圍當在 1792 － 1907 年之間，從觀念的形成到詞語的流行，推想會首先出現在使用白話的通俗小說中。這仍待考證。

比起混沌的「味」來，「味道」一詞的確是個大進步，它從三個概念糾結的亂麻中排除了 smell（嗅覺）及 taste（包括非食物的化學味覺），給吃東西時的感覺確定了一個專用名詞。儘管華人美食的「二元標準」早已超前，但漢語詞彙上卻比人家還落後。洋文的 flavour 專門用在吃上，絕對不會含混，定義也無比周密。《簡明不列顛百科全書》給 flavor 的定義是：「飲食時所覺察到的全部感覺；有助於識別物質，也是飲食時快感的來源。」釋文接著指出：「涉及味道知覺的感覺器官有味覺、嗅覺和觸覺器官。」當然鮮味、香味是不懂得分別的。

只有食物入口後才說「味道」。然而近些年來，時常可見有人管氣味也叫「味道」。電視劇裡有個女學生一進宿舍就喊聞見了「臭襪子的味道」，她把襪子放進嘴裡呷了？但編導者跟觀眾都不覺得刺耳。這反映先民的「嗅覺迷失」正在重演。對於「味」，人們似乎天生傾向於它的「混沌」狀態。

/// 反向合抱「陰陽魚」：「味」→「味道」的分合過程

中餐宴席上常出現「陰陽魚」的菜餚造型。像川菜裡的「太極芋泥」、閩菜裡的「太極明蝦」。這種圖形也叫「太極圖」，孔廟大成殿的樑柱、算命先生的卦攤、直到韓國國旗，到處可見。因為它像黑白兩條魚形合抱，所以俗稱「陰陽魚圖」。

美食運動在千變萬化中不無規律，藉着反向合抱的「陰陽魚」來講解，勝過長篇大論，還讓人覺得親切。宋代哲學家邵雍說：「太極，一也，不動；生二，二則神也。」（《皇極經世書·觀物外篇》）「一」是一切認識的出發點，所以叫「太極」。邁出「一變二」的關鍵一步，萬事萬物的神奇變幻隨之而來。從「味」到「道」，先後經歷了「一分為二」與「合二為一」的過程，這也就是中國烹飪的發展過程。

古代獨立的「臭」（一切氣味）後來消失在「味」裡，鼻、舌混同。這個「合二為一」是中國飲食文化的出發點。美食運動的第一步是「味」從「食」裡分了出來。但「食」是母體，母子並列，不能算典型的「一分為二」。

「一分為二」最好的模型莫過於「味」的「鮮」、「香」之分。「香」（不同於先秦的花香）的出現，是分的開始，反映在哲學上，就是「一分為二」理論的形成。據哲學史，隋代太醫楊上善首先提出了「一分為二」的命題。《中國大百科全書‧哲學卷》：「隋代楊上善注《黃帝內經太素‧知針石》中用了『一分為二』這個詞。」其年代大致跟「香」味的產生同時。楊上善活到唐代，從漢代引進「芝麻」到唐代「胡餅」流行，正好是「香」味的形成時期。

「味」的一分為二，完成於宋代「鮮」的出現。前邊說過，「鮮」為最早出現在宋代的《山家清供》中。同時，「合二為一」的過程也開始了。清代「鮮」的大流行，據袁枚《隨園食單》，標誌着味道「合二為一」的完成。這在哲學上又有反映，「合二為一」命題，是清代哲學家方以智提出來的。方以智《東西均‧三徵篇》：「交也者，合二而一也。」

一分為二就是陰陽。《周易‧繫辭上》：「易有太極，是生兩儀。」邵雍《皇極經世書‧觀物外篇》：「一氣分而陰陽判。」「陰陽魚圖」裡的黑白二魚都在游動，方向相反。它象徵「味」的演進過程是由兩大反向運動組成的。

從「陰」的方面來看，由黑魚代表，「味」（以及後來的『味』道）本來是狹義的舌感，卻包括了鼻感的「香」。這顯示，可說是「陰」主導着「味道」的方向。從「陽」的方面來看，由白魚代表，在「味道」的兩大成分中，鼻感「倒流嗅覺」的繁多及細微使它的重要性大大超過簡單的舌感，據此可說主導「味道」方向的是「陽」。

結論：概念上，「味」有鮮、香，是一分為二；詞語上，鼻、舌合「味」，是合二為一；兩大反向運動合抱成圓。「陰陽魚」唯妙唯肖地圖解着中華飲食文化發展的全程。

陰陽魚圖形的由來曲折而迷離，奇妙的是，跟「味道」的發展大致步步合拍。陳立夫先生認為，陰陽魚的源頭可以追溯到傳說的伏羲時代（《關於太極圖的一些問題》）。那時的肉食匱乏已注定了飲食的「歧路」。陰陽魚的前身叫「先天太極

圖」，雙魚圖的雛形出現於南宋，哲學家朱熹查明此圖的來歷[4]，那正是「炒」法形成、美食運動回歸清淡之時。陰陽魚的定型是在明代[5]，那時「鮮」已成熟、「味」的一分為二完成。「陰陽魚」圖形及俗稱到處氾濫，例如京劇中諸葛亮的道袍上，是清代至民國初年的事，這又跟新名詞「味道」的流行同時。

///「陰陽魚」的黑白眼：陰中陽、陽中陰

古人有「畫龍點睛」的寓言，點上眼睛，龍就成了活龍。畫魚也是一樣。黑魚頭上的白眼，白魚頭上的黑眼，有重大意義 —— 象徵着「陰中有陽、陽中有陰」。

「陰陽」本是靜態物體的明暗，《中國哲學大辭典》引《說文解字》而斷言：「陰陽，本義是指日照的向背。」它要動起來才有意義。「美食運動」的第一步是「味」從「食」裡「異化」出來，「陽」（味）的萌動使「陰」（食）的靜態也顯示出來。哲學上也認為，「陽」是跟「動」結伴而來的。《莊子‧天道》：「靜而與陰同德，動而與陽同波。」宋代哲學家邵雍《皇極經世書‧觀物內篇》認識得更清楚：「動之始，則陽生焉。」

把物質跟它的屬性並列而納入「陰陽」，物質為陰，屬性為陽，這是從地跟天的對立中引申出來的。中間環節是「重濁者」跟「輕清者」的對立，見前引《淮南子‧天文訓》。後來進一步抽象化，地跟天的對立，被歸為「形」跟「氣」的對立，最早提出的又是醫學家。《黃帝內經‧素問‧陰陽應象大論》：「陽化氣，陰成形。」有形的「食」跟無形的「味」也就納入了「陰陽」的框格。

「太極圖」起先只有黑白對立。黑色讓人覺得實在，邵雍《皇極經世書‧觀物外篇》：「陽體虛而陰體實也。」所以黑色代表有形的「食」。白色顯得虛空，代表「味」。後來演變成兩條魚頭尾追逐，象徵着陰、陽互轉化的動態關係。《大戴禮記‧本命》：「陰窮反陽，陽窮反陰。」《朱子語類》卷六十五：「陽之退便是陰之生。」從飲食來看，既然「味」為陽，

//////////////////////////////

4/　張其成《陰陽魚太極圖源流考——兼與郭彧先生商榷》，《周易研究》1997 年第 1 期。

5/　郭彧《談所謂「陰陽魚的太極圖」的來源》，2001 年 11 月 22 日。http://www.confucius2000.com/zhouyi/yinyangyutu.htm

與「食」對立而言，那麼，「鮮」就是「陽中之陰」、「香」就是「陽中之陽」了。

陽中有陰、陰中有陽，這是「陰陽」哲學體系的深層內容。《周易》符號系統的發展，《周易‧繫辭上》：「易有太極，是生兩儀，兩儀生四象，四象生八卦。」每一步都是依據「陰陽中再分陰陽」的機理而衍化的。最早把「陰陽」理論講到這個深度的又是中醫。《黃帝內經‧素問‧陰陽離合論》：「萬物方生，未出地者，命曰陰處，名曰『陰中之陰』；則出地者，名曰『陰中之陽』。」

黑白魚相反的眼睛，也提示着「陰陽轉化」。陰化為陽，講講筆者的烹調經驗。我不擅廚藝，卻自稱有一大發明：炒芹菜時先往油裡撒幾粒海米炸黃了，吃起來多出了香味兒。後來讀古食譜，發現元朝人早就這麼做了。《居家必備事類全集》記「法製蝦米」：「再添再炒，香熟為度。」至於陽化為陰，鹽水煮花生是個好例子。花生炒了香氣強烈，但加點鹽、蔥花、蒜瓣煮爛，卻變成完全不同的東西，香味變成鮮味，清代薛寶辰《素食說略》：「落花生……以鹽水煨之，火候越久越佳，頗鮮美。」火氣變水氣。明代蘭茂《滇南本草》：「花生鹽水煮食治肺癆，炒用燥火行血。」

陰裡有陽，陽裡有陰；在烹調中就如鮮裡有香，香裡有鮮。中餐烹調擅長種種技法，陰陽變化無窮。例如「軟炸魚」，蘸上乾粉下油鍋炸，讓魚的外皮多一層香氣；又如「咕嚕肉」，肉片炸出焦香後，再澆上用醬油、味精勾芡的鮮汁，外鮮裡香。

// 「倒流嗅覺」的發現：味道天機在「倒味」

/// 我哥是個「瞎鼻子」

　　我哥因為「出身不好」，流落到遙遠的邊地。他是個天生的「瞎鼻子」，這是家鄉的土話，指失去嗅覺者。從小他吃東西卻比別人更刁，愛挑美味的菜下筷子。研究「味」以來，我時常琢磨：既然聞不到氣味，那他吃起菜來就該光知道鹹淡，為什麼還這麼刁？

　　某年，年老的哥哥回來小住，我特意問了個明白。廁所裡多臭，他也毫無感覺，有時能覺出一股涼氣鑽鼻子，「那是阿摩尼亞的刺激」，他說。他誇弟妹炒的菜香，我突然問道：瞎鼻子拿什麼聞香味？他說「舌頭」。我說舌頭上的味蕾光能分別甜、鹹哪，他茫然了。話題轉到命運，他埋怨大學的身體檢查，說：「化工專業應該檢查嗅覺，那樣我就去不了那倒楣地方。」不幸的哥哥，讓我的研究幸而有個難得的標本。

　　「瞎鼻子」不算太罕見，醫學上叫作「先天性嗅覺缺失」，有篇論文專談鑒別方法[1]。先民對「瞎鼻子」現象早有認識，《列子》裡還有個專名詞兒來稱呼，叫「齃齃」，意思是膻氣被阻擋。《列子·楊朱》：「鼻之所欲向者椒蘭，而不得嗅，謂之『齃齃』。」「向」指對香氣的享受；「齃」就是遮蔽；「齃」，晉人張湛注釋：「鼻通曰齃，齃與膻同。」王充《論衡·

1/　崔麗英、W. James Evans《醋酸異戊酯刺激相關嗅覺誘發電位對先天性嗅覺缺失患者嗅覺功能的評價》，《中華醫學雜誌》，1998 年第 8 期。

別通》：「目不見青黃曰盲，耳不聞宮商曰聾，鼻不知香臭曰齆。」《太平御覽》卷三六七引作「齆」。《廣韻》：「鼻塞曰齆。」《列子》古稱先秦之作，後來發現是晉代偽書，但其中有不少智慧的閃光點。以上幾個專有名詞的失傳，再次印證了人享受花香的「正面嗅覺」的退化。

　　看不見叫「瞎」，聽不見叫「聾」，嗅不見也有專稱，倒流嗅覺缺失的人則可能是不存在的。可以找到的「味覺嗅覺喪失」的報告，說的都是腦外傷的患者，「嗅覺」是否包括倒流的，沒人注意。「瞎鼻子」照樣講究美食，表明決不等於嗅覺失靈，只能說一半嗅覺失靈。網上有人發起調查：假若五大感覺必須割捨一種，數人寧願放棄嗅覺。吃（而不是嗅）難道不如聽重要嗎？對「嗅覺」的輕忽，恐怕是由於對「倒流嗅覺」的一無所知。

　　「瞎鼻子」跟孔夫子說的「食而不知其味」是兩回事。《禮記・大學》：「視而不見，聽而不聞，食而不知其味。」「味」是鮮、香合成的。「香」是鼻感，但卻大不同於「嗅覺」，而是我發現的「倒流嗅覺」。

　　剛出生的孩子眼睛還沒掙開，吮起奶來小嘴是閉合的，呼吸全走鼻子。他呼氣時，媽媽奶汁濃郁的香氣當然就在鼻腔裡回蕩，那不是純粹的倒流嗅覺嗎？這種倒流的氣味，我管它叫「倒味」。人從襁褓階段就開始了對「倒味」的體驗。怎奈這種無比親切的感覺，至今還處在人類認識自身的最後「盲區」中。

/// 智者林語堂差點闖進「倒味」暗堡

　　有兩位現代名作家喜歡談吃，梁實秋跟林語堂。前者只對現象津津樂道，後者偏愛捉摸其中的道理。筆者發現，林語堂在一篇隨筆中曾漫步到「倒流嗅覺」暗堡的入口。可惜他屬於「智者樂水」的類型，談了幾句就滑過去了，幸而留下了空谷足音。

　　在《中國人的飲食》一篇裡，他的名著《吾國與吾民》的「生活的藝術」章「飲食」一節中有部分重複，他談到吃竹筍的微妙感覺說：「品鑒竹筍也許是辨別

滋味的最好一例。它⋯⋯有一種神出鬼沒的品質。」[2]「品鑒」是林先生的主觀行動，「品質」是客觀目標。竹筍是美食家的寵兒，蘇東坡的至愛。東坡有不少歌頌筍的名句，例如《初到黃州》：「長江繞郭知魚美，好竹連山覺筍香。」胡說喜歡它是因為它「挺然翹然」像勃起的男根。（《華蓋集續編·馬上支日記》）老外沒法理解竹筍毫不奇怪，因為這東西正面嗅起來完全沒味兒，又沒啥營養。

　　要說筍富有華人欣賞的鮮味，那袁枚早就認識到了。《隨園食單·須知單》：「壅土之筍，其節少而甘鮮。」什麼味道值得林語堂「品鑒」？鮮就是鮮，還說什麼「神出鬼沒」？林先生所說的感覺，中國人都有親切的感受。筍吃在口裡感到味道醇厚，既非舌感之鮮，又嗅之無味，細心體察一下就會覺察，那是「另類」的嗅覺。醇厚的氣味藏在筍組織的內部，只有咬碎了才能釋放，而且只有呼氣時才能從鼻孔裡倒流出來。隨着咀嚼，那種感覺時有時無、時濃時淡，這不正好是林先生說的「神出鬼沒」嗎？

　　無獨有偶，林語堂接着又提到茶葉。竹筍與茶，都是特別受中國人欣賞的食物。喝茶時感到的「回味」，引起了他的沉思。同樣看《中國人的飲食》：「最好的茶葉的溫和而有『回味』的。」原文「回味」的引號顯示他認識到這是個研究課題。更可貴的是，對於「回味」的本質，他還提出了一大假說，用有機化學中的「酶」來解釋，說唾液中的「酶」在接觸茶水之後很快就開始發生化學作用。他說：「這種回味在茶水喝下去一二分鐘之後，化學作用在唾液腺上發生之時就會產生。」化學課本說，從史前時代人就用酶來讓食物發酵；食物跟唾液一接觸，化合作用就開始改變它的味道。林語堂那年頭，「酶」還算新知識。據《簡明不列顛百科全書》，1926年才發現酶都是蛋白質。他就試圖用來解釋「回味」；人人都吃竹筍，獨有他注意到那「神出鬼沒」的微妙感覺。「回味」這兩個字，就能抵得過長篇大論。——跟「倒味」不是一個意思嗎？

　　別看都是隻言片語，筆者初讀之下就像見到電光石火，照亮了通往「味道」地堡的幽徑。感謝林語堂先生，一個無名者借助他的權威，增加了說話的分量。

2/　林語堂《中國人的飲食》，聿君編《學人談吃》，中國商業出版社，1991年，頁8。

/// 四大機理：人人熟悉的倒味體驗

「倒味」跟「正味」的感覺相差甚遠，甚至是兩回事，卻歷來沒人注意。《周易‧繫辭上》：「百姓日用而不知。」拿抽煙為例，大家都有這樣的體驗：不會抽煙時聞別人抽，氣味太好了，可自己試上一口，感覺卻完全不同。相信倒流的煙氣從成分到感覺都大大變了樣。筆者一生不沾煙，但小時候常拾煙捲頭兒辦開了聞個沒夠。倘若倒流的煙味跟正面一樣好聞，筆者篤定會成煙鬼。

老年頭的窗戶拿紙糊，人們常拿老話「窗戶紙一捅就破」來形容道理的淺顯。「倒味」之說前所未聞，筆者卻有信心讓世人接受，因為那本來就是「人人心中所有」的。唐詩名句說「心有靈犀一點通」，下面擺出四點論據，證明「倒味」的存在。

【機理一】咀嚼能使食物裡面的氣味釋放出來。華人常說「越嚼越有味」，道理何在？嚼得越細碎，食物暴露出來的總面積越大，鼻腔裡出來的「倒味」也就越久越濃。為了延長享受，饞鬼們就嚼起沒完。賈平凹名著《廢都》描寫「油炸得焦黃的知了幼蟲」，就說「一口奇香，越嚼越有味」（《廢情》第七十二章）。大美食家李漁風趣地說：牙齒嚼起美味來決不會抱怨太累！《閒情偶記‧飲饌部‧穀食第二》：「凡物入口而不能即下，不即下而又使人咀之有味，嚼之無聲者，斯為妙品。……齒牙遇此，殆亦所謂勞而不怨者哉！」

【機理二】唾液改變了食物的味道。首先，唾液本身不是「無臭」的。不同於化學課本說水「無色、無味、無臭」，《簡明不列顛百科全書》只說唾液是「黏稠、無色的透明液體」，沒說「無臭」。相反，人們都有體驗：弄到嘴唇外邊的口水拿風一吹，就能聞到臭氣。誰都嫌惡別人的口水，所以古代的食禮早就規定，不許把進過嘴的魚肉重放回共用的食器裡。《禮記‧曲禮上》：「毋返魚肉。」古注：「己齧殘，反還器中，為人所穢。」食物在嘴裡跟唾液混合了，倒流出來的氣息當然不一樣。另一方面，唾液改變食物的味道，推想更包含對食物的個性化改造，使外來之物適應各自內在的消化系統。人的唾液不同，自己嚼過的東西才更「對味」。

【機理三】口鼻形成的「倒喇叭」對「倒味」的強化效應。在口鼻外邊的大氣裡，食物的氣味肯定稀薄極了，吃在口中則大不一樣。咀嚼時，半閉的嘴被食物阻

塞了；空間不小的口腔加上鼻子的「後門」，共同構成一個倒置的喇叭。每當呼氣時，就會把口中本來較濃的氣味加以集中、「放大」，使鼻腔裡的倒味變得濃郁。這讓人聯想到聲納裝置。人的耳朵，從大耳輪到細耳孔，也是個倒喇叭。聲音傳導、感知的原理，跟氣味完全相同。

【機理四】口中食物的氣味因變熱而活躍、升騰。中國地處北溫帶，常溫狀態下的食物明顯比體溫低，在嘴裡咀嚼時，氣味分子會因為熱度的升高而變得大為活躍，根據熱空氣重量變輕的原理，會自然地沖進口腔上部，達到鼻腔中，加強了「倒流嗅覺」。根據這個原理，更發展成中國人「吃飯趁熱」的習慣。「熱食」，反過來又強化了對「味道」的追求。

味道是味覺加嗅覺構成的，這個事實並不複雜，何以成為千古奧秘？就因為只有「倒流嗅覺」才能跟口腔中的味覺結合。「倒味」極難發現，味道的奧秘當然也就無從破解了。

///「七呷湯」氣壞洋紳士

華人自古嚐味兒叫「呷」，先秦的禮儀中就提到呷醬。據台灣版《中文大字典》的考證，鄭玄注《儀禮》就提到呷醬，這裡從略。這顯然是品味的需要。「呷」常用在湯汁之類的液體上，《水滸傳》描寫說：「武松提起來呷一呷，叫道：『這酒不好！』」「呷」是唯一「吸氣發聲」的怪字。分析「呷」字能把「倒味」定成鐵案。

林語堂曾說：中國人喝湯，常發出「呷」嘴唇兒的響聲，那在洋人可是決不允許的。他寫道，中國人喝一口好湯時會「嘬唇作響」，而西方禮節則「強迫我們鴉雀無聲地喝湯」。按西餐禮儀，喝湯出聲簡直跟「放響屁」一樣粗野無禮，等於對公眾的挑釁。美國新澤西州曾有一條法規，喝湯太響者予以拘留。林語堂敏銳地意識到，這個中西相反的現象背後有着很深的道理，所以他甚至說「這也許就是阻礙西方烹調藝術發展的原因」，言外之意：懂得「呷」湯，乃是鑽研烹調藝術的起點。

「呷湯」為什麼如此要緊？因為湯是美味的精華所在。美食家李漁早就談過，

吃麵條總要先咽下麵，然後重點「咂」湯。《閒情偶記・飲饌部・穀食第二》：「湯有味而麵無味，是人之所重者，不在麵而在湯。……麵則直吞下肚，而止嘴咂其湯也。」用「咂」來品味的，是舌頭的感覺呢，還是鼻子的？舌的方面，甜鹹入口即知，「鮮」雖值得玩味，也不必咂的複雜動作。下面的分析表明，需要用咂來加強的只有「倒流嗅覺」。咂湯給「倒味」的感覺提供了一個生動的模型。

咂，是從「匝」字衍生而來的。「匝」的本意是嚐味的動作：用手的第二指往東西裡蘸上一下，文言文裡叫「染指」，再放進嘴唇裡吮它一吮，《字彙補》：「咂，染指而嘗也。」中國話管這個指頭叫「食指」。對比英文 index finger，意思是用來指示的指頭。「咂」的關鍵在於「倒吸氣」，吸進多餘的氣兒必須即刻吐出來，這時偏要閉合嘴唇，好讓氣兒從鼻眼兒往外冒，這樣才能充分發揮鼻腔裡「倒流嗅覺」的功能。

「咂」字的發音簡直奇妙到令人驚喜，它是口腔嚐味動作逼真的描摹，既是聲響的「錄音」，又是口動作的「錄影」。「匝」字屬於入聲，其古音 [tsap] 是帶有唇輔音 p 音尾的。接近古音的廣東話，入聲音尾仍有輔音 k、t、p。分三步來細看：發 ts 音時，舌抵上顎；嚐味的相應動作，是舌與上下顎連結成一體，並故意造成口腔裡的「負壓」，這樣能使口中的汁液被徹底攪動。發 a 音時則口腔大開，空氣驟入；嚐味的機理是讓汁液裡含有的氣味溢出，以加強分子的濃度。發 p 音時雙唇急閉，使口中氣體從鼻腔倒流而出。所有漢字的發音都要借助吐氣，唯獨「咂」字個別，發音時反而要求倒吸氣。文字上的「倒」，與氣味上的「倒」，恰好相應。

中國進餐的禮儀也很嚴格，同樣要求少出聲音，《論語》有「食不語」的叮嚀，《禮記》中有一節專講「進食之禮」，其中要求不得把骨頭啃出聲來，以免「不敬」。《禮記・曲禮》：「毋齧骨。」鄭玄注：「齧骨，為有聲響，不敬。」然而中國人的咂醬、咂湯，卻是禮儀勢不能禁的，實際生活中，這種失禮的行為反而大行其道。

更有甚者，有一種美食名字就叫「七咂湯」，從名稱上就標榜用咂來嚐味，喝起來講究連咂七次。有人解釋，「七咂湯」為揚州傳統名菜，是用雞、野鴨、鴿子等七種材料做成的，要「七咂」是要咂出各種食材的味道。真是理直氣壯。

/// 倒味宜名「醇味」：「烹」字倒立的把戲

　　孔夫子有半句話：「三嗅而作」（《論語‧鄉黨》），幾千年沒人明白。「味道」的奧秘，筆者冥思苦想了多少年，用文詞兒說，就是「覃思」。「覃」，是一大怪字，筆者發現它包含着「倒味」的密碼，「味道」這個新名詞就是從「味覃」來的。前邊介紹過章太炎的考據：「今人通謂『味』為『味道』，本『味覃』也。」「覃」的意思就是「綿長的味兒」。《說文解字》：「覃，長味也。」「長味」符合「回味」的感受，下咽之後「倒噢覺」還可以發自食道。進一步還要追到「蕈」字。章太炎解釋「味覃」，就是從「蕈」字談起的。蕈就是香菇，李漁說它是「至鮮至美之物」。

　　「覃」的篆體字形，下部是「𣂰」字（「厚」字的異體字）的篆體，上部還要加個「鹵」字。《說文解字》解釋說：「覃，從𣂰（厚），鹹省聲。」這表明「覃」本來就是「厚」，不過多出了鹽鹵的鹹味。這樣才表示說的是味道，而不是尺度的長短。

　　「覃」還有個加了酉（酒）旁的同義字「醰」。段玉裁注《說文》，醰、覃音同意近，是「以覃會意」。酒有揮發性，酒氣愛走鼻腔，美酒常用「醇厚」形容，可見「覃」更主要是指「倒味」。對「覃」字的偵查，

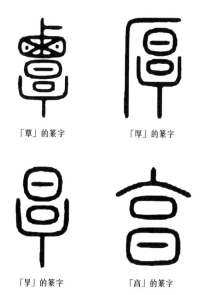

「覃」的篆字　　　　「厚」的篆字

「𣂰」的篆字　　　　「亯」的篆字

還能引出意外的線索，得出更加意外奇妙的結論。既然「覃」、「𣂰（厚）」兩字相通，讓我們轉而偵察「𣂰」字。《說文解字》給它的解釋是跟「烹」相反。「𣂰，厚也，從反亯。」「𣂰」的篆體字形玩出了驚人的把戲：它一倒立，就成了「烹」字的前身！

　　說到這裡，要先交代「烹」字的前身。它經歷過曲折的演化，先秦根本沒有「烹」字，也查不到「享」、「亨」二字。它們本是「三位一體」的古字「亯」。《說

文解字》解釋說：「高」字頭表示往上奉獻，「曰」是「象孰物形」。段玉裁對這字的注釋是一篇長文，詳細考證了「烹」、「享」兩個字在先秦經典裡的用法。簡單說，「亯」又跟「饗」相通，獻給神要寫「亯」，神的受用則寫「饗」，也寫成「享」，「又讀許庚切（xiang）。」有時又會讀 peng，當烹飪講，「亯象薦熟，因以為飪物之稱，故又讀普更切（peng）。」結論是「亯」分化出讀音不同的「享」、「烹」兩個字來，又都可作「亨」。「薦神作亨，亦作享。飪物作亨，亦作烹。」

說「覃」字是「烹」字的倒立，根據就在「厚（𣆪）」字，它是「覃」、「烹」的過渡環節。《說文解字》肯定「𣆪（厚）」的篆字是把「亯（烹）」字反轉過來，對其字形的解釋是「從反亯」。既然「覃」、「厚」兩字相通，如果「厚（𣆪）」字是反轉的「烹（亯）」，則「覃」也是倒立的「烹」字了。從「覃」到「厚」有一點曲折，就是「覃」的篆字上面的「鹵」字。上面說過，「覃」還有加「酉」（酒）的變體字，從「味長」的字義來看，酒比鹽鹵的作用更大，可見加「酉」加「鹵」都沒有實際意義，可以忽略。「覃」、「烹」同樣是「厚」的反轉，論證完成。

當食物處在生冷的原料狀態時，正面「三嗅」聞不出味兒。只有經過烹調、吃到嘴裡，「倒味」才能被感覺出來。是「烹」，讓正面的「無味」倒過來變出綿長的「倒味」。「烹」字倒立，可說是文字上對「倒味」的神秘「讖言」。

根據以上考察，建議把筆者自造的「倒味」正式命名為「醇味」。倒味與「香」的關係是大部分重合，因為美食的香氣也包括正面嗅覺的成分。

/// 諾獎與味道：「天人之際」的突破

1994 年的諾貝爾生理學或醫學獎發給了美國的兩位學者：查德・阿克塞爾（Richard Axel）及琳達・巴克（Linda B. Buck），成果是破譯了嗅覺密碼。筆者興奮不已，因為預感到「味道」奧秘的破解早到時候了。細看報導材料突然眼前一亮，大為驚喜：有一幅示意圖畫着嗅覺器官的結構，下邊所附的局部放大圖顯示，鼻腔裡向下叢生着長柄的「嗅覺受體」，下端呈彎頭狀，有的向鼻孔方向彎曲，有的反着

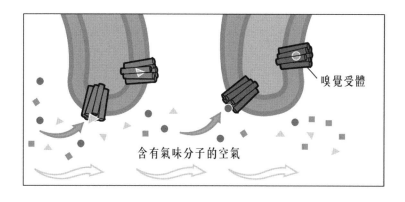

鼻腔裡的「嗅覺受體」，朝着鼻孔方向的能感受外來空氣中的氣味，反向朝着口腔的則能感受內側倒流的氣味。
本圖摘自諾貝爾獎官方網頁對得獎者成就的簡介。

向口腔的後門彎曲。向前彎曲的「受體」，當然為了接受感受從外邊吸進的氣味；向後的「受體」，不是為了分辨從口腔倒流的氣味嗎？

　　筆者不禁替獲獎者感到惋惜。從享受的角度看，正面嗅覺的價值遠沒有「倒流的」重要，兩位學者卻停止了思考，放棄了到手的更大碩果。他們的研究同時發現，狗的嗅覺細胞比人的多出四百多倍，並得出了「人類嗅覺退化」的結論。狗靠嗅覺尋找遠方的食物，而人早就自己生產食物了，不退化留着何用！同時，人對美食「味道」的精神享受使倒流嗅覺更常用，發達於彼，退化於此，為器官演進理所當然。

　　嗅覺是極其神秘的。鼻子是人類對其認識最差的器官，然而至今沒有受到足夠重視。有關鼻子的資料，筆者留意多年。「自」字的本義是鼻子，指着鼻子說自己。《說文解字》：「自，鼻也。」下邊的「畀」是表音的。人類胚胎學家說，人的胚胎中，最早形成的是鼻子[3]。人死時最後消失的是嗅覺，所以給死人燒香。古希臘智者早有類似觀念，北京大學張世英教授有篇文章很有趣，其中引用了《赫拉克利特殘篇》說「靈魂在地府裡運用嗅覺」，「睡是死的兄弟」，睡時視覺聽覺都停止了還呼吸，而呼吸

///////////////////////////////

3/　Erich Blechschmidt. *The Beginnings of Human Life*. New York: Springer-Verlag, 1977.

同時有嗅覺，甚至「一切都變成了煙，還可以靠鼻子來分辨」[4]。

評論公認，兩位神經生理學家獲獎後，神經生理學成了科學前沿。嗅覺研究雖然有了突破，但僅限於正面功能，意義更重大的「倒流嗅覺」課題，以後可能最有獲獎希望，理由是它空前地打通了「天人之際」這一人類認識上的最大空白。司馬遷提出的「究天人之際，通古今之變」可說是學術的終極目標，但中國學術一直偏於後半句。「天」是變化中的大自然，生物是自然演進的產物，而人是其中最高的產物。生物跟自然的關係（天人之際）是維持生命的新陳代謝所必須的系統內外的物質交換──呼吸及吃食。但人類的吃食之異於動物，在於其社會文化屬性，本書的二十餘萬言無非是對這一屬性進行的比較與思考。若要歸結為一個字，非「饞」莫屬。

對味道的嗜好是因人而異的。味道是由味覺及倒流嗅覺合成的，四種味覺十分簡單，味道的千差萬別，主要是由無限多的可食動植物及變化多端的烹調方法造成的。為什麼某甲愛吃魚而某乙愛吃肉，為什麼某甲愛吃清蒸魚而某丙愛吃紅燒，為什麼某丙小時候不愛吃紅燒魚而老來酷嗜，這些疑謎的答案涉及味道的客觀構成，更涉及賞味者生理上的微妙變化，涉及主觀與客觀的嚴絲合縫的對接，特別是關係到自然科學跟人文科學的匯通。一句話，要求細密分科到極點的學術進程反轉方向，百科歸元。

4/　張世英《嗅覺靈敏的王國──讀赫拉克利特殘篇箚記》，《北窗囈語──張世英隨筆》，東方出版社，1998 年。

// 口感：味道的第三者

/// 洋人納悶：木耳、竹筍有啥吃頭？

　　早在先秦，木耳就進了貴族的菜譜。宋人陳皓注釋《禮記・內則》說：「芝，如今木耳之類。」此物不鮮也不香，毫無味道，華人為什麼愛吃？洋人實在沒法理解。像木耳一樣沒味兒卻又「好吃」的，中餐裡還有不少，像粉絲、蒟蒻之類。另有一些，氣味微不足道，卻成了山珍海味的極品，比方西北沙漠裡的髮菜，及東南遠洋中的魚翅。

　　木耳的吃頭就在它又滑又脆，現今的食客管這叫「口感」。漢語本來沒有「口感」一詞，猜想是從現代紡織品商人的術語「手感」衍生出來的。「口感」的實質，現代智者林語堂曾經論及，他從「竹筍的品鑒」中試圖分析那「神出鬼沒」的感覺（實為「倒味」）時，外加閃光的一句：「竹筍之所以深受人們青睞，是因為嫩竹給我們的牙齒以細微的抵抗。」他還用儼如物理學家的口氣說：「我們吃東西是吃它的『組織肌理』……」更可驚的是他竟把口感放在比「色香味」更重要的位置上。「……（吃）它給我們牙齒的鬆脆或富有彈性的感覺，以及它的色香味。」「色香味」本是白居易形容荔枝的名句，用到菜餚上屬於混亂。根據他的分析，「口感」的內涵是「進食時口腔內各部位對食物觸覺的總和，包括熱度」。

　　林語堂沒有給這種感覺命名。台灣張起鈞教授管它叫「觸」，「觸覺」的簡稱。他說：「（食物）咬的過程中產生的美妙享受，稱之為『觸美』。」[1] 色、香、形、觸加起來跟「味」

1/　張起鈞《烹調原理》，中國商業出版社，1985 年，頁 95。

並列。這明顯不夠妥當：口腔裡的觸覺跟手的，豈能不分？況且還把「觸」排除在「味」之外。美食家梁實秋的命名更明確，《雅舍談吃·海參》說：「……妙處不在味道，而是對我們觸覺的滿足。我們品嚐美味有時兼顧到觸覺。」

古人怎麼表示口中的觸覺？「滋味」這個詞兒很值得捉摸。《呂氏春秋·適音》：「鼻之情，欲芳香……口之情，欲滋味。」《說文解字》把「味」解釋為「滋味也」。分析兩字的配合，可說「味」側重主觀感受，而「滋」側重客觀存在。人對觸覺的感受更實在，適合用「滋」表示。「滋」本意「增加」，《說文解字》：「滋，益也。」恰好表示給「味」又增加鮮香之外的一大要素。中餐烹飪肉料，常加點黃瓜筍片之類的，京津一帶叫「撬菜」，除了改進味道，更取其口感脆爽，《禮記》正是用「滋」來表示的。《禮記·檀弓上》：「食肉飲酒，必有草木之滋焉。」先秦古書裡更說「滋味」講究「甘脆」。《呂氏春秋·遇合》：「人之於滋味，無不悅甘脆。」甚至烹飪文化研究的權威也用「滋」來表示口感。聶鳳喬先生說：「滋，是食品質地的感覺。」[2]

一位久居歐洲的華裔女博士寫過一本中餐著作，其中說：「任何地方，不如中國烹飪如此強調菜的質地。」[3] 她說的「質地」，就是林語堂所謂的「組織肌理」。她列舉了一些中餐特有的原料，說它們「本身都沒有多少味道」，其中舉為代表的恰好是魚翅，她說：「（魚翅）只因脆、韌、滑，而成為無價之寶。」懂得欣賞口感的唯有華人，講究口感又是中餐美味的最高追求。

///「膠牙餳」的遊戲：「好吃」在於「難吃」

小孩都愛吃年糕，更嗜好「過小年」祭灶時的糖瓜，就是用麥芽熬的「飴」糖，成語說當爺爺的要「含飴弄孫」。「飴」也叫「餳」，黏到張不開嘴，特有「吃頭」，道理就在它的名字裡，古代它叫「膠牙餳」。魯迅回憶兒時的文章《華蓋集續編·送

//////////////////////////////////

2/　聶鳳喬《論味與飲食養生》，收入《首屆中國飲食文化國際研討會論文集》，1991 年，頁 59。

3/　蘇恩潔《恩潔氏菜譜》，《中國烹飪》，1986 年第 3 期。

灶日漫筆》裡提到，從白居易的詩來看，在唐朝這玩意兒還是招待貴賓的美食呢。《歲日家宴戲示弟侄等，兼呈張侍御二十八丈、殷判官二十三兄》：「歲盡後推蘭尾酒，春盤先勸膠牙餳。」

林語堂對吃年糕的感覺曾有精彩的分析：「對牙齒的抵抗」比竹筍更妙，是雙向的抵抗：牙齒咬合時它頂着，牙齒張開時它又拽着。

黏是口感的一種。綜合各家所列，華人的口感多達幾十種。陶文台在《中國烹飪概論》的「口感美的追求」一節裡，列舉的中餐口感有兩個層次，先分軟、脆、嫩、滑、鬆、酥、糯（黏）、爽等十三四種，再細分，光是脆，就有油酥（酥）、水脆、焦脆等，各不相同。書中說：油酥「觸齒即成碎屑」；水脆「如萵苣多水，齒切爽利」；焦脆「略硬，入口有響聲」[4]。陶先生還談到「老」、「硬」，那是嫩、軟的對立面。「口感」還得掌握適當的「度」，過頭了，就成了美感的「負面」。

各類口感，關係複雜，本質迷離，值得從力學、心理學作專題研究。竹筍的口感追求「對牙齒的輕微抵抗」，老的硬的不好吃，因為「抵抗」太嚴重，咬不動了。既然軟的吃着容易，何必又要焦脆？有一位當代學者給出了高明的解釋：在「謀生活動」之外，高等動物感官天生具有「遊戲活動」的要求[5]。小貓逮個耗子先不吃，總要玩弄夠了才吃，它需要遊戲。遊戲太簡單了還不行，往往越複雜越過癮。「膠牙餳」對牙齒兩頭逗弄，黏到叫人張不開嘴，跟年糕比，是更激烈的遊戲，所以受到淘氣的酷愛，遲緩的老人沒興趣，再說，沒牙佬當然「吃不消」膠牙的玩意兒。

「遊戲」的愉悦，原來是美食家「口味」上的一大需要。讓我們比較一下美食要素「遊戲功能」的大小。舌頭的五味中只有酸的刺激能起到一點遊戲作用。鼻子的「倒味」，也談不到愉悦性的刺激。「口感」的遊戲功能遠遠超過味覺和嗅覺。換句話說，華人對「口福」的狂熱追求，主要表現在「口感」方面。

4/　陶文台《中國烹飪概論》，中國商業出版社，1988 年，頁 197。

5/　汪濟生《系統進化論的美學觀》第二章第二節，北京大學出版社，1987 年。

/// 提琴曲悅耳：旋律、節奏，更有「音色」

筆者愛聽音樂，不論西樂國樂，然而覺得二胡實在不如提琴。提琴的弓子何等平滑，胡琴弓子的馬尾都撐着勁兒呢，技術差的一拉光剩噪音了，不怪被戲謔為「狗撓門」！兩者差在哪裡？音色。

《辭海》說音樂有旋律、節奏兩大要素，顯然跟美食有氣味、滋味兩大要素一樣。前邊用「陰陽」模式分析「味道」，認定「倒流嗅覺」為陽而「味覺」為陰。分析音樂呢，自然是旋律為陽、節奏為陰。憑直感就知道，節奏比旋律更有「物質」的實在感；而根據陰陽理論，實者為陰。邵雍《皇極經世書·觀物外篇》：「陽體虛而陰體實也。」

有旋律又有節奏，從陰陽理論上講，本質要素齊備了，然而你永遠也聽不到它。一段樂曲要想奏響，離不開具體的樂器，不同樂器的音色就攙合進來了。你說不用樂器而用喉嚨歌唱？音樂術語叫「聲樂」，跟演奏出來的「器樂」並列，人的發聲器官本質上也是樂器，張三、李四的音色也不一樣。用西洋樂器演奏同一段樂曲，可以是小提琴的華麗，吉他的清幽。小提琴又有名琴跟一般之分。從國樂來看：蘇東坡《赤壁賦》描寫吹洞簫，叫人感到莫名的惆悵，而要造成北方農村婚禮的歡快氣氛，就靠嗩吶那淺薄的嘹亮。

用樂器的音色來比方美食的「口感」，實在太恰當了。要說不同，就是菜餚原料的品種遠遠超過樂器的品種。菜餚的鮮香，離不開烹飪材料的「物質載體」，口感的花樣無窮，正是高廚們大顯身手的用武之地。同是「無味者使其入」（袁枚語），一席佳餚既要魚翅，也要海參。袁枚《隨園食單·海鮮單》：「海參，無味之物。……用肉湯滾泡三次，然後以雞、肉兩汁紅煨極爛。」魚翅的加工驚人地複雜，光說火候就得兩天兩夜。「魚翅難爛，須煮兩日才能摧剛為柔。」不是拼命追求俏皮的口感，何苦費那麼大的勁呢！

/// 口感基因來自粒食

先民讓粟米飯給澀怕了，於是「滑」就成了首要的「口感」標準。類似的標

準還有十幾項。華人對「口腔觸覺」的追求是怎麼來的？

　　遊牧民族吃肉要費大力氣，但對於中國人，米飯本來就細碎，並不需要把米粒都嚼爛，咀嚼更多地是讓唾液跟米粒混成一團便於下咽。口舌用不著全力以赴，大有餘裕來玩味食物；況且飢餓的先民會把進食當成享受，也不忙下咽。

　　另一方面，舌頭是人體最敏感的部位之一，異性接吻時，舌尖的互動就是觸覺的享受，跟手指這專職的觸覺器官一樣，舌面上佈滿小突起（《簡明不列顛百科全書》）。舌頭的觸覺比手指頭還要靈敏多少倍，對一粒粒米有着清楚的感知。拿盲文來作比喻，最能說明道理。這種文字是由六點突起組成的，全靠手指尖觸摸來閱讀。盲人耳朵特別敏感，能補償眼睛的部分功能。這表明人的感官經過長期練習會練出新的功用來。米粒對舌頭的刺激，跟盲文的小突起對手指的刺激大致相當。筆者服用小米粒大小的「速效丹參滴丸」，用舌頭計數，最多能數六粒，恰好跟盲文的點數一樣。

　　「自然」災害那飢餓年代，某機關有個老右派挨了批鬥，因為偷吃辦公室的糨糊，這真是聞所未聞。從前窮人光吃玉米麵，過年才能饞到一頓白麵饅頭。白麵既然好吃，給你一碗玉米麵粥、一碗白麵糨糊，你選哪碗？敢說沒人受得了吃糨糊那近似窒息的感覺。糨糊的特性，是完全失去顆粒，加熱使澱粉分子的化學鍵破裂，吸水膨脹，叫作「糊化」，對舌頭觸覺的刺激幾乎為零。

　　人的口腔觸覺長期通過練習，就成為習慣，甚至會上癮。歷史上的「麥飯」是例證。「麥飯」跟饅頭同時出現在漢代。史游《急就篇》：「餅餌、麥飯、甘豆羹。」《後漢書·馮異傳》說，光武帝兵敗落荒而逃，馮異弄來麥飯給他充飢，後來被封為大將軍。麥飯的細情有幾種說法，一說是整粒麥子上鍋蒸。農業史專家曾雄生曾說：「小麥進入中國的粟作區和稻作區以後，中國人採用他們所習慣了的『粒食』方法來食用，即將整粒穀物蒸煮熟化。」[6] 筆者認為最有可能的是用石碾壓成麥片再蒸，碾成的「麥片」扁而不破。兩種吃法都是為了嚼起來能適應世代養成的「口感」習慣。宋代陸游還有歌頌麥飯句。《戲詠村居》：「日長處處鶯聲美，歲樂家家麥飯香。」後世再也見不到了，顯然是吃慣了

6/　曾雄生《論小麥在古代中國之擴張》，《中國飲食文化》，2005 年第 1 期。

饅頭。北方漢人放棄粒食的口感，花了一千多年的工夫才完全適應。

前邊說過一個原理：高級動物的感官有「遊戲活動」的需要。「遊戲」忌諱老套，追求新奇；中餐講究口感，緣由就在這裡。美食家李漁認為涼粉是口感享受的「妙品」，《閒情偶記·飲饌部·穀食第二》：「齒牙遇此，殆亦所謂勞而不怨者哉！」涼粉的口感，是滑爽、脆嫩、「筋道」的結合。關於「口感」的追求，有個最精彩的掌故就是慈禧太后吃「臭蘿蔔」。李漁把遭遇旁人蘿蔔臭嗝看成一場災難。《閒情偶寄·飲饌部·蔬菜第一》：「恨其食後打嗳，嗳必穢氣，予嘗受此厄於人。」

宮中女官德齡用英文寫成的《御香縹緲錄》中，「御膳房」一節有生動的記述：太后忽然饞蘿蔔，御膳房的太監認為蘿蔔「竟是餵牲畜用的，絕對不能用來褻辱太后」。「也虧那些廚夫真聰明，好容易竟把蘿蔔原有的那股氣味，一齊都榨去了；再把它配在火腿湯或雞鴨的濃湯裡，那滋味便當然不會差了！」[7] 這麼一來，蘿蔔的「吃頭」完全在於口感。

中餐烹飪材料千奇百怪，技法的爭奇鬥艷，給「口感」的遊戲提供了無限廣闊的空間。

////////////////////////////////

7/　秦瘦鷗譯《御香縹緲錄》，雲南人民出版社，1980 年。

第三部

中餐烹調與
欣賞原理

第一章／
從水火關係
分析中餐原理

// 蒸煮：水火從不容到相濟

/// 火食始於水煮，烤燒烹史棄之

　　比較中西吃的歷史，能得出一大認識：對華人來說，水煮是烹飪之始，而沒經過烹飪的算不得正式的飲食。深入到本質，可以說中餐烹飪是「水先火後」或「以水制火」。這個原理要追溯到原始的炮法。沒有密林，大獸及燃料都較缺乏，用火吊烤的致熟法是不可行的，所以極早就發明了特有的「炮」法，即用稀泥把鳥及龜兔等小獸包裹了放進火坑裡燒熟。《詩經‧小雅‧瓠葉》：「有兔斯首，炮之燔之。」《說文解字》段注：「《內則》注曰，炮者，以塗燒之為名也。《禮運》注曰，炮，裹燒之也。」廚房、廚師叫「庖廚」、「庖人」也是從「炮」衍生的，可見「水先火」的觀念根深蒂固。

　　「鼎」卦的卦象是「木上有火」，說的只是用木柴燒火，水則隱含在「鼎」的卦名裡沒有露面；但《周易》的正文卻斷言，用木頭燒火就是「烹飪之象」。彖曰：「以木巽火，烹飪也。」這等於說，對不用鼎光用火的致熟法，完全不予正視。這種看法其實深有道理：森林裡的天火燒熟鳥獸，大自然裡早就存在。

　　現代考據家王利器引古人之言，最先提示要特別重視「烹飪成新」之說。孔穎達《周易正義‧鼎卦》注釋說：「革去故而鼎取新，明其烹飪有成新之用。」他指出「烹飪」最早出現在鼎卦中，又強調只有發明了鼎以後才有「烹飪」這回事。「烹飪始見於此。……必待鼎之發明，然後乃有烹飪之事。」[1] 這等於說，火烤獸肉的是原始飲食，夠不上文明。

1/　轉引自王子輝《周易與飲食文化》，陝西人民出版社，2003 年，頁 9。

筆者的觀點不約而同，曾經提出較大膽的論斷：跟西方比較，中國烹飪從起點上就高人一等——水煮之前漫長的用火時期，被「大方地」捨棄在烹飪史的「史前時代」。這個觀點得到著名飲食史家王子輝先生的贊同，他在赴台灣講學時曾經引用。他在結尾說：「我倒是傾向於高成鳶先生講的『中國烹飪史有較高的起點』之說。」[2]

「鼎」卦

烹飪的「成新」指的是人為的創新，是「文化」成果。三國時代譙周在文化史專著《古史考》中概述飲食的進化時，有句話值得特別注意：只有發明了煮具之後，「火食之道」才算實現。「及神農時民食穀，釋米加於燒石之上而食；及黃帝始有釜甑，火食之道成。」華夏先民經歷過用石板烘帶水之米的階段，還是夠不上有文化（道）的「火食」。

進入現代，散文家俞平伯先生還曾把烤肉為主的西餐叫做「貊炙」。他說：「貊炙有兩解，狹義的可譯為北方外族的烤肉，廣義借指西餐。」[3]「炙」就是直接用火燒烤。「貊」是北方民族名，帶獸類偏旁表示低於華夏人。「貊炙」一詞出現在晉代胡人南下時期，那時漢族飲食受到不少影響。《宋書·五行一》：「晉武帝泰始後，中國相尚用胡床……貊炙。」後來用「羌煮貊炙」代表異民族的飲食。「羌煮」放在「貊炙」的前邊，表明對燒烤法的輕視。

/// 反自然的「水在火上」：烹飪的卦象

水火的關係是如此奇妙而深奧，對於中國人又是如此親切，無怪「水火」被當成「認識模式」，當作中國哲學特有的「範疇」。孟子說，百姓天天跟水火打交道。《孟子·盡心上》：「民非水火不生活，昏暮叩人之門戶，求水火，無弗與者，至足矣。」《周易》

2/　王子輝《中國飲食文化研究》，陝西人民出版社，1997年，頁9。
3/　俞平伯《略談杭州北京的飲食》，聿君編《學人談吃》，中國商業出版社，1991年，頁97。

說「陰陽」的道理看似深奧，其實就體現在百姓過日子天天不離的「水火」之中。《周易‧繫辭上》說：「一陰一陽之謂道……百姓日用而不知。」拿具體的事務當作「哲學範疇」是中國文化的特色，台灣哲學家韋政通先生在談「水」的哲學意義時說過：「中國哲學富有『概念之具象的表現』。」[4]「具象」與「抽象」相對。跟「水火」類似的「具象」的範疇還有「方圓」。《周易‧繫辭上》：「蓍之德，圓而神；卦之德，方以智。」唐君毅把中國文化稱為「圓而神」，把西方文化稱為「方以智」[5]，但中國的哲學研究者沒有公認這類範疇，顯得創造性不足。

　　叫人驚奇的是，人類對水火奇妙關係的認識，最早不是用文字描述，而是用八卦的卦象畫出來的。表示水火關係的「既濟」卦是六十四卦之一，卦象有六層，叫「六爻」，爻的符號為「兩短」或「一長」，分別代表陰陽，上半部是八卦中的「坎」卦，象徵水；下半部是「離」卦，象徵火；疊加起來就是「既濟」。「八卦」的由來是個久遠的謎，據說是伏羲氏發明的，那時沒有文字只有符號；後來周文王作了簡單的說明，叫作「象辭」，「既濟」卦的說明是「水在火上」。象曰：「水在火上，既濟。」要理解這四個字的意思，先得看「火在水上」的「未濟」卦。象曰：「火在水上，未濟。」火的天性是往上竄，水是往下沉。火在上邊，就跟水背道而馳；要水火發生關係，就得交鋒。「水在火上」是維持交鋒的狀態。「既濟」意思就是事成了。俗話管不成叫「不濟事」。水火持續交鋒是違反自然的、人為的狀態，這就是烹飪的本質。水能放在火上煮，全靠人造的鼎鬲，所以烹飪是人類最早的偉大事業。

　　前述的「鼎卦」，跟「既濟」卦也有密切關聯。「鼎卦」的說明文字直接提到了「烹飪」。卦象是「木上有火」，象曰：「以木巽火，烹飪也。」跟鼎卦緊挨着的是「革卦」，來自烤製皮革。卦象是「離」下「兌」上，兌表示水澤，鞣制獸皮要先在水裡浸過再用火烤。「革」反映的是肉食生活的回憶，也是有水有火的創造，但簡單得多，而且烤皮革時水火關係不能像煮粥那樣

「既濟」卦

//////////////////////////////

4/　韋政通《中國哲學辭典》，大林出版社，1982 年，頁 156。
5/　唐君毅《中國文化與世界》，《民主與評論》，1958 年第 1 期。

持續。象曰：「革，水火相熄。」人們藉着烹飪粒食的「鼎」才認識了「革」的意義，所以「鼎革」連用成了常用詞語，表示革命性的變化。《周易‧雜卦》：「革，去故也；鼎，取新也。」用於革命，例如明代的張居正改革時，王世楨上書就說「天地改革，萬類維新。」（《上江陵張相公書》，收《弇州山人四部稿》）

///甑：五千年前的蒸汽裝置

陶甑看似簡單，卻意義重大。它是蒸鍋，然而本質上也可以說是人類最早的「蒸汽利用裝置」。洋人根本不懂蒸法。漢語「蒸」是個「他動詞」，賓語是「飯」，「蒸」翻成洋文 steam 是名詞「蒸汽」。Steam 的十多項解釋中，作他動詞的排在最末（《韋氏第三版國際詞典》）。我把蒸鍋跟西方的蒸汽機相提並論，肯定有人反對，但反對者準是國人，而洋人從名稱上早就承認了：甑或蒸鍋，翻成洋文就是 steamer，蒸汽機的俗稱也叫 steamer。正式名稱是 steam engine，譯為「蒸汽引擎」。詞根 steam 就是「蒸汽」，加個表示器具的詞尾 - er，正是「蒸汽利用裝置」。

蒸汽機是近代英國工業革命時才發明的，《不列顛百科全書》「蒸汽動力」條目說，1712 年英國人紐科門（Thomas Newcomen）始創蒸汽機，1765 年，瓦特（James Watt）把它改進成能推動輪軸的機器，中國的陶甑比英國人早了六千多年。你說蒸汽機有高氣壓？蒸鍋裡氣壓也高。市井小販有做「汽糕」的，木頭鏇成的小蒸鍋上面有個汽笛嗚嗚響，就是利用蒸汽壓力。誰也不知能追溯到多早的年代，不就是洋輪船上的汽笛嗎？

更有意思的是，用蒸汽推動的輪船，正式名稱就叫 steamer，《英漢詞典》中這個詞的第一解釋是輪船，第二是蒸汽機（俗稱），而早年中國話管輪船就叫「水火輪」，小時候聽當海員的父親說的。這透露了國人對蒸汽機獨特的認識角度。那時有人給新開張的輪船公司送對聯，上聯就是「水火輪水火相濟」。《周易》跟輪船的關聯，像神秘的讖言，扯到這些無稽之談，等於給嚴肅學者的斥責提供了口實。本書每說到艱深之處偶爾添點怪味的佐料，就當給讀者提提神。

「蒸」，機理極其神奇，意義極其偉大。怎麼說？要跟「煮」比。煮的實質只

陶甑。反轉底部可清楚看見通蒸汽的氣孔。

是「水火平衡」，使冤家對頭持久合作，水還是水火還是火；蒸的實質則是進一步實現了「水火交融」，容器裡面的水吸收了外面的火，變幻成形態怪異的大團氣體，以強烈的活力試圖奪路而出、升騰而上；又有閉合裝置不讓它逃逸，形成內壓，提高了溫度而吸收更多的火。被馴服的火力，成為比畜力更強大的力量而為人所用。

// 炒、炸：水火交戰，美味創生

/// 煮 → 蒸 → 炒：水火調控的三次飛躍

用火弄熟吃的，各種方法都為了讓它受到足夠熱量的作用。物理老師說，熱的轉移方式有傳導、輻射、對流三種。洋人的燒烤是（接觸）傳導＋輻射，都是火的直接作用。而華人的烹飪，火的作用都是間接的。中國廚師像魔術大師，個個能把「水火交攻」的驚人把戲玩到爐火純青的地步。這是八千年的修煉得來的功夫，漫長的過程經歷了三次飛躍：煮、蒸、炒，共同本質都無非是水火關係的調控。

【第一次飛躍：煮】本質是水火的逼近平衡，原理是以水為熱的載體。神農改吃小米，烤不得更「炮」不得，迫着人們發明了鼎、鬲。這種裝置的原理就是用薄壁分隔，水在上火在下，只能和平相處，沒法再打架。《文子・上德篇》：「水火相憎，鼎鬲其間，五味以和。」水不斷吸收火的熱量，達到 100℃ 時就進入持續的平衡狀態：水不斷變成蒸汽跑掉，直到汽化完畢、或柴草燒盡而火滅，平衡狀態結束。

中間那器壁也要傳熱。從三條腿的鼎改進成三個口袋的鬲，是為了受熱面積更大，後來又改進成「鑊」（金屬鍋），傳熱更快。用熱學名詞概括，都為「提高熱效率」，節省燃料、時間。

【第二次飛躍：蒸】本質是水火的交融，原理是以汽為熱的載體。稀粥不如乾飯解飽，但若靠長時間的煮來弄「乾」，焦糊的問題沒法解決，於是迫出了甑（蒸鍋）的偉大發明。甑跟鬲比，多出算子和鍋蓋兩個部件；算子托起米來，必先經過「淘」的工序，讓米跟水適度接觸，不受水的過度浸泡；甑的功能，關鍵在於蓋子。蓋子

把蒸汽封閉在容器裡邊，形成較高的氣壓，借助「壓力大則溫度高」的原理，讓高溫的水汽把米煨熟。蒸汽的高溫，是下邊的火產生的熱量的轉化。後世的鍋蓋，改進成能適度透氣的籠屜，使蒸汽穿過米層而上升，籠屜上面還可以壓上大石頭，以提高蒸汽的溫度。如果蓋子封閉嚴密，則成為現代的高壓鍋，若沒有安全閥，還有爆炸的可能；假如再增加複雜裝置，熱能就會轉化成機械能，那就成了一部蒸汽機。

【第三次飛躍：炒】本質是水火的受控衝突，原理是以油為熱的載體，先把火的熱量轉化成高溫的油，再把富含水分的烹飪原料直接投入熱油裡攪拌，迅速致熟。煮、蒸都是讓水火互相隔離；炒，則是大膽地去掉隔層，讓水火直接衝突。炒法的發明有兩個前提：一是鐵鍋的發明，二是油的運用。油，特指植物油，在以植物性食物為主食的中國，植物油的運用到宋代才普及。所以，炒法出現得很晚。炒的形成與技巧，後文還要詳談。

【煮、蒸、炒的評述】一、蒸跟炒，都是中國人的獨創。近代洋人有了蒸汽鍋爐以後，也利用餘汽來煨熟食物；炒法，至今為中國人所獨有。二、煮和蒸，開始都用於主食，稀粥和乾飯，後來才用於烹飪菜餚。蒸飯鍋中也有同時蒸菜的，可以節省燃料，後來改進成菜餚的清蒸法，例如淮揚菜的清蒸魚，但遠不如煮（熬、燉）、炒重要。三、煮（烹）從遠古的烹羹開始也用來烹調菜餚。四、炒法不能用於主食，是中餐菜餚烹飪的主打技法。即使是炒飯，用來炒的也得是純淡的米飯，不能用印度人米肉同煮的鹹飯，所以炒飯本質上仍屬於飯菜的臨時合一。它集中體現了中國烹調的原理，在洋人眼裡，是中餐、中國人，以及中華文化的鮮明象徵。

///「炒」有點像可控氫彈爆炸

炒菜活像兩軍交戰，「水」軍突入「火」軍陣地，「火」軍激烈抵抗，戰火熊熊殺聲震天，讓旁觀的洋食客心驚膽戰，目眩神迷。這場精彩大戲要求導演有很高的「軍事藝術」：必須保證兩軍勢均力敵，大戰三十秒，翻動十來下，速戰速停，不分勝負。

中餐菜餚技法特多，假設只許選一樣兒來保留，我猜大多數國人最捨不得放棄的就是炒了。炒菜又「下飯」又解饞、又鮮又香，鮮，是因為材料的水分和溶於其中的味沒有受到熱的長時間破壞；香，是因為包含了油炸的因素。沒有「炒」的日子怎麼過！

洋人完全不懂得「炒」法，美食家梁實秋就是這麼斷言的。他在《雅舍談吃·燴青蛤》一文中說：「西方人的烹調方法，就是缺少了我們中國的『炒』。英文中沒有相當於『炒』的字，目前一般的翻譯都作 stir fry（一邊翻騰一邊煎）。」他還風趣地說，美國有一種鮮美的大蛤蜊，「高級飯館做出來卻是『韌如皮鞋底』。」他的好友高先生用炒法來做，過程是：「切成薄片，越薄越好，旺火，沸油，爆炒，加進蔥薑鹽，翻動十來下，熟了。」

筆者一開始研究飲食文化就盯上了炒。「千慮一得」，提出炒的本質就是「水火直接衝突」。火在哪兒？隱身在勺裡的熱油中。油比水的「沸點」高出幾倍。花生油、菜籽油的沸點是 335 度。烹飪大師的炒勺上時常出現烈焰沖天的景象，就是熱到極點而現了火的原形。水在哪裡？包含在被炒的嫩肉、鮮蔬裡。豬肉、牛肉、雞肉的含水量高於 77%；蔬菜含水量高得驚人，黃瓜含水 96%～98%。若是乾牛蹄筋，「水發」（長時間泡水）後還得煨上半點鐘才爛，能炒嗎？

水珠滴進熱油鍋裡，濺到手背上，燒出個大燎泡，從性質上看就是一場爆炸。如果水比油還多，熱油立刻變涼，就跟火被澆滅了一樣。可見，水火的衝突只能是「速戰速決」，不管火勝還是水勝。

水讓勢不兩立的水火直接接觸？瘋子才幹那樣的事。中國人可說都饞瘋了，為追求菜餚的美味挖空心思。炒法的要訣在於讓水火打成平局，握手言和。大廚的任務，就是讓雙方保持勢均力敵。容易敗陣的是火，別看它氣勢洶洶，一堆生肉涼菜往勺裡一放，轉眼間它就偃旗息鼓了。喊殺之聲消失，就標誌着戰局的結束，炒菜的失敗。所以必須想方設法加強火方，抑制水方。

加強火的一方，辦法有幾條：提高火的溫度；中國發現了煤，宋代的汴梁已經燒煤做飯，《馬可波羅遊記》描寫為「黑色的石塊，火焰比木炭更旺」；中國人也會使用鼓風機，漢朝杜詩發明的[1]。

1/　羅伯特 K.G. 坦普爾《中國：發明與發現的國度——中國科學技術史精華》，21 世紀出版社，1995 年。

改進炊具的傳熱效能；步驟：鼎→鑊（小型化）→鍋（鍛鐵薄壁，唐代普及使用，見顏師古注《急就章》：「鍪……即今之所謂鍋。」）→鐺（淺幫平底，《齊民要術》裡普遍應用）→勺（帶柄，便於兩手配合翻動，《現代漢語詞典》始見「炒勺」一詞）。還有大量用油的辦法提高鍋裡的總熱量，以抵消肉、菜帶來的急劇降溫。

抑制水的一方，辦法：把原料切成細絲、薄片；不等水溢出，菜就炒熟了，所以中國烹飪對「刀口」有特殊的講究，跟「火候」形成密切相關。用「掛漿」法把水分封閉在肉、菜裡；「掛漿」是用調濃的粉芡包裹，漿裡常加蛋清，遇熱油會結成硬殼。用鏟子快速翻動；極力避免肉、菜形成「團結的力量」。等等。

以上種種辦法同時作用，使水火的交戰成為可能。炒法的突出優點：不光口感脆嫩，而且維生素 C 等營養成分很少受到高熱的破壞，這一點讓注重保健的洋人非常欣賞。炒的發明，過程複雜。材料觀點具備，留待另寫一部專著。

「炒」的神奇會讓上帝驚歎。它讓人聯想到尖端科技的「可控核聚變」。「核聚變」等於氫彈爆炸，「炒」是微型的可控氫彈爆炸，把險情變成造福（口福）於人的手段。可控核聚變至今沒有變成現實，而華人運用炒法卻有一千多年的歷史了。

/// 吵→炒：水火關係的萬年演進

死對頭狹路相逢同時喊殺，讓路人驚覺其吵聲。「炒」字是從「吵」來的，起先「吵」、「炒」不分也沒人考究。唐代出現了「吵」，宋代就有寫成「炒」的。唐《敦煌變文·董永變文》：「暫時吵鬧有何妨。」宋《夢粱錄·茶肆》：「多有炒鬧，非君子駐足之地。」宋代字書最早收錄「吵」字，解釋就是聲音。《廣韻·巧韻》：「吵，聲也。」《辭海》斷言「炒同吵」，例句是元代戲曲裡的「着他靜悄悄，休要炒鬧鬧。」（引鄭廷玉《忍字記》第一折）

打破砂鍋問到底，「吵」字是怎麼來的？原來就是從砂鍋來的，陶鬲就是砂鍋。「鬲」在篆文中是個部首，起先跟烹飪有關的字，大多下邊帶個「鬲」字。《漢語大字典》收的字多達 55 個。「鬲」部有個「䰞」是炒的古體字，非常值得注意。《說文解字注》：「或作煼。」而「煼」古同「炒」。《說文解字》解釋為「熬也」，但古本《說文解字》

的解釋完全不同，是用火把東西烘乾，「火乾物也。」段注：「與今本異。」漢代崔寔的《四民月令》中「䵃」就寫作「炒」，物件是大豆。最需要烘乾的穀類正是大豆，因為需要長期儲藏以防饑荒，又不能等熟透才收割。《齊民要術》卷二「大豆」引《氾勝之書》：「古之所以備凶年」；又說要早收割，否則「豆熟於場」就會脫粒。

炒黃豆時會爆出一片震耳的「吵」聲，鄉間老話形容能言善辯，就說「嘴像爆豆兒一樣」。這就是「炒」、「吵」通用的由來，也是炒法漫長演進歷程的起步。在落後的農村，炒豆至今還是常見的很香的零食。炒豆是用火祛除結晶水，這從一開始就決定了後世炒法的本質──「水火關係」。炒（烘）豆、炒菜，兩種「炒」之間隔着六七千年。炒的目的，從陶器時代的祛除水分變成明清時代的保存水分。「炒」菜普及的時間是宋代，這能從「烘」的字義變化推斷出來。「烘」本來意為「放火」，後來代替了「炒」的本義，變成烘乾。《說文解字》：「烘，燎也。」「燎，放火也。」到了宋代的《集韻》，變為「烘，火乾也。」

炒菜跟烘豆同樣最怕多水，因為那意味着火的熄滅。台灣有本書談中餐烹飪的「秘訣」，就強調「水為炒之大忌」[2]。後來炒豆的火被大水淹沒，吵聲沉寂；它再度響起時，就像蟲蛹蛻變為美麗的蝴蝶，伴隨着「香」氣。從蛹到蝶，經歷過無限多的細節，成為烹飪史的內容。炒菜的發明，是流質的羹逐漸減少水分的過程，動力是對「味」的追求，原理袁枚說得很清楚：水越少味越濃。《隨園食單·須知單》：「水多物少，味亦薄矣」。

/// 發明「炒」的誘因：肉的珍貴、油的缺席

從烹（煮）羹演進為炒菜，關鍵細節是動物「脂膏」的角色變化。前邊說過，羹中的肉料跟蔬菜（調料）化合創生了美味，蔬菜越來越多、肉越來越少，美味就要依賴肉裡溢出的脂膏。從烹羹到炒菜的演變也同時進行。等到羹變成「菜」時，脂膏自然就成了菜餚烹飪的前提。這個過程反映在「煎」的字義變化中。從水煮（至

///////////////////////////////////

2/ 楊萬里《中國烹飪秘訣》，武陵出版社，1984 年，頁 312。

今還說「煎湯藥」）變為用油加熱，例如《齊民要術》卷九說做雞蛋餅要「膏油煎之」。為什麼華人很晚才會用植物油來烹飪，答案在於脂膏在菜餚中的自然沿用，而背景是肉料匱乏。

友人邱龐同先生說炒「是中國乃至世界烹飪史上的大事」，他認定的最早一例是南北朝的炒雞蛋。《齊民要術》卷八「炒雞子法」：「打破，著銅中，攪令黃白相雜，細擘蔥白，下鹽米、渾豉。麻油炒之，甚香美。」[3] 他抓住了用麻油的細節。用油的演進需要仔細考察，《齊民要術》中的「焦瓜瓠法」是難得的典型：其法是主料、調料同時放進銅中，肉在最底層；還沒進步到先用油脂「熗鍋」後加蔬菜，要特別注意下面這句：若是沒肉就拿蘇油代替。「先布菜於銅銚底，次肉；無肉，以蘇油代之。」這就是說，發明用油之前，讓肉煉出的膏油起作用，已成為自然的機理。

參照「焦漢瓜法」的直接用麻油，強調「勿下水」，「直以香醬、蔥白、麻油焦之，勿下水，亦好。」最符合炒的原理。由此可以清楚地看出，炒法用油的發展步驟是：菜、肉同熬溢出脂膏的自然作用→讓煉成備用的脂膏發揮特別作用→用植物油代替脂膏發揮特別作用。過程的第二步，提煉脂膏以備烹飪之用，書中有明確記載。《齊民要術》卷八「焦豬肉法」：「……其盆中脂，煉白如珂雪，可以供餘用者焉。」這有重大意義：表明當時已經認識到可以用高溫脂油來蓄積熱量，作為「水火對峙」的前提條件。

炒的發明，是羹裡的水分不斷減少的結果，到沒水時，油脂的溫度就持續升高，跟烹飪的肉、菜起作用；只有沒肉才會用植物油代替脂膏，可知油的作用對象首先是蔬菜。旅英學者蘇恩潔博士在烹飪專著中說「尤其是炒青菜，在外國人的眼中可能會覺得不可思議」[4]。她解釋說：「非得用大火快炒不可，才能使青菜碧翠可愛，而又不失養分。」

因此，筆者提出，炒蔬菜的出現是炒法成熟的標誌。王子輝先生在訪台講學中贊同此說[5]。蔬菜用炒法，首創者可能是蘇東坡的詩友巢元修。東坡很欣賞他用野豌豆苗做的菜，曾寫《元修菜》詩記之，於是詩題成了菜名，那蔬菜後來也叫

3/　邱龐同《中國菜餚史》，青島出版社，2001 年，頁 63。
4/　蘇恩潔《恩潔氏菜譜》，《中國烹飪》，1986 年第 3 期。
5/　王子輝《中國飲食文化研究》，陝西人民出版社，1997 年，頁 311。

「巢菜」。南宋林洪《山家清供·元修菜》在解釋東坡詩句時說：「巢菜，苗葉嫩時可採以為茹，用真麻油熱炒。」

/// 炒遍全球無所不「炒」

近代以來，中餐日漸傳遍世界。十九世紀末，中餐館就遍佈美國城市，甚至讓美國人舉國若狂，孫中山先生在自己的著作中早有記述。「近年在華僑所到之地，則中國飲食之風盛傳。美國城市，幾無一無中國菜館者。」[6] 他稱中餐館為「菜館」，就是認同「炒菜」的代表性。

炒，洋人只要接觸過，就會留下極深刻的印象，它已經成了華人的名片。華人來租房，各國的房主馬上會想到炒菜的烏煙瘴氣，怕弄髒房屋而婉言謝絕。一位女留學生在紀實文學名著中寫道：「當地的一些人家是不願意讓中國人做飯的，因為中國人要炒菜，一炒就油煙四起，會弄髒廚房的。」[7]

在漫長的發展過程中，「炒」跟國人的日常生活關係越來越密切，自然會借用到其他方面，成為含意廣泛的一般詞語，而且具有強大的派生能力。

例如香港、廣州最先流行的俚語「炒魷魚」取代了各地老年頭流行的「捲舖蓋」，舊時打工者的被褥都是自備的，離職時要捲起來帶走。《官場現形記》第二十回：「把小當差的罵了一頓，定要叫他捲舖蓋。」「炒魷魚」本來是粵菜中常見的菜品之名，也叫「炒魷魚卷」。用「花刀」切開一側的魷魚片一下炒鍋就會捲成筒狀。最新版本的《現代漢語詞典》已收進這個詞兒，還作為新名詞的代表。解釋中說，近年在流行中又有了新發展，主動辭職也可說「炒老闆的魷魚」。

「炒」，是在不斷翻動中造成神奇效果。《現代漢語詞典》：「炒：把食物放在鍋裡加熱，並隨時翻動使熟。」根據這個特點，又出現了一系列新詞兒，構詞法上屬於「動賓結構」，例如「炒股（票）」、「炒基金」、「炒房」。「炒股」的「炒」，意思是有實力的股市操

/////////////////////////////////

6/　孫中山《建國方略》，中州古籍出版社，1998 年，頁 63。

7/　余亭亭《留學並不浪漫》，華藝出版社，2005 年。

縱者通過買賣的翻動，讓某些股票變「熱」漲價，用炒菜作比，何等真切而生動。

　　炒菜時除了吵聲，更有油醬飛騰、香霧遠揚，於是又把「炒」借用於其他熱鬧場合和氛圍，進一步派生出籠統的「炒作」。「炒作」跟獲得新義的「包裝」一樣，用於現代生活的各個方面，例如「炒明星」。

　　在名為「漢語盤點2006」的一項網上評選中，國家語言監測機構與商務印書館主辦，調查最流行的新詞，上百萬網友推薦最多的關鍵字是「炒」。可見炒的泛化還在發展中。

/// 炸：冰淇淋也敢炸

　　跟「炒」的露臉比，對於華人，「炸」有點丟臉，運用油都是很晚才從西域老師那兒學來的。然而徒弟的天才遠遠高過老師，油的運用很快就臻於爐火純青，「炸」的技巧也青出於藍而勝於藍。

　　「炒」跟「炸」，名稱都出現得意外地晚。兩個字清朝《康熙字典》裡還查不著，《說文解字》更別提了。「炒」字還有「煼」等前身，「炸」則是近代才從市井裡冒出來的。《漢語大字典》只能從百年前的通俗小說裡舉出例句：《兒女英雄傳》的炸麵筋。老學究見了這個大白字就有氣，因為「炸」是爆炸，跟烹飪的「炸」毫無關係，普通話讀音都不一樣。Zhà 跟 zhá。

　　「炸」，古人起先寫作「煠」，跟油炸的「炸」音調相同，就是在沸水裡涮成半熟，至今還是涼拌蔬菜常用的方法。宋代字典《廣韻》裡才收「煠」字，文獻裡出現要比較早，《齊民要術》卷三「種胡荽法」：「作胡荽法，湯中煠出之。」「煠」又寫作「煤」，清朝才開始借用在油「炸」上。翟灝《通俗編‧雜字》：「今以食物納油及湯中一沸而出曰煤。」

　　回民常吃一種油炸甜麵餅，叫「油香」，元代傳進中國，漢民最早學會的炸法也限於這類麵食。「炸」先前叫「油煎」，唐宋才在北方普及，有人吃蛤蜊也用油炸，炸焦了還說沒熟呢。北宋沈括《夢溪筆談》：「如今之北方人喜用麻油煎物。」有人弄來一籃子，「令饔人烹之，久且不至。客訝之，使人檢視，則曰，煎之已焦黑，而尚未爛。坐客莫不大笑。」鬧出這種

笑話，說明對炸法還不熟悉。

　　華人探索烹飪法無所不至，油炸怎麼成了空白？緣故前邊說過：「肉菜同熬」使古人無緣認識植物油。饞鬼的華人學會了油炸麵食，很快就把炸法用到菜餚上。唐代丞相韋巨源家藏的宮廷食譜裡有個菜叫「過門香」，做法是把多種肉料放到沸油裡，炸出撲鼻的香氣來。陶穀《清異錄·饌羞門》：「薄治群物，入沸油烹。」

　　油炸儘管光用油沒有水，本質上還是屬於水火關係，不同的是水方弱不成軍。漢民學會炸麵食以後，「炸」法有了重大發展：頭一步是消滅麵食內部的分子結晶水。馴服暴躁的火，使烹飪高手高度自信。下一步就大膽地走向反面：對水實行保護政策，留着為我所用，於是開創了「外焦裡嫩」的新境界。被炸之物下油鍋前要「掛漿」，用加了蛋清的稠麵糊把肉料包裹起來，利用蛋白質遇熱凝固的本性，炸出一層封閉的硬殼，裡面形成一個小蒸鍋，多水的原料半是快速蒸熟的。

　　北方人開玩笑常說「你可吃過爆炒冰核？」意思是說根本不可能[8]，豈知高廚竟創造出「炸冰淇淋」的夢幻菜餚。其法是「挖空心思」地拿塊麵包挖個槽兒，裡面裝進冰淇淋，蓋上槽蓋，裹上蛋清稠麵糊，放進高溫油鍋裡，瞬間炸成。這屬於絕技，當然說時易那時難。冰淇淋九成是水，既然炸得，純冰塊也如法炮製。

　　炸法的演進過程，簡單說就是：被炸食品的含水量從炸麻花的百分之零，到炸冰塊的接近 100％。這體現了「物極而反」的中華思維。

///////////////////////////////

8/　端木蕻良《遼菜瑣談》,《中國烹飪》, 1985 年第 5 期。

第二章／
從時空關係
分析中餐原理

∥ 從時空轉換看刀口、火候

∥∥「時／空」範疇與飲食萬象

蘇東坡的《老饕賦》替饞鬼們唱出了美食頌歌，其中有精彩的兩句，說到豬脖頸上方那塊嫩肉，還有秋霜之前的螃蟹螯。「嘗項上之一臠，嚼霜前之兩螯。」兩樣美食，分別要求空間上差不得幾寸，時間上差不得幾天。這顯示了美食跟「時空」範疇的緊密關聯。

說到吃跟空間，「畫餅充飢」的故事說明食物是「物」，空間上要佔有「三維」才行。平面的畫餅缺少高（厚）的維度。說到吃跟時間，「黃粱一夢」說明米飯是不能即刻由生變熟的。

物體（物質）存在於空間裡，事情（運動）在時間中，時空是分不開的。《辭海》：「空間、時間同運動着的物質是不可分割的。」如果我們面對的是簡單現象，比方說西餐的現象，那確實用不着這麼分析。然而，華人的吃實在太複雜了，個人經歷中的一桌席，民族記憶中的飲食史，都充滿着光怪陸離的景象、千回萬轉的變化；從時間、空間來分析，就是執簡馭繁的高效方法。

前邊常用「陰陽」模式來分析現象，那麼「時空」跟「陰陽」有沒有對應關係？有。時間屬於陽，空間屬於陰。「陰陽」理論認為空虛的屬於陽，結實的屬於陰。邵雍《皇極經世書·觀物外篇》：「陽體虛而陰體實也。」分析飲食現象，「陰陽」跟「時空」兩套方法各有長處。用「陰陽」來分析麵條跟餃子的關係，是肉餡跟麵皮兒的裡外顛倒；用「時空」來分析刀口跟火候的關係，刀口的本質就是空間，火候的本質是時間。

「水火」是中餐烹飪的基本範疇。「水火」跟「時空」又是什麼關係？水比火更能佔有空間，儘管因為流動而缺少固定的三維資料，而火焰的瞬息萬變，時間屬性更突出。

直觀地看，空間似乎可以獨立，跟時間沒關係，這就是牛頓所謂的「絕對時間」[1]。古代西方人專注於空間認識，表現為幾何學的發達，到了笛卡爾，「運動進入了幾何學」（恩格斯語）[2]，才有包括時間要素的微積分。華人的思維，大學者牟宗三說是「象數不二」，「代數與幾何不分」[3]。如果說西方文化是個好奇的孩子，那麼中華文化就是久經世故的「時間老人」。傳說老子一生下就是個81歲的白髮老頭。洋文的「宇宙」說的都是空間，《朗文英漢雙解詞典》：「universe: all space and the matter exists in it. 宇宙：全部空間及其中存在的事物。」中文的卻說的是時間與空間的結合，「宇」是時間、「宙」是空間，時間還擺在前頭。《淮南子‧齊俗》：「往古來今謂之宙，上下四方謂之宇。」《辭源》：「時間與空間。」

洋人跟國人時空觀念的不同，也體現到飲食觀念上。筆者堅信中餐跟中華文化有雙向關聯，至於華人獨特「時空觀」的形成是否曾受到烹調實踐的影響，還有待更深入的探究。中餐複雜的現象與變化，只有用時空關係模式才能認清。這一章要做全新的嘗試。

/// 刀口、火候的互動關係

中餐廚師食客常把刀口、火候掛在嘴上。洋人進餐右手拿刀左手執叉，蔡元培先生說過，這叫人聯想到「兇器」[4]。國人吃飯，一隻手拿雙竹木筷子就行。餐具不同，是因為食物的形體就不一樣。中餐師傅下鍋之前早就把肉料、蔬菜切成現成的小塊兒了。行話叫「預加工」。

1/　轉引自王世範《大學物理》第十九章，山東大學圖書有限公司，2007 年。
2/　恩格斯《自然辯證法》，人民出版社，1962 年，頁 217。
3/　轉引自李曙華《周易象數演算法與象數邏輯》，《杭州師大學學報》，2009 年第 2 期。
4/　汪德耀《回憶蔡元培先生對烹飪的評價》，聿君編《學人談吃》，中國商業出版社，1991 年，頁 360。

　　中餐烹飪的刀工有無數花樣，那固然跟繁多的烹飪技法密切相關，再深入一步來捉摸，更跟「火候」密切相關。不同的火候，配合着不同的刀口，反過來也一樣。燉肉切成大方塊就行，炒肉得切成薄片或細絲。炒法要求速戰速決才能保持鮮嫩，塊兒大了火力一時透不進去。一般烹飪教材總是把刀口火候分兩節來講，至於它倆什麼關係，很少有人捉摸。

　　刀口屬於空間形態，火候屬於時間過程。中餐講究刀口火候，從「時空關係」的角度來看，就是用改變空間形狀來適應時間的長短。哲學課堂上講解時間、空間的密切相關，相信也沒有比中國烹飪更形象的例證了。

　　研究刀口、火候的關係，先得弄清兩個詞語的由來。它倆作為形影不離的一對兒，推想應該是同時出世的。我用兩整天時間翻檢資料，結果有大出意外的發現。「火候」一詞，從唐朝就有了，據《辭源》的例句，先流行於煉丹，白居易《同微之贈別郭虛舟煉師》：「心塵未淨潔，火候曾參差。」後流行於烹飪。段成式《酉陽雜俎》卷七：「物無不堪吃，唯在火候，善均五味。」「刀口」一詞，直到現代的《辭海》還沒有收錄。《辭海》有「刀法」，解釋為「鐫刻印章時用刀的技法」。翻檢《現代漢語詞典》更令人驚奇，「刀口」好容易出現了，解釋卻只是刀刃兒。「刀上用來切削的一邊。」看來儘管人們對「刀口」非常熟悉，但卻只限於在廚房裡和酒席上才會談論它。仔細翻檢清朝兩位美食家的書，袁枚的《隨園食單》、李漁的《閒情偶記‧飲饌部》，「刀口」還是沒有。「火候」袁枚倒談得不少，《隨園食單‧須知單》裡還設立一節「火候須知」。

　　「刀口」的權威例句，晚到當代的梁實秋。《梁實秋談吃》一書收錄談吃之作較齊全，其中寫道：「……刀口上手藝非凡，從夾板縫裡抽出一把飛薄的刀，橫着削切，把豬頭肉切得片薄如紙，塞在那火燒裡食之。」[5] 還有一篇，是為台灣張起鈞教授的《烹調原理》寫的書評。《讀〈烹調原理〉》：「第二件是刀口，……一般家庭講究刀法的不多。」[6] 兩篇文章裡，刀口都並沒有跟火候並提。「刀口」跟「火候」正式並列較早的，就筆者所見，是在台灣張起鈞

////////////////////////////

5/　梁實秋《梁實秋談吃》，北方文藝出版社，2006 年。
6/　梁實秋《書評（七則）》之一，《梁實秋讀書箚記》，中國廣播電視出版社，1990 年。

的專著中，《烹調原理》有「烹的實施」一章，「刀口」、「火候」為其第三節、第四節的標題。這堪稱那本書的一大亮點。大陸「新時期」開始有正規的烹飪教育，教材一致突出了刀口、火候的並列，但「刀工」成為標準的名稱，見《中國烹飪百科全書》[7]。

　　經過認真的考察，對於刀口、火候的對立統一關係，前人一直沒有認識。由於未能用「時空」範疇來分析，以致認識不到現象的本質：空間中「刀口」的度量，跟時間中「火候」的度量，是互為決定的。

/// 肉食文化有割無切

　　中餐刀工花樣之多，洋人聽了會吃一驚。漢字帶「刀」旁的竟有四百多個，據徐中舒主編《漢語大字典》。專家說「刀工、刀法的名稱不下二百種」[8]。「略舉數例」，就有切、包括直刀、跳刀、推切、拉切、滾刀切、轉刀切⋯⋯片、包括推刀片、拉刀片、斜刀片、坡刀片、反刀片⋯⋯剞，即花刀，有麥穗形、襄衣形、菊花形⋯⋯等等名目。從成型來看，有茸、末、米、丁、粒、絲、條、塊⋯⋯。刀工從很早就開始發達，例如剞，又叫「刏」，先秦神話裡就有。《山海經·中山經》：「刏一牝羊。」

　　種種刀法中，「切」是最基本的。洋人吃牛排得左手用叉子按住了，右手拿刀子割，筆者絕不說「切」。你說切跟割不是一樣嗎？不，兩者根本是不同的概念。可以說只有華人懂得切，相對地，洋人只懂得割。漢語裡「割」指用刀從整體上分下一部分來，例如從軀體上割下腦袋。《三國演義》第二十一回：「雲長趕來，手起一刀，砍於馬下，割下首級提回。」英語中「割」跟「切」都通用一個 cut。這個詞可以對應漢語的「切、割、剪、砍」。《英漢雙解詞典》裡的英文的解釋，除了「to divide or separate something」（分割東西）之外，同時又是「to make a narrow opening in (something) with a sharp edge or instrument, accidentally or on purpose」（意外地或有目的地用銳刃或工具在某種東西上弄出個窄口子）。詞典裡 cut 的例句還有

7/　中國烹飪百科全書編委會《中國烹飪百科全書》，大百科全書出版社，1992年。

8/　熊四智《中國烹飪學概論》，四川科技出版社，1988年，頁96。

「被玻璃割破了手指頭」。華人要說「切了手指」那準是在切菜中。

咬文嚼字的老先生會挑錯兒：中國古代「切」也有說「割」的。您老對極了，孟夫子講到伊尹借烹飪的道理遊說商湯王，用的就是「割烹」。《孟子·萬章上》：「人言伊尹以割烹要湯。」周代宮廷裡還有專職的「割烹」官員呢：《周禮·天官·外饔》：「掌外祭祀之割亨。」這還在日本保存至今，台灣張起鈞的書裡說「常見日本飯館門前寫『割烹』」[9]。古時候中國人也說「割」，那是因為進入「粒食」生活還不太久，遊牧文化的詞語習慣還沒有完全變化。唐宋以後再也見不到「割」的例句。

遊牧民族吃烤肉，拿出腰裡別着的小刀，割下一大塊來，手握着骨頭棒子，大啃大嚼。《史記·項羽本紀》描寫壯士樊噲生吃豬肩膀，就是這麼吃的。「切」，指的是按特定規格模式的、連續的割。這麼說是不容爭論的，因為早已固定在文字構成上。《說文解字》說「切」跟「刌」是通用的，而段玉裁對「刌」的注是「斷物必合法度，故從寸。」他還舉出史書裡的例證：某人之母烹飪有嚴格的規矩，切蔥都切成一寸長短。《後漢書·陸續傳》：「母嘗截肉，未嘗不方，斷蔥以寸為度。」「切」的字形「七刀」怎麼來的？一棵大蔥夠切七刀！廚師朋友教徒弟切菜總說「寸段」，為什麼要一寸？因為那恰好合乎口的尺寸。把口張圓了，直徑大約一寸。

往深裡思忖，還有更驚人的發現：思忖的「忖」跟「刌」字同源，表示心中自有分寸，段玉裁就引了《詩經》裡的例句說明「寸」、「忖」曾經通用。「《詩》：『他人有心，予寸度之。』俗作忖。」心中算計可以用在千萬件事兒上，卻都跟切蔥相關。可見華人切食物是多麼認真，跟洋人的隨便「割」一刀，真有天地之別。

/// 肉片薄如蟬翼：「無限小」觀念的由來

刀工最早用在什麼食物上？都是動物的肉。《禮記·內則》：「肉腥，細者為膾，大者為軒。」刀工技術的進步是由粗大到細小的。孔夫子吃生魚片，越薄越不嫌薄。《論

///////////////////////////////////

9/　張起鈞《烹調原理》，中國商業出版社，1985 年，頁 51。

語‧鄉黨》：「膾不厭細。」為什麼中國人做肉食要玩命往細小處切？前邊反覆論證，肉料稀少珍貴，精工細作能增強調味的功效。

到了唐朝就出現了切生魚片的專著叫《砍膾書》，可惜早已失傳。明人李日華《紫桃軒雜綴》：「祝翁……家傳有唐人《砍膾書》一篇，文極奇古。……大都稱其運刀之勢與所砍細薄之妙也。」明朝書畫家董其昌曾作打油詩誇張切的技巧：「薄薄批來如紙同，輕輕裝來無二重。忽然窗戶起微風，飄颺吹入九霄中。急忙使人追其蹤，已過巫山十二峰。」[10] 這是摹仿三國曹植的名篇《七啟》的描寫：「蟬翼之割，剖纖析微；累如疊，離若散雪；輕隨風飛，刃不轉切。」

曹植用「知了」翅膀比喻肉片，薄到沒法再薄了。但還有高人能形容出更極端的薄來：思想家莊子在一篇寓言裡曾造出一個絕妙的詞兒叫「無厚」，見於《庖丁解牛》的著名故事：對於「解牛」的生手，牛肢體淨是筋骨沒處下刀，但老於此道的庖丁卻「遊刃有餘」，他那刀刃就像失去了厚度，骨節縫兒倒顯得很寬。《莊子‧養生主》：「彼節者有間，而刀刃者無厚；以無厚入有間，恢恢乎其於遊刃必有餘地矣。」刀刃當然不會沒有厚度，「無厚」這個抽象概念表述的，正是高等數學裡的「無限小」；反過來也就有了「無限大」。

「無限小」的觀念，捉摸起來都很費腦筋，這類古怪想頭不會憑空鑽進腦袋裡。洋人的事咱們不管，中國人的「無限小」，找不出比切肉更合理的由頭。還是這位莊子，曾藉着把一根木棍分成兩半、其半再分兩半、無限重複的思路，直接談到「無限可分」的觀念，《莊子‧天下》：「一尺之棰，日取其半，萬世不竭。」

華人先進的「宇宙」觀，也是莊子認識得最深刻。「宇宙」在《莊子》裡出現了五次，《庚桑楚》、《齊物論》、《知北遊》、《讓王》、《列禦寇》五篇，晉代的郭象在《莊子注》中概括成一句：「宇者，有四方上下，而四方上下未有窮處。宙者，有古今之長，而古今之長無極。」[11]《莊子》中包含了「無限小」、「無限大」觀念發展的完整過程：從刀刃「解牛」出發，通過把木棰「日取其半」，就引入了時間；無限重複下

10/ 轉引自熊四智《食之樂》，重慶出版社，1989 年，頁 141。

11/ 轉引自張京華《莊子的宇宙定義及其現代意義》，《中州學刊》，2000 年第 4 期。

去，「空間的無限小」跟「時間的無限大」就融為一體了。這也就是前文恩格斯說的「運動進入了數學」。

你仍然會想：說華人的宇宙觀念是從切肉片來的，就算你勉強講通了，可切肉片這個動作有那麼重要嗎？好，那就再補充些材料看重要不。切薄肉片的動作，從上古就有個專門動詞叫「轟」，《禮記·少儀》：「牛與羊魚之腥，轟而切之為膾也。」洋人至今也該自歎弗如。你說老古董早被遺忘了，清代通俗小說《聊齋》裡還用過這個詞兒呢。《聊齋志異·姬生》：「乃以錢十千、酒一罎，兩雞皆轟切，陳几上。」

/// 怎樣「化為齏粉」

切肉片兒的原理，是兩次下刀之間只有很小的間距，一片片增加，相當於加法；切肉絲兒則是乘法，是一大飛躍；再次切成丁兒、末兒，更不用說了。從幾何學的角度看，相當於把「面」變成了「線」，再把「線」變成了「點」，從面到點有三個層次。原始人類頭腦簡單，缺少想像力，不大可能預先想到切了片再切絲，除非受到偶發事例的啟示。推想第一步的發明，要等到切菜絲兒來啟發，因為菜葉本來就是片（面）狀的，同樣按很小的間距來下刀，結果就成了絲（線）。從絲兒再到粒兒，同樣要等着偶然的啟發。偶然加偶然，難上加難。

但筆者相信，對於先民，菜末兒的出現反倒比菜絲兒更早。這當然是違背幾何學常理的，非有極特殊的緣由不可。這個緣由，就是中土特有的韭菜。百來種蔬菜裡唯有韭菜，葉是窄窄的近似於線狀。現今的寬葉韭菜，是拿農藥催的。切一束韭菜，一刀下去，自然就會出來一堆細末兒。

韭菜曾讓中國人的刀法超常飛躍，值得特別關注。恰好，它在中國飲食史上的地位也非常重要，可以跟粟（黍）米並列。日本權威學者說，韭菜是中國歷史最悠久，分佈最廣的蔬菜，「重要程度，日本是無法相比的」[12]。我們的祖先祭祀始祖，規定要用韭菜。《禮

////////////////////////////////////

12/ 田中靜一《中國食物事典》，中國商業出版社，1993 年，頁 72。

記・王制》:「庶人春薦韭,……韭以卵。」聶鳳喬先生認為做法是炒雞蛋[13]。歌頌美食的唐詩名句拿韭菜跟黍米飯相配。杜甫《贈衛八處士》:「夜雨剪春韭,新炊間黃粱。」請注意,幾乎所有的蔬菜都屬於草部,唯獨「韭」字特別,本身就是個部首,有獨立地位。

讀武俠小說,兩將交戰前要對罵,最狠的是「把你剁為肉醬」。肉醬今天的廚師叫「肉茸」,刀工上比切肉粒更高一級。文言點兒的演義裡,「剁成肉醬」常說「化為齏粉」。世界上根本就沒有「齏粉」這種東西。《辭源》解釋是「細粉,碎屑,喻為粉身碎骨。」最早是梁武帝在討伐敵人的檄文裡編造了這個詞兒。《梁書・武帝紀》:「一朝齏粉,孩稚無遺。」為什麼不說「剁」為齏粉?顆粒最細的醬也不是「剁」爛的,而是像吃涮羊肉蘸的韭花醬一樣,是用石臼搗爛的。「粉」字屬於「米」旁,也是用石臼搗細的。

包餃子做肉餡,得先切成肉塊再剁。《水滸傳》裡魯提轄拳打惡霸鎮關西,到肉舖裡找茬兒打架,要人親自切「臊子」二十斤。「臊子」一般辭書說是肉餡或肉末,不對,實際上是顆粒較大而規則(立方體)的細切肉丁。推想「臊子」比「齏粉」出現得更晚,是齏粉的放大。

周天子的宮廷食譜裡佔重要地位的「齏」原寫作「齊」。《周禮・天官・醢人》:「五齊、七醢、七菹。」古注:「齊,當為齏,凡醢醬所和,細切為齏。」「齊」是刀切才有的效果,「齏粉」即醃韭菜末,它的成型只需要一道工序,這會啟發我們祖先越過兩個層次,直接發明「切細末」的刀工。

/// 餡的由來:比薩餅發明權的國際官司

筆者有幸結識美國中餐業界領袖湯富翔先生,聽他講過不少「海外奇談」。他說美國中餐館的總營業額趕不上比薩餅的零頭;接着講到比薩餅發明權的一場官司。後來他寄來了一份剪報(《世界日報》,日期不詳)。大致情況是:某華人學者聲稱

/////////////////////////////////////

13/ 聶鳳喬《蔬食齋隨筆》,中國商業出版社,1983 年,頁 147。

比薩餅的前身是中國的包子或餃子，被馬可波羅傳到意大利，洋人捉摸不透餡兒怎麼弄進去的，只好敷在麵托上；又不會蒸煮光會烤，就成了比薩。還有更甚者，說「pizza」（比薩）的名字也是從漢語「餅子」（按意大利語發音讀作 pinza）來的。跟說阿拉斯加是上海話「阿啦自家」一樣是胡嗲。不料這惹惱了意大利的經營者們，就把華人告上法庭，並提出了更早的史料，說馬可波羅之前四百年，意大利那不勒斯的麵包師就發明了比薩餅[14]。結果華人敗訴。

　　湯先生感慨說華人輸在不團結上，不能合力支持研究。筆者當時就說這個題目還有研究餘地。結合麵條的歷史來看，日本學者認為「麵條不該是原產於意大利」。他說意大利的「吃麵文化」在歐洲是個「孤島」；根據十一世紀波斯學者伊本‧西那（Avicenna）的著作，意大利麵條就是中亞烏茲別克人吃的「利休塔」（細繩子），是西元 715 年波斯－唐朝戰爭中由中國俘虜傳去的[15]。然而筆者認為，更有力的理由在於餅餡的由來。

　　「餡」兒是包在皮兒裡邊的。皮有米粉、麵粉，包的是豆沙一類甜餡，更重要的是用肉和蔬菜做的鹹餡。餃子的美「味」來自肉菜調和，典型的餃子餡是豬肉加韭菜。從形體上來看，「餡」的特點是細碎。假若沒有肉食的缺乏，我們祖先不會早早發明切片的刀工；沒有韭菜切出的「虀粉」，也就沒有「丁兒」及「餡」的出現。

　　「餡」等於菜餚，按理它在觀念上的成熟該在菜餚之後。考察烹飪史，餡的產生經歷了漫長的過程。「餡」字出現得相當晚，始見於明代的《字彙》，但後來的《正字通》才給出了準確的解釋。1615 年成書的《字彙》解釋為「餅中肉餡也」，但用「餡」解釋「餡」不能算定義；到 1675 年的《正字通》才準確地說「凡米麵食物坎其中實以雜味，曰餡。」兩部書相隔的半個世紀，大約是「餡」概念的形成期間。

　　唐朝就有餃子的記載，段成式《酉陽雜俎》卷七：「籠上牢丸，湯中牢丸。」那時能沒有餡嗎？把查找範圍從字書擴大到一般記載，「餡」的出現會提早到唐朝。一首打油詩就把大活人叫做墳墓的「餡」，就像俚語「棺材瓤子」。據宋人《詩話總龜》卷

////////////////////////////////////

14/　Rosario Buonassisi. *Pizza From Its Italian Origins To The Modern Table*. Firefly Books, 2000.

15/　辻原康夫《閱讀世界美食史趣談》，世潮出版公司，2003 年，頁 15。

四十一，唐代詩僧王梵志有詩曰：「城外土饅頭，餡草在城裡。一人吃一個，莫嫌沒滋味。」打油詩愛用民間俚語。大多數美食都是先在民間流行，後來才被貴族提煉而獲得正式命名並造出新字來。「餡」當是這樣。

「餡」是從「臽」來的，「臽」又是「陷」的前身。《說文解字》：「臽，小阱也。從人在臼上。」唐朝管餃子叫「牢丸」，肉丸子包在麵皮裡，不正像陷阱裡供做肉餡的野豬嗎？名稱反映概念，概念必須精確。光有肉餡不足以抽象出「餡」概念，還有糕點裡的豆沙餡。考察古書，豆沙的古字是出現在宋朝的「䬰」。宋代字書《集韻》：「䬰，餅中豆。」「䬰」的實物記載也出現在宋朝筆記中。《東京夢華錄》卷八：「花油餅、餕䬰、沙䬰之屬。」宋朝還有個「䭼」字，是「餡」的異體，據解釋就是肉餡。《正字通》「餡，或作䭼。」《集韻》：「䭼，餅中肉。」

後來三種異體字統一為「餡」。「䬰」的「豆」旁換成「食」旁，表明「餡」概念的成熟。總括「餡」的史料可以看出：從唐到明，隨着餃子普及成為日常吃食，餡兒也獲得了規範的名稱。

馬可波羅從中國帶回了先進的烹飪技藝，這已成共識。炒菜不符合於洋人的吃法，麵條、餃子則是容易接受的美食。洋人做「大菜」，蔬菜常用整棵的，不易想到經三道手切成丁兒。

比薩餅的官司華人翻案不容易。途徑就一條：借助常理推斷來否定洋人發明的可能性。用法學語言就是「運用公理以排除僵硬法律的適用」。如果連「餡」都不可能捉摸出來，比薩餅的發明權就談不上了。這樣申述，翻案不成也落個平局，至少讓華人擺脫「無理取鬧」的尷尬。

讀者可能會提出質問：說西方人不會做餡，那香腸呢？問得好。香腸近代才傳到中國，古書裡毫無蹤跡，最早的出現是在西元前九世紀希臘荷馬的史詩中。香腸是用動物的組織、內臟及血灌進腸子而成的，至於怎麼將材料粉碎成糊狀沒有提及，當然是利用磨麵粉的石磨（西方遠早於中國）。香腸的發明像華人的蒸飯一樣神奇，這再次證實西諺——— Necessity is the mother of invention（需要是發明之母）。

/// 煉丹和烹茶：火候向時間的兩極進軍

中餐烹飪中，跟「刀口」並列而相關的技藝是「火候」，洋文沒法翻譯。《漢英詞典》裡對應的有 heating（加熱）等單詞或片語都不恰當。遊牧文化吃烤肉，不大在意用火時間長短，連「熟」的概念都沒有。粒食文化用水煮，時間短了米不熟，太長了會燒焦。牛排不熟可以「回火」，米飯燒成「夾生飯」就沒法補救了。洋人有的偏愛帶血筋的烤牛排，可華人沒人受得了夾生飯。

「火候」的「候」也當「等候」講，意思是一邊等一邊觀察。《說文解字》：「候，伺望也。」「火候」的本質在於時間。時間像根直線，「火候」有相反的兩個極端。從華人烹飪史來看，「火候」先是向長的方向發展。講個歷史故事：古代楚國宮廷政變，太子要處死楚成王。成王要求吃一頓熊掌再死，企圖拖延時間等救兵。《史記·楚世家》：「商臣以宮衛兵圍成王，成王請食熊蹯而死。」杜預注：「熊掌難熟，冀久將有外救之也。」熊掌很難煮爛，廚師朋友說用現代技術煮，少了三四個鐘點也不行。晉國就有君主嫌熊掌煮得不夠爛，把廚師殺了。《左傳·宣公二年》：「宰夫胹熊蹯不熟，殺之。」這類故事，管保洋人聞所未聞。還有更驚人的，唐朝古書記載，有位美食家宣稱：「只要火候足了，世上就沒有不能吃的東西。」段成式《酉陽雜俎》卷七記貞元年間一將軍說：「物無不堪吃，唯在火候，善均五味。」

長時間地煮，可以追溯到遠古。周朝宮廷「八珍」之一的燉全豬要三天三夜不斷火。《禮記·內則》說炮豚要「三日三夜毋絕火」。長久的「火候」能導致美味的原理，是強化水的滲透力，使頑固的肉料也能跟調料充分融合。宋代蘇東坡發明慢火燉肉，還編個《豬肉頌》的順口溜來推廣，說「待他自熟莫催他，火候足時他自美」。

筆者認為先民發明煉丹術跟烹飪直接相關，術語「火候」的出現，在烹飪中要比在煉丹中要早幾十年。烹飪的例句見上述貞元年間（785-805）的名言，煉丹的例句最早見於白居易（772—846）詩《同微之贈別郭虛舟煉師五十韻》：「心塵未淨潔，火候遂參差。」加熱往往會造成物質成分的變化。什麼都拿來加熱看能不能吃，這種實踐跟道家的長生願望一結合，就是煉丹的萌芽。科學史權威李約瑟（Joseph Needham）曾斷言中國煉丹術是現代化學的

前身[16]，晉代煉丹家葛洪提到的「九轉金丹」，燒煉時間要持續十來個日夜。《抱朴子・金丹》：「其一轉至九轉，遲速各有日數多少。」

烹飪技巧發展的相反方向是時間極端短暫。這方面的動機多是追求「口感」的適度。《呂氏春秋・本味》說商代的高廚就講究「熟而不爛」。南北朝廚藝大提高，有時要求用火短。例如熱水煠（粵語拼音：saap6）牛百葉，不等開鍋趕緊打住，才能脆而不韌。《齊民要術》卷八「羹臛法」：「用牛羊百葉……不令大沸，大熱則肕。」清代烹飪達到高峰，袁枚總結出一篇火候專論，也大談口感。《隨園食單・須知單》：「有須武火者，煎炒是也：火弱則物疲矣。有須文火者，煨煮是也；火猛則物枯矣。」

火候又有文火、武火的講究，「文火」《辭源》的例句出自唐代。詩僧皎然《對陸迅飲天目茶園寄元居士》：「文火香偏勝，寒泉味轉嘉。」「武火」俗話急火、旺火，梁實秋說「北平有句俗話『毛廚子怕旺火』。」武火不是加熱時間短，而是在短時間內讓烹飪原料獲得大熱量，很多動作要壓搶在瞬間之內完成。梁實秋描寫炒小嫩雞的文章精彩，照抄以饗讀者：「……油鍋裡爆炒，這時候要眼明手快，有時候用手翻攪都來不及，只能掂起把兒杓，把鍋裡的東西連雞連汁飛拋起來，……真是神乎其技。」[17] 兩種火候各有優長，要配合運用。《隨園食單・須知單》：「有先用武火而後用文火者，收湯之物也；性急則皮焦而裡不熟矣。」長時間加熱很容易，要時間極短則極困難，難在時間長線上的理想之點怎麼確定。梁實秋談魚翅，就強調火候的適中。《雅舍談吃・魚翅》：「火候不足則不爛，火候足又怕縮成一團。」

時間極端精確的典型是烹茶。唐代烹茶技藝達到高峰，茶聖陸羽提出了「魚目」的視覺標誌，通過密切觀察來把握水溫，當出現魚眼大小的氣泡連成一串時，立即停止加熱，稍遲就飲不得了。陸羽《茶經・五之煮》：「……其沸如魚目微有聲為一沸。緣邊如湧泉連珠為二沸。騰波鼓浪為三沸，已上水老，不可食也。」宋朝，時間控制進一步向微觀發展，又從「魚眼」精密到「蟹眼」。蘇東坡更說最理想的是蟹眼、魚眼之間。為了減小把握時機的難度，又加上了諦聽松風將起的聲音。《試院煎茶》：「蟹眼已過魚眼

////////////////////////////////////

16/　李約瑟《中國的科學與文明》第四分冊《煉丹術的發現和發明》，科學出版社，1976 年。

17/　梁實秋《梁實秋談吃》，北方文藝出版社，2006 年。

生，颼颼欲作松風鳴。」

提請注意：煉丹跟烹茶都是中華文化特有的。要說它們都是中餐烹飪的副產，也非無理由。

/// 主婦為何不如廚師？

學生食堂裡的「大鍋飯」，請烹飪大師來做也好吃不了。大師不能叫「做飯」，得說「掌勺」。梁實秋說炒小嫩雞來不及翻攪，得把整鍋東西「飛拋起來」，可食堂「炊事員」是拿鏟土的大鐵鍬來翻攪的，那還算「炒」嗎？

上邊說「火候」的本質在於時間。但「時間」一會兒也不能脫離空間，沒法孤立地考察。同理，談論「火候」永遠得結合着加熱物件的具體狀況，那就脫不開它的空間形態。

「火候」有溫度高低、時間長短兩大要素，一般說來，火力小而時間長，跟火力大而時間短，可以大致一樣。比方說著名的閩菜「佛跳牆」，傳說最早是廟裡的和尚用蠟燭的小火苗燉出來的。梁實秋《雅舍談吃·佛跳牆》說：「有老和尚忍耐不住想吃葷腥，暗中買了豬肉運入僧房，乘大眾入睡之後，……取佛堂燃剩之蠟燭頭……於釜下燒之。」然而在烹飪的操作中問題要複雜得多。實際上火候跟空間也大有關係。下邊就着兩個實例，實際分析其中的道理。

蘇東坡介紹慢火燉肉，在「火候足時他自美」前面，還要求把火焰覆蓋起來，好減少火力。《豬肉頌》：「淨洗鐺，少着水。柴頭罨煙焰不起。……」還有加大火力的實例：有個著名的掌故說，要想把難爛的老烏龜煮熟，訣竅是拿火力最強的桑木當燃料。白居易的詩《雜感》裡用過這個典故：「老龜烹不爛，延禍及枯桑。」分析起來，其實兩個實例都涉及了空間要素：把火焰掩蓋起來不讓它升騰，火的形態屬於空間；桑木燃料質地緻密，那是「單位體積中的重量」較大，燃料的體積也屬於空間。

「火候」跟空間的相關，最最重要的是鍋中之油的總熱量。分析起來太費腦筋，也藉着實例來講吧：部隊的長官都要吃「小灶」，小灶味美，蘇東坡早就發現了。

《雨後行菜圃》：「誰能視火候，小灶當自理。」道理呢他沒說。袁枚的話倒沾點邊兒。爆炒嫩雞之類，他說必須用武火，否則就失去嫩脆的口感。《隨園食單·須知單》：「火弱則物疲矣。」前邊分析過：炒的鐵律是「火」始終要壓倒「水」。「火」蘊積在熱油中，不僅在於油的高溫，更在於油的體積。油的溫度乘以體積，就是熱量。熱量夠不夠炒的要求，是跟被炒的肉、菜的體積相對而言的。若是油只有一勺底，要炒的菜卻有大半勺那麼多，就算把油燒到冒煙，「水」也必然把「火」澆滅。

袁枚特別強調烹調佳餚要用小灶。他說若嫌量少不夠吃，寧可再炒一鍋。《隨園食單·須知單》：「煎炒之物，多則火力不透，肉亦不鬆。故用肉不得過半斤，用雞、魚不得過六兩。或問：食之不足，如何？曰：俟食畢後另炒可也。」同書《羽族單》一節裡談炒雞片時又說：「須用極旺之火炒，一盤不過四兩，火氣才透。」至於道理，他只講對了半句。他提到「火力」是對的，說「不透」就太不準確了。

家庭主婦裡不乏烹飪高手，廚師的新招兒往往是跟她們學來的。然而有的菜餚，主婦們做的怎麼也沒有廚師的好吃。太太們常不服氣，她們也不想想，館子裡吃的燒肉都紅透了，人家用一鍋熱油炸一條魚，你比得了嗎？現在說點理論就好懂了：雖說「火候」的本質在於時間，但同時還跟容器裡被加熱之物的形態相關，那就是空間要素了。

// 用時空轉換分析美食的宏觀法則

/// 「錯而不亂」則美

　　提起吃宴席，常說「山珍海錯」。你說是「山珍海味」用「錯」了？你才錯了呢。成語詞典只有「山珍海錯」，出處是唐詩。韋應物《長安道詩》：「山珍海錯棄藩籬，烹犢羊羔如折葵。」現代例句是聞一多的文章：「調補劑不一定像山珍海錯那樣適味可口。」[1]「海錯」是形容海鮮的品類繁多。海味從明朝開始大為講究，有個在福建當官的學者寫過一本專著，題目就叫《閩中海錯疏》。其中介紹的海鮮，光《鱗部》（魚類）就有 167 種。

　　山珍海錯，「錯」跟「珍」一樣寶貴而美好。「錯」字意為文飾、美化，《史記·趙世家》「文身」跟「錯臂」並提，另一意思是「錯雜」，即錯落有致不單調，這屬於美學原理。魯迅講得好：「凡所謂文，必相錯綜，錯而不亂，亦近麗爾之象。」[2]這句前邊還引《周易·繫辭下》：「物相雜，故曰文。」《說文解字》：「文，錯畫也。」《魯迅全集》注釋引《駢雅·釋詁下》：「麗爾，華縟也。」

　　「錯落有致」之美可以表現在空間、時間兩個方面，運用到美食上也是如此。

　　從單純的空間方面來分析：中餐的錯雜之美，表現在一桌菜餚的「畫面」上，就是追求豐盛。先秦時代，富貴之家進餐就講究「食前方丈」，一丈見方的案面得擺滿菜餚（《孟子·盡心下》）。南宋奸臣張俊設家宴巴結高宗皇帝，保存下來的菜單

1/　聞一多《鄧以蟄〈詩與歷史〉題記》，鄧以蟄《鄧以蟄全集》附錄，安徽教育出版社，1998 年。
2/　魯迅《漢文學史綱要》，《魯迅全集》第九卷，人民文學出版社，1980 年。

《高宗幸張府節次略》篇幅長達一千多字，菜餚光「下酒」一項就有三十碟（吳自牧《夢粱錄》卷九）。古代文化重心在北方，不懂欣賞海鮮。有個老詞兒叫「水陸」，字面看不出來指的是吃食。《辭源》的解釋是「指水陸所產的食物」。古人描寫盛宴，常說「水陸齊備」、「水陸畢陳」。明代高濂《飲饌服食箋·序古諸論》：「水陸畢備，異品珍饈。」明代洪楩《清平山堂話本·西湖三塔記》：「⋯⋯安排酒來，少頃，水陸畢陳。」「水陸」概括一切美味的動植物。明代，東南種種海鮮登上宴席，「山珍海錯」一詞流行，「水陸」隨之消失。一桌的「錯雜」，還有反面的要求，就是避免雷同。炒肉絲配加的是黃瓜，炒蝦仁就得改配芹菜。

時間上，最重要的是中餐本質的飯菜交替入口，交替頻繁而間隔短暫。滿桌的菜餚，也不能同時擺滿，上菜要分幾「道」，講究時間節律。一周的菜譜變換，是時間尺度的放大，不管家庭或集體食堂，安排上都要追求變化、避免雷同。華人受不了西餐，原因之一是天天老一套。南方「主食」光有米，就在「副食」上變化。北方窮鄉百姓也不甘於頓頓窩頭鹹菜，於是盼着一頓麵條、餃子。窮光蛋吃不起白麵肉餡，也要代之以玉米麵野菜餡的蒸「菜團子」。

時空兩方面，菜餚花色的錯雜，都追求差異的最大化。就像漢語獨有的「對仗」文體，上下聯的「意象」差異越遠越好，「山珍」、「海錯」實際上就是理想的對仗標本，用在宴席設計上也一樣。假定只點四種菜餚，最好的搭配應該是天上的珍禽、林中的奇獸、深山的老菌、遠海的鮮貝。

/// 黃瓜味兒怎麼差遠了

黃瓜有凜冽的清香。但常聽老人抱怨：改良品種把黃瓜味兒弄沒了；又聽一位農業專家說沒那事兒。吃透了飲食之「道」才悟出：黃瓜「變味兒」，主要原因其實是人們違背了孔夫子「不時不食」的原則。

古書的注釋說，「不時不食」指的是一日三餐得有一定的時間。孔穎達《論語注疏·鄉黨》：「不時不食者，謂非朝、夕、日中時也。」筆者認為那樣理解太狹義，辜負了聖人的深

意。如今不管研究《論語》的還是研究飲食的，都把「時」解釋成「時令」，也叫「時序」。就是說，人們吃動物、植物，都要符合它們各自生長的時序。

華人都熟悉兩首古詩的名句：「西塞山前白鷺飛，桃花流水鱖魚肥。」（唐代張志和《漁歌子》）「……春江水暖鴨先知。……正是河豚欲上時。」（宋代蘇東坡《春江晚景》）。兩詩都涉及美味跟時序的關係。吃鱖魚要趁桃花凋落的時節；吃河豚要更早些，正當江水將要變暖之時。換句話說，要品嚐地道的美味，錯過那幾天，就得再饞它整一年了。

吃鱖魚、河豚，江邊的人才有那口福。節令吃食，人們最熟悉的是蔬菜。談吃的文章常提到一句俗話：「韭菜黃瓜兩頭鮮」。兩頭，指的是春天和秋天。最典型的是中國原產的韭菜。杜甫有名句：「夜雨剪春韭，新炊間黃粱。」（《贈衛八處士》）早春韭菜的味美是自古出名的。南北朝有個姓周的將軍是美食家，皇太子問他什麼菜最好吃？他回答說：早春的韭菜，晚秋的白菜。《南齊書·周顒傳》：「文惠太子問顒：『菜食何味最勝？』顒曰：『春初早韭，秋末晚菘。』」晚秋的韭菜也很講究，民諺說「八月韭，佛開口」。同樣是韭菜，夏天就變得不是味兒也不值錢了。民諺說「六月韭，臭死狗」、「六月韭，驢不瞅」[3]。

你說黃瓜可不像韭菜那麼愛變味兒，說明「不時不食」的原則也有失靈的時候？不然。黃瓜原名「胡瓜」，因忌「胡」而改名。其色純綠卻叫「黃瓜」，是因為起先人們是在它成熟發黃時才摘食的，後來才發現嫩綠時吃清香最濃。人們追求美味發展成獵奇了，摘黃瓜的時間不斷提前，甚至早到二月間。唐朝皇上就追求這種口福，有唐詩為證。王建《宮前早春》：「內園（宮廷菜園）分得溫湯水，二月中旬已進瓜。」明清的書談論宮廷生活，引了那句唐詩，記載了嫩黃瓜驚人的高價。明代《帝京景物略》：「元旦進椿芽、黃瓜，……一芽一瓜，幾半千錢。」清初的《北遊錄》說：「三月末，王瓜不二寸，輒千錢。」[4] 其實黃瓜沒長大到當「食」之「時」，清香味兒尚未形成呢。

黃瓜味美價高，這又催着現代園藝家不斷培育高產品種，當代的產量直逼「畝

3/　轉引自聶鳳喬《蔬食齋隨筆》，中國商業出版社，1983 年，頁 147、148。

4/　同上注，頁 83。

產萬斤」。產量 3,500 公斤／畝已很常見。上市最多的時候，黃瓜往往成了「處理品」，貪便宜的花一塊錢買一大堆，熬成大鍋菜，全家一頓吃不完。俗話說「美物不可多用」，多到這份兒上誰都膩味。有味的東西連續吃得過多，會造成「吃傷了」的效果。「吃傷了」屬於普遍體驗，它的原理，應該屬於「味覺疲勞」的嚴重化。

老人記憶中的舊時，吃黃瓜機會很少，間隔很長，所以新鮮感很強烈。

/// 韭黃和粽子：時序的超越與遵奉

春天韭菜清香，夏天變為濁臭。人們幻想：能再提早吃上冬天的嫩韭菜不更好嗎。「饞」的巨大動力可以創造種種奇跡，經過長久的摸索，那個幻想實現了，出現了「韭黃」。讓蔬菜提前長成，要靠溫室。將近兩千年前，正史裡就留下了「溫室」技術的記載。

漢朝有個官員，在地方上就留意農學，調到朝廷，見到御菜園上有頂棚，裡邊燒火升溫，冬天就能生長出菜來。《漢書・召信臣傳》：「太官園種冬生蔥韭菜茹，覆以房廡，晝夜然薀火，待溫氣乃生。」用今天的術語說，就是「反季節蔬菜」。漢代剛確立了以儒家學說為官方意識形態，這位官員是理論水準很高的「原教旨主義者」。他相信人為地打亂天時，涉嫌大逆不道，便上書要求取消溫室。這當然只能收斂一時。後漢一位皇后還曾下詔重申。《後漢書・皇后紀上・和熹鄧皇后》：「凡供薦新味，多非其節。或鬱養強孰……豈所以順時育物乎！」韭黃屢禁不只，溫室技術到唐朝也普及了。唐太宗視察路過某地，地方官就能隨時拿出這種蔬菜來敬奉他。《資治通鑑》卷一九八：「過易州境，司馬陳元璹使民於地室蓄火種蔬而進之。」後世連民間也有了吃韭黃的口福。南宋陸游《蔬食戲書》：「新津韭黃天下無，色如鵝黃三尺餘。」

從時間範疇來說，溫室蔬菜能改變大自然的時序，延長美味的享用。韭黃，是突破「時序」的值得肯定的一例。然而有的情況下，「時序」的突破反而有害於美味的享用。可以拿粽子作典型。

吃東西講究「應時到節」自古就是華人的習俗。有一類美食就叫「歲時食

品」，也叫「節令食品」，包括正月十五（古稱「上元節」）的湯圓、清明節的春餅、端午節的粽子、八月節的月餅等類。粽子在歲時食品中歷史比較久，包含的文化資訊也最豐厚。據周處《風土記》，三國時代端午節就吃「角黍」，據吳鈞《續齊諧記》，南北朝時代又把吃粽子跟紀念先秦投江自殺的詩人屈原聯繫起來。從美食的角度來看，粽子帶着粘米的口感和蘆葉的清香，也最有風味特色。

歲時食品的共同特點，是等一年才嘗一次。到了現代，市場經濟發達，加上保鮮技術進步，「歲時」食品變成了「隨時」食品，同時令昔日的風味減色。這是必然的，道理如前所說，味的感受力跟時間有密切關係，時間間隔越長，感覺越敏銳。節令食品並沒有特別突出的味道，之所以印象深刻，全憑一整年的期待。

歲時食品的味道還有個原理，就是文化內涵的心理作用。「味」的概念經過「泛化」，融入了文化心理的微妙因素。吃粽子就懷念屈原，精神的感動會讓物質的味感更加綿長。早點市場上的粽子跟歲時文化毫無關聯，「味」兒也顯得更加單薄了。所以，為了重溫傳統味道，吃歲時食品還是要提倡固守習俗。現代人會認為守時一天不差即屬迷信，不想今年延後一天等於明年提前一天，精確地看，對節令食品審美的「時間間隔效應」多少還是有所妨害。

/// 時空轉換：移步換景的動態美

愛惜光陰，古語說「惜寸陰」，用空間表示時間，說明「時空轉換」是普通的觀念。這種轉換在藝術上才會得到真切的體現，理解起來也像欣賞藝術品一樣輕鬆。

中華文化中，跟烹調一樣特色突出、同屬於綜合藝術的，還有園林藝術。它成熟的高峰也跟烹飪、京劇差不多，也在明末清初。以計成的經典專著《園冶》為標誌，問世於崇禎七年（1634）。在天空中的飛鳥眼裡，巴黎的凡爾賽宮活像一幅圖畫，整齊明快；再看蘇州的拙政園完全相反，簡直一團烏煙瘴氣。可是在身臨其境的遊人眼裡，拙政園更有看頭，更有魅力。中華園林極力突出的就是「錯落」，甚至追求

「移步換景」。也常寫作「步移景異」。本來認為這是古人的成語，但卻找不到出處。《園冶》一書裡也沒有。它常用在中西園林對比中，猜想是現代園林學家陳從周先生的詞兒。他著有《蘇州園林》，曾往美國教授中國建築史，並主持仿造中式園林。精巧的格局，讓遊人處處陶醉於「曲徑通幽」，時時驚歎於「別有洞天」。相比之下，幾何圖形的「一目了然」讓人覺得興味寡然。

神秘的園林，用「時空範疇」的透鏡能一眼看透：「移步」需要時間，「換景」是換了空間。美術光佔空間，音樂和戲劇沒有時間不行。於是會聯想到前邊講過的藝術原理：「甘受和，白受彩。」空間中的彩畫跟白地，像凡爾賽宮同樣一目了然；中餐菜餚美味的欣賞，則要像「移步」一樣必須借助「吃」的動作，所以離不開時間。米飯的反襯，是用時間的間隔來加強味的效應。

中餐菜餚的設計，要充分運用時空轉換的原理。這種感受，美食家太熟悉了，滿肚子都是。比方說饞人津津樂道的「外焦裡嫩」。這本是中餐菜餚的特色，但梁實秋先生誇西餐「煎牛排」時也用上了。《雅舍談吃·憶青島》：「厚厚大大的一塊牛排，煎的外焦裡嫩，……」洋人自己吃煎牛排，也難得有這樣的認識和描述。從「外」說到「裡」，這就交代出了「時空轉換」的實質。

筆者在忝為烹調大賽特邀評委時，聽大師們誇過天津菜風味菜餚「獨麵筋」的傳統高招，有「外口甜，裡口鹹」之說，秘訣在於「起鍋」之前再往勺裡加點白糖，一進嘴先是略微感到甜絲絲的，嚼起來很快又變成鹹味了。

外焦裡嫩，雖說不過瞬間，實際上卻有被加長了的錯覺。從微觀上分析，咀嚼是個破碎與攪拌的過程，「外」和「裡」的大小碎片的空間形態，以及它們的相對位置，都經歷着千變萬化，隨着這些變化，不同的味道也不斷釋放出來，混合交融，帶來器官感覺的千般旖旎、萬種風情。

筆者重寫此書的 2011 年，得知「園林風景學」剛剛獲得「一級學科」的地位，這真讓「飲食文化」的研究者羨慕不已。中華園林藝術早在前世紀就已被西方實際接受，她的榮寵，總是跟她的更空間、更直露有關。

/// 蓋澆飯現吃現澆，蘸拌夾盡皆烹調

筆者說「飯菜交替」是中餐的本質特色，一次電視主持人在事先交流中突然問道：「揚州炒飯呢？」筆者稍加思考後回答說，那也得用純淡的米飯，跟印度人的米肉同煮鹹飯一樣嗎？

周代宮廷「八珍」之一還有蓋澆飯，《禮記·內則》有「淳熬」，注疏說做法是做好肉末炸醬澆在糯米飯上，有個前提是現吃現澆，若是提前半天把菜澆到飯上，那味兒就毀了。道理是吃到嘴裡邊咀嚼邊攪拌，在「時空變幻」中盡顯「移步換景」之妙。

中餐之美來自烹調技法的變化無窮，蓋澆飯的「澆」也可以看做烹調技法。你說拿勺子一淋就算？凡是按照一定的吃法能吃得更美的，那「吃法」本身就是烹調手段的延長。這類吃法可以列出不少，共同特點是故意避免提早把調料跟食料混合，直拖到臨吃的時候，讓預期的「味道」進入口腔後才能形成，並在咀嚼中不斷變幻。

【拌】典型的是人人愛吃的「拌黃瓜」，俗稱也叫「拍黃瓜」，要先拿菜刀把側面拍碎再切片，加上蒜泥、醬油、醋來拌。「拍」的工序為使材料結構鬆散、邊緣參差，醬醋容易浸進去。若是提前拌，就成醃黃瓜了。拌黃瓜的吃頭在於裡邊的瓜是本味的，嚼起來陣陣清香鑽鼻入腦。「烹調的本質就是食料跟調料相互作用」，拌法完全符合這個定義。

拌法可以看成烹調進步的產物，其流行要晚到宋朝。隱士追求口味清新，偏愛拌菜，最早的例子就出現在他們的食譜《山家清供》中。例如筍、香菇等三樣嫩菜合拌，名曰「山家三脆」：「嫩筍、小蕈、枸杞頭，入鹽湯焯熟，同香熟油、胡椒、鹽各少許，醬油、滴醋拌食。」

【蘸】比「拌」更「先進」的吃法是「蘸」。食料都夾到筷子上了還沒接觸調料，直拖到入口之前一秒鐘，讓食料跟調料在嘴裡交匯，或者說拿口腔當炒勺，讓烹調在口中完成。蘸八成也是宋朝隱士創新的吃法。《山家清供》裡有一款美食叫「藍田玉」，就是蒸葫蘆蘸醬吃。「用瓢一二枚，去皮毛，截作二寸方，蒸爛，以醬食之。」注意

不說「蘸」醬而說「以」醬，是因為太超前了；「蘸」字到宋朝字書裡才有，意思是讓物體沒到水裡。顧野王《玉篇》：「蘸，以物內水中。」及物動詞的「蘸」，例句是明朝畫家徐渭說的用筆蘸墨。徐渭《葡萄詩》：「尚有舊時書禿筆，偶將蘸墨畫葡萄。」用在吃上的「蘸」大概是近代才流行的。筆者翻閱談吃的名著，找到最早的例句竟在現代美食家、清廷貴族唐魯孫的書中。說清宮裡「吃祭肉不准蘸醬油」[5]。

　　按字典解釋，被「蘸」之物限於流體，《中文大字典》：「蘸，以物沾水或糊狀的東西」，可人們吃年糕要「蘸」糖、吃炸裡脊要「蘸」椒鹽。花椒焙焦，壓碎跟鹽混合而成。「蘸」的吃法還在發展中。

　　【夾（卷）】把調和的發生推遲到極限的是夾法，典型是天津大餅夾煎雞蛋，夾進餅層裡咬一口嚼一口。筆者曾論證為「天津人的一大發明」[6]，其特點是像米飯一樣全淡。明代朱彝尊在《食憲鴻秘》中稱之為「北方代飯餅」。西餐的「三明治」就是夾法，朱自清說過，英國人喝茶時還吃「生豌豆苗夾麵包」[7]。既然西餐連飯、菜的觀念都沒有，洋人就談不上領悟「夾」法之妙，有跟沒有一樣。

　　「卷」法跟「夾」是一類，也可說是一回事，只是多個動作。「卷」的多是細碎或帶湯汁的，唐魯孫曾把夾、卷連用於薄餅夾帶汁肉。「紅燒牛肉，夾兩塊卷在餅裡，一邊吃一邊吸，能讓牛肉汁不流出來。」[8]

/// 時空大跨度：菜系與仿古菜

　　說到各國菜餚，洋人只知道有兩個層次：法國菜、中國菜等等以國家分類；再就是宮保雞丁、鵝肝醬之類具體菜式，哪裡知道中餐裡其間還隔着一大層次，就是所謂「菜系」。

5/　唐魯孫《天下味》，廣西師範大學出版社，2004 年，頁 44。
6/　高成鳶《飲食之道──中國飲食文化的理路思考》，山東畫報出版社，2008 年，頁 190。
7/　朱自清《歐遊雜記‧倫敦雜記》，東方出版社，2006 年。
8/　唐魯孫《唐魯孫談吃》，廣西師範大學出版社，2004 年，頁 33。

　　一般食客常說中餐有「四大菜系」：魯、淮揚、川、粵，還以為「菜系」跟中餐一樣古老，實際上是 1950 年代才流行的。第一本《中國烹飪概論》作者陶文台說，「中國古無菜系之說，但稱『幫口』」[9]。還說：「菜系之說始本世紀五十年代，一位商業部長在接見外國代表團時最早提到。」後來「八大菜系」之說甚囂塵上，繼而形成爭奪「菜系」的局面。陶先生主張稱為「風味流派」，說「中國烹飪的地方風味特色是客觀存在」。

　　用學術名詞來說，「菜系」屬於地域文化，本質在於空間的差異。俗話說「一方水土養一方人」，地域廣大了，氣候、物產等才會有明顯差異，造成人文特色，若叫「系」就應該統屬更低的層次。例如魯菜就包括內陸的濟南風味跟沿海的煙台風味。

　　地域影響飲食，最重要的是通過特產。螃蟹是國人公認的美味，可是宋朝學者沈括講過，陝西人卻把這種「怪物」掛在門外嚇唬病魔，還說連鬼都不認識（《夢溪筆談》）。粵菜特色四個字：生猛海鮮。北方小女孩看見蛇會嚇得昏死過去，敢吃嗎？廣東山野裡到處是蟒蛇，按中國人「兩條腿的不吃爹娘」的食性，不吃上癮來才怪呢。

　　「風味」跟「風俗」相近，俗話說「十里不同風，百里不同俗」。《晏子春秋‧內篇‧問上第三》：「百里而異習，千里而殊俗。」後來越說越近。這是認識到空間距離對「地域文化」的影響。距離是「不均勻」的，其實山川的阻隔、河流的溝通，才是影響地域文化的要素。最明顯的是淮揚菜，淮安在淮河下游，揚州在長江邊上，由於有交通命脈大運河才匯合成同一風味。

　　時間對「菜系」的影響，似乎沒有空間那麼明顯，但尺度放大點就能看得很清楚。「四大菜系」本身就有時間的先後。魯菜的歷史最悠久，因為是中原飲食文化的結晶。齊、魯是春秋時代的文化中心，直到明清，魯菜成為宮廷菜的主體。川菜資格也夠老。可以追溯到漢代揚雄的《蜀都賦》，晉代《華陽國志‧蜀志》就說當地形成了「尚滋味」、「好辛香」的食俗，筆者的好友熊四智先生考據最詳[10]。淮揚菜跟時間的關係更明顯，大運河通航的隋

9/　陶文台《中國烹飪概論》，中國商業出版社，1988 年，頁 221。

10/　熊四智《舉箸醉杯思吾蜀》，四川人民出版社，2002 年，頁 6。

代以前，是不可能形成的。粵菜，要到近代隨着華僑流傳海外，才名聲大振。

　　地方風味突出的是空間性。還有時間性突出的，就是所謂「仿古菜」了，例如「孔府菜」、「仿唐菜」、「紅樓宴」等。仿古的前提是知古，「一般以歷史研究、檔案材料、古代名著等記述和文物資料為依據」[11]，所以仿古菜只能是飲食文化研究開拓的副產品。事實上仿古菜餚的幾位設計者正是開拓者本身。恰好幾位開拓者都是筆者的友人。「仿唐菜」是西安的王子輝先生開創的，還有專著[12]；「紅樓宴」，由周穎南先生成功實施紅學家胡文彬的創意，周先生是新加坡的作家兼企業家，世界中國烹飪聯合會第一屆副會長，在新加坡大擺「紅樓宴」，把電視片《紅樓夢》劇組的美女們請去助興，轟動東南亞。

　　比仿古菜時間尺度短的也有，例如老華僑回鄉，藉着鄉土吃法「憶兒時」。大陸「文化大革命」中常見的「憶苦飯」也突出了時間性，令人作嘔的醜事，不說也罷。

11/ 中國烹飪百科全書編委會《中國烹飪百科全書》，大百科全書出版社，1992 年，頁 145。
12/ 王子輝《仿唐菜點》，西安科技出版社，1987 年。

// 時空大舞台：美食運動的宏觀方向

/// 茶文化：中餐演進歷程的剪影

　　茶的高雅境界是「禪茶一味」，深入捉摸，沒有中餐的特殊背景，就不會有茶的講究。茶似乎無關於吃，卻是飲食的靈魂。講茶的書數以千計，再贅言會近於無聊。但筆者發現，茶的歷史對本書有鮮明的參照作用，像神奇的藥劑，能使中華飲食文化混雜的沸鼎頓時變得澄澈。本篇的取材，大多不出友人趙榮光先生的專著[1]。

　　茶最初跟「荼」（苦菜）同類，連名稱也是混同的。《爾雅·釋木》：「檟，苦荼。」郭璞注：「可煮作羹飲。今呼早采者為茶。」中唐以前，茶都是採來就烹成菜湯。唐人皮日休《茶中雜詠並序》：「必渾以烹之，與夫瀹蔬而啜者無異也。」趙榮光先生考訂「茶」字出現約在唐朝元和年間（806-820），這標誌着茶從食物中獨立出來，但此後長久還殘存着跟食物不分的習慣，喝茶得說「吃茶」。周作人有篇隨筆就叫《吃茶》[2]。宋朝北方人還要攙上鹽、乳酪、花椒、薑之類的調料。蘇轍《和子瞻煎茶》：「北方俚人茗飲無不有，鹽酪椒薑誇滿口。」詩裡說「北方」，可見南方人喝茶已經有了新口味。

　　宋代美食家蘇東坡提出的主張值得注意：烹茶不宜加鹽。《東坡志林》卷十：「茶之中等者，若用薑煎，信佳也。鹽則不可。」到了他的學生黃庭堅，茶風沿着清淡的方向進一步演變：他激烈地反對加鹽，比喻成引進竊賊來耗失家財，《煎茶賦》說加鹽是「勾賊破

1/　趙榮光《中國飲食文化史》，上海人民出版社，2006 年，頁 157-211。

2/　周作人《知堂集外文·四九年以後》，嶽麓書社，1988 年。

家，滑竅走水」，「滑竅」可以理解為妨害感官對茶香的品味，又提出煎茶忌用「雞蘇與胡麻」。胡麻是香油的原料；雞蘇是有香氣的草藥，是烹雞的調料。《本草綱目·草三·水蘇》：「其葉辛香，可以煮雞。」水蘇即雞蘇。鹽的鹹味屬於舌感的味覺；香油、煮雞調料屬於筆者發現的「倒流嗅覺」。鹹味及油香的祛除，使茶的微弱倒味得以顯露。茶的崇尚清淡能顯示品味感官的精粹化。

　　飲食文化史上很早就形成「美食運動」，追求「味」的濃度及多樣性；物極必反，相反傾向很早就有顯露。戰國時代的道家就表現出對清淡的崇尚。《呂氏春秋》（屬雜家，亦含道家觀點）的《本生》篇就說：「肥肉厚酒，務以相強，命之曰爛腸之食。」起先這只是個人口味。隋代大運河通航，唐宋時代淮揚菜崛起，美食運動的轉折具有社會規模，表現為整個「菜系」風味的「清淡」趨向。淮揚菜「清蒸魚」在魯菜「紅燒魚」背景上的興起就是典型表現。可見唐代茶風的演變，可以看做菜餚風味轉變的標誌。

　　從唐代，前衛美食家就對油脂的負面作用開始有選擇地排斥。根據宋代筆記記載的唐代飲食史料，有美食家講究餛飩湯不帶油星，可以澆硯研墨。《清異錄·饌羞門》記「建康七妙」說：「餛飩湯可注硯，餅可映字。」唐人留下的一則記載更是既有趣味、又有意味：姓蕭的府上有一種名吃，居然敢向烹調領域裡的難題提出驚人的挑戰：高湯裡的油脂祛除得如此徹底，竟然標榜餛飩湯可以瀹茶！《酉陽雜俎》卷七：「今衣冠家名食，有蕭家餛飩，瀘去湯肥，可以瀹茗。」讓人想到現代的《雅舍談吃》說的「獅子頭」（淮揚菜）「碗裡不見一滴油」。

　　美食運動總是由宮廷及豪富之家主導的，袁枚早就指出「富貴之人，嗜素甚於嗜葷。」（《隨園食單·雜素菜單》）品茶風尚的進化，完全符合美食運動的這個規律。儘管宋代上層飲茶已經不再濫摻別物，小說《金瓶梅》反映的明代市井之徒，茶裡還是像開了雜貨舖。《金瓶梅》的描寫就有鹽筍玫瑰香茶、芫荽芝麻茶、澄鹵瓜仁泡茶、夾春不老茶……。

　　美食運動的高級階段反對過度加工，追求的是食料的「真味」。《養小錄》的序說：「烹飪燔炙，畢聚辛酸，已失本然之味矣。本然者淡也，淡則真。」突出代表是南宋隱士的食譜《山家清供》。飲茶也追求真味。明代文人屠隆《考槃餘事·擇果》：「茶有真香、有真

味……不宜以珍果香草奪之。」

　　比美食運動更進一步，主導茶風的超出富貴者，是更高層的雅士、高僧。不僅茶的品類及水質要求精嚴，量也變得精微化。《紅樓夢》裡的尼庵論茶，有著名的「飲驢」之說，對俗人給予無情的嘲笑。《紅樓夢》四十一回：「妙玉譏笑寶玉說：『豈不聞一杯為品，二杯即是解渴，三杯便是飲驢』？」

/// 西北的羊 → 東南的魚：「水潦歸焉」向海洋

　　中餐經過漫長而曲折的發展，要想看出整個輪廓，就得「放寬歷史的視界」。借用美國史學家黃仁宇名著的題目[3]。因此筆者提出「時空大舞台」之說。

　　華夏先民篤信「天圓地方」（朱熹《周易本義》），方的該是平的，但中國地形卻是西北高東南低，為自圓其說，遂有「女媧補天」的神話。傳說水神共工曾跟顓頊決鬥，共工一頭撞折了擎天柱，導致中國地勢西北高亢而東南陷進海裡，決定了大陸水流的宏觀方向。《淮南子‧天文訓》：「昔者共工與顓頊爭為帝，怒而觸不周之山。天柱折，地維絕。天傾西北，故日月星辰移焉；地不滿東南，故水潦塵埃歸焉。」

　　漢文化的重心也像流水一樣轉移；飲食是文化的基礎，所以美食運動也循着大方向：從西北向東南移動。水火對立，水趨向東南，火自然歸屬西北。五行中的「水」、「火」符號，代表跟水、火相近的一切，也有不同的食物分別代表水、火。「水性」的食物是水族之長的「魚」，「火性」食物得用中醫的眼光看。《本草綱目‧獸部》說羊肉「大熱」，民間都知道羊肉要冬天吃才不「上火」。羊的習性也跟水對立，《本草綱目‧獸一‧羊》：「在畜屬火……其性惡濕喜燥」。《齊民要術》卷六強調養羊「唯遠水為良」，被稱為「火獸」。

　　民間迷信「拆字」，認為魚羊合烹，其味最「鮮」。對於粟食的中原先民，魚類總算肉食；古民謠說，洛、伊兩河裡的魚跟牛羊肉一樣珍貴。北魏《洛陽伽藍記‧城

/////////////////////////////////

3/　黃仁宇《放寬歷史的視界》，中國社會科學出版社，1998年。

南》：「洛鯉伊魴，貴似牛羊。」跟粟飯藿羹比，魚屬於美味，先秦孟嘗君奉養的一位奇士曾為「食無魚」而大發牢騷。《戰國策·齊策四》「馮諼客孟嘗君」。羊更是公認的珍饈。豬，家家能用穀糠養；羊因為沒有草場而缺少飼料，所以羊肉珍貴。

筆者認為「魚＋羊」的真正象徵意義，在於遊牧、農耕兩種飲食文化的交匯。這發生在南北朝時代，那時西北「諸胡」大舉侵入中原。羊肉是遊牧民族的主食，中原漢人羨慕人家的口福。另一方面，隨着人口繁生而水產資源有限，魚鱉之「鮮」日益成為人們的嚮往。後來魚跟羊肉在北魏的首都洛陽隆重會見，食料上的「水火相濟」加上從西域引進油料帶來技法方面的「水火相濟」，共同標誌着「中華美食運動」在「時空大舞台」上正式啟動。

南北朝中原城市胡漢雜處，兩種飲食文化的交融大舉進行。《洛陽伽藍記》記載，南朝高官王肅投奔北魏，起先吃不下羊肉牛奶，頓頓鯽魚羹就飯，時時喝茶。北朝皇帝問他：羊肉比魚羹、牛奶比茶水，哪樣更好？他委婉地答說：旱地產的，最美味的是羊；水產品裡最重要的是魚，兩樣都是珍味。《洛陽伽藍記·城南》：「肅初入國，不食羊肉及酪漿等物，常飯鯽魚羹，渴飲茗汁……經數年已後，肅與高祖殿會，食羊肉酪粥甚多。高祖怪之，謂肅曰：『……羊肉何如魚羹，茗飲何如酪漿？』肅對曰：『羊者陸產之最，魚者水族之長，所好不同，並各稱珍。』」

稍一捉摸就會想到，羊跟魚不該並列。羊只是獸類的一種，魚卻是個總類名，常吃的也有幾十種。北魏人光提羊，因為只有羊可吃。鹿也是美味，但不能批量供應。而傳統上由魚代表的「水族」更有魚蝦蟹鱉等無數品類，包括貝類美味「西施舌」、江瑤柱等。所以，單憑對口味多樣性的追求，早就足以決定美食運動推進的東南方向。單說魚類，晉代的長江下游肯定要壓倒漢代的黃河中游，「鱸膾蓴羹」的著名掌故就是明證。《晉書·張翰傳》說，東晉時蘇州人張翰在洛陽當大官，一陣乾燥的秋風讓他饞極了水汽充盈的鱸魚膾（外加蓴菜羹），竟毅然辭官回了老家。何況更有鰣魚、河豚，都是值得用生命換取的美味。

「海鮮」的價值高過江湖水產，能印證美食運動的東南取向。另一方面，「鮮」味必須借鹹味才能呈現，川菜高廚堅信井鹽鮮過海鹽，地下千米的鹵水遠深過海

水，恰好能逆向印證「海低於河」體現的鮮味之高下。

歷史記載中，南朝宋明帝最早對海味着迷，他酷嗜的「鮧鮬」，可算海鮮的代表。沈括《夢溪筆談》卷二十四：宋明帝「好食蜜漬鮧，一食數升。」鮧鮬即烏賊腸，一說是醃河豚精子。河豚實屬海洋動物。隋煬帝則成了海陸兩珍結合的典型。他酷嗜海鮮，《大業拾遺記》：「吳郡獻海鮸乾鱠四瓶，瓶容一斗。……帝示群臣云：『……今日之鱠，乃是真海魚所作。』」同時又很愛吃羊肉。為他掌管御膳的謝諷在《食經》（原書已佚，傳本收於元末陶宗儀的叢書《說郛》）記載了「辣辣驕羊」等三款羊肉菜餚。從他以後，就連北宋的開封宮廷裡也是有羊無豬。《續資治通鑑長編》卷四百八十：「御廚止用羊肉。」《後山談叢》：「御廚不登彘肉。」

這表明，從北魏到隋唐，「美食運動」從黃河中游發展到長江下游。南宋以後文化重心南移，美食運動也沿着命定的宏觀方向繼續向前推進。明末清初終於到達福建沿海，同時，中餐的發展也到了最高階段，標誌是「海鮮熱」的風行。

/// 伊尹他娘的怪夢：從舂穀臼到魚翅碗

神話傳說保存着文化的早期記憶，包括「潛意識」。比較完整的華夏傳說，倖存的最早一篇是《本味》，根據魯迅的考證，前邊已有交代，它的主要情節很像是對粟食文化之美食運動的預言。筆者在此正面談論預言，難免損害本書的學術性；但既是學術之路上碰見的真實史料，何妨擺出來大家看。

故事說，被尊為「廚神」的伊尹本是半神的人物。他出身極端低賤，奴隸更兼棄嬰，是由一位廚師養大的。《呂氏春秋·本味》：「……女子採桑，得嬰兒於空桑之中，獻之其君，其君令烰人養之。」出生前一夜他娘做了個怪夢：神囑咐她說，你兒子一降生就要發大水。那水是從石臼裡冒出來的，往東南方向流。你逃的時候可別回頭。轉天夢境實現，她招呼鄰人一起逃命。「夢有神告之曰：『臼出水而東走，毋顧！』明日，視臼出水，告其鄰，東走十里而顧，其邑盡為水，身因化為空桑。」

以上情節很古怪也很具體，反映了什麼「潛意識」？幾千年來沒人做出解讀，留給筆者胡猜。石臼是什麼？是穀子脫殼的工具，是中華「粒食」文化的象徵。冒

水什麼意思？小米乾飯離不開多水的羹，羹的烹調是美食運動的起點。向東南什麼意思？那是美食之歷史運動的地理方向。總之，伊尹他娘的怪夢好像預言了中餐的美味追求注定以海鮮為頂點。

袁枚曾指出，「海鮮」這個詞兒先前是沒有的。《隨園食單·海鮮單》：「古八珍並無海鮮之說，今世俗尚之。」「海鮮」時代的到來，反映到史料上就是專著《閩中海錯疏》及《閩小記》的出現。明末萬曆二十四年（1596）屠本畯的《閩中海錯疏》問世；周亮工的《閩小記》於清初寫成。這兩本書中出現了一批海產：江瑤柱、海參、燕窩、魚翅等等。根據古書記載，可以看出各自開始流行的年代。例如江瑤柱，一種大蛤體內專司雙殼開關的肉柱，現代常叫「乾貝」，南宋皇帝較早享用過這種福建海味，吳曾《能改齋漫錄》卷十五：「詔福唐與明州歲供車螯肉柱五十斤」，但那不叫流行；《閩小記》的作者周亮工說，明末福建進士謝肇淛還「未見其形、未識其味」呢。周剛到福建還覓而不見，十年後水產市場上已遍地都是了。《閩小記》卷一：「十年以來，遂與香螺、蠣房（牡蠣）參錯市中矣。」

海參，明朝還沒有入饌，吃法不過糟、醬兩種（朱彝尊《食憲鴻秘·魚之屬》）。清代人發明了讓它「入味」的烹調法（《隨園食單·海鮮單》），《閩小記》說福建有人用牛皮造假冒充，可見開始風行。燕窩，清初連產地的人都說不清楚到底是什麼東西。一種說法是築在海島的礁石上的海燕巢，只能由經過訓練的猴子摘取；另一說，是海燕越洋飛行時嘴裡叼着的小船，浮在水上以供歇息。連海燕都飛累了，那產地離海岸多麼遙遠啊！由此可說燕窩提示了美食運動的動向：它到達福建海岸後決沒有停止，強大的勢頭一往無前，跟在海燕後邊，向遠洋進軍。

海鮮崇尚的巔峰在魚翅，至今還是「現代進行式」，大陸貪官的宴席少了此味絕對不行。魚翅是鯊魚的背鰭，口感像粉絲，什麼味兒也沒有，卻難做得很，弄不好吃時會蹦起來嚇人一跳。《隨園食單·海鮮單》：「魚翅跳盤，便成笑話。」華人什麼都吃而鯊魚例外，可見其味道惡劣。烹飪原料權威聶鳳喬列出的鹹水魚多達83種，不含鯊魚[4]。

4/　聶鳳喬主編《中國烹飪原料大典》，青島出版社，1998年。

　　高檔遠洋海鮮，共同的特點是既沒好味兒又難烹調。《隨園食單‧海鮮單》前四種為燕窩、海參、魚翅、鮑魚。「海參無味之物，沙多氣腥。」「魚翅難爛，須煮兩日方能摧剛為柔。」「蝮魚（即鮑魚）……火煨三日，才拆得碎。」孫中山先生說：「……魚翅、燕窩，中國人以為上品，而西人見華人食之，則以為奇怪之事也。」[5] 要說營養，海參倒有點價值，可至今沒人能勸動洋人嚐它一口，哪怕改個巧名叫它「海黃瓜」。

　　然而若是信了《本味》，魚翅之類的講究是四千年前伊尹他娘那個怪夢早就昭示了的。石臼裡冒出的水，必然流往東南方向。物極必反，「大味必淡」，魚翅無味卻無比講究，正是美味追求的命定結局。

　　為取得小小的背鰭不惜殺死龐然大物的鯊魚，這是華人饞鬼破壞生態的滔天罪行，是中餐的糟粕，為普世倫理所不容。以魚翅為代表的遠洋海鮮，是中華美食運動的巔峰，也將是盡頭。

////////////////////////////////

5/　孫中山《建國方略》，中州古籍出版社，1998 年，頁 62。

第三章／
華人別有口福

//「熱吃」是中餐的靈魂

/// 美食家大汗滿頭，冷餐者不懂味道

　　梁實秋談吃的書，讀着就覺得熱氣騰騰。《雅舍談吃 · 餃子》說他在小館裡買餃子吃：「外加一碗熱湯，我吃得滿頭大汗，十分滿足。」莫非天冷圖個暖和？可《豆汁兒》說他夏天喝豆汁兒也要「先脫光脊樑」，還說北京豆汁兒之妙在於「越辣越喝，越喝越燙」，「最後是滿頭大汗」。

　　近代筆記中有林則徐藉着飲食的冷熱跟英人「鬥法」的傳說。絕妙的情節，顯示華人洋人在熱吃冷吃習慣上的極端對照：英國大臣巴夏禮（Harry Smith Parkes）請林則徐吃雪糕，林一看冒白氣就撮起嘴來呼呼地吹，英人大笑；轉天林則徐回請，端上了「老母雞湯燉南豆腐」，湯麵上蓋着厚油層，滾熱卻不冒氣。英國大臣猛喝一口，燙得嗷嗷叫。這段野史流傳很廣，亦見於作家洪燭《中國人的吃》書中 [1]，日人曾翻譯出版。

　　有個成語「懲羹吹齏」，出自屈原《九章 · 惜誦》，羹是滾燙的，先得吹吹氣，讓它涼到不燙嘴了再吃；吹成了習慣，吃口涼鹹菜（齏）也吹。《成語詞典》還從近代梁啟超的文章中舉出例句。吹應當始於煮粥的初民，至今老人喝粥仍沿着碗邊吹之。

　　袁枚說，菜餚若不趁熱吃，稍過一會兒就會像發了霉的估衣，光剩叫人厭惡了。《隨園食單 · 戒單》：「物味取鮮，全在起鍋時，及鋒而試。略為停頓，便如霉過衣裳，雖錦繡綺羅，亦晦悶而舊氣可憎矣！」還說「以起鍋滾熱之菜，不使客登時食盡，而留之以至於冷，則其味之惡劣

1/　洪燭《中國人的吃》，中國文聯出版社，2000 年。

可知矣。」照他的標準，僅僅菜餚熱度降低，就能叫美味變成「惡劣」之味。可見熱吃不僅是華人的飲食習慣，更是中餐美感的靈魂。

　　冷吃是華人一大痛苦，突出表現於「寒食」節的風俗。很多宗教都有體現「自苦」（asceticism）的禁忌，最常見的是停食。德國哲學家叔本華（Arthur Schopenhauer）說過，「這種自苦最後可以至於絕食、葬身鱷魚之腹，⋯⋯」[2] 伊斯蘭教的「齋月」連續 30 天，日出之後的整個白天餓極了也不准吃一點東西、喝一口水。中國沒宗教也沒有禁食的禮俗。喪親「守孝」期間的節制飲食屬於個人行為。華人也有用禁食來提高精神境界的衝動，表現只是每年清明節前一天的寒食節，連續三天不許用火。傳說是為紀念節烈之士介子推，據《莊子·盜跖》，此人救過晉國君主，後來受到不公平待遇，負氣抵制封官而在燒山中殉身。漢代寒食節的冷吃一度長達一個月，人們本來就半飢半飽，每年餓死不少（《後漢書·周舉傳》）。後來官方強令改革風俗，只許寒食三天。象徵性地吃三天涼飯就能滿足「自苦」的宗教情懷；這表明「寒食」的痛苦近於斷食。

　　華人洋人同樣是人，應該「口之於味，有同嗜焉」（《孟子·告子上》），怎麼走了冷熱兩個極端？沒人捉摸過。旅美的台灣張起鈞教授在《烹調原理》一書中說：「我從來沒聽到洋人吃西餐說『要趁熱吃』，反之，好像他們天性愛吃涼的。在美國到了任何館子，都是先倒一杯冰水。」[3] 至於道理，他從女兒說起。教授在美國順應了洋人的習慣，跟在台灣的女兒有了分歧。他把牛奶放進冰箱裡，女兒就拿出來，幾經重複。女兒強調自己的理由說：「牛奶冰了沒有味道，不好吃！」張教授說：「這話給了我極大的震動，美國兩億人誰不把牛奶放進冰箱裡？有誰想過裡面還有好吃不好吃的問題？」他接着說，六年級的中國小孩發現了「『味』的差異」，「足見我們中國人是好吃的民族了。」[4]

　　書裡的這一小節題目就叫《味與熱》，其中也談到了正面的例證：北京的芝麻燒餅「剛出爐又香又脆，人人愛吃，等到冷了就皮軟不香」。他的結論是：「可見

2/　叔本華《作為意志和表象的世界》，北京：商務印書館，1992 年。
3/　張起鈞《烹調原理》，中國商業出版社，1985 年，頁 119。
4/　同上注，頁 117。

熱對烹調具有重要的關係。」可惜他沒有涉及「熱吃」的原理，不大符合《烹調原理》的書題。來替他分析一下剛出爐燒餅的香、脆跟味道的關係。香：前邊說過香味來自溶於空氣中的分子。食物趁熱入口，分子特別活躍；熱氣較輕，會向上沖進鼻腔裡，所以香的感覺特大。脆：準確說是「酥」，是用熱油袪盡水份的結果。涼了就會重新吸收空氣中的水汽，「酥」變成「韌」了。

對於「香」氣，洋人的倒流嗅覺還沒開竅呢。誰若是替洋人不服就想想台灣小女孩的話，她說冰奶「沒有味道」不就等於「洋人不懂味道」嗎。

///「膾」的失傳

「鴻門宴」的故事中，作者用生吞大塊肉的細節來刻劃「壯士」樊噲（《史記·項羽本紀》）。肉食跟強壯是有天然聯繫的。飢寒交迫的漫長歷史，加上缺乏獵牧生活的體格鍛煉，導致華人的體質相對薄弱。

比起吃生牛肉的民族來，「粒食者」體內蓄積熱量的能力較低，容易形成中醫所謂「厥冷」、「畏寒」的身體類型，其表現是面色蒼白、四肢冰涼、小便清長等等，「寒涼」類的蔬菜多吃一點又會瀉肚子。按道理，粟食越久，消化力「退化」越甚。秦漢時代樊噲那樣的壯士注定越來越少。被號稱「百菜之王」的葵菜，漢代還是做菜羹的主料，後來急劇消失，也是因為其性「寒滑」而被後起的菘（即白菜，性溫）取代（唐代孫思邈《千金食治·菜蔬第三》），道理當也在此。

歷代養生家沒有不強調熱食的。研究飲食之初，筆者買了一部《中國養生大成》，中醫史專家方春陽編的文獻彙集，包括歷代專著幾十種，其中異口同聲地叮嚀人們：少吃涼東西！引多了怕嫌煩瑣，用梁代養生家陶弘景的話最能概括，他斷言，不管什麼吃的總是熱的比涼的好，熟的就比生的好。「凡食，欲得恒溫暖，易入易消；凡食，皆熟勝生。」[5]

華人飲食史上的一大怪事，是「膾」的失傳，就可以用體質的變化來解釋。

/////////////////////////////////

5/　方春陽主編《中國養生大成》，吉林科技出版社，1992 年，頁 14。

去過日本的沒人不對生魚片印象深刻，日本人也為這種美食自豪。其實那是跟華人學的，成語「膾炙人口」就出自《孟子》。你說「膾」是生肉片不是魚片？「膾」字本來作「鱠」。有個「膾殘魚」的歷史典故說，西施吃剩的膾扔進太湖裡變成了銀魚（東漢趙曄《吳越春秋》卷三）。銀魚也叫「麵條魚」，可見中國古人吃的「膾」是生魚絲，日本學生還欠一道刀工工序。生魚片好吃，除了最新鮮的本味，更因為片兒薄，跟蘸的調料融合得好；那麼說，生魚絲的味兒該更美多少倍。

唐朝白居易詩歌裡還拿「膾」當作美食的代表，白居易《秦中吟‧輕肥》：「果擘洞庭橘，膾切天池鱗。」宋朝以後急劇衰落，到了元朝，就很少見了。曾是第一美食的「膾」，怎麼後世國人連這個漢字都不熟悉了？這叫人聯想到另一種古代美食「鮓」。「鮓」是用魚肉加米飯層層交錯鋪置，發酵而成的。這道菜在中國的漢文化地區已經不傳，只可見於中國南部的少數民族或泰國等東南亞地區。日本的「壽司」亦能寫為「鮓」字，但當中只有一種名為「熟壽司」的古老鄉土料理符合「魚飯發酵」的描述，是現代壽司的原形。元代《居家必備事類全集》中，「鮓」類菜單還單設一類，包括八種；「膾」只有兩三種，不但不成類，還有兩種竟在「素食」類裡，已完全變樣而徒有其名。例如「假魚膾」改用麵筋做材料，不過還用膾的調料（用「鱠醋」澆）；又如「水晶膾」，拌的是石花菜[6]。

「膾」消失的緣故，推想是華人「腸胃弱」的體質日益加重，受不了又生又冷的拌魚絲。梁代的陶弘景最早提出，吃「膾」可能有害，流行病剛好痊癒的吃了會拉肚子。《養性延命錄‧食戒篇第二》：「時病新瘥，勿食生魚，成痢不只。」到了南宋，哲學家、養生家真德秀明確提出，吃生魚「膾」會招引消化系統疾病，應跟「自死」的牲口一樣劃入禁食之列。《真西山衛生歌》：「生餐粘膩筋韌物，自死牲牢皆勿食，饅頭閉氣宜少餐，生膾偏招腥胃疾。」唐代人就開始全面戒絕生吃動物。《天隱子養生書》：「百味未成熟勿食，⋯⋯腐敗閉氣之物勿食，此皆宜戒也。」

「膾」的消失，另一緣故當是「炒」法的發明。魚鱠變成溜魚片，在適應華人變弱的腸胃的同時，最大限度地保存了生魚片的新鮮。

6/　佚名著，邱龐同注釋《居家必備事類全集》，中國商業出版社，1986 年，頁 128。

/// 飢寒交迫：為何漢語「衣」在「食」先

華人熱吃還有一個重大緣由，就是人們經常受凍。老話說「飢寒交迫」，既然沒離開過「飢」，體會這話更腔調的是「寒」。身體餓得虛弱了，最怕再添上「寒」。沒食物充飢還能忍受不短的時間；沒衣服禦寒，一夜之間就會凍僵。一樣的天氣，我們穿上毛衣了，街上的洋人還光膀子，問什麼道理？都會說人家吃牛肉的身體多壯。我們「東亞病夫」身上「火力」太弱，淨仗吃頓熱飯袪袪寒氣。

晉代詩人束皙給我們留下了一幅生動的「熱吃」圖畫。在歌頌麵條的名篇裡，他描寫隆冬清晨吃湯麵的情景說：「涕凍鼻中，霜凝口外。」接着，明確提到熱吃麵條最能「解寒」。「充虛解寒，湯餅為最。」這篇的題目是《餅賦》，最早的麵食統稱為「餅」，麵條叫「湯餅」。

有一齣京劇忘了劇名，演劇中一個窮人吃施捨的粥，陪筆者看戲的京劇家提示：注意那乞丐雙手捧個大碗、縮頸聳肩的吃相；說合乎「書文戲理」。這令人想起大畫家鄭板橋的一段話：「天寒冰凍時，窮親戚朋友們到門，先泡一大碗炒米送手中，佐以醬薑一小碟，最是暖老溫貧之具。」（鄭板橋《范縣署中寄舍弟墨第四書》）當縣官的鄭板橋本人也靠熱粥取暖：「煮糊塗粥，雙手捧碗，縮項而啜之，霜晨雪早，得此周身俱暖。」可見對於華人不分貴賤，熱食都有禦寒功能。

華人特別怕冷，又是所處的生存環境決定的。跟別的幾大古文明比，埃及的尼羅河流域、巴比倫的中東兩河流域、印度的南亞次大陸，都接近赤道，烈日炎炎，想嚐嚐受凍的滋味都嚐不着。黃河流域屬於北溫帶，漫長的冬季天氣嚴寒。你說遠古歐洲的遊獵民族不也冰天雪地嗎？人家拿最保暖的毛皮做衣服，「取之不盡用之不禁」。最古時的華人也過過一段好日子，有肉吃，有皮毛穿，《韓非子·五蠹》：「古者……婦人不織，禽獸之皮足衣也。」可很快就倒楣了。野獸少，好容易逮着幾隻，連毛帶血都強嚼強吞了，還捨得穿？見前引《禮記·禮運》及古疏。

上帝還幹過更不公平的錯事，就是把棉花賜給了不大需要它的印度，而偏了迫切需要它的中國。「最親是爹媽，最暖是棉花」，明朝以前這話不會流傳，根據《天工開物》，那時國人還沒見過棉花，此書「衣着」一章的總論中，植物、動物

材料都列舉全了，唯獨沒有棉。第二卷《乃服》：屬草木者為枲（大麻）、麻、纻（白麻）、葛；屬禽獸與昆蟲者為裘、褐、絲、綿……。你說「綿」呢？那是絲綿；你說「棉」字宋朝就有，那是塞枕頭的木棉。裘衣很貴，絲綿更貴，便宜的是「布衣」，這個詞兒成了平民的代稱。「布」本是用葛草做的，纖維又粗又硬，做夏布倒夠涼快。南朝詩人鮑照的《東門行》說：「食梅常苦酸，衣葛常苦寒。」

解釋「衣在食先」還得把禮儀的講究說清楚。考古發現長江的稻米文化不比黃河的粟米文化晚，為什麼粟文化成了中華正統？沒見歷史學家回答，沈從文的《中國服飾史》裡也不置一詞[7]，那筆者就不憚於亮出又一個想頭：古書說「黃帝垂衣裳而治」,《周易·繫辭下》：「黃帝堯舜垂衣裳而天下治。」穿衣服是「禮」的第一步,《千字文》說「禮別尊卑」。直到清末，長衫還是短褂，都體現着人的等級身份。

/// 忘記黃酒熱飲，危及中餐生存

老年頭沒有煤爐，取暖用炭火盆；人們總是用火筷子夾着小錫壺的細脖頸燙酒，黃酒要沸騰冒泡沫，燒酒（白酒）不等冒沫就竄火苗了。周作人說：「中國人酒也要熱吃，不但是所謂黃酒，便是白酒也一樣，這也是世界無比的。」[8]魯迅小說《孔乙己》中的「我」，是咸亨酒店裡專管「溫酒」的小夥計。宋朝一位大臣選妾，一位姑娘因為「能溫酒」而當選，她溫的酒熱而不燙正對口兒，特別得寵，後來竟繼承了巨額家產（元代陶宗儀《南村輟耕錄》）。

杜甫詩：「苦辭酒味薄，黍地無人耕。」（《羌村三首之三》），元朝以前的酒基本上都是黃酒，是用黍米釀成的。後來也用稻米。黃酒煮沸了，黍特有的暗香因氣體分子活躍而變得特別濃郁，沖鼻入腦，引起心靈的陶醉。

白酒元朝才傳來中國。李時珍《本草綱目·穀四·燒酒》「燒酒非古法也，自元代始創其

////////////////////////////

7/　沈從文《中國服飾史》，陝西師範大學出版社，2004 年。

8/　周作人《真說涼菜》,《知堂談吃》，中國商業出版社，1990 年，頁 147。

法。」飲食史學者趙榮光還有更多的考證[9]。近代華人喜歡喝的越來越多，對黃酒帶來了嚴重衝擊。為什麼會對白酒「移情別戀」？道理在於，白酒有個特性跟黃酒很相近。白酒酒精度高，而酒精有很強的揮發性，不用加熱，喝到嘴裡，揮發在氣體中的酒精也會像黃酒一樣沖進鼻腔。因此能起到黃酒的功用，即清除鼻腔裡菜餚氣味的殘餘，讓味道感官保持清新。現代華人非常喜愛啤酒，是因為含有壓縮碳酸氣，能代替熱黃酒的「沖鼻」功能。

水果清香，推想果酒加熱會更好喝？錯！筆者做過實驗，反而熱出了一股子怪味。後來見到周作人的文章，興奮於他對此早有發現：「說也奇怪，葡萄酒、啤酒、白蘭地燙熱了真是不好吃。」[10]緣故他顯然不懂，才說「說也奇怪」，其實就在於，果酒是用水果釀造的，跟黃酒、白酒用的是糧食根本不同。果品跟蔬菜可以歸為一大類，跟菜餚同屬於「副食」。拿果酒配菜餚，就像兩女的結婚一樣荒唐。

黃酒是黍酒，黍是「黃米」，跟黃土、黃帝等，在「五行」配比系列中處於「中心」地位。見前引《禮記‧月令》。黃酒對於華人，有着神聖的屬性，是當然的「國酒」。不喝黃酒，就算不得華人。現今的同胞們不會對這話產生共鳴。他們會異口同聲地說：黃酒跟中藥湯子一個味。身為華人而不戀黃酒，那完全是因為忘記了：黃酒必須燙開了喝。不信試試，保管十天上癮。

不喝黃酒，勸你喝白酒也要燙熱了。黃酒沒人不熱飲，元代白酒傳來，明朝才流行。明朝文臣陸容說，他夏天常喝涼酒，幾年後病倒了，醫生問「公莫非多飲涼酒乎？」囑咐他「酒不宜冷飲」，他說的就是白酒（陸容《菽園雜記》卷十一）。

黃酒應當是中餐事業的守護神。要老外接受中餐，關鍵是讓他們學會家常飯的「飯菜交替」。這種吃法在現代酒席上已不可行，然而代之以酒菜交替，則本質依舊。黃酒熱飲已被全民遺忘，這必將弱化對菜餚的賞味能力，動搖中餐的根基。

///////////////////////////////

9/　趙榮光《中國飲食文化史》，上海人民出版社，2006 年，頁 125。

10/　周作人《真說涼菜》，《知堂談吃》，中國商業出版社，1990 年，頁 147。

/// 自助餐會毀掉中華文化

　　如今筆者參加大型聚會，最怕中午吃自助餐，吃完像中毒一樣難受，只能等到下一頓「家常飯」來解毒。一次，主持活動的地方烹飪協會老會長酒後失態，喊道：「誰說自助餐好吃，他是放洋屁！」

　　台灣張起鈞教授說：「美國流行一種 Cafeteria 的吃法，中文譯稱『自助餐』，因其一應食物，連同餐具皆由自取，……」[11] 其實這種吃法比「自取」更突出的本色是涼吃，所以把西餐的另一形式 buffet party 譯成「冷餐會」倒是很恰當的。西餐還不是沒有熱菜，只是比中餐冷；自助餐則幾乎等於「冷餐」。洋人居然能倒退這一步，更表明他們根本不在意飯菜的冷吃熱吃。

　　熱吃是中餐的靈魂，在中國，「冷餐」本該沒有立足之地。但大陸經過幾十年嚴酷的自我封閉，一旦打開鐵門，人們對先進文化「飢不擇食」，只要新鮮就熱烈歡迎。成批湧入的跨國集團公司經常舉辦招待會或大型宴請，動輒幾百人同時進餐，現代生活又要快節奏，自助餐真是「生逢其時」，在大陸得到了廣闊的用武之地。

　　蹩腳的自助餐居然走紅，更得利於它是「乘虛而入」。「虛」指的是年輕一代賞味能力的下降。幾十年間始而全民大飢餓，繼而對美食進行全民「大批判」，必然造成這一結果。舊日小康以上的老食客可說人人都是美食家，相比之下，新時期的暴發戶們個個都是「味盲」。正像台灣食評家詹宏志先生所說：「一代食家凋零，恐怕還得用一段時間來補補課。」[12]

　　台灣張起鈞教授早就看出了自助餐跟中餐的對立。他說「此法可行於西方，而不宜用之於中餐。假如中餐用這種辦法吃，那不如乾脆把中國的烹調藝術取消算了。」自助餐的冷冰冰，能壞了國人在「味道」上的千年「道行」；它的害處其實

11/ 張起鈞《烹調原理》，中國商業出版社，1985 年，頁 204。

12/ 詹宏志《兩岸三地的飲饌書寫》，朱振藩《食林外史》詹宏志序，嶽麓書社，2004 年。

更深廣，甚至會壞了整個中華飲食文化。

中餐之美，不光在單個菜品的味道上。菜餚品類繁多，繁了就會雜，就是古人說的「叢然雜進」，涼熱葷素一起下肚，不僅沒了美味，更會造成脾胃不和。元代養生家賈銘在專著《飲食須知‧序》中說：「叢然雜進，輕則五內不和，重則立興禍患。」自助餐的食品多達百十種，趕得上一席中餐的菜餚；但兩者卻有本質上的不同。中餐體現着中華文化的「整體性」，使各因素的關係達到理想的平衡。陶文台專著有「宴席」一節，談到菜品的色、香、味、形、口感等方面的搭配，時間上更要講究冷碟、熱炒、「頭菜大件」、飯食、羹湯等「格局」[13]。

自助餐的吃法，賓、主隨意落座、自由走動，甚至站着吃；在破除宴席禮儀的同時，也顛覆了中餐突出具有的社會功能。後邊將要詳談。往嚴重處說，這可能會動搖中華文化。

//////////////////////////////////

13/ 陶文台《中國烹飪概論》，中國商業出版社，1988 年，頁 206。

//「饞」的研究

///美食家 ≠ 大肚漢

孟子說過,人的口味大致相同。《孟子·告子上》:「口之於味,有同嗜焉。」那說的只是人的共性,像貓兒都愛吃腥一樣,沒有涉及個性的千差萬別。《孟子》有句曰「魚,我所欲也」,但有人聞見腥味就想吐。關於吃,容易想到的是物質方面,包括食物的營養成分,人體的生理需要。深入到美食層次,就是進入精神世界了。

宋代筆記說,丞相趙雄以飯量特大而聞名,皇上好奇請他吃飯,酒喝了六七大碗,一百個饅頭吃了一半。無獨有偶,趙丞相曾經找人陪伴進餐,被薦來的一位官員更不得了,一頓吃了豬羊肉各五斤,大碗公酒水還在外。告別時,忽聽此人腰間響了一聲。丞相估計他撐得「肚腸迸裂」,轉天派人看望,他謝道:我官小俸祿薄,終年不得一飽,昨天撐破的不過是褲腰帶而已(周密《癸辛雜識·健啖》)。「大肚漢」哪個民族都有,沒像中國老年頭那樣的。當官的還不飽呢,百姓「糠菜半年糧」,人人練就一副大肚皮。蘇東坡創造「老饕」這個詞兒時怎麼沒想到跟「大肚漢」的內涵混淆?因為他還脫不開中國「飢餓文化」的背景。

前邊說過,人餓極了吃東西覺着味兒格外香。同樣是嗜好美味,餓鬼跟老饕是不一樣的。飢飽的程度掩蓋了嗜好的程度,孟子就談過這個道理。《孟子·盡心上》:「飢者甘食,渴者甘飲,是未得飲食之正也。」因為吃的兩種動機攪混在一起,要弄清「不同的個體對味道的嗜好是否一樣」,是一個難度極大的問題。蘇東坡何等聰明也顯得頭腦不清。他寫了一篇《老饕賦》來歌頌講吃的人,稱「美食家宣言」,題

目裡就把意思弄混了。

「老饕」來於古老的詞語「饕餮」，是「肉食者」（貴族）鑄在青銅鼎上用來「護食」的怪獸。老饕，《辭源》的解釋是「貪吃的人」。這個詞兒始見於北齊時代的諺語，本意是「老而能饕」，就是俗話「老飯量」。吳曾《能改齋漫錄》卷七：「顏之推云：『眉毫不如耳毫，耳毫不如項條，項條不如老饕。』此言老人雖有壽相，不如善飲食也。故東坡《老饕賦》蓋本諸此。」古人認為耳朵、脖子上的長毫毛，跟長壽眉一樣都是「壽象」。蘇東坡首先借用在美食上，隨着《老饕賦》廣泛流傳，這個怪詞兒變成了美食家的代號。

「饕餮」，既然跟飢餓有密切關聯，便天然有兩重含義：一是專門想吃美食，一是平常食物也貪心沒夠。後一種含義跟「美食」可以沒有多大關係。梁實秋說「美食者不必是饕餮客」（《雅舍談吃‧芙蓉雞片》），我還嫌含糊，該進一步強調：「美食家『決不是』饕餮客」。

饕餮客吃得比一般人多，美食者吃得少而精。這是飲食文化進步的規律，從美食家袁枚的詩句能看得很清楚：「不誇五牛烹，但求一臠好。」（《蘭坡招飲寶站台》）近代北京面向美食家的高檔菜館，專門用小盤子來標榜菜餚的精美，還特意盛得很不滿。《芙蓉雞片》：「東興樓的菜概用中小盤，菜僅蓋滿碟心……或病其量過小，殊不知美食者不必是饕餮客。」

說到「美食家」，這本來不是漢語，《辭海》裡都沒收。現代人梁實秋用得較早，起先叫「美食者」，跟「饕餮客」對應。「美食家」來源是法語。美食家英文gourmand，《美國傳統辭典（雙解）》記其語源「from Old French」，漢譯也作「善食者」，仍有「貪吃」意味。派生的gourmet，漢譯「美食家、能品嘗食物和美酒的行家」。英語裡跟老饕近義的有四個詞，三個都以胃為詞根，gastronomist，意思也是貪吃者；gastrologist，烹飪學者、胃病學家。通曉法文的錢鍾書還寧願用「老饕」。他把法國的美食刊物*Almanach Des Gourmans*譯為《老饕年鑒》[1]。

「饞」是個很深的課題，從來沒人研究。梁實秋在短文《饞》裡肯定英人沒有

////////////////////////////////

1/　錢鍾書《吃飯》，隼君編《學人談吃》，中國商業出版社，1991 年。

「饞」的概念[2]。智者錢鍾書曾用擬人法的寓言形式談論饞：愛吃館子的舌頭對肚子說：「你別抱怨，你享着名，我替你出力去幹！」然而對美味沒有感覺的肚子卻抱怨說，你貪饞卻要我辛苦[3]。顯然酒囊飯袋的肚子是吃的代表。這象徵了充飢跟解饞有本質的不同。

/// 起用「饞蟲」替換「老饕」

對待吃，人有各種類型。明代美食家朱彝尊把吃客們分為三類：一是「餔餟之人」，飯量特大，不挑肥揀瘦，「食量本弘，不擇精粗」；二是「滋味之人」，追求珍奇之味至於「養口腹而忘性命」；三是「養生之人」，吃膩了厚味而回歸清淡（《食憲鴻秘·食憲總論·飲食宜忌》）。後兩種人合起來近於今天所謂「美食家」。在西方，飲食文化發展進程不同，這兩種人都是極少的。為口福不惜一死的有嗎？

怎麼稱呼脫離了飢餓的貪吃？今天都知道叫「饞」，卻想不到這個字出現得很晚，《說文解字》裡沒有，道理可能在於要等「美食文化薰陶」的條件具備。最早的例句只能舉出唐代韓愈的詩。《月蝕詩效玉川子作》：「女於此時若食日，雖食八九無饞名。」但筆者研究飲食後很久，卻在漢代的《焦氏易林》裡發現了「饞」的句子。西漢焦延壽《焦氏易林·需之·解》：「一指食肉，口無所得。染其鼎䱺，舌饞於腹。」《辭源》給「饞」的解釋是「貪嘴、貪吃」，「貪嘴」還算準確，俗話「肚子飽了嘴不飽」，「貪吃」大錯特錯。最早收入「饞」的字典是唐代的《玉篇》，解釋為「食不嫌也」，同樣混亂，「不嫌」是不講條件，而「饞」的特點正是講條件：吃這不吃那。

蘇東坡的詩提到「清貧饞太守」，說的是這位太守最饞竹筍。《筼簹谷》：「料得清貧饞太守，渭川千畝在胸中。」東坡詩中還有「饞涎」一詞，可見「饞」字在宋代大為流行。《次韻關令送魚》：「舉網驚呼得巨魚，饞涎不易忍流酥。」漢唐以前的華人不能說沒有饞

//////////////////////////////////

2/　梁實秋《梁實秋談吃》，北方文藝出版社，2006 年。
3/　同左頁注 1。

的感覺，只是特殊的飲食文化背景使人們沒能把饞跟飢餓感分辨清楚。

管饞嘴的人叫「美食家」不恰當；饞得要命也未必夠得上「家」，況且是外來語。饞是一種脾性，稱呼這種脾性突出的人，倒是可以就叫「饞人」，台灣史學家、美食家逯耀東就愛自稱「饞人」，他給美食家唐魯孫的書寫的序言，題名《饞人說饞》[4]。但饞人不算是個詞兒，電腦詞庫裡都沒有，也太缺乏文彩。

更好的名稱早就現成。筆者發現宋代饞人陸游用過「老饞」。《戲詠鄉里食物示鄰曲》：「湘湖蓴長涎正滑，秦望蕨生拳未開，……老饞自覺筆力短，得一忘十真堪咍。」「老饞」的錯亂它沒有，長處它具備，為什麼沒有流行起來？推想陸游的名氣沒有蘇東坡大，「老饞」作為一個詞兒只出現過一次，敵不過《老饕賦》的整篇；更因為「老饕」已經先入為主了。

筆者主張推行「老饞」代替「老饕」，只怕也無濟於事，因為人們寧願容忍慣用詞義含有的錯亂。民間俗話有個「饞鬼」，一時很難從權威文獻裡找到例句。周作人愛用「饞癆」一詞，至少用過三回，如短文《吃肉》說，有「雞豚」吃就夠了，「無須太過饞癆，一心想吃別的肉。」[5]他在另一篇文章裡又說：「捏起飯碗自然更顯出加倍的饞癆。」[6]「癆」曾是不治之症，跟鬼同樣傷雅；再說饞鬼、饞癆都被飢餓扭曲了。《孟子·盡心上》：「飢者甘食，渴者甘飲，是未得飲食之正也。」

幸而梁實秋用過一個好詞：饞蟲子。他回憶兒時吃小炸丸子，每人分兩三個，「剛好把饞蟲子勾上喉頭」（《雅舍談吃·炸丸子》）。舊筆記書中常見這樣的掌故：「饞癆」病人經神醫下藥，果然吐出一堆蟲子。用蟲子代表「飽了還貪」的饞人是非常恰當的。現今正流行用「蟲」來稱呼具有某種特長或癖好的人，譬如「網蟲」。所以，強烈推薦「饞蟲」這個詞兒，來填補我們美食之邦的一大詞語缺陷。

///////////////////////////////

4/　逯耀東《饞人說饞》，唐魯孫《唐魯孫談吃》逯耀東序，廣西師範大學出版社，2004年。
5/　周作人《知堂談吃》，中國商業出版社，1990年。
6/　周作人《隅田川兩岸一覽》，《知堂書話》，中國人民大學出版社，2004年。

///口刁：美食家不吃黃瓜、香腸

「饕餮客」，從字面看該是什麼都吃不夠，即俗話「不忌口」。「饞人」裡，有一些特別極端，跟「老饕」正好相反，這也不吃那也不吃，俗話「口刁」。這種人很少，所以更沒有稱號，只好先叫「口刁者」吧。人為什麼「不吃」某種食物，原因不清楚，也未聞有人研究。但既是因人而異，便屬於高級的個性，而非低級的本能。

清代美食家梁章鉅可算「口刁者」的典型。他曾開出一份《不食物單》交給家人跟家廚，為了免得反覆囑咐，「以省口舌之煩」（《浪跡叢談》）。所列「不食」的食物分兩大類：一是根據祖傳信仰而「深戒者」，例如狗肉；道教忌吃狗肉，列為「三厭」（天厭雁、地厭犬、水厭鯉魚，因其知禮義而忌食）之一。二是他個人生來就不吃的「深惡者」，例如香菜。不吃幾樣東西的人很平常，但梁章鉅「不食」的竟達二十三種，包括鱔魚、豬頭肉、排骨、雞蛋湯、香腸、黃瓜等人人愛吃的美物。

歷史上的大美食家，飲食行為往往有點古怪。蘇東坡發明了慢火燉肉，那篇講做法的順口溜《豬肉頌》有「貧者不解煮」，可見主要為了向窮人推廣，而他自己卻多次歌頌蘆菔（蘿蔔）、芥菜，嘲笑晉代那個名叫何曾的大官就愛吃肉。《擷菜》：「秋來霜露滿東園，蘆菔生兒芥有孫。我與何曾同一飽，不知何苦食雞豚。」「東坡肉」是後人起的稱號，「東坡羹」（蘆菔羹）則是蘇東坡自己命的名，他還在高雅詩篇中說：可千萬別透露給官僚崽子，讓他們吃臭肉去吧！《狄韶州煮蔓菁蘆菔羹》：「中有蘆菔根，尚含曉露清。勿語貴公子，從渠食腥羶！」另有薺菜羹，做法很奇怪：既要求用油，又要極力避免有「油氣」。《與徐十三書》：「取薺一二升許，淨擇，入淘米三合……同入釜中，澆生油一蜆殼，當於羹面上。不得觸，觸則生油氣，不可食。」「氣」在古代食書中特指惡劣的氣味。怎麼做，誰也講不清楚。這給人以挑剔、乖戾的感覺。美食家袁枚也極為挑剔，常為沒吃舒服而大發牢騷。一位富商設家宴款待他，菜餚豐盛達四十多種，但他卻說：「愈多愈壞……主人自覺欣欣得意，而我散席還家仍煮粥充飢。」（《隨園食單·戒單》）他還有一次坐席，「諸菜尚可」，就因為「飯粥粗糲，勉強咽下」結果「歸而大病」（同書《飯粥單》）。

「ㄎㄡ」的內涵比較複雜，還得進一步分析。《庚溪詩話》說宋代的丞相蔡京吃一碗「鵪羹」要用鵪鶉千隻，記載簡略不知做法，很可能是為了擺闊而故意揮霍，跟「知味」沒什麼關係。晉代的何曾是一種類型，他每天的膳食要花費「萬錢」，還說沒地方下筷子。《晉書·何曾傳》：「日食萬錢……無下箸處。」這肯定有擺闊的一面，但他又確有「ㄎㄡ」的一面，他饅頭不蒸「開花」的不吃。「蒸餅上不坼作十字不食」。開花的饅頭確實有更好的口感，俗話說就是「喧」。從我家鄉話的古音來分析，「喧」應寫作「軒」，取其寬大之意。

唐代某豪門弟兄吃飯，非用無煙的「煉炭」做燃料的不吃，原因是嫌有「煙氣」。一次經宴會主人再三懇求，哥倆嚐了一點點，面面相視，說就像「吞針」一樣受不了。「置一匙於口，各相眄良久，鹹若吃藥吞針。……乃曰：『凡以炭炊饌，先燒令熟，謂之煉炭，方可入爨，不然猶有煙氣。』」出唐代康駢《劇談錄》，見北宋李昉《太平廣記》。雖然可以說他倆是「吃飽撐的」，但從理論上，堪稱「ㄎㄡ」的真正典型，因為他們是從反面抵制食物的弊端。

「ㄎㄡ者」有個共同特點，吃的量都比較少。這讓人想到老子的名言：「少則得，多則惑。」（《道德經》第二十二章）也就是俗話說的「美物不可多用」。

///「尖饞」與「清饞」：黛玉愛吃螃蟹嗎？

《紅樓夢》第三十八回描寫賈府裡怎麼樣吃螃蟹。林黛玉只肯吃點兒蟹鼇裡的「夾子肉」，蟹黃更貴重更講究，她卻不取。不能說她不饞螃蟹，那她可以躲開；只有蟹腳白肉她才能接受。她之不吃蟹黃，跟晉代何曾吃饅頭只吃開花的比起來，又有「正面挑選」、「反面挑剔」之別。不開花的饅頭只是「價值不足」，蟹黃對於林黛玉反而是有「負面價值」的。

從反面挑剔者，不吃的甚至多過能吃的，這是「ㄎㄡ者」中最尖刻的一類。北方京津地區的土話中有個詞兒倒夠準確，叫「尖饞」，表現是「擇食」，產婦、病兒最常見。產婦擇食是因為缺乏某種營養成分，病人擇食則是因為胃口不開。兩

者比較，病人的擇食就是反面的，也更絕對。

　　筵席上一味的大魚大肉膩倒了袁枚的胃口，他便回家煮粥充飢。飲食行為的這一細節是他個人的，卻能代表一個群體的傾向。粥是最粗疏的飲食，近於「吃糠咽菜」。中華美食運動有個明顯的軌跡就是「返璞歸真」。先是由於獸類的缺乏而極為珍視肉食，物極必反，吃膩了葷的必然轉而崇尚素的。蘇東坡對蔬菜的偏愛便是美食運動轉向的標誌。轉向決不是倒退，而是螺旋上升。

　　明末清初的散文家張岱，國破家亡後成為隱士之流，他寫的「性靈小品」成了文學的新高峰。張岱描寫自己口味的特點，用了個詞兒叫「清饞」。《陶庵夢憶·方物》：「越中清饞，莫過於余。」他列舉了自己所饞的食物，只有幾十種，大多是韭芽、蓴菜、紅腐乳、山楂糕之類；「葷物」只有白蛤、河蟹等寥寥幾種。

　　細細品味，就能辨別出「尖饞」跟「清饞」的異同。「尖饞」反映的可以是不良的機體狀態，林黛玉像古代美女西施一樣，都是有病在身，一個害肺病一個害胃病。以致形體清瘦。《管子·形勢解》：「饕食者不肥。」筆者曾以為「饕食」近似俗話「擇食」，但查辭典「饕」的解釋是「嫌食」，那多半是患了消化系統的病。「清饞」反映的則肯定是高雅的精神境界。還是從《紅樓夢》描述吃螃蟹的細節來看。注意她跟王熙鳳兩人吃法完全相反：林只吃一點蟹螯中白肉，王卻違背了美食家公認的「蟹必須自剝自食」的吃法，偏吃剝得現成的。她「站在賈母跟前剝蟹肉，頭次讓薛姨媽，薛姨媽道：『我自己掰著吃香甜，不用人讓』，鳳姐便奉與賈母。」王熙鳳專吃蟹黃，要丫鬟平兒剝了一大堆給她吃。「平兒早剝了一殼黃子送來……」這不能簡單地歸為「蘿蔔青菜各有所愛」。貪吃油膩的蟹黃，是「老饕」的習性；只吃清氣的蟹夾子白肉，則是典型的「口刁」。林黛玉的口刁，一方面的緣由是她病弱的體質。新陳代謝不旺盛，對熱量的需求減少，令「胃口」的營養因素被剝離，於是表現為感官選擇性排斥的高雅境界，就更為突出了。

　　「口刁者」跟「饕餮客」比，一方面是品味水準高出一等，另方面藝術素養也高出一等。《紅樓夢》中不吃蟹黃的林黛玉最有詩才，而貪吃的王熙鳳是不懂詩的俗物。第三十八回中各位「金釵」都有誦蟹的詩，唯獨她寫不了。「清饞」是高雅的士人階層共同的飲食審美取向。蘇東坡、陸游有無數歌頌青菜的詩。南宋時代，「清饞」的清高群

體成為食尚的引領者，出現了一本隱士食譜的奇書，洋溢着詩意的《山家清供》，其中的美食都散發着林泉的「清味」，寄託着高雅的精神享受。

///「大饞者寡食」

「口刁者」「忌口」的東西多了，很容易被看成「美食家」的對立面。然而，就連把他們當成美食運動的局外人，也大錯特錯。甚至可說「口刁者」是比「饞蟲」更挑剔的食客，他們才是美食運動的真正主導者。儘管還沒人認識到他們的偉大功勞。

最早關注「事物的反面」的是偉大哲人老子，最早關注「運動的反向」的還是老子。美食方面當然也不例外。他那預見文明發展規律的名言，日益讓全世界驚歎：「大方無隅，大器晚成，大音希聲，大象無形……」（《道德經》第四十一章）清人魏源《老子本義》引宋代呂惠卿曰：「以至音而希聲，象而無形，名與實常若相反者也。」漢代的老子信徒揚雄，仿照老子的思想和語句，把同樣的意思引申到吃上，加了一句「大味必淡」（《解難》）。我們不妨仿照揚雄，再進一步，提出「大味寡食」。另外，「大器晚成」的老話是有錯的。出土的帛書本《道德經》證實，原文為「大器免成」[7]。「免成」確實比「晚成」更符合老子的思想。這樣，根據《道德經》一連串「無」、「不」的否定句，就能提煉出一個公式：A＝不 A。套用這個公式，就可以得出「大饞者不食」的極端判斷。饞到極點就什麼也不吃了，這個驚人的推導能成立嗎？

先講個西洋掌故：柏林牆倒塌前，藝術家卡普羅（Allan Kaprow）在西德一側用蛋糕奶油砌成一段大牆，讓圍觀者搶吃一空，吃的看的都感到愉悦、啟迪，很像藝術作品達到的效果。這叫「行為藝術」，「行為」有「表演」的意思，儘管屬於國際前衛，但在博大繽紛的中華飲食文化中卻是「古已有之」。

中國文化是「官本位」加「食本位」，當小官也得「為五斗米折腰」。追求精

/////////////////////////////////

7/　何琳儀《長沙帛書通釋》，《江漢考古》，1986 年第 2 期。

神自由的隱士，把飲食的「厚味」看做官場惡濁的表徵，便想法借「吃」發揮。這裡介紹一件經典「作品」，供讀者鑒賞、品「味」。

作品題目：《銀絲供》。背景：中華文化中美食與音樂的相通。情節：一位隱士畫家舉行宴會，吩咐家廚做「銀絲供」款待賓朋，還交代「要細心調和，要有真味」！食客們都料定這回有膾炙人口的生魚絲了。只見僕人托出一架琴來，琴師隨着出場，彈奏了一曲《離騷》。原來「銀絲」指的是琴弦，「調和」是調準音高，「要有真味」指的是陶淵明的名句「此中有真味」。本作品出自《山家清供·銀絲供》。

中國美食運動的規律前邊說過：口味越是高級越是清淡，這跟人的精神追求是一致的：傳統士人的最高理想是「功成身退」，修煉成仙。完美的楷模是漢朝的張良，他為「天下」建成了設想的秩序後，不想享受「鐘鳴鼎食」的尊貴，毅然躲進山林，修煉「辟穀」之術——絕食了。《史記·留侯世家》：「乃學辟穀，道引輕身。」後來他看着呂后的面子，吃過一回，可見真的「絕粒」了。

// 「餐式」種種盡成雙

/// 飲與食

在漢語裡，「飲食」是最古老的詞彙之一，先秦典籍裡觸目皆是。這個詞指的是一切入口的吃食，不分吃的喝的。例如《詩經‧小雅‧天保》：「民之質矣，日用飲食。」如果強要區分，古人也知道「食」比「飲」更重要，「飲」的可以是取之不盡的涼水。孔子形容學生顏回的生活，就先說「食」後說「飲」。《論語‧雍也》：「一簞食，一瓢飲……賢哉回也！」一些記述，實際上先談吃後談喝，卻照樣用「飲食」來概括。例如《禮記‧禮運》先概括說「禮」始於「飲食」，下文細說，卻是先吃後喝，「其燔黍捭豚」在前，「汙尊而抔飲」在後。

洋人會很奇怪為什麼中國話總是飲在食先？在對照詞典裡互相翻譯，跟「飲食」對應的洋話，只能是 food and drink（食與飲）或者不分吃喝的 diet。連東洋人也改變了從中國引進的習慣，現代日語經常只提「食」不提「飲」。例如賈蕙萱教授的書《中日飲食文化比較研究》[1] 的日文題目就變成了《中日食文化比較研究》。

「飲在食先」的錯亂，緣由或許在文化源頭上就決定了的。肉食時期，吃魚的老祖先就養成了親水的食性；進入「粒食」生活，最初吃的是焦糊的烘米，乾得要命；後來烹飪技法又是水壓倒火。水對生命極其重要，幾天不吃飯能活，不飲水則必死。這都影響到對「飲」的強調。

1/　賈蕙萱《中日飲食文化比較研究》，北京大學出版社，1999 年。

/// 乾與稀

對「飲」的重視，表現為「餐式」就是「乾、稀搭配」。上文說顏回「簞食瓢飲」（《論語·雍也》），喝的是涼水，是最原始的「乾、稀」。那年頭窮人也有「漿」來送飯。「嗟來之食」的著名典故說明，救濟路上的飢民都得一手乾的一手稀的。見前述《禮記·檀弓》。「漿」是發過酵的米水，有點酸味，勝過清水。貴族人家用肉汁當稀的，就是羹；平民吃不起，便發明了廉價的代用品。用富有黏性的樹皮炮製，名叫「滫瀡」。《禮記·內則》：「滫瀡以滑之。」再一步，美味的糝（米屑）羹普及各階層，於是「羹飯搭配」稱為漢代以前的固定餐式。羹進化為炒菜後，「乾、稀搭配」繼續保持，直到現代飯後的「湯」。在麵食的北方，吃夠了饅頭就菜，習慣上還要喝點「稀的」收場。「稀的」有麵湯（包括「疙瘩湯」）或稀飯（粥）。乾、稀搭配，恰好符合中國人的「陰陽」觀念。

粥或稀飯又有「飯、菜搭配」，得佐以鹹菜，無味反襯有味。鹹菜要量少而味強，除了鹹還講究口感脆爽、味兒清香，像醃黃瓜、醬豆腐之類。黃雲鵠《粥譜·粥之宜》說：「蔬宜脆，宜菹，宜鹽醋之物。」這種搭配的重視，能在高層次上體現美食家的水準。袁枚《隨園食單》特設「小菜單」一節，高度評價鹹菜，說能「醒脾、解濁」。中醫認為主管食慾的臟器是脾，洋人不愛吃鹹菜，他們的脾還沒睡醒呢，怎麼能欣賞美味！

/// 葷與素

洋人吃肉又吃菜，不也是「葷、素」嗎？不然，西餐的葷、素夠不上「搭配」。中餐的「素」，不光指蔬菜，蔬菜也有很多是洋人沒聽說過的，如木耳、竹筍、豆芽，更包括糧食預製的烹飪原料，像豆腐（及派生的豆製品系列，如香乾等）、麵筋、粉絲之類。豆腐據說發明於漢代。麵筋古稱「麩鮓」，明人高濂《遵生八箋》始有記載。粉絲，北魏《齊民要術》已記其做法[2]。

////////////////////////////////

2/　王子輝《素食縱橫談》相關各篇，陝西科技出版社，1983年。

這些都是世代探索的結晶。例如麵筋，從「鮓」（以魚飯發酵的古老美食）的舊稱可見發明的曲折。「葷」是肉食的總稱，但其字形卻帶「艸」，本指烹調肉料所需的蔥、蒜等調料。這表明，中餐是站在吃蔬菜的立場上。這才能得出袁枚「素壓倒葷」的認識。《隨園食單·雜素菜單》：「富貴之人，嗜素甚於嗜葷。」中餐廚藝的最高表現，在於素菜的烹調。宋代素菜蔚然成風，《東京夢華錄》、《夢粱錄》記載有很多素菜館。《山家清供》有「假炙鴨」、「素蒸雞」等多道素菜，「素菜葷做」達到了以假亂真的地步[3]。這是洋人聞所未聞的。

　　西餐裡的蔬菜是肉的點綴，生的或煮熟的，擺在烤肉盤子裡，沒有參與烹飪過程。中餐缺肉，便在素料上下工夫；先是蔬菜為主料，肉成了「味精」；嚐到美味上了癮，純肉也要配點蔬菜，肉裡加蔬有個動詞「芼」，《儀禮·公食大夫禮》：三牲皆有芼者，「牛藿、羊苦、豕薇」。「素」便深入到「葷」的內部。更有上一層次的葷、素搭配：一桌菜餚要有葷有素，連「大鍋炒、小勺舀」的「經濟盒飯」也以「四葷一素」為號召。葷、素成雙，符合中華文化的陰陽對應的模式。《禮記集解·曲禮上》：「食飯燥為陽，故居左；羹濕是陰，故居右。」《隨園食單·雜素菜單》：「菜有葷素，猶衣有表裡也。」

/// 酒與肉

　　「喝酒不就菜，抱着孩子談戀愛」，老中國人認為酒不「就」菜沒法喝，「菜」還得是肉。「酒肉」就像一對夫妻一樣難解難分。從《詩經》時代，「旨酒」（美酒）就總得跟着「佳餚」。《小雅·正月》：「彼有旨酒，又有嘉餚。」《小雅·車舝》：「雖無旨酒……雖無嘉殽。」「殽」就是肉。

　　俗話所說「無酒不成席」。酒，從上古就是宴席上的主角。《詩經·小雅·鹿鳴》：「我有旨酒，以燕樂嘉賓之心。」肉，至今是酒的隨從。酒，其實是糧食的精華。《本草綱目·穀四》中跟「精華」對立的「糟粕」，本意正是做酒剩下的廢物。肉，是菜餚的精華。大美食家李漁說：「飲酒，即有下酒之物，食飯則有下飯之物。」（《閒情偶記·飲饌部·穀食第

3/　邱龐同《中國菜餚史》，青島出版社，2001 年，頁 192。

二》）「下酒」屬於中餐的「下飯」範疇。這是中餐「飯菜搭配」的本質屬性。「下飯」前邊已有詳述。精華就得跟精華配對，也得有「酒肉交替」。先民早就養成了「飯菜交替」的習慣，酒比飯更濃郁，「下酒」就該比「下飯」更精美。至於說孔乙己「就茴香豆」（魯迅《孔乙己》），那是窮不得已拿代用品湊合。代用品裡，茴香豆的濃郁也是最接近肉味的。

　　分析起來，「下飯」跟「下酒」的功用是有差別的，說法上也不同。「下酒」也叫「案酒」。《辭源》引元曲：「買些新鮮案酒。」《水滸傳》描寫，山路上喝酒解渴，拿棗子權充菜餚，用的詞兒是「過酒」。第十五回：「送這幾個棗子與你們過酒。」讓人想到「過門」能讓人交替欣賞樂器之美、歌喉之妙。「下」跟「過」可以交替使用。《齊民要術》說鱧魚脯「過飯、下酒，極是珍饈也」。儘管有的菜餚跟酒、飯搭配都很適合，梁實秋《雅舍談吃·魚翅》：「致美齋的魚翅，下酒、下飯，兩極其美。」但下酒的、下飯是有分工的。唐朝就有了專門適宜下酒的「酒餚」。段成式《酉陽雜俎》卷七：「鄴中鹿尾，酒肴之最。」「下酒」量少而精，味道也要鮮美得多。從《金瓶梅》的菜譜來看，下酒無羹湯，而下飯多熱菜。

　　中國人拿肉配酒，決不光是飲食習慣，而是確有道理。宋代就有人認識到酒肉能相互作用。趙希鵠《調燮類編》：「煮肉……以酒付之，則易爛而味美。」至今廚師炒肉還加「料酒」。「酒肉」翻成洋文，肉「carnivorous」可以當「飯」，跟酒也許沒關係。老美「喝酒不就菜」，是沒領略過酒肉相得益彰，倒是個習慣問題。

/// 家常飯與宴席

　　諺語說：「家常飯好吃，常調官難做。」現今的宴席，偶爾吃吃，誰都盼着下回，三天兩頭吃宴席，誰也受不了。問「宴席」跟「家常飯」有啥差別？洋人會說不就一個豐盛點、一個簡單點嗎？對於中國人，那差得可大了。中國「粒食者」，老祖宗傳下了「飯菜交替」的「基因」。儘管饞肉，怎奈消化系統已經在「以飯為主」上定了型。所以孔夫子斷言飯不能讓肉壓倒了。《論語·鄉黨》：「肉雖多，不使勝食氣。」辦宴席也叫「請客吃飯」，可幾乎沒飯，當然跟「家常飯」根本不同。舊時中國人常年

半飢半飽，甚至吃糠咽菜，肚子裡嚴重缺少「油水」，主人投客所好，大魚大肉猛勁兒上，有人就會吃不消。「物極必反」，高層次的食客更講究葷素搭配。美食家袁枚說，他有回赴宴，歸來大病一場，就因為主人忽略了「粥飯」（《隨園食單·飯粥單》）。

「家常飯」好吃，儘管自古已然，如今變得更甚。筆者自從參與餐飲界的活動，就怕吃宴席，回家總得來點開水泡飯就鹹菜，肚裡才覺着消停。為什麼如今宴席更難吃了？我相信自己悟出了緣故：舊時人們肚子空食量大，席上儘管酒肉為主，也有飯菜。所以菜餚有下酒、下飯之分。隨着肚子日漸「有底」，先是「飯」免了，後來由於種種「富貴病」的肆虐，喝酒的也很少了。更有，別忘了古人喝的大多是黃酒。杜甫《羌村三首之三》：「苦辭酒味薄，黍地無人耕。」酒精度很低，更接近飯，所以梁山好漢能「大碗喝酒，大塊吃肉」。如今喝白酒，從分量上本來就跟菜餚失去平衡。何況多數人忌掉了酒，一口連一口地吃菜。甚至夾帶着喝怪味的可樂等碳酸飲料。對於國人，這簡直成了對胃腸的折磨。要保護中餐，主要靠「飯菜交替」的家常飯。同樣要緊的是，得大力提倡宴席的正確吃法：恢復喝黃酒，必須像古人那樣燙得滾熱，一口酒、一口菜。

/// 正餐與小吃

周作人有篇隨筆談到，他家鄉的老人哪天胃口不開，就訴苦說：「餃子之類也相當吃了些，可是飯並沒有吃」。南方人認為麵條、餃子都只能算「點心」。唐代傳奇《幻異志·板橋三娘子》：「置新作燒餅於食床上，與諸客點心。」它跟「下飯」一樣先是動詞，後變名詞。北方話的「點心」指的是糕點。周作人《點心與飯》說，家鄉話裡有糕點屬「乾點心」，餃子屬「濕點心」[4]。「粒食」的國人，每餐汲取的熱量不是很足，沒到下頓又餓了，需要「墊補」一下，所以才有「點心」。另方面，追求「味道」的國人不餓時也酷愛滿足「口福」，但要限於量少而味濃的精品，「點心」又得名「小吃」。宋人

///////////////////////////////

4/　周作人《知堂談吃》，中國商業出版社，1990 年，頁 87。

《能改齋漫錄》：「世俗例，以早晨小吃為點心。」普通話是以北方話為基礎的，「小吃」完全取代了南方的「點心」。小吃流行後又出現了「正餐」的概念。正餐又要蒸飯又要炒菜，「墊補」貴在便當，就想法讓主食、副食結合，於是「粒食」被碾成粉加水「和」成團。漢代外來的麵粉（麥粉）普及於北方，吃法正是先「和」麵，富含蛋白質的麵團；熱凝成「餅」，起先是麵食的統稱，《釋名・釋飲食》：「餅，並也，溲麵使合併也。」唐代長安的「胡餅」（芝麻燒餅）又鹹又香，不用就菜，可算典型的「小吃」。

　　麵條、餃子主食、副食合一，經歷過曲折的過程。晉代「索餅」（麵條）流行，束晳《餅賦》的描寫詳細而生動，主食變了樣，「菜」也跟着變成很鹹的肉「滷」，飯菜合一，實現了中餐體式上的革命。餃子的發明當在煮麵條之後。皮裏餡，可能又是受了粽子的啟發，粽子古稱「角黍」，後世北方話「角」與「餃」讀音相近。聽先輩說，煙台英國領事夫人曾試作餃子失敗，原來她包好了就下到涼水裡煮，成了一鍋糊塗醬。分析起來，餃子、麵條同是飯菜合一，不過來了「陰陽轉化」，從「滷麵」的副食在外、主食在內，變成餃子的「餡」在裡、皮在外。唐代出現的餃子，形象地叫作「湯中牢丸」（段成式《酉陽雜俎》卷七）。更早的肉餡包子本名「饅頭」（諧音「蠻頭」），傳說三國諸葛亮南征時用它代替祭神的人頭。

　　後世小吃的花樣不斷爭奇鬥艷，大量品種都超出了上述的基本模式。

第四部

吃與
中西文化及
人類文明

第一章／
調和與華人的
人生哲學

// 水火：中華文化哲學的獨特範疇

/// 「蒸」的意義涵蓋了中華文化

「蒸」，古書中常用「炊」。《水滸傳》裡的武大郎賣的本是「蒸餅」（即饅頭），宋朝人避諱皇帝的名字，宋仁宗名趙禎，蒸與禎同音，改成「炊餅」。但早在南北朝時期，《齊民要術》談到造酒時就反覆說「炊飯」。如卷七「作粟米爐酒法」一節說「夜炊粟米飯」。「炊」只是技法，而「蒸」有着無盡深廣的文化意義。

「蒸」字的字形本來是「烝」。《詩經》描寫淘米蒸飯，原文就用「烝」。《大雅·生民》「釋之叟叟，烝之浮浮。」高亨注：「烝，蒸也。」蘇東坡記述做酒法，先蒸麵肥，用的也是「烝」。蘇東坡《酒經》：「吾始取麵而起肥之……烝之使十裂。」

「烝」的字義多得驚人。據台灣卷帙浩繁的《中文大字典》，有義項四十多條，內地的《漢語大字典》擇其要者也有 11 項。「烝」屬於火部，《說文解字》給出的基本字義是「上升的火氣」。《說文解字》：「烝，火氣上行也。」《漢語大字典》的解釋，頭條是祭禮，特指「冬祭」。《禮記·王制》「天子諸侯宗廟之祭，春曰礿……冬曰烝。」推想冬天擺供的熟食，上升的熱氣觸目可見。祭祀可是古代部落生活中的頭等大事。《左傳·成公十三年》：「國之大事，在祀與戎。」「烝」的其他意思中，重要的還有「眾多」、「長久」、「國君」、「美好」等等。

「烝」就是眾多。《爾雅·釋詁》：「烝，眾也。」眾，首先說的是眾人。《左傳·桓公十一年》：「師克，在和不在眾。」

「烝」就是長久，《詩經·小雅·南有嘉魚》鄭玄箋：「烝，猶言久也。」也就是「壽」。古

語「五福壽為先」，華人歷來以長壽為價值核心。

「烝」就是國君。《詩經》歌頌周文王，就喊「烝哉！」《詩經·大雅·文王有聲》古注：「烝，君也。」上古部落長老即君王，都是群體的代表。

「烝」就是美好。唐代學者陸德明注釋《詩經》：「烝，《韓詩》云：『美也。』」

中國古人有句口頭禪，就是「天生烝民，有物有則」（《詩經·大雅·烝民》）意思是「老天爺生下咱們華人來，事事都要按規矩」。《孟子》這句話寫成「天生蒸民」（《孟子·告子上》）。華夏民眾自稱「蒸民」，當跟「粒食」相關？我們找到了佐證，就是「烝民乃粒」。文獻記載，大禹治水成功後，用這句話宣告中原百姓種糧食吃米飯的時代開始了。《尚書·益稷》：「禹曰：『洪水滔天……予決九川……烝民乃粒。』」「乃粒」後來成了粒食的歷史界標。例如名著《天工開物》，明朝的工藝百科全書，第一章的題目就叫「乃粒」。吃米飯就得蒸（烝）。

/// 西人從未喝開水，華人有「湯」常沸騰

網上有篇趣文《洋人眼裡中國旅遊者的「十大怪」》，一怪就是「到處找熱水」。我頭回出國時，同行的一位老先生提個暖瓶，他本該帶個電熱壺，過關時打破了，嚇了洋人一大跳。外國極少供熱水，也就中國人非喝不可。寫到這一章，我對那件小事突然有了新認識：中國人的暖瓶裡盛的什麼？可說不是水，而是「水跟火的融合」。

「水火」在洋文裡只能翻成兩個詞，water and fire，漢語意思不同，注重它倆的關係。「水火」對中國人的重要，怎麼強調也不過分。你會說那洋人離得開水跟火嗎？沒錯，洋人也喝水、也燒火，但它倆並不總是湊到一塊兒。中國人日常生活裡的「水火」可是緊密結合，沒法分開的。這是飲食文化的殊途決定的。

古代洋人喝水就很少，遠古的歐洲獵人不算，他們渴了，茂密的森林裡到處有清溪甘泉。西方飲食史的論著裡基本上不談「飲」水的問題。「飲食」是個漢語傳統詞兒，人家不會照字面翻譯成 drink and food。那他們為什麼渴不死？我經過長期留意，才揭開心裡這個謎

團：進入遊牧時代，從飲溪水直接過渡到喝牛奶，根據最近我才找到。科學家報告說，從新石器人的骸骨中發現早期歐洲人缺少消化牛奶的基因；在談到喝牛奶的意義時說：「跟溪水相比，牛奶是更安全的飲料。」[1] 天天喝奶，飲就是食，灌得夠嗆還喝水？進入城市生活，歐洲人又大量喝啤酒，有史料表明，每人平均一天差不多能喝一斤半！《歐洲飲食文化》說：在十四五世紀的德國科隆，「啤酒平均消耗量，每人每年……295 公升」。每公升含純水一公斤，酒比水輕也考慮到了。另一方面，人口稠密以後，十五世紀，《飲用水供應標準》就出台了，不會達到現代自來水的無菌化[2]。現代洋人直接飲用生水，當是延續了那古老的習慣。

洋人對沸水一直比較陌生，喝開水應當說是跟中國人學的，因為上了茶癮，要煮茶。據《不列顛百科全書》「茶」的條目，英國人最早記載茶葉是 1615 年的事。直到巴斯德（Louis Psteur）發現細菌，1867 年發現微生物繁生導致食物腐敗，見《簡明不列顛百科全書》「巴斯德」條目，這才懂得用 100°C 的水煮可以殺菌，到現代不過一百多年。

跟洋人完全相反，中國人離不開沸水，該有一萬多年了。有理由說，「煮法滅菌」是中華文化最早的重大發明。超前的靈感哪裡來的？只能是被「飢餓」所迫。前邊說過，神農開始的「粒食」，不能沿用原始的燒烤來弄熟，必須借助水煮，煮具是「鼎」，這樣自然就有了開水，古代叫「湯」。《說文解字》：「湯，熱水也。」用鼎把粒食煮成粥，順便也用它把肉煮成羹，也煮菜和一切能充飢的東西。

從那時起，可以推想，我們祖先的生活中就常有一鼎水在沸騰着，以至於人們會捉摸怎麼能停止沸騰，是「揚湯止沸」呢還是「釜底抽薪」。這兩句成語至今還經常掛在國人的口頭上，分別代表治標、治本兩種途徑。類似的成語還有，例如股票交易所裡的熱鬧場景用「人聲鼎沸」來形容。

////////////////////////////

1/　伊川《喝牛奶的能力》,《中華讀書報》, 2007 年 3 月 21 日。

2/　希旭菲爾德《歐洲飲食文化》, 左岸文化公司, 2004 年, 頁 156。

/// 水火關係奇妙，識者獨我華人

中國人連文盲都會說「水火不容」的成語。說全了該是「水火不相容」。出處是東漢王符《潛夫論·慎微》：「且夫邪之與正，猶水與火。」北宋歐陽修《祭丁學士文》：「如水與火，不能相容。」「水火不相容」這話看似簡單，實則包含着相當深的觀察思考，得是半個哲學家才說得出來。

水、火都是人類熟悉的自然現象，可是對它倆的親近程度，中國人跟洋人大有不同。火，洋人像我們一樣必需，用它把食物弄熟；水，洋人跟它的關係就比不上中國人了。前邊說的洋人有牛奶和啤酒幫助解渴；那還算不得重要理由，更關鍵的是，他們的肉食和麵包能直接用火烤熟；可中國人煮飯呢，未曾用火先得加水。《詩經》描寫蒸飯，就是先提水後提火。《詩經·大雅·生民》：「釋之叟叟，烝之浮浮。」「水火不容」這話也是水在火的前邊。

水能滅火，這是人類日常的經驗；火能滅水，則是洋人生活裡比較少見的現象。洋人煮奶，奶沒有生熟之分，起先沒有熱喝的習慣，也不是沒有燒乾鍋的情況，但奶畢竟不像純水那樣能啟發「水火對立」的思維。在中國古人的烹飪中，加到鼎裡的可是清水，點火一燒，水眼睜睜越來越少；燒乾糊鍋，簡直是「家常便飯」。先民煮粥，陶鼎粗陋容易損壞，《周易·鼎卦》：「鼎折足，覆公餗，其形渥。」灶火也沒有歐洲的火堆旺，水把火完全澆滅的事，就時有發生。總之，獨特的「粒食」要求特殊的烹飪方法，決定了「水火」關係在中華文化中的特殊重要。

中國人心目中的「水火關係」，還有讓洋人更驚奇的一面──「水火相濟」。這四個字常聽中醫提到。孫思邈《備急千金要方》：「夫心者，火也；腎者，水也。水火相濟。」後來成了中國的人生哲學。宋代《鶴林玉露》卷十二在形容兩個歷史人物的關係時，就說他倆「水火相濟，鹽梅相成，各以一事自任」。「水火相濟」出自《周易》的「既濟」卦。《周易·既濟》象曰：「水在火上，既濟。」它的卦象，是「坎」（代表水）在上邊、「離」（代表火）在下邊，常用「水在火上」來描述。水的天性是往下流、火的天性是往上升，這中國先民早有認識。《尚書·洪範》：「水曰潤下，火曰炎上。」愣讓水在上火在下，這違反了

水火的天性，是最早的人為創造之一。

世界公認，中國文化不大關注自然現象，從來不做物理實驗。墨子學派有點例外，但早早失傳了。是什麼讓先民產生「水在火上」奇想的呢？只能是飲食的烹飪活動。《周易》的古代注釋正是這麼說的。唐人孔穎達疏曰：「水在火上，炊爨之象，飲食以之而成，性命以之而濟，故曰……既濟也。」鼎裡邊盛米盛水、下邊燒火，能煮飯充飢的事就辦成了，用文詞兒說就是「事濟矣」。敵對的水火互相合作，完成了「生米變熟飯」的任務，這就叫「水火相濟」。

我們祖先利用「水火交攻」煮出熟飯來，水火這種奇異的關係，古人曾用四個字來概括，就叫「相滅相生」。《漢書·藝文志·序》談到百家爭鳴能促進學術發展時說：「其言雖殊，譬猶水火，相滅亦相生也。」「水火相生」，還有一種解釋更複雜，就是「五行」學說裡「相生相剋」的迴圈。《春秋繁露·五行之義》：「木生火、火生土、土生金、金生水、水生木。」

用「水在火上」象徵烹飪，對比「既濟」卦的相反卦象，道理就更明顯了。「既濟」卦前邊的「未濟」，卦象是火（離）在水（坎）上，那樣水火就不會發生關係。從烹飪的角度來看，那意味着變化沒開始。故稱「未濟」。西方古代的燒烤有火沒水，「相濟」就談不到了。

/// 水火：烹飪帶來的哲學範疇

發現「水火」關係的微妙，是筆者研究中餐的一大誘因。1991 年第一次參加研討會，論文的題目就是《水火範疇和中國烹飪》[3]。會上結識的美國中餐業界僑領湯富翔先生會後來信鼓勵，說這種研究「既深且廣，足以傳之後世，為我華人之光」。

洋人不會發現「水火」的奇特關係，甚至難得把它倆扯到一起，因為水、火是完全不同的事物。水是「物」，火是「事」，是碳之類的物質劇烈氧化的現象；科學

///////////////////////////////////

3/　高成鳶《水火範疇和中國烹飪》，收入《首屆中國飲食文化國際研討會論文集》，1991 年。

上看火是無形的「熱」，但先民眼裡的「火」只是有形的火焰，也叫「火舌」，俗話「火苗兒」。因為有象，就被誤認為是物。可巧水火的共像是都善於變形，於是它倆就有理由被看成同類。華夏先民的熬粥提供了難得的機遇，水火真的結成一對了。

　　水火的微妙關係，大自然裡難以出現，然而，複雜的人類社會無奇不有，「相滅而又相生」現象並不罕見，需要歸納成一個「範疇」。哲學名詞，《維基百科全書》解釋成「反映事物本質屬性和普遍聯繫的基本概念，人類理性思維的邏輯形式」。因為別人沒有像煮粥這樣的日常實踐，沒有機會受到啟發，這個任務注定只能由中國人來完成。「範疇」的名稱必須準確、明快，「水火」實在是個理想的「範疇」。

　　「水火」要形成範疇，當然得超出烹飪領域。這首先反映在中國的古代神話中。根據榮格（Carl Gustav Jung）的心理學理論，神話最能表現一個民族的「集體潛意識」[4]。中國神話裡有水神跟火神鬥爭的著名故事。祝融是火神。《呂氏春秋·季夏紀》：「其帝炎帝，其神祝融」注：「祝融，為高辛氏火正，死為火官之神。」共工是水神。《尚書·堯典》有「共工」，鄭玄注：「共工，水官名。」《淮南子》記載了他倆之間發生一場激烈的決鬥，引起了改天動地的巨變，結果顯然是水神取得了優勢，造就了中國水流向東的地形。《淮南子·天文訓》：「昔者共工與顓頊爭為帝，怒而觸不周之山。天柱折，地維絕。天傾西北，故日月星辰移焉；地不滿東南，故水潦塵埃歸焉。」

　　「水火」成為範疇，最堅實的理論依據在於這是陰陽、八卦、五行這三大中國觀念體系的共同成分，用理論詞語來表示，就是其「可通約性」（commensurability），因而成為它們的結合部件。「陰陽」和「五行」的「通約」。「陰陽」理論裡包括水火；水屬「陰」而火屬「陽」；「八卦」裡也包括水火；「坎」卦為水，「離」卦屬火；「五行」裡又包括水火。「五行」的五大元素本來是平等的，但其中的水、火又有特殊關係，並且名列前茅。《尚書·洪範》：「一曰水，二曰火……」假設沒有「水火」把三大體系聯結在一起，那麼中國人的思想就成了「三國志」，互相獨立爭鬥，中國文化就完了。

　　「陰燧取水」迷夢的破滅，使中國人知道水火的對應不是萬靈的。我們祖先很

4/　榮格《個體無意識與超個體或集體無意識》，《西方心理學家文論選》，人民教育出版社，1983年。

早發現了「陽燧取火」，用凹透鏡的聚焦原理來集中陽光的熱能，點火燃燒。全憑推演，又產生了「陰燧取水」的迷信，妄圖用特殊裝置把月光變成水。見《淮南子·天文訓》。「陰燧」又稱「方諸」。反覆試驗失敗，只能收集到幾滴露水。《淮南子》高誘注：「陰燧，大蛤也，熟摩令熱，月盛時，以向月下，則水生，以銅盤受之，下水數滴。」

///「水火範疇」涵蓋中華文化的方方面面

從熱粥開始形成的「水火」觀念，必然影響到中華文化的整體，以至抽象出「範疇」。「範疇」的用處是能概括很多客觀現象，用邏輯學詞語來說，抽象的「概念」代表着很多具體的「外延」。古人往「水火範疇」的格子裡都裝進了哪些東西？

【中醫】「水火」最常見的是在中醫理論中。老中醫對失眠的患者說：「您這是『心腎不交』。」你再追問，他會大談醫理：「您勞神過度，心火旺，腎水不足，《內經》說心屬火、腎屬水，得給您補腎陰，讓水火相濟……」

【煉丹術】科學史權威李約瑟認為中國「煉丹術」是現代化學的前身。「化學」chemistry 來自煉丹術 alchemy；阿拉伯語煉金術 al-kimiya 來自漢語「金液」古音 kemiya [5]。古老的煉丹術跟烹飪、中醫都有密切關係，其中少不了「水火相濟」。科學史學者王奎克先生說，宋代的煉丹設備就叫「水火鼎」。據宋代《修煉大丹要旨》。老道把煉丹的關鍵物質水銀看成水的同類，煉丹原理自然也是水火關係。南宋吳悮《丹房須知》的附圖顯示，收集水銀的蒸餾器仿照蒸鍋的水汽凝聚原理 [6]。

【氣功修煉】這是「水火」範疇的重大發展，開始了它的抽象化。「氣功」受煉丹法的啟示，也叫「內丹」。物質化學的煉丹叫「外丹」。東漢魏伯陽的《周易參同契》是外丹、內丹合一的經典，其中有《水火匡廓圖》，還有一章題目是「水火」，《水火情性章第十五》：「水盛坎侵陽，火衰離晝昏。陰陽相飲食，交感道自然。」道教史學

//////////////////////////////

5/　《中國古代煉丹術研究》，《科學史輯刊》第四集，科學出版社，1956年。

6/　王奎克《古代煉丹術中的化學成就》，自然科學史研究所主編《中國古代科技成就》，中國青年出版社，1978年。

者解釋說，內丹修煉的原理是：「以身心為鼎爐，心腎為水火……」內丹學用「火」代表人的精神，用「水」代表生理能量。通過靜坐，屏心息慮，使「神火」向下與「精水」交合，達到身心合一（《中和集·漸法三乘》）。

圖之汞抽

《丹房須知》中的「抽汞（水銀）之圖」，採用了蒸餾裝置的原理。

【房中術】「房中術」是道教的迷信，企圖通過跟眾多少女性交而長生不老。晉代道教理論家葛洪談房中術，用「水火」關係象徵性交。《抱朴子·內篇·微旨》：「水火煞人，而又生人，在於能用與不能耳。」內丹理論也借用「夫妻」代表「水火」。北宋薛道光《還丹復命篇》：「龍虎一交相眷戀，坎離才媾便成胎。」

【倫理】古人常用「柔情似水」、「剛烈似火」形容人的性情。由此衍化出「剛柔」的範疇，《周易·繫辭下》：「陰陽合德，而剛柔有體。」《道德經》第七十八章：「柔之勝剛，天下莫不知，莫能行。」孟子用水象徵「仁」，用火象徵「義」，跟倫理學上的「仁義」德目對應。《孟子·告子上》：「仁之勝不仁也，猶水勝火。」

【宇宙構成】「水火」的神秘讓華人興奮過度，把它看成宇宙的本原，猜想連太陽月亮也都是從「水火」演化而來的。《淮南子·天文訓》：「天地之襲精為陰陽，……積陽之熱氣生火，火氣之精者為日；積陰之寒氣為水，水氣之精者為月。」哲學家朱熹曾提出「水火先於天地」。《朱子語類》卷一·太極天地上：「天地始初混沌未分時，想只有水火二者。水之滓腳便成地……火之極清便成風霆雷電日星之屬。」

以上種種想頭，都是受中國烹飪啟發而來的。

/// 貴水文化：水的渴望、火的恐懼

中華文化自古就有明顯的「貴水」傾向，不同學派的智者對水的讚美異口同

聲。孔子見了浩瀚的水勢，就感慨而沉思。《論語·子罕》：「子在川上曰：『逝者如斯夫，不舍晝夜。』」弟子問他為什麼「君子見大水必觀焉」，他借題發揮其倫理思想說，水的天性符合種種良好品德。《荀子·宥坐》：「夫水遍與諸生而無為也，似德；其流也埤下，裾拘必循其理，似義；其洸洸乎不盡，似道；……其赴百仞之谷不懼，似勇；……」

老子更具有哲學深度。他把水捧上了天，《道德經》全書找不到一個「火」字，帶火旁的也只有一個「烹」，《道德經》第六十章：「治大國若烹小鮮。」他根據水跟別種物質的關係，抽象出它的「柔弱」特性，還做出驚人的判斷：水最柔弱退讓，卻最有力量，沒有任何東西能戰勝它。《道德經》第八章：「上善若水。水善利萬物而不爭。」又第七十八章：「天下莫柔弱於水，而攻堅強者莫之能勝。」這一思想的神奇威力，體現於民族的對外關係。華族在外力壓迫下總是敗退，最終反而總能把對手同化掉，自己變得更龐大。

別的文化跟中華相反，大都是貴火的。希臘神話把盜火給人類的普羅米修斯看成大救星；從波斯的拜火教（祆教）到印地安人的太陽神，更不用說。火神在中國竟被看成縱火者，到火神廟燒香是求他不要胡來。從現代科學文明來看，水的重要性確實超過火。火即熱，「熱量」是以水為基準而測定的。1 卡路里＝使 1 克純水升高 1℃的熱量。「熱力學」研究是認識自然及宇宙的關鍵。熱力學第一定律確立了能量守恆；第二定律即「熵增加原理」，可推定宇宙演化進程。生命依賴水，宇宙中有火的星球很多，而有水的星球極少。人類日益認識到水的意義之深不可測。

筆者在飲食文化的探究中發現，華人民族心理對火有潛在的恐懼。這在古代神話中有很多突出的表現。舉例如下。

【羿射九日】傳說遠古天上有十個太陽，莊稼都烤焦了，幸虧大英雄后羿拈弓搭箭，射下九個太陽來（《淮南子·本經訓》）。神話能反映一個民族的集體潛意識。太陽過多，意味着火的偏勝。

【夸父追日】炎帝的後裔叫夸父的，追趕太陽，半途反悔，求水救命，喝乾了黃河水，還是渴死了（《山海經·海外北經》）。

【火神是凶神】希臘神話中的普羅米修斯從天上盜火給人類，是萬世尊崇的英

雄。中國老百姓尊奉火神祝融，是為了祈求他可別光臨。古書中第一次記載祭拜火神，就是為了避免火災肆虐。《左傳·昭公十八年》：「禳火於玄冥、回祿。」古注：「回祿，火神。」疏：「吳回為祝融，回祿即吳回也。」

// 「和」＞烹調＋音樂＋倫理＋政治＋哲學……

///「和」字厚重，宜免輕用

「和」等於英文的 and，白話文裡像「的」一樣滿眼都是。也許細心的讀者已經看出：本書幾乎不用「和」字。「和」本有特別厚重的內涵，在我們祖先眼裡有些神聖，不該當連詞被人連連地隨口帶過，甚至省略。

文言文及眾多方言裡都說「及」、「與」，北方話用「和」當連詞歷史也不長。《漢語大字典》列為第 22 個義項。比較古老的廣東話裡，至今都說「同」。北京話裡「和」也有被「跟」代替的趨勢。

「和」是中華文化特有的古怪概念，跟「味」字類似，外延極為廣大，而內涵相當模糊。根據《漢語大字典》，「和」字有四種讀音，去聲 hè、陽平聲 hé、去聲 huò、陽平聲 huó，其義項總數多達 34 項。從字形來看，「和」可說是個異體字。篆字本是「咊」，讀去聲，意思是相應，唱和。《說文解字》：「咊，相應也，從口，禾聲。」陽平聲的「和」有 26 個義項，字形原為「龢」，段玉裁注釋：「經傳多假和為龢。」「和」是後來寫白了。

「龢」字包含了文化起源的很多資訊，發人深思。其中「龠」表意、「禾」表音。《說文》：「龢，調也，從龠，禾聲。讀與咊同。」「龠」，字形是「品」＋「侖」，就是竹管做的古排簫（至今雲南少數民族還有），後世改進成笙。笙類似西方的風琴，有多音響共奏的和聲功能。《說文》：「龠，樂之竹管，三孔，以和眾聲也。」

「龢」的篆字

「和」的主要義項有三條：烹調、音樂、倫理（《中國大百科全書·哲學卷》）。據段玉裁考證，「龢」、「和」兩字原先都讀「禾」。《說文解字注》：「古唱和字不讀去聲。」烹調、音樂都跟「禾」有密切關聯。前邊說過，古文字表音的部分更能說明本義，前邊還提到《說文》解釋「禾」為穀子植株的圖像，上邊一撇表示穀穗下垂。這表明，「和」字的多義跟吃小米飯相關。

「和」字又跟「味」相近，「味」就是「未」，《說文解字》：「未，味也。象木重枝葉也。」段玉裁注釋：「老則枝葉重疊，故其字象之。」「禾」、「未」都是成熟的植株，不過「禾」是穀物，能做成淡淡的飯；「未」是其他植物，做成有「味」的羹。「和」、「味」同是基本詞幹，都派生出不少新詞語來。

【「和」與烹飪】「龢」的本意跟「調」全同。《說文解字》：「龢，調也。」「調，和也。」做羹也叫「調羹」。《辭源》有「調羹」條目。「調和」就是烹調，相當於英文的 cuisine（法語來源）。枚乘《七發》：「伊尹煎熬，易牙調和。」單個「和」字就當名詞「菜餚」，相當於英文的 dishes。齊桓公最愛吃易牙做的菜餚，《淮南子·精神訓》就說「桓公甘易牙之『和』」。漢代文人枚乘歌頌美食，提到狗肉羹，也叫「和」。《七發》：「肥狗之和，冒（同『芼』，配加蔬菜）以山膚（石耳）。」

【「和」與音樂】「和」是音樂的本質。《禮記·樂記》：「樂者，天地之和也。」《禮記·中庸》：「發而皆中節，謂之和。」「和」也是樂器的名稱。《爾雅·釋樂》：「大笙謂之巢，小笙謂之和。」

【「和」與倫理】《說文解字》中「龠」的釋文還順便提到「侖」，用一個「理」字解釋，「侖」又派生出「倫」，「倫理」一詞也有了來歷。作為中華精神文明本原的倫理，是從血緣關係的輩分來的。《說文》：「倫，輩也。」輩分先民是最基本的「道」（理）、理「論」。《說文》在龠、侖、倫的解釋中都涉及「道」字。段玉裁在「論」的注釋中說「以侖會意」。總之「和」是人際關係的和睦。《論語·學而》：「禮之用，和為貴。」用音樂跟烹調來類比，表明對和樂境界的嚮往。

/// 先秦論文 No. 1：《論烹羹等於奏琴》

　　羹的發明，煮粥技術是前提，不過美味從無到有要比「生米變熟」複雜得多。創造使人興奮，更能啟發人們的思考。這樣就產生了「形而上」的觀念，也就是「和」的道理。「陰陽」的抽象要靠三種經驗的歸納，本書認為是從天象、男女、水火三種現象中歸納出來的。「和」的道理也該從三種經驗中歸納出來，就是調羹、音樂、君臣關係。

　　林語堂談中餐的「調和」說，「白菜煮雞，雞味滲進白菜裡，白菜味鑽進雞肉中。」[1]「調羹」的一大原理，就是讓植物的清香跟肉類的惡氣兩相抵消，創生出肉餚的美味。最早認識到這個原理的，是春秋時代的智者史伯。他只用兩句來表述：第一，「以他平他，謂之『和』」。說白了，「和」是讓兩種東西互相改變對方。第二，「『和』實生物」。意思是「和」確實能創生出新的事物來。《國語・鄭語》記載史伯與鄭桓公的談話。這兩句話太過簡單，難以講透深奧的道理，更沒有交代道理是怎麼提煉出來的，只是稍微涉及樂音及味道，強調都要避免單一。「聲一無聽，物一無文，味一無果。」

　　二百多年以後，西元前 522 年，齊國的晏子又給出了完整的論述，可說是中華歷史上第一篇哲學論文。篇幅長達三四百字。另一篇更成規模的《周易・繫辭》，學者公認在孔子以後[2]，大大晚於《左傳》。論文採用對話體裁，藉着回答齊景公的問題：「和」跟「同」有什麼差別？圍繞着做羹的實例，結合音樂演奏的原理，討論理想的君臣關係。文章闡述「和」的定義說：「和」最好的比喻是調羹。調羹借助水、火、醋、醬、鹽、酸梅等物質，共同跟作為主料的魚肉發生作用，讓魚肉本味的缺陷得到矯正，使其過分強烈的氣息揮發出去。《左傳・昭公二十年》：「和如羹焉，水、火、醯、醢、鹽、梅，以烹魚肉，……宰夫和之，齊之以味，濟其不及，以泄其過。」

　　晏子跟君主大談調羹，是比喻君臣關係。他接着說：君主認為對的，臣下可以說錯；君主認為錯的也可以說對，這樣商量着辦，制定的政策才圓滿。「君臣亦

/////////////////////////////

1/　林語堂《中國人的飲食》，隼君編《學人談吃》，中國商業出版社，1991 年，頁 15。

2/　南懷瑾、徐芹庭《周易今注今譯》，台灣：商務印書館，1978 年，頁 7。

然。君所謂可而有否焉，臣獻其否以成其可。君所謂否而有可焉，臣獻其可以去其否。是以政平……」
君臣互相改變對方的意見，看似等於史伯的「以他平他」，其實不然，差異在於臣下是多數，君臣關係不是一對一而是一對多。多個臣下各有個性，這使主從關係變得很複雜。晏子的比喻等於提出新理論：多種調料代表多個臣下，加上水火的催化作用，這樣君、臣「互動」能使政治達到理想的結果。

用烹羹的調料代表臣下還是有不貼切之處：各種調料都是跟主料魚肉（君主）起互剋作用的，而在烹羹中鹽跟醋合成的味又鹹又酸。於是他又拿音樂補充烹羹：多音階並沒有對立面，經過適當配合，聲音效果一派和諧。晏子講了烹調，「先王之濟五味」，又談音樂，「和五聲也」，強調音階旋律、節奏、樂器音色忌單一，要追求變化，否則會叫人聽不下去了。「聲亦如味，……若琴瑟之專一，誰能聽之？」

晏子談論烹羹、音樂，正是上述史伯「聲一無聽」、「味一無果」命題的展開。兩位智者同樣拿烹羹跟音樂來象徵君臣關係。三個主題詞就是「和」的基本內涵。

/// 中華文化「和」於一鼎

飲食文化作為「母文化」，跟多種文化領域相關。首先是音樂，筆者認為最古怪的樂器「塤」就是華夏先民「炮」鳥的副產[3]。古代貴族生活常用「鐘鳴鼎食」來形容，王勃《滕王閣序》：「鐘鳴鼎食之家。」青銅鼎倒過來就成了銅鐘。鼎又跟樂器是學生兄弟。震驚維也納金色大廳的戰國編鐘是怎麼發明的？哪用發明，最早把銅鼎倒掛了，稍加改進，就成了銅鐘。貴族被稱為「鐘鳴鼎食」之家，《周禮・天官・膳夫》的「以樂侑食」就是音樂伴奏。其實沒有青銅光有陶器那年頭，炊具就是樂器。「黃鐘毀棄，瓦釜雷鳴」，銅鐘瓦罐一貴一賤。《將相和》故事中，藺相如讓秦王敲瓦盆，還記入史冊；秦王竟肯栽這個面兒，因為瓦盆確是秦國落後的樂器。

///////////////////////////

3/　高成鳶《塤裡乾坤》，《飲食之道——中國飲食文化的理路思考》，山東畫報出版社，2008 年，頁 311-332。

　　跟「樂」並行更重要的是「禮」。商周青銅器的主要功用是禮器。越興越笨重，有的甚至將近一噸，最大的禮器「司母戊大方鼎」重 875 公斤，以象徵禮儀的隆重。

　　鼎可以作為中華文化的符號。它集多種功用於一身，其中突出的是當刑具。古代君王演出殺戮功臣的把戲，就得用這個道具，留下了「狡兔死，走狗烹」的名言。《韓非子‧內儲說下》：「狡兔盡則良犬烹，敵國破則謀臣亡。」楚漢戰爭中項羽威脅要把劉邦他爹烹了，未來的流氓皇帝竟說，那好，別忘了分給我一杯羹（《漢書‧項籍傳》）。

　　青銅鼎在中華文化中成了政權的象徵。春秋時楚莊王向周天子「問鼎之大小輕重」（《左傳‧宣公三年》），後來「問鼎」成了奪權圖謀的象徵。

　　物質文明進步了，鼎被「鑊」（大鍋）代替。君王照舊殺人，不過刑具有時用「鑊」。「鼎鑊」、「湯鑊」也成了「死刑」的代稱。《漢書‧酈食其傳》：「猶不免鼎鑊。」《史記‧廉頗藺相如列傳》：「臣知欺大王之罪當誅，臣請就湯鑊。」奴性十足的臣下甘心為君王去死，於是有了通行的誓詞「赴湯蹈火」。跟沸水有密切關係的還有中國古代的法律。中國的第一部刑法就是鑄在青銅鼎上的。西元前 513 年，實行「法治」的魏國，制訂的第一部刑法，就叫《刑鼎》，《辭海》裡這二字就帶着書名號。《刑鼎》比西方的《漢穆拉比法典》遲了大約一千二百年。這提示着中國的刑法跟飲食密切相關。

　　本來是炊具的鼎，成了禮器，又是樂器、刑具，叫人想到孔老夫子常常念叨的「禮樂、征伐自天子出」（《論語‧季氏》），政治全聽皇帝老兒的。鼎就是政權的象徵，這表明，中國古代的「禮樂、征伐」可以用「燴於一鼎」來比喻，用古語說，就是「嘗一臠肉，而知一鑊之味。」（《呂氏春秋‧察今》）。

　　經典說「器以藏禮」（《左傳‧成公二年》），飲食是中華文化的核心，祭祀是「禮」的核心；鼎從食器轉變成禮器，豈是偶然？

　　中華文化的「一鍋燴」，表現在學術上，就是不大懂得「學科」的劃分。近代中西文化接觸後，這成了學者們的共識。用梁漱溟先生的話說，就是「曖昧而不明爽」。他從事過「比較文化」的專題研究，名著叫《東西文化及其哲學》[4]。他說，跟西洋文化相對

///////////////////////////////

4/　梁漱溟《東西文化及其哲學》，北京：商務印書館，1987 年。

照，中國文化「令人特有『看不清楚、疑莫能明』之感」。例如宗教，「中國像有，又像缺乏」[5]。什麼原因？嚴復說得好：中國學術只有整體認識，沒有分科。他說是「得之以『渾』，而未為『晰』故也。蓋知之晰者始於能析」，像「化學之分物質」為元素[6]。

///「原湯化原食」及「平抑百味大『醬』軍」

老華人吃完餃子忘不了喝半碗餃子湯，還念念有詞「原湯化原食」。報紙上有文章解釋「科學原理」，說「湯裡有維生素」云云，那趕得上吃片維生素嗎！但試過的都有體會：喝了原湯確實說不出來地舒服。舒服就是「美」，那跟科學沒關係，屬於林語堂說的「生活的藝術」。

筆者曾冥思苦想，突然跟美工的調色聯繫起來了。「文化大革命」有段時間我被分去幫忙畫宣傳牌子，見老美工在用畫藍廣告色時卻從紅色瓶裡挑出一點攙和進去。問為什麼，他說，這樣畫出來才能讓相鄰的紅藍不會讓人看着「發諍」，「諍」也叫「侉」，就是不雅致不柔和。美術上，彩色的雅致來自同時呈現的各種顏色中共同的成分。現代色彩學上稱之為「色調」。《辭海》：「……色與色之間的整體關係，其中主要的色相為主調。」英文 Tinge（色調）的漢語解釋包括「淡色」、「微染」。

烹調藝術的老祖伊尹透露過一句秘訣：微小的劑量就能影響人的美感。《呂氏春秋·本味》：「其齊（劑）甚微。」「原湯化原食」的體驗表明，純粹的藝術跟「生活的藝術」原理是一樣的。

這個調和原理在中餐烹調上的典型體現，就是醬油的角色。醬油的前身是「醬」，最早的醬是用肉做的，叫「醢」。《說文解字》：「醬，醢也。」段玉裁注：「醢無不用肉也。」為什麼中國古代特別重視肉醬？推想是因為肉料缺乏。弄成鹹肉末，可以提高賞味的功效；添加到菜羹中，更能發揮調味作用。後來尋求肉的代用品，到漢

5/　梁漱溟《中國文化要義》，學林出版社，2000 年，頁 300。
6/　嚴復《〈穆勒名學〉按語》，《嚴復集》，北京：中華書局，1986 年，頁 1046。

代，豆醬才大為流行[7]，被比作統帥百味的大將軍。史游《急救篇》顏師古注：「醬之為言將也，食之有醬，如軍之須將，取其率領進導之也。」宋代以後再改進成「清醬」（醬油），遂成為華人烹調不可缺少的調料。

為什麼醬能調和百味？因為原產中國的大豆跟肉一樣是蛋白質；製作中又要攙上麵粉，經過用麴發酵，變得跟酒也沾親帶故。「醬」字屬於酉部，酉為酒。這樣，醬跟任何烹飪材料都有共同成分，就像個公關能力傑出的「穴頭」，跟誰都合得來，加上本身也有藝術才能（味道），所以能把種種葷素食料「角色」都籠絡在一起，組成「美味藝術團」。就像顏色搭配一樣，共同的成分哪怕微少，也是造成調和、雅致的要素。

/// 不為良相，即為高廚

中華文化醫食同源，古語說「不為良相便為良醫」，仿照此語，也可說「不為良相便為高廚」。

應海外中餐業者的要求，中國烹飪協會曾經邀請幾位研究者商討「廚祖」問題。資深研究者聶鳳喬先生說「中國最早的廚師都是宰相級的」。這話乍聽很嚇人，但的確曾是事實，與會者認定的廚祖伊尹就是典型。

伊尹在前邊提到不少次了，此人奴隸出身，本來只是一個背着大鍋及菜板的炊事兵，藉着烹飪原理大談政治哲學，愣是說服了湯王，成就了商朝的開國大業。王利器考據出有 12 種秦漢古籍記載了這一傳說[8]，這裡引兩條：《呂氏春秋·本味》：「（伊尹）說湯以至味。」《淮南子·氾論訓》：「伊尹之負鼎。」高誘注：「伊尹負鼎俎，調五味以干湯，卒為賢相。」後來商王武丁開拓疆界，達到強盛的頂峰，輔佐他的賢相叫傅說，也是奴隸出身躍為宰相的。武丁王說服傅說擔當重任時，就曾誇讚他有烹調天才說：要想做羹，你

//////////////////////////

7/　趙榮光《中國飲食文化史》，上海人民出版社，2006 年，頁 315。

8/　王利器《烹飪之聖伊尹說》，孫潤田編《伊尹與開封飲食文化》，作家出版社，2004 年，頁 22。

就像鹹鹽、酸梅，少了你可不行。《尚書‧說命下》：「若作和羹，爾惟鹽梅。」孔穎達解釋說：「梅，醋。羹須鹹、醋以和之。」《說命》雖是偽篇，道理不偽。這話教人猜想傳說可能也精通廚師行當。

周代宮廷裡有「膳夫」的官職，《周禮‧天官‧膳夫》：「掌王之飲食膳羞。」學者王學泰先生說膳夫「可以參與周王室的最高政務」。根據《克鼎》銘文：「善（膳）夫克，可以出納王命、遹正八師。」[9] 章太炎有篇《專制時代宰相用奴說》，認為遠古廚師都是奴隸，像太監容易成為天子的心腹 [10]。

廚師當宰相有忠臣也有奸臣，奸臣如齊國的宮廷廚師易牙。他的廚藝天下無雙，是「知味」的樣板。《孟子‧告子上》：「至於味，天下期於易牙。」蘇東坡《老饕賦》：「庖丁鼓刀，易牙煎熬。」所以有些地方的餐飲業界曾供奉他，以標榜美味壓倒一切。他沒能正式成神，因為人格太卑劣：竟把親生兒子宰了，清蒸成創新菜餚，巴結饞鬼齊桓公。桓公吃得喪心病狂，不聽管仲遺言，讓易牙當了宰相，結果連老命也丟在這個奸臣手裡（《史記‧齊太公世家》）。

後世慣於把「烹調大師」的角色跟「治國賢相」的角色結合在起來，常用「調羹」、「調鼎」之類的詞兒來象徵從政。唐代詩人孟浩然報國無門，就發牢騷說：「未逢調鼎用，徒有濟川心。」（《都下送辛大之鄂》）錢鍾書先生議論過烹調跟治國相通的現象，說：「自從《尚書‧顧命》起，做宰相總比為和羹調鼎。」[11] 他引錯了這句話：「顧命」篇應為上引古文「說命」篇。

順便談談一句古代名言的理解問題：「治大國若烹小鮮」（《道德經》第六十章）。歷來注本都解釋為：治國跟烹魚一樣切忌頻頻翻攪，否則會成一鍋爛醬。南宋道士范應元概說：「治大國譬如亨小鱗。夫亨小鱗者不可攪，攪之則魚爛。治大國者當無為，為之則民傷。」[12] 從烹飪的角度來看，筆者認為此說不通，應當存疑。「烹鮮」就是煮魚，無數小魚在沸水

9/　王學泰《中國飲食文化史》，廣西師範大學出版社，2007 年，頁 98。
10/　轉引自周樹山《說宰相》，《書屋》2011 年第 3 期。
11/　錢鍾書《吃飯》，聿君編《學人談吃》，中國商業出版社，1991 年，頁 82。
12/　轉引自朱謙之《老子校釋》，北京：中華書局，1963 年，頁 224。

裡自會翻騰不止，用得着翻攪嗎？拿烹魚比喻治國沒有問題，加上大、小，不過是修辭手段：強調治國很簡單，別像「偉大領袖」那樣運動不斷。若是強調國之大、魚之小，難道說治小國就得像烹大魚（大魚才需要翻攪）？「治國如烹鮮」是先秦各家的共識，「逆向思維」的老子也不例外。

/// 德國的和聲，中國的「和味」

烹調像包括美術、音樂等要素的戲劇一樣是「綜合藝術」。前邊說過繪畫，而音樂跟烹調更為接近，音樂純屬「時間藝術」，烹調也離不開時間。

中國烹調發達，音樂卻跟西方的差距太大了。就拿樂器說，鋼琴結構的精密，是華人能夠想像的嗎？跟二胡比，小提琴的音色是何等純淨。你會說二胡也有特殊表現力？嗆你一句：別忘了那個「胡」字。

筆者不是「民族虛無主義」者，還很有民族自豪感。中國音樂的有些方面是超過西方的。過去認為中國只有五聲音階，這是無知。最高級的樂理「十二平均律」理論，發明者是明代音樂家朱載堉，他堪稱歐洲音樂家們的祖師。明朝萬曆二十四年（1596），朱載堉的樂理專著《律呂精義》問世，比 1636 年法國人梅森（Marin Mersenne）在《宇宙和諧》（Harmonie universelle）中發表相似理論的時間更早。

說中國音樂更先進，根據在於音樂在文化中的地位。儒家把音樂提到叫洋人吃驚的高度。都知道中華文化以政治倫理為核心，而儒家把樂、禮並列為官方意識形態的兩翼，是治國的主要手段。《史記・樂書》：「揖讓而治天下者，禮樂之謂也。」按陰陽理論，「樂」甚至高於「禮」。《禮記・樂記》說「樂由天作，禮以地制。」《白虎通・禮樂》：「樂者，陽也……禮者，陰也。」對照《簡明不列顛百科全書》音樂條目：「康德把音樂列入藝術中的最低等的。」

中國音樂地位高、理論精，怎麼實際反而那麼簡陋？這個問題像窗戶紙一捅就破：音樂屬於人的高級精神食糧，豈是「糠菜半年糧」的餓鬼玩得起的！牧童短笛可以吹吹，發明複雜的器械會被罵「吃飽了撐的」。沒有民間創造，宮廷音樂也

無從提高。研究空頭理論倒可以，只要有閒工夫。朱載堉就是皇族（明太祖九世孫）。

音樂德國人最擅長，巴赫、莫札特、貝多芬……一連串的名字何等響亮。形成對照的是德國的烹調可真夠可憐的。《不列顛百科全書》「烹飪」條目長達三千字，隻字未提德國；中國高校教材《西方飲食文化》的「西方飲食歷史」一章詳述意大利、法國、英美，分別作為古代、近代、現代西餐的代表，也沒理睬德國[13]。在這樣的背景下，康德他們否認烹調屬於藝術，就不是偶然的了。

德國音樂發達，突出表現在和聲上。《不列顛百科全書》「和聲」條目提到的作曲家全是德國人，作為對照，恰好中國沒有和聲。同上條目說，和聲「專指西方音樂中採用的和弦體系。……中國的音樂是非和聲的。」發達的中國烹調，其本質原理跟和聲一樣。代稱烹調的「和」，《淮南子‧精神訓》：「桓公甘易牙之『和』。」漢英詞典譯為 harmony，再翻成漢語，頭一個義項正是「和聲」。

林語堂斷言西餐不懂調和，典型的表現是西餐把菠菜、胡蘿蔔「分別烹煮……跟燒鵝放到一個盤子裡。」[14]他讚美中餐的白菜煮雞是「味道調和」。中餐的調和，相當於德國音樂的和聲。為了跟「和聲」鮮明對照，不妨把「味道調和」叫做「和味」。「和味」的原則，袁枚《隨園食單‧須知單》言之甚明：「一物烹成，必有輔佐」，要求像男女戀愛，原話是「相女配夫」。中餐的搭配，就像音樂和聲中的 do 及 sol 兩音階共鳴一樣，聽着無比優美。袁枚又把調和分為兩類，一類是「清者配清，濃者配濃」；另一類則相反，炒葷菜用素油，炒素菜用葷油，叫做「交互見功」。這兩類的效果都是「和合之妙」。這不正是烹調中的和聲學嗎？

和聲的每個音都得是樂音，但肉類固有的葷氣卻相當於噪音。袁枚說蔥韭等是「可葷不可素者」，它們跟肉料的惡氣同歸於盡，音樂中還缺少這種「以他平他」類型的「和」。所以這種「交互見功」甚至超過了和聲。袁枚說蘑菇、鮮筍、冬瓜「可葷可素」，永遠是「樂音」。所以，跟和聲完全相當的是兩種素料的搭

13/ 杜莉主編《西方飲食文化》，中國輕工業出版社，2006 年，頁 94-104。
14/ 林語堂《中國人的飲食》，聿君編《學人談吃》，中國商業出版社，1991 年，頁 17。

配，例如家常菜的青椒炒土豆片。明末清初的才子金聖歎（因為學生運動而被腰斬的文學批評家）臨刑前發了一通感歎，末尾一句是：「鹽菜與黃豆同吃，大有胡桃滋味。此法一傳，吾無遺憾矣！」（徐珂《清稗類鈔》）黃豆配醃菜是美上加美，而不是以惡制惡。筆者曾提出一個觀點：炒蔬菜才最能代表中國烹飪的高境界。

以上是烹調中的正面共鳴。跟和聲比，還缺少不和諧音階的反面禁忌。這方面，袁枚也談得很清楚，他說芹菜、刀豆忌配葷，蟹粉忌入燕窩，還用擬人法形容說，搭配失當就像讓「唐堯與蘇峻對坐」。唐堯是上古的聖賢，蘇峻是晉代的流氓軍閥。這顯然相當於 do、fa 齊鳴造成的噪音效果。

德國的莫札特跟中國的袁枚恰好是同時代人。前者的絕世之作《安魂曲》作於 1791 年，後者的《隨園食單》於 1792 年出版，幾乎同時。德國的「和聲」、中國的「和味」，恰好也有「交互見功」的「和合之妙」。

/// 飄渺無際的「食德飲和」

前年去雲南旅遊，參觀宣威火腿公司的商場，見到孫中山先生為這一中華美食書寫的題詞「食德飲和」——這個詞兒頻頻出現在談論飲食文化的書刊中。查查《成語大辭典》，意外地不見，考證出處，原來是「食德」、「飲和」二詞的連用。《周易·訟卦》：「六三：食舊德。」《莊子·則陽》：「飲人以和」。合起來用，只能追溯到明代的《廣平府志》。網上檢索，例句出自近代香港思想家、中山戰友何啟。《曾（紀澤）論書後》：「夫人生於中國，長於中國，其宗祖千百年食德飲和於中國者，雖身居異地，……」[15] 但文中意思是「享用先人留下的德澤」，跟飲食無關。推想「食德飲和」的流行當是中山先生題詞的結果。

飲食上的「食德飲和」流行也是必然的，客觀需要這麼個詞語，因它最能概括中華飲食文化的淵博與高深。飲食行為要符合「德」與「和」的原則，這是倫理；

////////////////////////////////

15/ 何啟、胡禮垣《新政真詮》，上海格致新報館，1900 年。

再深一層，要通過飲食領悟宇宙的道理，這是哲學。先看「德」、「和」是什麼意思。「德」，筆者曾給出的定義是「家族群體的凝聚力」，是繁生聚居的保證；「和」（義兼烹調）可說是「德」的手段。新年的「團年飯」至今仍是闔家和樂的紐帶。

往消極方面說，飢餓文化特別需要用「和」來避免食物的爭奪，由此形成了中國特有的「禮」。《論語·學而》：「禮之用，和為貴。」《荀子·禮論》：「禮者，養也。」最早的「禮」就是用美食養老、祭祖。推及族群以外，吃喝就被賦予了「融洽人際關係」的功用，用今天的話說，就是宴席的「公關」功能，即用酒席來潤滑人際關係的種種摩擦。林語堂說過，洋人解決糾紛通過打官司，華人則通過請客吃飯。《論肚子》：「他們不是拿爭論去對簿公堂，卻解決於宴席之上。」[16]

往廣處說，「和」更可以用作國際交往的巧妙手段。春秋戰國時代剛有「國際關係」，就用大擺宴席來從事外交活動，還形成了一個專用成語叫「折衝尊俎」，意思是飲酒吃肉之間就攻克了對方的城池，宴席之上就取得了戰爭的勝利。《戰國策·齊策》：「拔城於樽俎之間，折衝席上者也。」「樽俎」即酒樽、肉案；「折衝」乃消弭攻勢；歷史上最有名的國際鬥爭宴席，是項羽劉邦鬥爭中的「鴻門宴」，從劉邦一方來看，利用對方的宴會招待的機會，機敏應對，一舉取得決定勝利。更多的外交宴會是用來調解雙方衝突的「化干戈為玉帛」（《淮南子·原道訓》）。

華人飲食的這種功用，現代仍然盛行不衰，就連市井之徒也能運用純熟。老舍的戲劇道白中，喝大碗茶的流氓打手也說出了這個文縐縐的語句。《茶館》第一幕：「三五十口子打手，經調人東說西說，便都喝碗茶，吃碗爛肉麵，就可以化干戈為玉帛了。」

大陸「開放」之初，某縣引進外資，一見面就招待了一頓山珍海錯。客人覺得這樣不懂成本核算，沒法合作。先吃酒席的禮俗植根於社會的家族結構。人們本能地認為「外人」不可信任，得設法變得像「自家人」一樣，最有效的莫過於一起吃飯。

華人吃席最可怪的是灌酒，近年來官場尤甚。初次相識就要把你灌得酩酊大

16/ 林語堂《論肚子》，《林語堂散文精粹》，海南出版社，1998 年，頁 454。

醉，你得用「殺身以成仁」的氣概來捨命相陪[17]。其原理筆者最近才恍然大悟：讓客人醉到失態才能突破禮儀的拘禁，像親人一樣不分彼此，甚至能一起幹無恥的勾當。

「國宴」的豐盛會讓外賓大為吃驚，這不是哪個君王的風格，而是儒家的治國原則。孔夫子的學生曾請教攻打某小國的事，老人家極為反對，諄諄教導說，對於「遠人」只能靠「修文德」吸引人家來歸附。《論語·季氏》：「遠人不服，則修文德以來之。」盛大的國宴是「和」的形式、「德」的體現。

///////////////////////////////

17/ 王力《勸菜》，季君編《學人談吃》，中國商業出版社，1991年。

// 吃出來的華人通感及詩性思維

/// 華人美學通感的超常發達

　　上面提到的「鼻能聞苦」就是美學理論所謂的「通感」現象。錢鍾書首次使用「通感」一詞，用來翻譯洋文裡的 synaesthesie，舉的例子有宋詞裡的「紅杏枝頭春意鬧」之句[1]，讓人在視覺裡仿佛獲得聽覺的感受。古代文藝作品裡的「通感」手法俯拾即是。「通感」，用錢鍾書先生的通俗說法，就是「視覺、聽覺、觸覺、嗅覺、味覺往往可以彼此打通或交通，眼、耳、舌、鼻、身各個官能的領域可以不分界限」[2]。

　　「通感」的精神狀態可以追溯到遠古時代。記述傳說的《列子》裡就說：有高人修煉氣功修到「眼如耳，耳如鼻，鼻如口」，五官不分的境界。傳說老子就有這種特異功能。《列子‧黃帝篇》：「眼如耳，耳如鼻，鼻如口，無不同也，心凝形釋。」又《仲尼篇》：「老聃之弟子有亢倉子者，得聃之道，能以耳視而目聽。」佛家也談到耳、目、口、鼻等感官之間的通感現象。《楞嚴經》卷四：「六根互用」、「無目而見」、「無耳而聽」、「非鼻聞香」、「異舌知味」。

　　洋人也曾注意到「通感」現象，德國美學家費希爾（Vischer）說：「各個感官不是孤立的，它們是一個感官的分枝，多少能夠互相代替。」[3] 但決不像在中國傳統文化裡那樣極為常見。「通感」在中國文化裡如此發達，是什麼原因造成的？我又要提出一個假說：中國

1/　吳泰昌《我與錢鍾書的交往》，《我所認識的錢鍾書》，上海文藝出版社，2005 年。

2/　錢鍾書《舊文四篇》，上海古籍出版社，1979 年。

3/　轉引自陳寫年《通感論》，《文藝理論研究》，2000 年第 6 期。

人的「通感」跟特殊的飲食有密切關係。在宋代詞人吳文英的筆下，風是酸味的，花的顏色也帶有腥氣。吳文英《八聲甘州》：「箭徑酸風射眼，膩水染花腥。」仿佛皮膚的觸覺能感知味覺的對象；視覺能看出嗅覺的對象。再如曹植的名句，把「五味」的感受跟「五音」的音階分別對應起來。《七啟》：「彈微則苦發，叩宮則甘生。」這一來一往，豈不都反映了吃的經驗對心理的特殊影響嗎？

較早的「通感」例證多跟吃有關，最有名的，如孔老夫子曾經把音樂的美跟「肉味」的美來個「混為一談」。《論語·述而》：「子在齊聞《韶》，三月不知肉味，曰：『不圖為樂之至於斯也。』」這也可以反證「肉味」在中國人心目中的珍貴。

從「香」字的演變就能從飲食史──文字史上看出「通感」發生與形成的過程。「香」本來指的是口中的暗香，它變成嗅覺可聞的氣味，要借助一個中間環節，就是聲旁的「馨」字，因為人們熟悉聲音那可傳播的特性。《說文解字》：「馨，香之遠聞也。」後來「耳」旁的「聞」字竟然代替了「鼻」旁的「臭」（嗅）字，有些地方，比如我的老家膠東，更用「聽」代替了「聞」，這不正是「耳如鼻」嗎？老家人還管嗅覺失靈叫「瞎鼻子」。這不又是「眼如鼻」嗎？語文上的這類變化恐怕只有漢語裡可見。這不是「中餐導致通感」的明證嗎？

/// 莊子的「混沌」寓言：味與模糊邏輯

莊子講過一個寓言故事：南海之帝名叫「儵」，北海之帝叫「忽」。「儵忽」是個古詞，表示時間上的一瞬。中央之帝叫「混沌」。「混沌」表示空間中的模糊狀態。儵、忽在混沌的國度受到主人的友善對待，他倆見混沌身上沒有七竅，不能享受美景、音樂、美味、花香，就想法子給混沌開竅。沒想到有了七竅，混沌卻死了。《莊子·應帝王》：「南海之帝為儵，北海之帝為忽，中央之帝為混沌。儵與忽時相與遇於混沌之地，混沌待之甚善。儵與忽謀報混沌之德，曰：『人皆有七竅，以視聽食息，此獨無有，嘗試鑿之。』日鑿一竅，七日而混沌死。」這個寓言說明一個很深刻的哲理：自然狀態屬於比人更高的境界，人不該按自己的模式去改造自然，倒是要適應自然。

我敢說西方哲學家會感到納悶兒：這樣深奧的寓言是怎麼琢磨出來的？只有從「吃」的角度才能解釋得通。這可以分兩方面來說：從主體的感官說，口與鼻子都是「七竅」之一，理應是各司其職的，但生理結構上卻是口、鼻連通；從客體的「味」來說，醋的酸、薑的辣，都同時作用於口、鼻，沒法分開。這是對「七竅」分工的最初的突破口，然後美學上的「通感」才有可能慢慢形成。

你肯定會問：「洋人的口、鼻子不也一樣嗎？口、鼻連通又跟耳朵有什麼關係？」你提耳朵，算是抓住了要害。從「齅」（臭、嗅）到「聞味兒」的「聞」之間的轉變、鼻子與耳朵的相通，那是只有吃黍米的中國人才可能感受到的。道理前文談過了：「香」從黍米暗香到遠播的香氣，經歷過「馨」的過渡，就是借助了耳能聞聲的經驗。

好像只有視覺沒有受到牽扯了——實際上同樣難逃干係。中餐講究「色、香、味」，視覺的「色」是打頭陣的。大美食家都能從菜餚的色澤看出味道的鮮香來。袁枚就有經典的論述，還說眼睛是口的媒介，好菜端上來，看一眼就知味道如何，甭等拿嘴嘗。《隨園食單‧須知單》：「目與鼻，口之鄰也，亦口之媒介也。⋯⋯或淨若秋雲，或艷如琥珀⋯⋯不必齒決之、舌嘗之而後知其妙也。」

中外學者公認，西方人的思維方式注重分析，中國注重整體觀。哲學家張岱年說：「西方哲學的思維方式比較顯著的特點就是注重分析。中國哲學講的辯證思維特別注重統一、注重和諧、對立的融合。」[4] 季羨林先生曾借中餐來談模糊邏輯，十分生動精彩。「（中國烹飪）運用之妙，存乎一心。⋯⋯這是東方基本思維模式——綜合的思維模式在起作用。有「科學」頭腦的人也許認為這有點模糊。然而，妙就妙在模糊，最新的科學告訴我們，模糊無所不在。」[5]

華裔美國學者成中英認為，中國式的思維方式特質在於「一體統合原理」（整合性原理）。即「世間萬物由於延綿不絕地從相同的根源而化生，因而統合成一體。萬物都共同分有實在的本性。」[6]

//////////////////////////////

4/　張岱年《中西哲學比較的幾個問題》，謝龍主編《中西哲學與文化比較新論》，人民出版社，1955 年，頁 86。
5/　季羨林《從哲學的高度來看中餐與西餐》，《視野》，2001 年第 2 期。
6/　成中英《論中西哲學精神》，東方出版中心，1991 年，頁 279。

/// 驚人的考據：餛飩＝混沌＝糊塗＝古董＝黃帝

餛飩是餃子的前身，南北朝時期就開始流行。唐人段公路《北戶錄·食目》注釋引南北朝顏之推：「今之餛飩，形如偃月，天下之通食也。」「餛飩」這個名稱本來就是莊子寓言中的「混沌」。不過加個「食」字旁，很多食品的名字都是這麼來的，例如「餃子」與「包子」。據明代學者方以智考證，餛飩（混沌）又叫「䭔突」，也就是「糊塗」。《通雅·飲食》：「餛飩、混沌、糊塗、䭔突，皆聲轉。」還說「糊塗羹」也叫「古董羹」，所以又跟「古董」相通。

有人說餛飩的得名，取其形狀像開天闢地之前的一團「混沌」。清末富察敦崇《燕京歲時記》：「夫餛飩之形有如雞卵，頗似天地混沌之象，故於冬至日食之。」從中華飲食發展的理路來看，餃子的本質就是從飯（麵）、菜（餡）分野再演化到重歸「混沌」。「糊塗」、「古董」也是混沌，讓人聯想到咱們祖先老古董的主食「糊塗粥」。《辭海》解釋「糊」字說：「稠粥。《爾雅·釋言》：『糊，饘也。』」「饘」就是原始稀粥改進的稠粥。傳說粥是黃帝發明的，譙周《古史考》：「黃帝始蒸穀為飯，烹穀為粥。」於是又牽扯「人文始祖」的黃帝。

令人感到神秘莫測的是，據大學者龐樸先生考證，餛飩、混沌居然能跟「黃帝」本人等同起來。筆者敬佩龐先生，他是上世紀八十年代以「中國文化書院」為核心的「文化熱」的主導人物之一，覺得他喜歡提出大膽觀點，他題贈筆者的書中就有一組短文詳談他驚人的考證，結論是：餛飩或黃帝，乃是黃河上漂浮的皮囊！三篇短文分別考證「黃帝就是混沌」（《帝江、帝鴻即黃帝》）；「混沌」就是「陝甘間橫渡黃河時常用的牛皮筏子」（《混沌小考》）；「餛飩」的得名是因為像皮囊（《混沌與餛飩》）。文章是隨筆體的，其中的推理像破案小說一樣引人入勝[7]。

餛飩＝混沌＝糊塗＝古董＝黃帝，這個古怪的等式會給人一種印象：中國的古老文化本身就像五官不分的一團混沌、一鍋「糊塗」粥。餛飩具有很多「混沌」的特性：主食、副食合一；飯、湯合一；甚至葷而貴素（雖然須用雞湯之類的「高湯」，但最講究的餛飩湯要求清到可以沏茶。唐人段成式《酉陽雜俎》卷七：「濾去湯肥，可

///////////////////////////////////

7/　龐樸《薊門散思》，上海文藝出版社，1996 年，頁 343-349。

以瀹茗。」餛飩堪稱「中華第一美食」，北方民諺說「好吃不如餃子」，但南人很少吃，它由水中皮囊變成形似天際浮雲的「雲吞」，從遠古的西北漂浮到現代的東南，漂到黃帝子孫足跡所至的世界各地。

/// 華人藝術生活、詩性思維的由來

《列子》說的「眼如耳，耳如鼻，鼻如口」，錢鍾書先生認為是發揮了先秦莊子的思想。錢鍾書《管錐編》認為「乃撮合《莊子》之《達生》《寓言》《大宗師》之意而成」[8]。美學家李澤厚先生斷言，莊子的哲學就是美學。莊子用「遊」來表示無限自由的精神活動，《莊子‧大宗師》：「遊乎天地之一氣。」就是後世文藝理論《文心雕龍》中的「神與物遊」。南朝劉勰《文心雕龍‧神思》：「文之思也，其神遠矣。故寂然凝慮，思接千載；悄焉動容，視通萬里。吟詠之間，吐納珠玉之聲；眉睫之前，卷舒風雲之色：其思理之致乎！故思理為妙，神與物遊。」

哲學家徐復觀說：「作為審美命題，『神與物遊』就是使人的精神獲得自由解放，就是『主體之神』與『物之神』間的雙向交流與同構。」[9]醋的酸味、薑的辣氣，突破了嗅覺、味覺的界限，提高了中國人對美食的欣賞能力，這不正是人的感官跟食物的味道之間的交流、同構嗎？

林語堂有一大觀點，讓他的洋人讀者耳目一新：中國人最懂得享受「藝術的生活」。以英文寫就的名著《吾國與吾民》最後一節的題目就是「生活的藝術」。其中說：「人文主義使人成為一切事物的中心……只有古老文化才知道『人生的持久快樂之道』。」[10]書裡列舉了幾十種中國人自得其樂的生活細節，頭兩件就是吃螃蟹與品茶。「嚼蟹」、「啜茗」，此外還有吃雞鴨肝、嗑西瓜子、吃餛飩等。他舉清朝美食家李漁的名著《閒情偶寄》為代表。《閒情偶寄》專有一章談吃，題為「飲饌部」。林語堂特別提到「李笠翁自稱他是『蟹奴』」。「因為蟹具『味香色』三者之極。」

8/　轉引自譚家健《〈列子〉書中的先秦諸子》，《管子學刊》，1998 年第 2 期。
9/　徐復觀《中國藝術精神》，春風文藝出版社，1987 年，頁 69。
10/ 林語堂《吾國與吾民》，華齡出版社，1995 年，頁 330。

　　林語堂又拿詩人跟美食的關係當焦點，就中、英兩種文化的比較大發議論。他說我們有「蘇東坡肉」，而「在英國，『華爾華茲肉排』將為不可思議」，甚至「英國語言中沒有『烹飪』一詞，乾脆叫它『燒』」。cuisine（烹飪）借自法語，英文只有 cooking（煮）。作為鮮明對比的是中國詩人袁枚，他「寫了一本專書論述烹調術」。指《隨園食單》，被法國安妮·居里安女士（Ms. Annie Curien，陸文夫小說《美食家》的法文譯者）譽為「美食經典」。

　　詩與美味在袁枚心中簡直融為一體了，其共性就是「味」。同道友人趙榮光先生認為袁枚的詩句「平生品味似品詩」可說是「總結自己一生的學術成就」[11]。

　　近年，中國美學的研究者又根據李澤厚的觀點進一步提出「中國文化的詩性智慧」的新命題。有位青年學者有專文論述，很有見地。大致觀點為：中國詩性智慧特別強調透過對審美客體的整體直觀把握，在內心世界浮想運思，通過寓意於物象的「內遊」、「內視」、「神遇」、「玄化」、「目想」、「心慮」、「澄懷」等體驗方式獲得對世界本原的洞見和內心世界的愉悅與至樂[12]。

/// 藝術生活與人生哲學

　　林語堂的英文書《生活的藝術》曾轟動西方世界，1937 年在美國出版，曾霸佔「暢銷書排行榜」榜首達 52 星期，再版四十餘次，被譯成十多種文字，使他差點榮獲諾貝爾獎。筆者曾誤以為那書不過以文采取勝，讀後才知道它的哲學深度。

　　林語堂說從人生觀上中國人就「和西洋人成對照」，「中國人過着比較接近大自然和兒童時代的生活，……深切熱烈地享受快樂的人生。」[13] 又說哲學不一定要苦苦思索，相反，華人「生活藝術的哲學」才更夠得上「深湛的哲學」。《生活的藝術》第一章「醒覺」：「真正符合尼采所謂愉快哲學（Gay Science）。西方那些嚴肅的哲學理論，我想還不曾開始瞭解人生的真意義呢。」作者用種花養鳥之類生活細節的描述來闡釋自己的觀點，書中有大量的美食體驗。第二章「關於人類的觀念」：「人類天性的本質，……喜歡一個好的思想和喜愛一盆美味的筍炒

//////////////////////////////

11/ 趙榮光《袁子知味》，張立升《社會學家茶座》第五輯，山東人民出版社，2003 年。

12/ 黃念然《和合：中國古代詩性智慧之根》，湛江師範學院學報，1999 年第 3 期。

13/ 林語堂《生活的藝術》，陝西師範大學出版社，2003 年。

肉……」「如果我們變成鬼魂或天使，……看見一盆北平或長島（Long Island）的鴨肉，但沒有舌頭可以嘗它的滋味；看見烘餅，但沒有牙齒可以咀嚼；……真等於一種可怕的刑罰。」

「哲學」簡直是普通華人的催眠藥，強鑽下去也會覺得苦澀沉重。漢語裡自古沒有「哲學」一詞，故宮太和殿龍椅上的對聯說「知人則哲，安民則惠」，摘自《尚書·皋陶謨》。古注說「哲，智也。」「哲」限於「五倫」（君臣、父子、夫妻、兄弟、朋友）的人際關係，哲學只有倫理學分支一枝獨秀。其「本體論」、「認識論」、「方法論」等幹枝都出於今人所補。

教科書裡解釋「哲學」是「聰明學」。牟宗三說過：「中國知識份子十分聰明，什麼都可以研究。」[14] 千百年間的千萬智者，為什麼死盯着人際關係，不去觀察研究大自然呢？有一個解釋：中華文化是「飢餓文化」，國人始終沒有解決飽肚問題；飢餓必然加劇爭奪，造成各級人際關係的凶險。「民以食為天」，政治倫理的「天」，遮蓋了自然科學的「天」。智者們都為「長治久安」絞盡腦汁，累極了就渴望散散心，就是林語堂說的「閒適」。就連主張積極「入世」的儒家，實際上也持這種人生觀。《論語·泰伯》：「天下有道則見，無道則隱。」現代哲學界公認「儒道互補」是華人文化精神的真實狀態[15]。

人能活着就算僥幸，以莊子為代表的高人都「想開了」，只求苟全性命、盡情享受世間的歡樂。《莊子》充滿這類寓言，例如《山木》篇裡的大樹，「此木以不材，得終其天年。」李澤厚先生提出了中國人的「樂感文化」及「審美的天人合一」[16]，這屬於「人生哲學」範疇。「人生哲學」也包括「入世」者在人際關係中的「處世之道」，是中國哲學的重心。可舉筆者友人劉長林先生的書為代表：《中國人生哲學的重建——陳獨秀、胡適、梁漱溟人生哲學研究》[17]。

「人生哲學」更學術的名稱是「生命哲學」。philosophy of life，西語 life 對應着漢語的「生

14/ 牟宗三《時代與感受》，鵝湖出版社，1988 年，頁 220。

15/ 牟鍾鑒、林秀茂《論儒道互補》，《中國哲學史》，1998 年第 4 期。

16/ 李澤厚《實用理性和樂感文化》，北京：三聯書店，1998 年，頁 144。

17/ 劉長林《中國人生哲學的重建——陳獨秀、胡適、梁漱溟人生哲學研究》，華東師大出版社，2002 年。

活」、「生命」，認為非合理的感性高於知性和理性。「生命哲學」在西方的出現要遲至近代，德國哲學家狄爾泰（Wilhelm Dilthey，1833 － 1911）首次提出這個名目，第一位「人生哲學家」是叔本華（Arthur Schopenhauer，1788 － 1860）[18]，這還是可以從飲食角度來解釋：西方沒有食物危機，人際關係遠不像華人那樣緊張，有充分的餘裕去探索自然。近代社會發展加快，德國人也感到「生存壓力」，開始關注人際關係及相應的哲學。

　　前邊說過，德國文化不重視飲食，而其哲學跟音樂同樣傑出，大哲學家群星燦爛。恰好形成對應的是，音樂、哲學同為華人的弱項。諳熟西方文化的現代美食家林語堂成了「人生哲學家」，豈偶然哉。

/////////////////////////////

18/ 叔本華《叔本華人生哲學》，九州出版社，2003 年。

第二章／
飲食文化
比較觀

// 營養 vs 味道、科學 vs 藝術

/// 高廚近似大藝術家

前邊多次涉及一大判斷：中餐近於藝術，形成對照的是西餐近於科學。這裡通過講述高廚的掌故，來表明他們的藝術家屬性。

第一個故事。大美食家袁枚寫過一篇《廚者王小餘傳》，內容驚人地精彩。小餘是袁枚的家廚，死後十年間，他每到吃飯，常常想念小餘，甚至落淚，所以為他寫傳記，以寄託哀思。小餘怎麼死的？做菜累死的。他自己說，每做一款佳餚，都要傾注全部心血。原文說：「吾苦思殫力以食人，一餚上，則吾之心腹腎腸亦與俱上。」把心肝都炒進菜裡了，能不死嗎？袁枚曾經問他：你這樣的高才，為什麼不往豪門高就，卻屈尊服侍散人？小餘的答話更驚人：您天天挑我的毛病，這樣我的創造才能不斷提高水準，您的教訓斥責，對於我就像甘露，如果一味讚美，那我就完了！讀了這段對話，就會想到藝術家跟批評家的依存關係，更會相信真正的高廚就像大藝術家一樣把為藝術而獻身當作人生最高的享受。

第二個故事。清代大美食家梁章鉅記述某公館高廚的事跡，更加驚人（《浪跡叢談》）。他廚藝高超，平常做的炒肉絲就能讓客人愛吃到連菜碟都嚼碎吞下。一天府中來了兩位貴客，主人想用美食極力巴結他們，廚師做的菜反而比平日糟糕。對於主人的怒斥，家廚卻冷冷地回應道：實話告訴你，我非常人，乃天廚星下凡，天帝派我伺候你，你那兩客人，他們不配！廚師竟是天神，跟希臘神話中的文藝女神繆斯平起平坐。對於洋人，這類故事肯定是聞所未聞、無法理解的。

/// 洋人不明「味道」，華人未聞「營養」

在 1991 年「首屆中國飲食文化國際研討會」上我有幸結識美國中餐業界領袖湯富翔先生，後來聽他講過不少海外奇談，例如，幾次國際奧林匹克烹飪大賽，自稱來自「烹飪王國」的中國團隊都名落孫山。2002 年我又結識了當年的中國烹飪代表團團長李耀雲大師，我倆同為「中國烹飪協會專家小組」成員，赴淮安審定「淮揚菜之鄉」的申請，還曾合撰了論文《滿漢全席源自淮安說》[1]。他的事跡有廣泛流傳[2]。他說第十七屆世界奧林匹克烹飪大賽在德國法蘭克福舉行時，賽場只提供電磁爐，經他力爭，請示市長同意，破例提供明火，同時還搬去大型滅火器。結果中國選手獲得七塊金牌，令世界同行刮目相看。李大師現今已是世界廚師聯合會的評委，但回想當年還是覺得很窩火。他說，中餐跟西餐比賽，就像讓中國的太極拳跟洋人的「搗皮拳」比賽，boxing match，今天譯名為「拳擊運動」。裁判標準就很成問題。

前邊說，華人追求的「味」是食物的「輕清者」，其實西人也同樣越來越重視輕清者，但那不是「味」而是「營養」nutrient 和「熱量」quantity of heat。熱量以「卡路里」為單位，簡稱「卡」。你說「營養」雖然精微但仍是有形的物質？那「熱量」就像「味」一樣是純粹無形的了。

「味」和「營養」的差異，可說是中西文化差異的象徵。「味」是非常模糊的，感性的，而「熱量」是十分精確的，理性的。林語堂說：「英國人不鄭重其事地對待飲食。」對於法國人說的「好吃」他們「不屑一顧」，「英國人感興趣的是怎樣保持身體的結實，比如多吃點 Bovril 牛肉汁，從而抵抗感冒的侵襲。」[3] 洋人也懂得貪戀美味。孫中山先生說：關於烹調，西人先前只知道法國烹調為世界之冠，「及一嘗中國之味，莫不以中國為冠矣。」[4]

////////////////////////////

1/　高成鳶、李耀雲《滿漢全席源自淮安說》，收入《淮揚菜美食文化論文集》，淮安市政府編印，2003 年。
2/　曉蓉《「廚神」傳奇》，《青島畫報》，2003 年第 4 期。
3/　林語堂《中國人的飲食》，聿君編《學人談吃》，中國商業出版社，1991 年，頁 11。
4/　孫中山《建國方略》，中州古籍出版社，1998 年，頁 63。

但我們決不能說洋人飲食文化落後，人家還很看不起華人的不懂營養學呢。這就叫美食的「價值標準」不同。簡單說，中餐以「味道」突出，西餐以營養見長。「味道」有很深的道理，洋人有所不知，但至少有相應的詞兒 flavour，然而「營養」漢語裡連個詞兒都沒有。原有的「營養」一詞，意思是「生計」。《辭源》裡的例句出自《宋史‧地理志》。新名詞「營養」是日本人生造的，「營」字好像莫名其妙，本義是居所、營造，看不出跟「養」有半點關係。筆者經過深入考究，才知道出自一個冷僻的中醫學術語「營衛」，《黃帝內經‧靈樞經‧營衛生會》：「穀入於胃，五臟六腑皆受其氣，其清者為營、濁者為衛。」讓人不禁服了日本人。

上溯萬年，我們祖先從「粒食」開始走上歧路。中餐進入光怪陸離的境界，回看西餐不免覺得沒啥長進。然而人家不是「白吃飽」，近代以來，隨着科學技術的發展，營養學日新月異，從脂肪、蛋白質之類的區分，到品類繁多的維生素、微量元素的發現，從尚能分辨，到不可感知，越來越趨向精微、無形；跟中餐的「味」表面上頗多相似，而本質卻根本不相同。營養素儘管跟華人的「味」一樣屬於「食」的「輕清者」，但卻決沒有從食裡異化出來、以至對立起來。

中餐、西餐不同的發展路途，可說就是「味道」和「營養」的殊途。一個近於藝術領域，一個屬於科學範疇，兩者難說有高下之分。強為比較，倒是洋人對「味道」也不陌生，只是不知其所以然；相對而言，華人在「營養」上實在是低下過甚。

/// 兩個相反的蘇東坡：飲食文化的兩個層次

河豚是有劇毒的，北宋時代江蘇人才試着吃。北宋科學家沈括在《夢溪筆談‧補筆談》卷三中說：「吳人嗜河豚魚，有遇毒者，往往殺人，可為深戒。」大美食家蘇東坡當算是吃河豚的先驅。同時代的筆記說，他「盛稱河豚之美」；有人請吃，問「其味如何」？他回答說「值那一死！」那段記載的結論說：「由東坡之言，可謂知味。」（吳曾《能改齋漫錄》卷十）

還是這個蘇東坡，有時又像是「味盲」一個。宋朝又有筆記說，什麼惡劣的吃食他都能痛快咽下。陸游記載說，東坡跟同僚相遇於外地，兩人在路旁的小飯攤兒上買湯麵充飢，味道糟糕透了。同僚放下筷子歎氣，東坡卻很快吞光，大笑着對那人說，你還想拿嘴嚼嗎？陸游《老學庵筆記》卷一：「東坡先生與黃門公南遷，相遇於梧、藤間。道旁有鬻湯餅者，共買食之，粗惡不可食。黃門置箸而歎，東坡已盡之矣。徐謂黃門曰：『九三郎，爾尚欲咀嚼耶？』」看來他是囫圇吞下的。

蘇東坡吃河豚是為了欣賞美味，跟營養毫無關係；蘇東坡吞湯麵是為了充飢，味道可以全不考慮。兩種場合，判若兩人。河豚經常危及性命，按照「營養保健」的價值標準，應當絕對否定，但吃河豚卻屬於「知味」的最高表現。比粗劣的湯麵更糟的吃食，哪怕草根樹皮，也會給快餓死的人提供一點寶貴的熱量。「兩個蘇東坡」的典型故事，生動地表明：人的飲食行為有着高、低兩個層次，哪個高哪個低，不言自明。

個人如此，人類亦然。人屬於動物又高於動物，人的感官活動有兩個層次，低層次的是生理需要，高層次的就是精神需要了。精神的活動近於美學。這個道理，美學家汪濟生先生講得最透徹。上世紀八十年代，年輕的他就創立了自己的美學體系，跟朱光潛等大師並立，有人指出，因為他不是「專業」者，其學說遠未發揮社會效應。他曾在專著《系統進化論的美學觀》裡論證，感官依附於身體，首先要為身體的生存服務，所以感官有「謀生活動」；但高級生物感官發達，謀生之餘又有「遊戲活動」。他例說貓捉老鼠是「謀生活動」，貓玩線團則是「遊戲活動」[5]。美食屬於精神活動，比遊戲更高級，已進入審美境界。

中、西飲食文化有高低之分嗎？這跟奧林匹克烹飪大賽一樣，得看什麼標準：科學？藝術？

筆者對西方的營養分析佩服得五體投地，但還是要冒天下之大不韙說，從總體來看，中華飲食文化還是高出一等。理由是，營養分析再精微也是物質上的，而就連唯物主義者，也承認精神是高於物質的。

5/　汪濟生《系統進化論的美學觀》第二章第二節，北京大學出版社，1987年。

只顧營養、無視味道的主張，已遭到失敗的教訓。美國航天局營養生物化學部的負責人斯科特・史密斯說：「在實施阿波羅空間計劃時代，宇航員食用的是裝在類似牙膏盒中的雞肉沙拉。宇航員在飛行中有拒絕進食的情況，只能攝取正常需要熱量的一半。今天，我們試圖提供盡可能像平常食用的那種食品。」[6]

/// 營養學家孫中山站在中餐一邊

中餐高於西餐，這麼說肯定挨罵。幸而可以獲得孫中山先生的有力支持。都知道他是個醫生，洋人稱他 Doctor Sun Yat-sen，就是「孫醫生」之意，國人翻譯為孫逸仙博士，卻想不到他研究過營養學，而且有十足專業的長篇論述。孫先生怎麼會談起營養學來了？皆因要借用人人熟悉的吃，來解釋他的哲學思想。見《建國方略》中「孫文學說」第一章「以飲食為證」，一篇洋洋萬言的專論，大半內容純是營養學[7]。

營養學家不離口的是多少卡路里的熱量。最早向國人介紹「卡路里」這個概念的，據筆者所見，就是孫逸仙博士。他不得不獨創一個名詞「熱率」來表示 calorie（卡路里）。他說，「近世生理學家之言食物之分量者，不言其物質之多少，而言其所生熱力之多少」，接着介紹熱力的測試方法，說「以物質燃化後，能令一格廉（即「克」gram 的音譯）水熱至百度表（即攝氏溫度計）一度，為一熱率」。

中山先生的營養學論文貫徹着全新的科學精神。他從人體的細胞講起，為了哲理的透徹，不用通行的名詞「細胞」，而另造新名詞「生元」。「生物之元子，學者多譯為『細胞』，而作者今特創名之曰『生元』。」他管食物的本質叫「燃料」，把脂肪看成是燃料的蓄積。「燃料之用有二，其一為暖體，是猶人之升火以禦寒；二為工作，是猶工廠之燒煤以發力也。倘食物足以供身內之燃料而有餘，而其餘者乃生成脂肪而蓄之體內。」他還分別介紹了蛋白質、碳水化合物、脂肪等營養成分的含熱量。他還率先斷言大豆是蛋白質的重要

//////////////////////////////////

6/　《火星上的食譜》，報紙《參考消息》，2000 年 7 月 5 日。

7/　孫中山《建國方略》，中州古籍出版社，1998 年，頁 61-87。

來源。「植物中亦涵有氮氣質，而以黃豆、青豆為最多。」國人都知道豆腐是我們祖先的一大發明，西方營養學家盛讚它是理想的「健康食品」。洋人熟悉豆腐，多虧了中山戰友、民國元老李石曾先生。其父李鴻藻是晚清重臣，皇帝之師。他目睹清廷腐敗，誓不當官，留學法國學習農學、化學，後來發起留法勤工儉學運動[8]。他曾專門研究大豆，有法文著作，並創立巴黎豆腐公司。為了讓洋人親嚐美味，又開設歐洲第一家中國餐館。名為「中華飯店」，位於巴黎蒙帕納斯大街。中山先生高度評價豆腐，說它要勝過肉類，有其長處而沒有其缺點。他說：「夫豆腐者，實植物中之肉料也，此物有肉料之功，而無肉料之毒。」先生為肇造民國而心力交瘁，怎麼會分心於豆腐和中國烹調？推想是受到李石曾的影響。反過來說，李石曾之研究豆腐同樣可能是受到營養學的孫逸仙博士的啟示。

在中餐、西餐高下的爭論中，「營養派」總是攻擊「藝術派」是「營養盲」。筆者搬出精通營養學的中山先生，他竟站在中餐一邊，這會使對方容易信服。

/// 美食家梁實秋有個營養學家女兒

任何學派都有代表人物，飲食文化中的「科學派」、「藝術派」也一樣。「藝術派」的代表，非大美食家梁實秋莫屬。林語堂也熱中於談吃，但那是把吃當成華人「藝術生活」的內容，《吾國與吾民》裡的《飲食》一節就屬於《生活的藝術》一章，而且他總愛在吃的現象裡找出點道理來。梁先生則一味沉溺在對美食的津津樂道中。

飲食文化的「科學派」舉不出個代表人物來。早的不用說了，單看「開放」時期中餐蓬勃興起之後的情況。經過奧林匹克大賽慘敗的教訓，大陸現代烹飪教育及飲食文化研究圈內才開始有重視科學的呼聲。例如揚州商學院烹飪系的季鴻昆先生。1994 年他在研討會上批評「當前的飲食文化研究，比較多地偏向於文史，而存在的實際問題卻多為自然和技術科學問題」，所以「尤其要注意提倡實驗和量化的科學方法」[9]，他主持開設了營養學

8/　陳紀瀅《一代振奇人──李石曾傳》，近代中國出版社，1982 年。

9/　季鴻昆《我國當代飲食文化研究中的幾個問題》，《中國烹飪走向新世紀──第二屆中國烹飪學術研討會論文集》，經濟日報出版社，1995 年，頁 76。

專業，但是萬沒想到，培養出來的首批「營養師」竟分配不出去──星級賓館都說用不著，只有兩名畢業生在醫院裡找到位置。這真富有諷刺意味：現代華人還像老祖宗一樣「醫食不分」。

　　代表人物必須是大眾熟悉的。有一位美國華裔營養學家倒能當科學派的代表，就是梁實秋的女兒梁文薔女士。她曾任美國西雅圖海濱學院「食物與營養」教授二十多年，有《營養問答集》等專著，包括風靡華人女性世界的《曲線救美：減肥瘦身秘訣》一書。都有中文版。她的著作顯示了家學淵源：不光文采斐然，更體現了講吃家風。飲食文化的兩大派分別由梁實秋先生和他女兒來代表，這樣，激烈的爭論就變成了梁家的家事，必然像親情一樣和諧。

　　假設你是個頑固的「營養科學派」，當你否定味道藝術派時，必然強調「他們都是不懂營養學的老中國人」。對於美食家梁實秋，你也會說同樣的話。你只信服營養學家的觀點？那你就陷進自相矛盾的窘境了。聽聽梁文薔教授是怎麼看待她老爸的飲食觀的。她對自己的營養學立場當然無比堅定，但同時又對老爸迷戀美味的那一套非常尊重，是個孝順女兒[10]。《論語‧學而》：「三年無改於父之道，可謂孝矣。」可見，用洋人的「營養」來否定華人的「味道」，實屬淺薄之見。營養、味道壓根兒不在同一個層次上，就像父親跟女兒不是同輩兒一樣。寫到這裡，筆者忽然有個念頭：假設我們的營養學家不是梁實秋的女兒，而是林語堂的，假設她像林先生一樣總想在吃的現象中找出道理，那她就不會滿足於捉摸女人「曲線救美」的小事兒，而會擔當起「中西飲食文化比較研究」這個重大的課題。那樣就從「生活藝術」提高到「人生哲學」了。

//////////////////////////

10/ 梁文薔《長相思：槐園北海憶雙親》，時報文化出版社，1988 年。

// 醫食同源與體質差異

/// 食物何來「寒涼溫熱」

　　人們都有體驗：同是花生米，炒的香，可吃着就有「熱」的感覺；煮的不香。老人會說炒的「熱」，煮的「涼」。老外聽了會奇怪：煮的涼？剛開鍋就吃，不一樣燙嘴？後來懂點中醫才知道，炒花生那叫「性熱」，煮的「性涼」。可是洋人弄不懂吃的東西分什麼「性」？

　　中華文化「藥食同源」，飢餓的神農無所不嘗，就根據感受或反應，把種種動植物都定了「性」：寒、涼、溫、熱。從秦漢之間的《神農本經》（含藥物 365 種）到明代的《本草綱目》（含 1892 種），每一種藥物都先標明藥「性」，四類是「熱」在量上的四個級別，可以歸為寒、熱兩類。又是「熱」又是「量」，那跟用「卡路里」計算的「熱量」是什麼關係呢？這沒法說；可是從炒花生、煮花生一熱一涼來看，就能心領神會：「性」其實是水、火關係：跟「火」接近多點的就「熱」，跟「水」接近多點的就「涼」。拿花生為例子不大合適，《本草綱目》裡還沒有花生，從粳米可以看得很清楚：同一種糧食，本來「性」寒，烘熟就變成「熱」了。唐代孫思邈《千金食治·穀米第四》：「粳米，生者冷，燔者熱。」

　　根據華人的「水火」對應觀念，「火」也是一種物質，也屬於中藥。《本草綱目》專設「火部」，包含 11 項，跟「水部」平行，作者在這章先發了一通宏論，把火分成三種：天火、地火、人火。「天火」指太陽、閃電之類；「地火」就是平常的火；「人火」是個中醫術語，指人體內部的「火」，也就是「熱」。人體的主要成分是水，這叫人想到中國烹飪的「水火平衡」，不過「鍋灶」在體內，「水火」已成為抽象觀念。

病人體溫高，有點像「地火」，就叫「發燒」。

正常的人體，「水」、「火」要保持微妙的平衡。不同體質的人之間也有一定的差異，就是中醫說的「虛、實」，跟寒熱兩兩結合，成為「虛寒」或「實熱」的病狀。人體分寒熱，吃的也分寒熱，中醫理論要求兩套寒熱互相協調。既然中華文化「藥食同源」，這也是理所當然的事。唐朝「藥王」孫思邈名著《千金食治》開篇有句話，洋人聽了會吃一驚：犯了病別吃藥，先拿食物來治，治不好才吃藥。《千金食治·序論第一》：「知其所犯，以食治之，食療不瘉，然後命藥。」如今流行的「食療」一詞就是他創造的。他活了一百多歲，多虧了他懂得拿飯當藥。無獨有偶，元朝又出了一位百歲「食療」老醫生、《飲食須知》著者賈銘，生在南宋活到明初，享壽 106 歲。

從《神農本草經》開始，食物的「性」都是光憑人們的感覺及反應來定的。你說這是古老的迷信？可番茄是清初才傳來的，現代食療書刊中照樣說「番茄性平，有清熱解毒作用。」這麼說，也長期沒見有人反對。這樣看來，食物的「寒熱」當是客觀存在的。然而洋人為什麼又不接受你這個偉大發現呢？

有不少孩子連吃幾粒大棗，鼻子就流血了，老中醫說是體質虛熱，建議多吃梨。梨有人能連吃兩三個，有人半個都不敢吃，一吃準瀉肚子，中醫說梨性寒，體質寒涼者忌食。那麼整體上看，洋人跟華人體質上是否也有所不同？

/// 華人「上火」大謎試解

外資企業裡的大陸員工感覺嚴重「上火」，全身難受，洋醫生量量體溫，正常；嗓子紅腫給點漱口藥水。再說別的，醫生 no、no 連聲，過兩天發了高燒。要是聽老華人的話，吃兩片「黃連上清丸」，拉稀屎一泡渾身舒暢，好了。

「上火」華人都懂，可洋文裡查不到這個詞兒。《漢英詞典》只能用一大篇話來描述病狀：「上火：〈中醫〉Have symptoms such as constipation, inflammation of the nasal and oral cavities, conjunctivitis, etc.」翻成中文是：「有了以下症狀：便秘、口腔和鼻腔發炎、結膜炎，以及諸如此類等等。」說了半天，意思還很不全，上火常鬧

牙疼，俗話「火牙」，就漏掉了。更有中醫說，上火得分胃火、肺火、肝火；胃火有大便乾等症狀，肺火咳嗽、吐黃痰，肝火煩躁、失眠；這用多少單詞也沒法翻譯。華人還認為「火」是百病之源。《本草綱目‧果四‧茗》講到茶能降火，說「火為百病，火降則上清矣。」

　　沒人能否認華人「上火」現象的普遍存在，甚至包括否定中醫的反偽專家方舟子先生。他曾跟一位「意識形態科學家」共同宣稱中醫是「偽科學」。他特地寫了篇《「上火」、病毒與中毒》，其中說：「『上火』是中醫對許多症狀的一個籠統、模糊的說法。」[1] 他反對吃中藥清火，說那反而會引起中毒。他並沒有斷言「上火」屬於迷信的幻覺，有的說辭倒很值得玩味：「這（上火）是個很富有中國特色的問題。」也就是說，只有中國人會上火。至於為什麼？這位留美專攻生物化學的才子卻不置一詞。

　　筆者從探究飲食文化之始，就留意尋求這個重大疑謎的答案。直到本書寫到這章，在捉摸食物的「寒熱」問題時才豁然開朗：原來華人愛「上火」，這是由於體質特殊。提個假說：從肉食改成粒食後，世世代代的適應，引起人體基因的變化。

　　「粒食」跟肉食的性質（中醫所謂「性」），差別可太大了。單說含水量，穀物是成熟的種子，含水本來很少，為了「積穀防饑」長期保存，新穀入倉前必須經過曬乾工序，有時還運用火烘，這就決定了「粒食」乾澀的突出特性。所以中餐必然有「乾稀搭配」的「餐式」，漢語習慣更是「飲」在「食」先。根據粳米「生者冷，燔者熱」（孫思邈《千金食治‧穀米第四》）的道理，糧食經過曝曬也會增加「火」性。神農的子孫世世代代吃「火」，難免導致體質的特殊，病理的特殊。有句話老中醫掛在嘴上：「火是百病之源」，或「上火引起感冒，感冒是百病之源」。老古語斷言「吃五穀雜糧沒有不得病的」，吃糧食，應當就是中國人「上火」的根源。

　　「上火」不吃藥，嚴重後果是轉為「上呼吸道發炎」。這時需服「上清丸」。名叫「上清」，其實是「下清」，清除大腸的淤塞。也怪，大腸一通，氣管很快通暢。中醫理論「肺與大腸相表裡」每每得到明顯的驗證。再一想更有道理：加煤的胃腸

////////////////////////////////

1/　方舟子《「上火」、病毒與中毒》，方舟子的博客，2006 年 10 月 23 日。http://blog.163.com/fangzhouzi_vip/blog/static/10975569420069236251588/

和化氣的肺不就是產生能量的人體鍋爐嗎？「火」太旺，肺當然會被燒出毛病來。

　　文字學上更有直接的證明。中華文化的很多密碼都藏在漢字古老的字形裡，「疏」字就潛含着重要的資訊。「疏」等於「上清丸」的「清」。《國語・楚語上》：「教之樂，以疏其穢而鎮其浮。」東吳韋昭注：「疏，滌也。」「疏」的字形什麼意思？《說文解字》並沒講透徹。其中的密碼直到清朝一位文字學家才破譯出來，那簡直有點叫人發瘮：一幅胎兒分娩圖！右邊的「㐬」象胎兒下生，左邊的「疋」象胎兒蹬腿！朱駿聲《說文通訓定聲》：「㐬者，子生也；疋者，破包足動也。孕則塞，生則通。」孩子一生下來，孕婦肚子就通了，大腸裡的也一樣。

/// 飲食確能改變人體基因

　　老中醫常囑咐「上火」患者吃蔬菜，在這一點上，中西醫可說不謀而合。蔬＝疏，蔬菜的蔬，草字頭是後來加的，宋代人才把這字補進《說文解字》中，以前「疏」是正字。《集韻》：「凡草菜可食者通名為蔬。通作疏。」多吃「蔬」菜就能疏通大腸壅塞。蔬菜能「清火」，蔬菜也叫「水菜」，九成是水。你說那也不如喝杯涼水？絕對不然。要清的「火」既然是「人火」，李時珍創造的詞兒，特指人或動物體內的「火」，哪有用天然水的道理？

　　西醫治大便壅塞好像多一招：要你多吃粗糧，說是富含纖維素。其實咱老祖先最不缺的就是這玩意：疏，本意正是特粗的糧食。《詩經・大雅・召昊》：「彼疏斯粺。」鄭玄注：「疏，謂糲米也。」「疏」的解釋還有「草之可食者」。中國人荒年拿「草根樹皮」來填肚皮，常年「吃糠咽菜」，俗話「糠菜半年糧」，這都包括在「疏」之內。「疏」的本義跟飲食無關，它還有疏遠、不合情理等意思，《禮記・檀弓》孔穎達疏：「疏，言甚疏遠於道理矣。」用到飲食上，可以理解為權且「果腹」的雜物，例如糟糠。糠也沒了光吃野菜，後來「疏」字變「蔬」。

　　常吃的瓜菜，多數的「藥性」都屬於寒涼類；例如黃瓜、冬瓜、菠菜、莧菜、萵苣、茄子、竹筍都是性寒、冷，見《本草綱目・菜部》；更有些菜同時還有「滑」、「利」的屬性，

例如菠菜性「冷滑」、蕨菜性「寒滑」、莧菜性「冷利」；就連性「溫」的菘（大白菜），也有「通利腸胃」的效應；吃多了會引起腹瀉。至於「不可食」的雜草，更有中毒反應，直接造成體力虛弱，「熱」就談不到了。

人類經歷過肉食生活，肉類含水量天然，接近人體，對腸胃沒刺激，還能鍛鍊消化力，肉食民族的腸胃當然壯實。可憐中國的先民，世世代代吃些「寒滑」的東西，跟人家比，腸胃想不「弱」也難！經常瀉肚必然「陰虛」，惡性循環更愛「上火」。

論證至此，似乎已能自圓其說。不，嚴謹的讀者還會質問：食物對人體也許有影響，然而你怎麼能肯定食物的影響可以變成民族體質的基因？問得好。用達爾文「進化論」的術語說就是「獲得性的變異能否遺傳、積累」。筆者也曾經自問，直到找到確定的根據。前幾年外國科學家發表權威報告說，考古學家從古人類遺骸中發現，歐洲人本來也沒有消化牛奶的基因，這證明，拿牛奶當主要食物，確實能改變民族的體質，而且改變得「非常快」。那篇報導很有意思，摘錄如下：「他們（科學家們）發現西元前 5,840 年至 5,000 年期間的新石器人類骸骨中沒有消化牛奶的基因。從進化的角度來看，『乳糖基因』在人類接觸牛奶的過程中普及得非常快。僅僅過了七八千年，90% 的北歐人的體內就有了這種基因。」[2]

這篇短文沒有標明出處，不合乎引據的規範。筆者已找到原文的題目是 Dienekes' Anthropology Blog 的 *Early Europeans unable to digest milk*。專業人士不難查閱。

順便弄明白了一大疑問：為什麼中餐裡絕少用奶類材料。人類學家哈里斯（Marvin Harris）在飲食文化的名著中提到「東亞地區的人對牛奶有根深蒂固的厭惡」，原因除了缺乏「乳糖基因」，也沒有機會養成習慣[3]。他的觀點終於得到上述考古報告的支持。這也打通了「體質人類學」到「文化人類學」的途徑。葉舒憲先生《譯本序》的題目中已提出了「飲食人類學」的名目。

2 / 伊川《喝牛奶的能力》，《中華讀書報》，2007 年 3 月 21 日。

3 / 哈里斯《好吃：食物與文化之謎》，山東畫報出版社，2001 年，頁 141。

// 吃與文化全球化前景

/// 飲食在中西文化中地位懸殊

「吃」，對人類的社會、文化有多大重要性？在這個問題上，華人跟洋人觀點的差異實在大得驚人。

首先表現於史料多寡的懸殊。孔夫子的學術遺產《論語》內容凌亂支離，唯獨談吃的集中而有條理。見《鄉黨》一章，除了正面的「食不厭精，膾不厭細」，還從反面列出八條「不食」的講究，包括肉塊「割不正不食」。先秦諸子的言論幾乎無不涉及飲食。唐代李白、杜甫、白居易歌頌美食的詩篇，多到難以計數。宋代大文豪蘇東坡不光放言高論，更親自實踐；發明了「東坡肉」、「東坡羹」等一系列古典菜餚，還都配上文學體裁的解說。如《豬肉頌》、《菜羹賦》等。後來更流行起文化名人撰寫美食專著之風：元代大畫家倪瓚、明代音樂家朱權、清代詩人朱彝尊、戲劇家李漁等，各有名著傳世。倪瓚《雲林堂飲食制度集》、朱權《神隱・修饌類》、朱彝尊《食憲鴻秘》、李漁《閒情偶記・飲饌部》。最突出的是清代詩人袁枚，中國飲食史上的里程碑。他的專著《隨園食單》不但被中國廚藝家奉為圭臬，在烹飪大國法國也被奉為「美食經典」。

筆者發現，古今文人中只有異類魯迅幾乎沒談過吃。雜文裡偶爾提到紹興醃菜及吃筍能壯陽之類，都帶着貶義，再就是抄過荒年充飢的《野菜譜》。更有意思的是，跟魯迅對立的文人個個都對美食津津樂道。周作人談美食有散文整百篇，被集成《知堂談吃》一書；梁實秋因膾炙人口的散文專集《雅舍談吃》而成為公認的現代美食家；魯迅跟這兩位爭吵也最激烈。魯迅對傳統文化是徹底否定，這跟他對中國美食的態度完全相符。

　　跟中國的情況相反，飲食在西方文化中幾乎遭到無視。最早覺察這個事實的，是熟諳西方文化的華人智者林語堂，顯示他對西方飲食有較為專注的考察。林語堂拿英國人跟法國人當不同的典型，說他們「各自代表一種不同的飲食觀。」本節中林語堂的話都引自《中國人的飲食》一文[1]。法國人「放開肚皮大吃」，跟中國人一樣吃得理直氣壯，而「英國人則是心中略有幾分愧意地吃」，顯然愧在覺得吃近乎動物本能。作為忽視飲食的代表，英國人很少談吃，以免「損害他們優美的語言」。這是諷刺，因為林文強調「英語中原本沒有 cuisine 一詞，他們只有 cooking（燒煮），沒有 chef（廚師），只有 cook（伙夫）。」「沒有一個英國詩人或作家，肯屈尊俯就，去寫一本有關烹調的書」，像中國的袁枚、李漁那樣。

　　法國人的講吃，有特殊的歷史淵源，林語堂好像不知道那是受了意大利公主下嫁的影響（《不列顛百科全書》「烹任」條目）。意大利人的烹調一枝獨秀，目前只有一種假說可以解釋：馬可波羅從中國帶回去的影響。日本有飲食史學者就持此觀點[2]。

　　西方文獻中的飲食史料少得可憐，不像中國的《詩經》中那樣觸目皆是。杜莉教授的《西方飲食文化》中「西方飲食文獻」一節斷言，西方「涉及飲食烹飪之事的文獻相對較少」，最早論及飲食理論的是遲至近代的法國人傅立葉（Charles Fourier，1772-1837）[3]；從時間來看，中國的影響不能排除。西方最注重專題研究，飲食史的資料卻很難找。從專著的問世來看，《歐洲洗浴文化史》居然早於《歐洲飲食文化》[4]，真令華人匪夷所思。

　　跟中國比較，西方飲食史論著更有一大差異：其主題都不外「食物」，food 或 diet，接近原生態的食料。德國的《歐洲飲食文化》中加工最深的不過香腸之類。受西方的影響，日本學者研究中國飲食文化的專著也多題為「中國食物史」。例如前引篠田統《中國食物史研究》、田中靜一《中國食物事典》。反觀華人學者的研究，多是烹飪史、菜餚

//////////////////////////////////

1/　林語堂《中國人的飲食》，聿君編《學人談吃》，中國商業出版社，1991 年。
2/　辻原康夫《閱讀世界美食史趣談》，世潮出版公司，2003 年，頁 15。
3/　杜莉主編《西方飲食文化》，中國輕工業出版社，2006 年，頁 25。
4/　克萊默《歐洲洗浴文化史》，海南出版社，2001 年；希旭菲爾德《歐洲飲食文化》，左岸文化公司，2004年。

史。例如前引陶文台《中國烹飪概論》、邱龐同《中國菜餚史》。

　　「無話則短」，文獻貧乏，反映了西方飲食文化相對簡單。由於食物充足，吃在西方歷來沒人重視。直到「後現代」，「文化研究」學科興起，麥當勞速食跟搖滾樂之類的「低俗文化」受到批判，飲食在西方這才總算進了「文化」領域。

/// 男女文化與飲食文化

　　百年前就有這樣的說法：「中國文化是飲食文化，西方文化是男女文化」。不過都是酒席上的閒話，大家會心一笑接着夾菜。誰敢當作學理命題提出來，必會遭到痛斥。理由還愁沒有？比方紅學家會責問：「《紅樓夢》裡有飲食沒男女？」

　　拿這當學術的，筆者見到的只有台灣哲學教授張起鈞。他說：「西方文化，特別是美國式的文化，可說是男女文化，而中國則是一種飲食文化。」只見於《烹調原理》的自序，正文裡也沒有再談[5]。這類的命題，一作判斷就有人反感；要詳加論證，學者會拚命抵制，閒人又怕傷腦筋。那就講些掌故趣聞吧，說服力一點也不弱。

　　話說戰國時代，吳王特聘軍事家孫武為他練兵，孫武取得吳王的同意，先拿宮女們做個演習。眾美女覺得好玩，嘻嘻哈哈，孫武見軍令不行，喝令把兩個隊長斬首示眾，當然是最受寵的嬌娃。吳王嚇丟了魂，大叫道：「沒了這寶貝倆，我吃飯也沒味了！」《史記‧孫子吳起列傳》：「寡人已知將軍能用兵矣！寡人非此二姬，食不甘味，願勿斬也！」你看，跟「口福」比起來，多大的「艷福」也得讓位。說到這裡人們就會聯想到英國國王「不愛江山愛美人」的洋掌故。二十世紀英王愛德華八世（Edward VIII）為了跟辛普森夫人（Wallis Simpson）結合而毅然遜位。吳王跟英王可真有天壤之別。

　　你會說這吳王碰巧是個大饞鬼，那麼再看一個有名的故事。《世說新語‧汰侈》說，晉代富豪石崇跟另一個大款「鬥富」比闊，每逢舉辦家宴都要讓美人勸酒，客人不肯乾杯就將美女砍頭，真的連殺多人。兩個故事中都說明在中華文化中

5/　張起鈞《烹調原理》，中國商業出版社，1985 年，頁 5。

酒食遠比女人重要。西方紳士階層的「女士優先」推想也跟「男女文化」有關。

說西方重視男女，事例更多。從古希臘羅馬就有男女裸體模特，而中國古代人連肢體的輪廓都得用寬袍遮蔽起來。性學家劉達臨先生描述，古羅馬的公共浴池簡直是公開的淫窟。他寫道：「男女混雜，夜間也可共浴，浴場因此墮落為淫蕩之地。……充斥了猥褻下流的語言與歡笑。」就連酒席，也「像沐浴一樣，和淫亂結合起來了」，不光有色情表演，「連一向嚴謹的哲學家西塞羅，晚餐時也有神女伺候，一面愛撫着她們冶艷的肉體，一面進食。」[6] 如果這是在中國，連現今的記者也會寫條新聞高叫「不堪入目」。英國學者唐納德（Elsie Burch Donald）則寫道：「酒會的另一功能」是提供「無與媲美的男女交誼場所。這是一種由來已久的傳統。」進餐過程中男士自顧大嚼，不跟鄰座的主人之妻沒話找話，那是極大的失禮[7]。

為什麼中西文化一個重飲食一個重男女？對這個現代問題，中國古人早就給出了答案：「飽暖思淫慾」。在飢餓的中國，最重要的是吃。餓得半死，淫棍也會陽痿了。洋人沒挨過餓，也不懂欣賞美味，精神當然全用到了男歡女愛上了。

中國古人說到「淫」，最著名事例是商紂王的「酒池肉林」。儘管也叫一些裸體男女在裡邊鬼混，但「酒肉」還是主角，「男女」倒成了陪襯。《史記・殷本紀》：紂王「以酒為池，懸肉為林，使男女裸，相逐其間。」漢語的「放蕩」，古文常說「耽於酒色」；《漢英詞典》裡對應的是 debauchery，洋人的理解是「色」sex 在前頭而「酒」alcohol 是陪襯。《朗文英漢雙解詞典》的 debauchery：「behavior that goes beyond socially approved limits, esp. in relation to sex and alcohol.」酒、色又是顛倒的。

從理論上，儒家文化決不主張禁絕性慾，家族多子多福全靠生育。孔夫子諄諄教導說：性慾跟吃一樣是人的本性。《禮記・禮運》：「飲食男女，人之大欲存焉。」然而，中國人的生活中卻實際存在着性的忌諱，民間諺語斷言「萬惡淫為首，百善孝為先」。性禁忌是為了維護家族聚居。「四世同堂」要求弟兄和睦，而叔嫂之間「男女

/////////////////////////////////

6/　劉達臨《世界古代性文化》第 22 節，上海：三聯書店，1998 年。

7/　唐納德《現代西方禮儀》，上海翻譯出版社，1986 年，頁 35。

授受不親」是危險的破壞因素。

/// 學科地位：烹調竟與理髮平列

盛大的「首屆中國飲食文化國際研討會」1991 年在北京舉行，各路才俊聚首一堂，包括自然科學史家、考古學家、文字訓詁學家……等等，儼然似「飲食文化」新學科的誕生宣言。然而，會後這個虛幻的學界立即風消雲散，留下「盛筵難再」的遺憾。

「飲食文化」是中華文化的基礎，儘管古昔元典中言之鑿鑿，加上八十年代以來眾位開拓者碩果纍纍，至今廣大文史學界對此還是茫無所思。莫非因為開拓者們人微言輕？世界偉人孫中山先生曾專門論述「飲食之一道」，說得頭頭是道，前述《建國方略》中「孫文學說」第一章「以飲食為證」，也只是在上述小圈子裡才被重新「發現」。若說孫先生不是文化人士，林語堂先生，譽滿中外的文化大師，被罵為「西仔」，飲食上卻是頑固的國粹派，早就宣稱洋人不懂「調和」而華人是「毋庸置疑的烹飪大家」。但他的吶喊只能被當作「幽默」而博得散文讀者的一笑。

人類文化的進步，物質上由科學家帶頭，精神上由哲學家帶頭。學術對群體行為（包括吃）的支配力看似無形，卻極為強大。譬如說，儘管飲食傳統是頑強的，但由於科學家斷言膽固醇會引起心血管病，洋人萬古的肉食習慣居然發生了變化。又如，孫中山先生早就指出豆腐勝過肉類，「夫豆腐者，實植物中之肉料也，此物有肉料之功，而無肉料之毒。」但只有營養學權威出來肯定後，世界衛生組織 1985 年認定大豆的蛋白質與優質動物蛋白質相當，1977 年美國科學家證實有降低膽固醇的效果[8]，豆腐才大為風行。

世界級的大學者讚美中餐，早已屢有傳聞，但那是在宴席上，他們的身份已降低為一般的食客。他們的說話，有效的場合只能是國際學術論壇。但當今的世界學科體系中「飲食文化」根本沒有獲得立足之地。縱使我們提出並論證了重大觀點體系，足以影響學術整體，也完全無望進入學術殿堂，無緣跟各科學者對話。

//////////////////////////////////

8/　李里特《中外大豆食品研發的觀念取向》，《農產品加工學刊》，2005 年第 4 期。

「飲食文化」沒有學科地位，這突出反映在圖書館的分類法中。唐君毅先生在《中國書籍之分類與知識之分類》中指出：「知識之分類，與學術之分類及書籍之分類密切相關。」[9] 西方哲學歷來重視知識分類，與生物學的分類法同用術語 classifacation，背景是從古希臘起就有發達的邏輯學，整個知識就是一個邏輯體系，「邏輯」logic 的本義是概念，各級學科名稱也是大小概念，近代形成了分支繁密的「學科之樹」。浩如煙海的書籍怎麼管理？全靠「圖書分類法」。最早的圖書分類法是做過圖書館長的大哲學家萊布尼茲（Gottfried Leibniz）編制的。洋人談飲食文化的書幾乎沒有，分類法當然缺少相關類目。至於原料及生產，在「農業」、「輕工業」大類之下有細密的分科。

學者公認中華文化的特點是「整體性」，古代學術幾乎沒有分科，「四庫」分類法簡單而違背邏輯。經、史、子、集四分法，容納專科知識的只有子類。子類無所不包，等於沒有分類。用西方分類的觀點看來，中國學術整體屬於政治倫理學，蔡元培說：「（吾國）一切精神界之科學悉以倫理學為範圍」[10]，連天文學都屬於政治。流傳至今的古醫書汗牛充棟，那多虧單獨設類、利於保存。「子部」之下有「醫家」。飲食之書也曾大大的有，據《隋書・經籍志》，漢代有《淮南王食經》、《食飲》等專著，前者部頭大到 130 卷，但幾乎全部失傳。目錄學家鄭樵說得好：「士卒之亡者，由部伍之法不明也；書籍之亡者，由類例之法不分也。」（《通志・校讎略》）

近代中國全面接受了西方學術，照搬了西方的學科分類體系。中華文化與西方根本異型，卻也得按照西方的學科框格生生分割，最為令人痛惜的是，西方所沒有的東西，恰巧是中華傳統的瑰寶，因為無所歸屬而遭到遺棄。

美國杜威（Melvil Dewey）首創十進分類法，後來又引入字母標記，容許類目的級別無限加多。新時期中餐繁榮，引起飲食文化的書籍爆炸，這些書的分類成為圖書館的難題。中國大陸現行的《中國圖書館分類法》給飲食的書增設了類目，但學科的大格局是容不得變動的。看看給飲食之書的分類號，就知道「飲食文化」在學

/////////////////////////////////

9/　唐君毅《哲學概論（上）》，台灣學生書局，1978 年，頁 323-326。
10/　蔡元培《中國倫理學史序言》，商務印書館，1910 年。

科分類體系中的地位何等卑微：「烹飪法」的類號是六位數的 TS972.1。具體的上下關係是這樣的：T 工業技術 → TS 輕工業（手工業）→ TS97 生活服務技術 → TS972 飲食調製技術 TS972.1 烹飪法 [11]。就是說，「烹飪法」只能作為 TS97「生活服務技術」類（理髮等）的下屬，然而歸於此類的書卻是文史經哲無所不包，諸如《先秦烹飪史料選注》、《陸游飲食詩選》、《千金食治》、《烹飪美學》等等。圖書分類的荒謬，表明了「飲食文化」學科地位問題的嚴重。

///「飲食人類學」的半壁江山

西方學術偏重自然現象，中國偏重「人際關係」。《周易》的「三才」，可算古代簡單的學科劃分，舊時的「類書」均依這種「三分法」：「天」指天文、氣象，「地」指地理、物理，「人」指天人關係、社會關係。宋代理學家張載《張子正蒙·大易》：「《易》一物而和三才；陰陽氣也，而謂之天；剛柔質也，而謂之地；仁義德也，而謂之人。」至於大自然跟人的關係，最早提出者是中國偉人司馬遷。《漢書·司馬遷傳》：「究天人之際，通古今之變。」在西方，天人關係（人在自然中的出現、人與自然的日常關係）長期受到上帝信仰的掩蓋。人要活命，最要緊的是吃。食物的不同跟民族習尚大有關聯，所以「飲食文化」知識領域是實際存在的，儘管在西方學科體系裡還是空白。

學科是不斷變化的，十九世紀學科開始大分化，二十世紀已出現了綜合的傾向。量子力學家普朗克（Max Planck）說：「實際上存在着由物理到化學、通過生物學和人類學到社會科學的連續的鏈條。」[12] 正當中國全面接受西方學科體系時，1901 年美國出現「文化人類學」。顧名思義，此學要對不同文化的面貌進行比較研究，是跨越自然與人文社會的綜合學科。值得注意的是此學在英國叫「社會人類學」。美國人來自各民族，理應關注文化的多樣性；比較英美兩種名稱，顯然美國的具有更深廣的視界。「文化」是積累而來的，歷史悠久的華人對「文化人類學」當然更為認同。然而實際中，此

////////////////////////////////

11/《中國圖書館圖書分類法》初版，科技文獻出版社，1975 年，頁 537。

12/ 普朗克《世界物理圖景的統一性》，轉引自黎鳴《試論唯物辯證法的擬化形式》，《中國社會科學》，1981年第3期。

學跟中華文化之間卻隔着一道鴻溝。

年輕的人類學似乎顯露出兩點不成熟之處。其一，人類有個體生命更有群體生命，分別靠飲食、生育來維持；吃飽了才能生育，所以中華先賢把「食」擺在「性」的前面。西方沒經歷過危及群體生存的飢餓，不關注飲食問題，因而「文化人類學」實際上只談群體。不外婚姻、家庭，以及部落、族群等問題。吃的問題本該居於學科內容的首位，卻沒有進入視野。其二，人類學像社會學一樣限於用「田野考察」field work 的研究方法，極少參照歷史記載。張光直：「社會人類學者對歷史的態度，還一直處於猶豫不定的狀態中。」[13] 其考察對象都是沒有文字的小文明；對於歷史悠久、文獻浩繁的中華文化一直「敬而遠之」。

中華飲食文化，按其內涵，若要進入世界學術，其歸宿必定是「文化人類學」框格 [14]，或者說，它在期待着被這一學科發現、接納。從另一方面來看，恰好人類學也向中華飲食文化走來。

二戰以後，偏僻文化已被「開發」殆盡。學科的生存與發展，逼迫文化人類學實行與歷史文獻的結合；最廣闊的空間在中華文化。同時這一學科在中國勃興。費孝通的《鄉土中國》及《江村經濟》，因開拓新天地而被學科權威馬林諾夫斯基（Bronislaw Malinowski）讚為「里程碑」[15]，但仍然未能與歷史文獻結合。五十年代人類學在大陸跟社會學同時遭禁，這主要由於意識形態，但跟學科本身的缺陷也不無關係。大陸新時期，文化人類學已重新抬頭。

上世紀八十年代，國際人類學權威張光直先生及時提出「中國特色的人類學」的新方向，繼而又旗幟鮮明地倡議建立「飲食人類學」，還遺憾這個學科的「姍姍來遲」。提出的場合是台灣「中華飲食文化基金會」主辦的「中華飲食文化學術研討會」，他說：「近年來……史料擴張最快、最大的，應該是飲食的歷史。我到今天沒有看到任何人指出來。」這一倡議的

////////////////////////////////

13/ 張光直《考古學與「如何建設具有中國特色的人類學」》，陳國強等《建設中國人類學》，上海：三聯書店，1992年，頁31。

14/ 高成鳶《飲食文化在世界學科體系中的地位》，收入《中國食文化學術研討會論文集》，1997年。

15/ 馬林諾夫斯基《人類學發展的里程碑》，費孝通《江村經濟》馬林諾夫斯基序言，英文版，1963年。

提出也是鑒於國際上已有成熟的學術背景。張光直曾說：「近一二十年來，在文化人類學上，有可稱為『飲食人類學』的發展。」[16] 美國哈佛大學「費正清東亞研究中心」主任華琛教授早已開始講授中餐課程。他說：「我總結出有兩個途徑瞭解一個文化，一是婚姻，一是飲食。我也教一門有關飲食習慣的人類學課程。」[17] 在大陸，第一代人類學家林耀華的傳人、廈門大學的陳國群教授也曾不約而同地提出建立「飲食人類學」[18]。

可惜張光直先生很快就去世了，大陸的人文學者們囿於「通識」眼界的不足，加之「飲食人類學」尚未得到官方地位，可能很少有人瞭解上述重要的學術動向，更想不到它將成為文化人類學的半壁江山。飲食文化被納入世界學科體系，中餐的博大精深必將真正得到人類的重視。

/// 老子預言：「知白守黑，為天下式」

【中華文化的最後輝煌】面對來勢洶湧的「文化全球化」，國人不免思忖自家文化哪些東西最有價值？就拿衣、食來說。儘管中華自古號稱「衣冠上國」，大陸開放後，舉國上下轉眼就變得西裝革履；然而西餐人們卻難以接受，相反中餐還大舉出國佔領世界市場，飄香於各國的偏僻小鎮。中餐獨能逆潮流而動，證明它的確有無比強大的生命力。

孫中山先生早就斷言，中國近代「事事皆落人之後，唯飲食一道之進步，尚為文明各國所不及」[19]。梁實秋、林語堂都曾被批判為洋奴「西崽」，魯迅《且介亭雜文二集·題未定草二》：「倚徬華洋之間，往來主奴之界，這就是現在洋場上的『西崽相』。」然而，在飲食上，這兩洋奴居然都是「國粹派」老頑固，林語堂還懷民族自豪感，蔑稱洋人為「野蠻人」。他說：「在中國建造了幾艘精良的軍艦，有能力猛擊西方人的下巴之前」，他們不會承

//////////////////////////////

16/ 張光直《第四屆中國飲食文化學術研討會論文集》序言。
17/ 香港《信報》第7版，1993年1月21日。
18/ 陳國群《建立飲食人類學的淺見》，陳國強等《建設中國人類學》，上海：三聯書店，1992 年。
19/ 孫中山《建國方略》，中州古籍出版社，1998 年，頁 62。

認中國人是「烹飪大家」，我們也不會強行拯救那些不肯開口請求我們幫助的人。」[20] 這簡直酷肖當代「憤青」的聲口了。

中國歷史曾經長期停滯。黑格爾說「中國很早就已經進展到它今日的情況」、甚至「可以稱為僅僅屬於空間的國家」[21]。治亂的迴圈中，很多物質成果，一再發明而又失傳，據《維基百科》，自動計時儀曾「發明」五六次。唯有一項文明成果從遠古至今從來沒有倒退，一直在曲折地前進，就是烹飪。

末代皇帝溥儀的弟婦、日本的嵯峨浩公主回國後，出版了《食在宮廷》一書，日本學者奧野信太郎在其《序言》中拿京劇跟烹調並提，稱為中華文化「最大的兩座高峰」[22]。年輕的京劇怎麼跟古老的烹飪並提？不怪。兩者都經過漫長的演進，最後在清代宮廷中到達頂峰。京劇的成熟，公認以「徽班進京」為標誌，據《辭海》的「京劇」條目，這是 1790 年（乾隆五十五年）的事；烹飪技藝成熟的年代，飲食文化研究界公認，以美食經典《隨園食單》的問世為標誌。此書初版於 1792 年（乾隆五十七年），比「徽班進京」只差兩年，可說基本同時。此豈偶然？

【美食：洋人「生趣」的新空間】人類文明成果的一大部分是通過感官來受用的「美」。包括繪畫、音樂、也包括美食。欣賞「味道」的舌、鼻，跟眼、耳同為「五官」。洋人會說，吃的享用有「過度」的問題。老子最早斷言，各種感官享受，過度了都有負面效應。《道德經》第十二章：「五色令人目盲；五音令人耳聾；五味令人口爽（傷）。」「五色」指視覺藝術，「五音」指聽覺藝術；「五味」指美味。美術、音樂，「文藝復興」以後蓬勃發展，到二十世紀似乎已走到盡頭。音樂尤其明顯，爵士樂、搖滾樂已有節奏壓倒旋律的趨勢，後現代興起的重金屬音樂追求音量的強度，真到了老子說的「令人耳聾」的地步，直接昭示了音樂的末路。

西方的感官文化還有發展空間嗎？大大的有，眼睛、耳朵以外還有鼻子、舌

///////////////////////////////

20/ 林語堂《中國人的飲食》，聿君編《學人談吃》，中國商業出版社，1991 年。
21/ 黑格爾《歷史哲學》，北京：三聯書店，1956 年，頁 161、150。
22/ 愛新覺羅浩《食在宮廷》奧野信太郎序，中國食品出版社，1988 年。

頭呢。鼻子不光能欣賞花香的，更能倒着欣賞菜餚之香。跟單薄的氣味比，「味道」醇厚難言，它是兩種感官的微妙結合，天然優勢上就有勝過美術、音樂的可能。欣賞水準依賴於藝術修養，中國飲食文化達到的境界表明，對於西方人的感官，美食是還待開拓的處女地。洋人還不懂得「吃之樂」是人的「生趣」的大半，就像孩子沒嚐過「性」的禁果一樣。

【「熵」：吃與文明的危機】老子也最早預見到人類的災禍。上引的名言表明，文明發展可能走向自身的反面。結合到人類「吃」的需要，讓人聯想到現代西方的「熵」理論。「熵」的意思很難懂，常被解釋為「發展過程『不可逆性』的度量」，是「熱力學第二定律」的一種表述，涉及宇宙原理。「熱力學」跟「吃」相關，人要靠食物提供熱能才能活命。食物像一切傳統熱能一樣都來自太陽。就像「生米做成熟飯」是不可逆的，關於「熵」與世界觀的名著斷言，人類的活動逃不過相應的「懲罰」。里夫金（Jeremy Rifkin）說，根據熱力學第二定律，當人類讓能量從一種狀態轉化成另一種狀態時，就會「得到一定的懲罰」[23]。這不過是用科學語言解釋了老子神秘的預見。

「水火」是中華文化哲學特有的範疇。「熵」跟「水火」有什麼關係？老子有句名言「知白守黑」，躲在一串排比句後面，人們不大注意。《道德經》二十八章：「知其雄，守其雌，為天下溪。……知其白，守其黑，為天下式。」把他說的「黑白」跟「水火」對應，自然就會聯繫到「熵」了。

【老子的預言與遺訓】「黑白」能代表「水火」嗎？我認為能。「黑」代表水，「五行」學說，黑色與水對應。「白」代表火，根據是古漢語赤（紅）白有時相近，例如唐詩「白日依山盡」。德國大哲學家海德格爾解釋「知白守黑」，不謀而合，也把「白」比作太陽[24]。筆者在研究飲食文化中恍然大悟：「知白守黑」的重大意義，是對原文中一連串排比句的概括，更深一步，它其實是個「萬能公式」，用處介於陰陽、水火之間。比「水火」更寬泛，比「陰陽」更具體；因為「陰陽」要求平衡，不能說「知陰守陽」。

//////////////////////////////////

23/ 里夫金《熵：一種新的世界觀》，上海譯文出版社，1987年，頁29。
24/ 張祥龍《海德格爾與中國天道》，北京：三聯書店，1996年，頁434。

「知白守黑」體現了「東方智慧」。它既知其一、又知其二，對於客觀世界或變化過程能作整體的把握；更難得的是能體現出人的「能動性」，在對立中站在主導的一方，體現出人「參天地」的文化自覺。「人的主觀能動性」（涉及人的「主體性」subjectivity，不等於黑格爾的 initiative），作為大陸意識形態話語，確有中華文化淵源。「知白守黑，為天下式」，是老子的偈語。「偈語」是佛教詞語，辭書解釋為「預言」，包括「遺訓」。它適用於中餐的發展，也適用中華文化在「全球化」中的命運。中餐、西餐的差別，可以用「水火」象徵，也適用於「知白守黑」的公式。「為天下式」昭告西方人士：你們有口福了！

老子的話能往吃上理解嗎？孫中山先生教導國人說，中餐國寶可別丟了，那將是全人類的師傅。「吾人當保守之而勿失，以為人類之師導可也。」[25] 這或可作為老子預言的天才注解？上世紀末，季羨林先生曾預言：二十一世紀是中國文化的世紀 [26]，引起不少非議。美國業界領袖湯富翔先生提出：中餐的普及是「華人世紀的依託」[27]。這樣注釋季老的預言，或許更可信些？

「知白守黑」用於整個人類文明，意義更是無比重大。老子「禍福相依」的規律能啟示西方，務要對物質主義的「火」加以節制。具體地說，就是記取華人用億兆餓殍換來的慘痛教訓：極力防範人口超量、氣候變暖等致命的生存危機，並動員西方的強大智力，尋求「以水制火」的未知途徑。

面對物質文明帶來的種種危機，西方人對「東方智慧」日益重視。《道德經》的發行量僅次於《聖經》。本書論證老子之「道」緊密關聯着中餐的「味道」，洋人通過中餐的體認加深對中華文化的瞭解。

「全球化」中的愛國心（patriotism 本意是對血緣、文化的本原的愛），只能是讓人類共同文化中含有盡可能多的本民族成分。這樣，我們華人才能不愧於對人類貢獻太少，才對得起神農、黃帝、列祖列宗的在天之靈。

////////////////////////////////

25/ 孫中山《建國方略》，中州古籍出版社，1998 年，頁 64。
26/ 季羨林《21 世紀：東方文化的時代》，《季羨林學術精粹》，山東友誼出版社，2006 年。
27/ 《傳播中國飲食文化的熱心人》，《人民日報》海外版，1994 年 12 月 3 日。

第三章／
飲食歧路
遇寶多

// 道可道，是「味道」

///「道」沒法說，只能借「味」來意會

飲食的「味」近代叫「味道」，它複雜而微妙，還包括心理因素，是不可定義的概念。恰好，中華哲學上的「道」也一樣。

「味」跟「道」都是最古怪、最神秘的概念，上面說過，連古代的大智者都弄不清楚什麼是「道」。然而另一方面，對於「味」，連愚夫都不覺得有絲毫的陌生或艱深，反而感到無比親切，不說就知道什麼意思。既然人世間有這等好事，何不讓「味」充當「萬能代詞」，一切說不出來的微妙感覺都拿它來代表？於是聽馬連良唱腔的感覺就叫「味兒」了。

「道」玄妙得沒法說，道家鼻祖老子都承認一說就走樣兒。《道德經》頭一句就說：「道可道，非常道」。據流行本的晉代王弼注釋，後一個「道」是「言說」的意思。主流的解釋歷來如此。用莊子的解釋就是「道不可言」。《莊子‧知北遊》曰：「道不可言，言而非也。」但也有分歧，如有人認為老子時代「道」沒有當「言說」講的用法。「道」是開天闢地以前就存在的，老子不知管它叫什麼，權且就叫「道」吧。《道德經》第二十五章：「有物混成，先天地生……吾不知其名，字之曰道。」

「道」看不見、聽不到、又說不出來，《呂氏春秋‧大樂》：「道也者，視之不見，聽之不聞。」那怎麼能成為大家心裡相通的東西？它必有特殊的感受方式，那就是華人俗話說的「意會」了。《官場現形記》第五十七回：「這些事可以意會，不可言傳。」「意會」之說比《莊子‧外物》說的「得意忘言」還進一步，根本不用經過語言傳遞。「意會」

的發生，想必是雙方早有了內心的共同性，那只能是共同生活方式長期的薰染造成的。這讓人聯想到人們對飲食的共同感受，就是「味」。莊子的「得意忘言」，體現在吃上，就是忽視「食」而重視「味」。於是我們恍然大悟：「道」的共同感受正是借助「味」的，此外再找不到同樣重要的日常生活內容了。

看看老子對「味」是怎麼說的。《道德經》五千言裡，談到「味」的有三處。「五味令人口爽」，見第十二章，指反對追求美味，「口」指胃口，「爽」釋為「傷」，表明他確實是拿「味」代表食物的。「道之出口，淡乎其無味」，第三十五章，據朱謙之考證，「出口」為「出言」之誤[1]。這是直接用「味」來解釋「道」，說「道」講不出來，就像「味」嚐不出來一樣。

最值得注意的是「為無為，事無事，味無味」（第六十三章），意思是，要按「道」的原則來對待世間的事物，就得清靜無為。

/// 味無味：無為有處有還無

「無為有處有還無」，國人都會背誦《紅樓夢》裡這一句。不管紅學家們在國際上吆喝得多賣力，那本小說洋人幾乎沒人讀得下去。什麼真真假假的，洋人的思想方法就講認真。

那句順口溜可說就是《道德經》「味無味」的通俗文本。「味無味」頭一個「味」是動詞，意思是仔細咂摸味兒。華人先民挨餓的經歷使動詞「味」變得非常重要，先是為了尋找充飢之物而「味」，後來又為享受烹調菜餚而「味」，對象變得極其廣泛，什麼都要「味」一味。文人們更把「無所不味」當作旨趣高深的表現，喜歡用在自己的雅號中。宋朝以來，名人字號中使用動詞「味」字的就有六七十人[2]，從「味琴」、「味閒」，到「味水」、「味空」。齋名叫「味無味」的也有好幾位。連洋人都

/////////////////////////////////

1/　朱謙之《老子校釋》，北京：中華書局，1963 年，頁 2。

2/　陳德芸編《古今人物別名索引》，嶺南大學出版社，1936 年。

要取此雅號。

在北京「中國食文化研究會」所在的大院裡，長眠着利瑪竇、湯若望等洋傳教士。暮色蒼茫中，筆者曾在明清兩代皇帝敕建的洋人墓地徘徊。欽天監監正、天文學家湯若望漢化到了可驚的程度：穿着清朝翰林官服、留着辮子。開明的順治、康熙皇帝多半在他府邸中嚐過西餐[3]，順治帝經常駕臨湯若望府邸長談，曾引起大臣們的不滿，認為尊卑不分。那就不免談到中西餐的比較，對「飲食之『道』」的體會。湯若望給自己取的字號就叫「道味」。「味道」的本意是對「道」的體味，「道味」更進了一步，是說湯若望把「道」吃透了。

要懂得「無味」，得先懂得「無」。在中華哲學裡「無」是個重要概念。道家認為「無」是萬事萬物的出發點。《道德經》第四十章：「天下萬物生於有，有生於無。」《莊子‧庚桑楚》：「萬物出乎無有。」這只有用中國的飲食才能解釋得通。洋人不容易想到「無」，中國人卻天天跟「無」打交道。那就是「粒食」的淡而無味。美食家斷言，「無味」是菜餚的「美味」之本。袁枚《隨園食單‧飯粥單》：「粥飯，本也；餘菜，末也。本立而道生。」「無味」先反襯出「有味」，「有味」又反襯出「無味」。就是老子所說的「有無相生」（《道德經》第二章）。這樣就抽象出了「有—無」這一對中國哲學特有的「範疇」來。

「道」跟「味」幾乎是一回事。前邊說過，在中華文化裡，廣義的「味」可指人的一切感受。如果說「味」是無所不指的，「道」則是一無所指。兩個相反的極端卻有共同之處：其實際含義都很難琢磨。順着這個思路來看，一下就明白了：老子用「味」來象徵他的「道」。「道」雖說不能靠說話來「道」，可是人人心裡都有的「味道」就是它的活標本，只要靜心領會對「味道」的感受，也就「吃」透了「道」的奧妙。

/////////////////////////////////

3/　魏特（Alfons Väth）《湯若望傳》，台灣：商務印書館，1960 年。

/// 禪味：佛教禪宗的由來

「道」不用言語就能互相領會，這就是中國人常說的「意會」。「意會」的出處還沒弄清。俗話「心領神會」是明朝才出現的。《成語詞典》的例句出自明人李東陽的《麓堂詩話》。更早也只能追溯到宋朝的佛教禪宗典籍《五燈會元》。起先是「心融神會」，見《五燈會元・石霜圓禪師法嗣》：「每閱經，心融神會。」湯用彤先生認為，禪宗的興起是佛教中國化的標誌[4]。禪宗的盛行當然是中華文化決定的。它主張「不立文字，直指人心」，這顯然跟老子的「道不可道」與莊子的「得意忘言」一脈相承。

禪的深意跟「道」一樣，可以用中國人熟悉的「味」來象徵。筆者發現，「味」在《五燈會元》裡就有「體味深奧道理」的用法。例如卷八「大章契如庵主」一節說：「遂詣庵所，頗味高論。」後世還出現了一個詞兒叫「禪味」。上網檢索一下，顯示的數目驚人。前些年舉行過以《禪與人生》為題的散文比賽，有篇文章提到，弟子向禪宗高僧趙州大師「何為禪？」大師反問：「吃飯了麼？」意思是懂了飯味就懂了禪。大師本來是個燒火做飯的小和尚。該文與史料中略有不同，大師的回答本是「吃茶去！」[5]

茶跟禪的關係，有道是「禪茶一味」。2002 年韓國信徒在中國建了一座「禪茶紀念碑」，碑名是《韓中友誼趙州古佛禪茶紀念碑》，碑文末尾兩句頗能說明問題：「千七百則（指經訓），獨盛吃茶。禪茶一味，古今同誇。」盛行於日本的「茶道」，公認是出自禪宗的。日本哲學家久松真一給茶道下了個定義：「茶道與禪宗並列，是禪的兩種表現形式。」[6]「茶道」的「道」跟「倒味」的關係，請大家「回味」一下林語堂先生對茶的「回味」的分析。中國飲食文化中，茶的意義像是里程碑，標誌着「返璞歸真」的轉捩點。

中國舊詩最講「韻味」，禪宗跟唐詩同時興起，互相融通。參見吳言生《禪宗詩歌境界》等專著。禪宗還是宋代「理學」的來源之一。朱熹「一旦豁然貫通」的工夫就

//////////////////////////////////

4/　湯用彤《湯用彤學術論文集》，北京：中華書局，1983 年。
5/　張子開點校《趙州錄》，中州古籍出版社，2001 年。
6/　滕軍《茶道與禪》，《農業考古》，1997 年第 4 期。

脫胎於禪宗的「頓悟說」。見《中國大百科全書‧哲學卷》「禪宗」條目。禪學與東方文明的關係，早有專著全面介紹[7]，可惜其中很少涉及飲食細節。

禪宗在現代西方也有流行趨勢。筆者對禪學一竅不通，不敢多談，只能提個「味」的思路。

///張果老倒騎驢：「倒」與「道」

魯迅有句話大意是：中國人口頭是儒家，心裡是道家。《論語一年》：「我們雖掛孔子門徒的招牌，卻是莊子的私淑弟子。」的確，「儒」只是廟堂的意識形態，「道」才是從聖賢到愚民一致信服的。這跟「倒味」的共同體味有什麼關聯嗎？

「味道」的奧秘在於「倒味」，前邊列舉了四條機理，涉及聲學、化學、熱學，費了九牛二虎之力。談到禪宗的「頓悟」，筆者有點開竅：也許禪友們一聽就會想到：「道」本來就是「倒」的，還用論證？「道」跟「倒」的相通，老子早就一語道破：「反者，道之動。」（《道德經》第四十章）

還是藉着飲食的「味」來說吧。「陰陽魚圖」的陰魚代表水、鮮，陽魚代表火、香。從最低層面來看，陰、陽的互動關係，天生就是「倒」（或反）的。陰向陽運動，陽向陰運動。從最高層面來看，中國人美食的運動整體（陰陽合一的「味」的追求）也是向「倒」的方向發展的。用兩個短句來概括，「苦盡甘來」、「大味必淡」。西漢揚雄《解難》：「大味必淡，大音必希。」

這裡還要補充：食物的醇香，作為鼻感的氣味，方向也是倒流的。在「味道」的構成中，香味比舌感的五味重要得多，而香氣必須倒流才能跟五味合成「味道」，這樣就推論出「味道」的關鍵在「倒味」。既然味、道一體，省去「味」，結論就是「道」即「倒」了。

關於「倒」，老子還有一大名言：「正言若反」（《道德經》第七十八章）。正面的、

/////////////////////////////////////

7/　陳兵《佛教禪學與東方文明》，上海人民出版社，1992 年。

肯定的言辭，都有反面的、否定的含義。例如「大象無形」、「大音希聲」，以及「將欲弱之，必固強之」等。研究者認為，這跟黑格爾的辯證思想非常相似。黑格爾：「理性……認識到此物中包含着此物的對方。」[8] 結合到美味上，老子的信徒揚雄又提出「大味必淡」。見前述。還有「少則得，多則惑」（《道德經》第二十二章），是美食家的口頭禪。《紅樓夢》第四十一回尼姑妙玉說，品茶只要一杯，多了那是「飲驢」。

順便提個疑問。漢朝的《說文解字》還沒收「倒」字，其時古籍裡卻有個別的「倒」字。例如《史記·伍子胥列傳》：「吾日暮途遠，吾故倒行而逆施之。」是後來用錯了的字嗎？不得而知。直到宋代徐鉉的《說文·新附字》才把「倒」字正式補進去，但解釋卻是往前跌倒，「倒，仆也。」《古代音義》引孫炎曰：「前覆曰仆。」普通話讀音是 dǎo。直到「倒流」的「倒」才跟「反者，道之動」的「道」讀音完全相同。去聲 dào。這個「倒」到底是什麼時候出現的，有什麼誘因，還是個謎。

一提「倒」，人們就會想到「張果老倒騎驢」。此老是道教傳說「八仙」中年紀最大的一位。新、舊《唐書》有傳。「倒騎驢」本來是宋代詩人潘閬的事，後來加在張果老身上。清人翟灝《通俗編》：「俗言張果老倒騎驢，各傳記未云，蓋倒騎驢，宋潘閬事。」這反映了「倒」之「道」的深入人心。「倒騎」，不光最形象，而且最準確。「騎」肯定了是往前走，看似「倒」的，實際還是正的。「道」的運動像螺旋上升，是「無往不復」與「一去不返」的統一。追求美味運動的「返璞歸真」也一樣。

///////////////////////////

8/　黑格爾《哲學史講演錄》第一卷，北京：三聯書店，1956 年，頁 300。

// 哲學概念與思維模式

/// 「汽」的由來：蒸汽掩蓋了「空氣」

對於人的生命來說，空氣比水要緊得多。但有件怪事你想過嗎？漢語裡從來沒有「空氣」這個詞兒。筆者能找到的最早的「空氣」一詞，是在翻譯的《聖經》裡，說上帝創世，造了空氣。《舊約·創世記》：「上帝說：『諸水之間要有空氣，將水分為上下。』神就造出空氣，……事就這樣成了。」為什麼洋人老早就知道空氣必不可少，華人兩千年後才跟人家學？這個問題是對文化史研究者的挑戰。筆者要回答，不用說又跟飲食的特殊扯在一起。

人要喘「氣」，這事華人知道得更實在。張愛玲的小說中就描寫過冬天人們「噓氣成雲」。短篇小說《創世紀》：「實在冷，兩人都是噓氣成雲，……」[1] 唐代韓愈早就寫下了龍「噓氣成雲」的名句，龍就憑着那瀰漫在高空中的「氣」而騰空飛行。《雜說》：「龍噓氣成雲。雲固弗靈於龍也。然龍乘是氣，茫洋窮乎玄間，……」

化學課本說空氣是無形的，呼出的氣為什麼像白雲一樣有形？因為呼出的氣中有大量水汽，一遇冷就凝成細小的水滴。蒸汽變水的現象，中國古人早就清楚，小孩學的《千字文》就說「雲騰致雨，露結為霜」。「蒸汽」跟「噓氣」什麼關係？華人從來沒弄清楚。在電腦的詞庫中，同音詞有「蒸汽」也有「蒸氣」。按說由水變成的該用「汽」，但實際上用「氣」的更多。「汽」的右半邊「气」，其甲骨文是象水汽

/////////////////////////

1/　張愛玲《創世紀》·《雜誌》1945 年連載。

的三道曲線。編《辭海》的語義學家們倒是比電腦詞庫的編者嚴謹，試圖把這兩個詞分辨清楚，但筆者戴着有色眼鏡一查，立刻發現他們自己也亂了套。《辭海》「蒸氣」條目的解釋是「由液態物質氣化⋯⋯」（不僅指水）。沒有「蒸汽」條目而另有「水蒸汽」條目，這總算清楚。但在「蒸氣乾度」條目中卻出現了顯然是水蒸「汽」的「濕蒸氣」。

「气」的甲骨文

　　華人沒能發現空氣，必有緣由。科學上水汽是無形的，生活中得另說：它對洋人是無形的，對華人卻是有形的。埃及、印度、巴比倫等古文明都處在熱帶、亞熱帶，跟它們不同，中華文明處在北溫帶，寒冷季節比較漫長，人們常常看到「噓氣成雲」的現象。「粥」的篆字：「米」字兩邊的「弓」，畫的就是汽彎彎曲曲的形狀。更重要的緣由是甑的使用。飯蒸熟了打開蓋子，汽鍋裡的高壓蒸汽騰空而起，冬天廚房裡會霧氣瀰漫，對面不見人。從老祖宗起，華人天天跟蒸汽的雲霧打交道，自然造成極強的印象。無形的空氣完全被水汽掩蓋而長期不能發現，就是理所當然的了。反觀歐洲，獸肉放在三角架上直接燒烤，肉類所含水分溢出的水汽，隨着火堆上的高溫空氣而升騰，不可能凝為水汽；同時人們會從熱氣上升的壓力中強烈感受到空氣（air）的存在。對空氣的認識先入為主，對水汽（vapour，包括其純者steam）就不難作本質的分辨。

　　從「汽」到「氣」的問題對於中華文化極端重要，因為「氣」泛化成無所不在的「元氣」。張岱年論「中國哲學的基本概念」，首先談的是「氣」[2]。「氣」的巨大意義更在於其「能量」的內涵。「氣」的這種內涵也可以用水汽來解釋：當人或牲畜運用體力時，呼出的水汽明顯加多，因而會把氣（汽）與體能聯繫起來，如《孟子·公孫丑上》：「氣，體之充也。」

　　哲學家郭齊勇先生說「氣譯為西方語言則近於 matter-energy（物質和能量）」[3]。

2/　張岱年《中國古代哲學中若干基本概念的起源與演變》，《哲學研究》，1957 年第 2 期。

3/　郭齊勇《中國哲學史上的非實體思想》，《郭齊勇自選集》，廣西師範大學出版社，2000 年。

「氣」從人的生命力推演到外界的物質力量，廣泛運用於天地以至宇宙間，如杜甫詩所謂「一氣轉洪鈞」(《上韋左相二十韻》,「洪鈞」即運動中的天體系統)。這同樣可以用水汽來解釋。蒸米飯的日常實踐使先民很早就對水蒸汽的力量極為熟悉。高溫的甑內的水汽因劇烈膨脹而帶來巨大內壓。先民直感地把天地也看成大蒸鍋，例如唐詩名句「氣蒸雲夢澤，波撼岳陽城」(孟浩然《望洞庭湖贈張丞相》)。

///「陰陽」的抽象：日月＋雌雄＋水火

按照「中華文化始於飲食」的總觀點，古老的觀念體系陰陽、五行都得從吃上給予解釋。

陰陽是認識世界的全能模式。萬事萬物都往裡套，而且兩者永遠糾纏在一起，彼消此長。洋文翻成 negative or positive reaction，用於傳染病的檢驗，內涵大不一樣。

「陰陽」模式怎麼抽象出來的？中國特有的三足鼎能給我們重要的啟發。鼎有三條腿就能立得住，比四條腿更穩定。哲人老子對「三」的意義最有認識。《道德經》第四十二章：「道生一，一生二，二生三，三生萬物。」普通華人也懂這個理，俗話「事不過三」。若要找出三項重大客觀現象來據以確立陰陽觀念，就得看哪三項對於人類最重要？

首先是「日月」，不但是最觸目的天象，關係到日夜的分割，揚雄《太玄經·太玄圖》：「一畫一夜，然後作一日，一陰一陽，然後生萬物。」而且是曆法的依據，人們公認月為陰、太陽為陽。第二是「男女」，這是人類自身繁生的機理及天生慾望之所在，公認女子為陰、男子為陽。以上兩條西方人同樣熟悉。畜牧文化中牲畜更得靠雌雄兩性來繁殖。還少第三個重要現象。什麼重要經驗是華人特有的？最重要者莫過於烹飪實踐中的「水火」了。

中國古人早就把男女、日月兩大現象跟「陰陽」配好了對兒。至於水火，其實古代智者也早就納入陰陽格局了。《白虎通·五行》說得很明確：「火者，陽也，尊，故上；水者，陰也，卑，故下。」比日月、男女更進一步，水火跟陰陽常常直接連用。明代醫

學名著裡的提法就是證明。李中梓《醫宗必讀》中有《水火陰陽論》一節。

　　要抽象出陰陽觀念，比起日月、男女來，「水火」有更充足的理由作依據。為什麼？因為日、月兩者缺少交互作用；男、女之間有交互作用，但比較簡單；唯獨水火，既是自然現象，又在烹飪中加入了人為因素，使人感受更親切；尤其，烹飪中水火「相滅相生」的奇特關係，最能體現陰陽學說的深廣內涵。

　　這當然只是個假說，但筆者相信是有足夠的說服力。「水火」不過是最基本的陰陽現象，其實中餐發展中還有不少對立現象，都可以印證「陰陽」觀念。例如飯與羹的對立，《禮記集解》解釋古人的注疏就說「食燥為陽，羹濕為陰」。

///「五行」聚焦於先民烹飪圖

　　「五行」作為認識模式的一套符號，比「陰陽」更能反映事物之間複雜的互動關係。《春秋繁露·五行相生》說：「五行者，比相生而間相勝也。」「相生相剋」的「五行」迴圈，愚夫都能倒背如流，五行相生：木生火、火生土、土生金、金生水、水生木；相克：水克火、火克金、金克木、木克土、土克水。這樣玄妙的體系是怎麼捉摸出來的？胡適說：「五行說大概是古代民間常識裡的一個觀念。」（《中國中古思想史長編》）

　　民間常識首先當然是飲食，正如《尚書大傳》所說：「水火者，百姓之所飲食也。」下文是「金木者，百姓之所興作也；土者，萬物之所資也。是為人用。」「人用」正是胡適所謂「民間常識」。關於「五行」的產生，別的古老文明給我們提供了參照：印度、希臘都有「四大元素」的觀念。胡適說：「古代古印度人有地、水、風、火，名為『四大』，古希臘人也水、火、土、氣為四種原質。」同上引書。兩套模式基本相同，印度的「風」相當希臘的「氣」。中國的「五行」不僅多了一個元素，更大的差別是五者之間的雙向互動。五行體系是戰國時代才形成的，據《史記·鄒衍傳》，當然那不可能突然冒出來，而是在民間經歷過長久的醞釀。

　　讓我們在想像中勾畫出一幅先民的生活圖景：一些神農子孫圍坐在煮飯的灶坑鼎鑊之旁，長久等待。他們的眼光集中於一個極小的視界：鍋底、火焰、木柴、

擋住火焰的土灶，還有鍋中的水。飢餓的凝視中只有金、木、水、火、土，此外一切都視而不見；反過來說，又是五者俱全。常年的凝視和凝思，自然會使五者成為思辨的特殊憑藉。這不足以形成五行觀念嗎？

你會說，飢餓的聚焦中還有鍋中的「穀」。對極了，「五行」之前早有「六府」之說，就是外加一個「穀」。《左傳・文公七年》：「水、火、金、木、土、穀，謂之六府。」「六府」就是中醫理論的「六腑」，《白虎通・情性》：「六腑者，何謂也？謂大腸、小腸、胃、膀胱、三焦、膽也。」把穀子當成事物的基本元素，更能表明「五行」的由來跟吃有緊密關係。人體的「六腑」也都跟飲食的代謝相關。「穀」屬於炊事的對象，跟炊事活動主體的人處於對等的地位，後被除外自有道理。

「五行」觀念中有一點最值得留意：跟水、土等自然現象完全不同，其中的「金」是人造的，把它納入自然現象之列，有點不倫不類。最早的金屬器物是商朝貴族用的青銅鼎，百姓對「金」的熟悉，是鐵器普及以後的事。馮友蘭《中國哲學史》：「用金之事漸繁，故於木、火、水、土外，益以金行。」鐵鍋跟土灶同時進入「烹飪圖」的焦點，才能啟發民間智者想出「五行」的念頭。所以可說，「金」跟土木的並列，是「五行」產生於飲食活動的鐵證。

「五行」源於飲食，也能從古人那裡找到模糊的印證。古書在談到用火烹飪時提到，做炊具需要金屬鑄造，做灶台需要合土。《禮記・禮運》：「……然後修火之利，范金合土……以烹以炙。」還有人在對灶的歌頌中直接提到「五行」。東漢李龍在《灶銘》中說：「五行接備，陰陽相乘。」

/// 中土黃黍香：香＝鄉＝響＝薌＝饗

「食」是中華文化的本原，「香」則是瀰漫華人心靈中的混沌。分析起來，跟前文列出的「餛飩」等式一樣，又是一長串。那麼多字相通，叫人不敢相信，可都是歷代考據家言之鑿鑿的。

「香」等於「鄉」，是清代大考據家王先謙得出的結論。他在《荀子・榮辱》的「集

解」中斷言：「『鄉』當為『薌』之省；『薌』亦『香』字也。」見《漢語大字典》轉引。

「鄉」等於「響」。「香」藉着加了「殸」（聲）字頭的「馨」而擴大了字義；常用詞「響應」，古書就曾寫成「鄉應」。「響之應聲」，古本《漢書·天文志》裡就是「鄉之應聲」。《正字通·邑部》：「鄉，與『響』通。」

「鄉」等於「向」。「鄉」代替「向」近代還常見呢。嚴復《救亡決論》把成語「向壁虛造」寫成「鄉壁虛造」。

「鄉」等於「饗」。《漢語大字典》引現代學者楊寬《古史新探》：「『鄉』和『饗』原本是一字」。

在這串等式中，「鄉」字是樞紐。這個字什麼意思？《說文解字》裡「鄉」字屬於「邑」部，解釋為最小的行政單位。《周禮·地官》有「鄉大夫」的基層職務。篆體的「鄉」字，中間是「皀」，兩邊一正一反兩個「邑」字。什麼道理，段玉裁用一大篇話也沒講清楚。再查「皀」，卻透露了重大的秘密：《說文》解釋「皀」就是優種穀類（即黍）的香味，讀音也是「香」！「皀，穀之馨香者也，象嘉穀在裹之形。……又讀若香。」

甲骨文出土後，現代學者楊寬先生又重新解釋了「鄉」字：兩邊反向的「邑」是對面跪坐的人，而中間是盛着米飯的容器。結論令人豁然開朗：原來「鄉」字是一幅「兩人共餐圖」！《漢語大字典》轉引楊寬《古史新探》：「整個字像兩人相向對坐，共食一簋的情況。其本義應為『鄉人共食』。」筆者在「尊老傳統」課題的研究中揭示了「鄉」字重大的文化意義。「共

「鄉」的篆字

食」的是鄉人不是族人，而是同居一地（血緣較近）家族的代表，一般由老族長出面。「鄉」字就是「鄉禮」的寫照。那是最早的禮儀，全稱「鄉飲酒禮」，其功能就是推行尊老教化。中國社會自古以家族為單位，「國家」形成過程中也沒打破。不同於普遍規律，即恩格斯所說的「國家建立在血緣關係的廢墟上」[4]。「鄉」的本質，是血緣與地緣的結合點[5]。

4/　恩格斯《家庭、私有制和國家的起源》，《馬克思恩格斯選集》第四卷，人民出版社，1995 年，頁 165。
5/　高成鳶《尚齒：中華文化的精神本原》，《傳統文化與現代化》，1996 年第 4 期。

黍米飯是中華文化的物質本原，體現尊老的「鄉人共食」則是中華文化的精神本原。

　　經典裡說，「香」跟中心、土地、黃帝等事物都有同一性。《禮記·月令》在配比五行時說：「中央土，其帝黃帝，其味甘，其臭香。」「黃」米的「香」氣、難捨的「鄉」土、用美食供奉祖先的「饗」祭、被迫流離時對故土的「嚮」往，叫人仿佛聽到《黍離》這首感人至深的鄉愁之歌。《詩經·國風·王風·黍離》：「彼黍離離，彼稷之苗。行邁靡靡，中心搖搖。知我者謂我心憂，不知者謂我何求？悠悠蒼天，此何人哉？」一堆觀念互相衍射、難以名狀，可以稱之為「中華魂」。

/// 烹出來的中庸之道

　　提到「中庸之道」，不懂哲學的也會說「不就是兩頭得好兒的老好人嗎」，《現代漢語詞典》：「脾氣隨和，愛憎不分明，沒有原則的人。」可是孔夫子卻罵他大壞蛋。給他起了個專名叫「鄉愿」。《論語·陽貨》：「鄉愿，德之賊也。」俗常誤認為「中庸」就是「折中」，大錯特錯。「中庸」沒那麼簡單容易，孔夫子說它比上刀山還難。《禮記·中庸》：「白刃可蹈也，中庸不可能也。」

　　《中庸》是儒家經典《四書》之一，本是《禮記》中的一篇，宋代被提出來跟《論語》等書並列，更是儒家哲學的精華。馮友蘭說：「《易》、《傳》和《中庸》代表儒家形而上學發展的最後階段。」[6] 按照漢代人的注釋，《中庸》的主旨，是把先前的「中和」觀念提高為哲學。《禮記·中庸》鄭玄注：「以其記『中和』之為用也。」「中」加「和」是華人熟知的、世間通行的根本法則。《中庸》：「中也者，天下之大本也；和也者，天下之達道也。」「和」，上節說過，體現在烹調上。孔穎達解釋《中庸》說「猶如鹽梅相得，性行和諧，故云『謂之和』。這裡再說「中」。

　　「中」，容易被理解為直線上的中，北宋理學家程頤在《二程遺書》卷七說：「不偏之謂『中』。」這有何難？難在事物的複雜性上。事物常有空間、時間中的眾多因素，而又

6/　馮友蘭《中國哲學簡史》，北京大學出版社，1985 年，頁 197。

是變動不居的，每條線上的中點都在變動中，要找出顧及全面的某個特定的中點，那可能性就趨向於無限小而幾乎為「零」了。日常生活中最接近這種情勢的實踐，還是烹調。

從「黃帝烹穀為粥」開始，烹飪就嚴格要求各種要素的適「中」。熬粥看似簡單，卻有高難的技巧。就說水量，必須預先算好多少，不許追加，熬時還得不稀不稠，_{清人黃雲鶴的專著《粥譜·粥之忌》就強調「忌熟後填水」。}這就必須控制得「精微極致」。美味的羹、菜更不用說。最早的烹飪經典裡列出了一大串「不偏不倚」，都是對立句型：「熟而不爛、甘而不濃，酸而不酷、辛而不烈⋯⋯」_{《呂氏春秋·本味》的「X而不Y」達八條之多。}這些「中」的標準，有味道方面的，更多是口感方面的，所以烹調專家愛用「反正式構詞」稱呼口感，例如「粗細感」「老嫩感」。所以《隨園食單·須知單》說「儒家以無過、不及為中。司廚者，能知火候而謹伺之，則幾於道矣。」

中庸之道深奧到難以言傳，《中庸》正文試圖借用對飲食的親切感受來直接「意會」其微妙，先提示說：儘管人人都吃喝，但「知味」的很少有。_{「人莫不飲食也，鮮能知味也。」}孟子說「飢渴未能得飲食之正」，意思是：飢渴者、醉飽者對味道美惡的感覺都會被主觀放大。_{《孟子·盡心上》：「饑者甘食，渴者甘飲，是未得飲食之正也，饑渴害之也。」}所以，無過、無不及的「正味」是難以認識的。

《中庸》裡最深奧的一句話是「極高明而道中庸」。歷來的論述連篇累牘，如今哲學家們公認，這七個字概括了儒家哲學的精華。「極高明」是人格的最高境界，甚至到了渺渺虛無的地步。馮友蘭《新原道》用「經虛涉曠」、「神遊於象外」來形容[7]。然而到達這種境界的途徑不過是日常生活實踐，就是所謂「道中庸」。古人講解《中庸》說，「庸」字的意思就是「用」。_{鄭玄注說：「中庸者，以其記中和之為用也；庸，用也。」}經過歷代學者的發展，明代哲學家王艮做出了「百姓日用即道」的斷言_{（黃宗羲《明儒學案》卷三十二《泰州學案·王艮傳》），}這裡的「道」可以理解為中庸之道。生活

7/　馮友蘭《三松堂全集》卷四，河南人民出版社，1986 年，頁 562。

日用中，什麼「用」得最勤？莫過於吃的了。《詩經·小雅·鹿鳴之什》：「民之質矣，日用飲食。」

最深奧的道理，怎麼能通過日常活動來掌握？《中庸》給出的答案就是一個「誠」字。南宋葉適《水心別集》卷七：「誠者何也？曰，此其所以為中庸也。」最淺顯地說，「誠」就是極端認真的態度，以及實踐中對圓滿的無盡追求。根據是《中庸》原文的話：「誠之者，擇善而固執之者也。」「誠者，非自誠己而已也，所以成物也。」

/// 所謂「兩點論」

中華文化最觸目的特色是什麼？如果就談一點，莫如從外表上說說語文。中國語文一大古怪：開口就想成雙對，例如「殘羹冷炙」，甚至故意重複，例如「咬牙切齒」。窮人的飯叫「粗茶淡飯」，「粗茶」純屬陪襯，叫老外沒法翻譯。翻開《成語詞典》會發現，「殘羹冷炙」這類句型，竟佔了四字成語的大半。從語音上看，都是平聲、仄聲兩兩相對。「殘羹」皆平，「冷炙」皆仄。詩文中自古就有對偶句，後來發展成為駢文、對聯等中國特有的文體，甚至妨礙了意思的表達。餐館大門的對聯說：「聞香駐足；知味停車。」一句非要說成兩句。這種追求兩兩相對的語言現象，說明「兩」的觀念浸透了華人的靈魂。怎麼來的？沒見有人講出什麼道理。那麼我們只好更多地觀察——能不能從中國人的生活實踐裡看出點道理？

還是從最重要的吃食來看。中國人開始「粒食」後，中華飲食文化中出現了種種把「一」變成「兩」的配對兒現象。首先是「飯」跟「羹」相配，這又衍生出「主食」跟「副食」相配、「乾的」跟「稀的」相配。還有材料上的「葷（肉）素」相配，烹飪方法上的「水火」相配，舉不勝舉。往往為配對而配對，例如「飲食」中的「飲」字。中國內地在「公有制」體制下，餐館都歸「飲食公司」管理，酒與汽水等真正的「飲」料的生產經營卻不歸它管，排除在「飲食」之外。這說明「配對」已經成了「詞語格式」。

飲食上的以及中華文化一切領域裡的配對現象，需要有個哲學概念，需要有

個術語。早先筆者曾借用「二元」來表示[8]。但這容易誤解。「二元論」dualism是個洋詞兒，指的只是精神、物質二元。《中國大百科全書·哲學卷》解釋為「主張世界上有精神和物質兩個獨立本原的哲學學說」，洋人觀念裡也沒有很多的「二元」。後來我發現，中國老早已有個恰當的名詞就叫「兩」。《左傳·昭公三十二年》：「物生（而）有『兩』……體有左右，各有妃耦（配偶）。」

「兩」同於「二」又不同於「二」，強調並列、配偶。「偶」來自古代表示雙人拉犁的「耦」。《字彙·入部》：「兩，耦也。」但已不是相同物的並列，而要求同中有異、對應、互補。北宋哲學家張載、南宋哲學家朱熹都論述過「兩」的概念，及其跟「一」的關係。張載《張子正蒙·太和》說：「『兩』不立，則『一』不可見；一不可見，則兩之用息。」「不有『兩』，則無『一』。」朱熹《朱子語類》卷九十八說：「凡天下之事，『一』不能化，唯『兩』而後能化。」可惜現代中國哲學家沒有採用「兩」這個術語。也許因為單個的「兩」不符合現代漢語的「雙音節化」。也許因為剛向西方學習正宗「哲學」，沒勇氣自創概念。

毛澤東曾造出個詞兒「兩點論」。他說過：「中國古人講，『一陰一陽之謂道』。不能只有陰沒有陽，或者只有陽沒有陰。這是古代的兩點論。」[9]成了中國官方意識形態中頻繁使用的名詞。高校政治考試必考的重點。「兩點論」的流行，表明了中國人確有「兩」的思維模式。然而比較嚴謹的《中國大百科全書·哲學卷》中還是沒敢把「兩點論」正式當作哲學術語，而是列為「參見」條目，附英文對譯：「The doctrine that everything has two aspects.」參見「兩重性」duality。但國內研究者還是把它當作學術名詞。例如有位教授就說過：「張載的陰陽兼體說……是對中國古代兩點論的進一步發展。」[10]

「兩」沒有被接受，「二元」又不準確，自造我更不敢，所以建議借用古人一個名詞：「對舉」。「對舉」是個詩詞學、訓詁學術語，語言學家沈炯說：「口頭語言與文學語言裡的對舉，都是一定認識或觀念的反映。」[11]「對舉」不像「二元論」那樣限定了狹窄範圍，它廣泛而鬆散地包括了多種「配對」現象。從飲食來看，既有並列的「兩」，其數不

//////////////////////////////

8/　高成鳶《中國美食的鮮香二元價值標準》，《中國烹飪》，1993年第2期。
9/　毛澤東《毛澤東選集》第五卷，人民出版社，1977年，頁320。
10/　鄭萬耕《易學中的陰陽五行觀》，《周易研究》，1994年第4期。
11/　沈炯《漢字形音義的廣義語言學解析》，《語言學論叢》第二十一輯，北京：商務印書館，1998年，頁244。

限於二，譬如「粗茶淡飯」裡的茶、飯，也不排除羹、粥，也有互補關係的「兩」，譬如飯、羹互補，更有對立的「兩」。譬如烹飪中的水、火關係。

中國飲食文化裡充滿「對舉」，漢代人就發現了這種現象，說古書裡有酒必有肉，就跟有年必有月一樣。《淮南子·說林訓》：「視書，上有酒者，下必有肉；上有年者，下必有月。」食料方面的「葷」、「素」對舉，功能方面的「食」、「味」對舉，以及「味道」構成中的「鮮」、「香」對舉，這些都是本書的理論核心。

// 吃與中華文化的種種古怪

/// 獨有三腳鼎，竟無三角形

對於中華文化，三腳鼎像天一樣重要。前邊曾論證「民以食為天」的天就是政權，而政權用鼎來象徵，企圖奪取政權就叫「問鼎」。統治者歷來強調「穩定壓倒一切」，恰好三腳鼎比四條腿的更不容易推倒。三腳鼎唯獨中國有，李澤厚先生曾指出：「三足鼎立是最穩定的結構。自然界中沒有三足動物，而中國人做出了三足鼎。」[1] 西方歷史上不見蹤影，近代洋物理學家還對它的「超穩定結構」驚異不已。

對於西方文化，三角形像「地」一樣根本。中學的幾何學課第一課就講三角形，「幾何」的洋文 giometric 本意是「大地測量」。公認西方文明的大廈是在「幾何學」的基礎上建立的。英國大哲學家羅素（Bertrand Russell）斷言：「幾何學是從自明的公理出發」，「根據演繹的推理前進」，就「可能發現實際世界中一切事物」。幾何學最重視邏輯上一步步的推演，羅素認為，連法國的人權學說、美國的獨立宣言，都可以從三角形起步的邏輯推演出來[2]。但中華文化中竟不存在「三角形」概念。《辭源》裡沒有收錄；直到明末，大臣徐光啟跟來華傳教的利瑪竇共同翻譯《幾何原本》，才造了新名詞「三角形」[3]。

三腳鼎、三角形都是怎來的？為什麼前者產生在中國，後者產生在西方？可能沒有比這更重大的「文化公案」了。然而中外古今未見有人把這兩大現象聯繫起

1/　李澤厚《美的歷程》，《美學三書》，天津社會科學院出版社，2003 年，頁 41。
2/　羅素《西方哲學史》上冊，北京：商務印書館，1981 年，頁 63。
3/　黃河清《利瑪竇對漢語的貢獻》，中國經濟史論壇，2003 年 10 月 8 日。http://eco.guoxue.com/article.php/1785

來考慮，更別說提出解釋。筆者能在這裡說三道四，完全由於偶然從事飲食史的比較研究。

推想「三角形」觀念的產生，是遠古歐洲獵人受到烤肉的大「三腳架」的啟發。三根長木棍上端捆在一起，下端分立，中間垂下一根長繩吊着獵物，下邊燒起篝火；這是最簡陋卻最有效的烤食手段。這種三足架，從各個側面來看都是現成的「三角形」。兩根木棍跟地面像三條直線，構成它的三邊。從三腳架很容易抽象出「三角形」的觀念。中國遠古較少大獸，後來用裹着稀泥「炮」鳥或小獸，三腳架沒等「抽象」就失傳了。中國的「三腳鼎」來自炊米，從它身上只能抽象出三個點來。你會說中國有「勾股弦」定理，比希臘的畢達哥拉斯定理早得多呢。發明「勾股弦定理」的西周人商高，先於畢達哥拉斯（Pythagoras）幾百年。「勾股弦」的「弦」是虛的，實物是只有兩邊的「直角尺」，「直角」這詞兒還是利瑪竇編造的。

三腳鼎、三角形，共同的是「三」。差異在於一個抽象，一個具體。這個數字確實意義重大，但對「三」認識最早的還是中國古人。《道德經》第四十二章：「三生萬物。」當代學者龐樸先生建構了「一分為三」的觀點體系，是中華學術的真正突破[4]。從三腳鼎抽象出「三」，這個大成就讓人固步自封，擋住了分析的眼光。這個道理，可以參考《周易》的「象數關係」：從「物」抽象出「象」，又從「象」抽象出「數」。《左傳·僖公十五年》：「物生而後有象，象而後有滋，滋而後有數。」三腳架、三腳鼎屬於「物」；三個點、三角形屬於「象」；「三」屬於「數」。中國古人從「物」直接到「數」，中間的一步被越過去了。《周易》的「象」（爻、卦）哪有形象應有的直觀？

原來在中華文化中，相當於三角形的是「方」形；方、圓成雙配對。《孟子·離婁上》：「不以規矩，不能成方圓。」《周易·繫辭上》：「圓而神，方以智。」拿「方」形當元素，洋人會認為分析不夠徹底：「方」還能再分，就是三角。兩個等腰三角形拼合起來，就是個正方形。正方形分成等腰三角形，這麼簡單的一步，世代的華人居然沒走，這說明

////////////////////////////////

4/　龐樸《一分為三論》，上海古籍出版社，2003 年。

中華文化確實有點缺少分析頭腦。但國人長於綜合，今人季羨林先生說得很通俗。他說：「西方的自然科學走的是一條分析的道路，……東方人則是綜合思維方式。」[5]

/// 語文與思維：羊皮邏輯龜甲詩

　　有傳在三國時代，有人贈給孫權一隻大龜，「焚柴萬車」也煮不爛，諸葛恪獻計說必須燒枯桑木才行，果然煮爛了，留下個成語「老龜烹不爛，移禍到枯桑。」（南朝劉敬叔《異苑》）明代《警世通言》卷十五曾引用。乍聽之下，華人只是覺得有趣，洋人必定會感到驚奇不解：莫非吳國宮廷上下都瘋了，為什麼非要把可憐的老龜煮爛？辭書說「龜，泛指龜鱉目的所有成員」，而華人美食家會告訴洋人：龜鱉屬於中餐美味，特別是鱉甲周圍那圈黑肉最為講究，《五代史補》記載有個饞鬼留下句名言：恨不得「鱉生兩重裙」！

　　這類中餐故事成百上千，但談的全是現象，很少涉及所以然的道理。王蒙先生說，中華文化的最大特色若是只談兩點，當是中餐和漢字。其實飲食更重要，很大程度上影響了文字。拿常用虛字「即」、「既」來看，其篆體，左邊同是食具的象形；右邊都是人形而方向相反：「即」是湊上前去吃，「既」是吃後背身而去。大量漢字是「吃」出來的。

「既」的篆字

　　洋人會說，我們西方的文字可跟吃沒有關係。且慢，我說關係更大，因為涉及書寫方式的中西對比。烹老龜的故事，背後的道理正在於此。西方的古文字拼寫在大張的羊皮上，古漢字則刻在零散的龜甲上。肉食文化，羊皮多的是；而華人自古就有「大夫無故不殺羊」的規矩（《禮記·

「即」的篆字

5/　季羨林《季羨林學術精粹》序言·山東友誼出版社·2006 年。

王制》），好容易殺隻羊，毛皮還做裘衣禦寒呢，哪來那麼多羊皮？洋人更萬萬想不到鱉、龜曾是先民的主食之一：管子談生計，頻頻提到「魚鱉」，見《管子》的《八觀》、《水地》、《山國軌》等篇，簡直跟畜牧文化的牛羊類似。孟子還拿「魚鱉」跟主食穀子並提，其「不可勝食」（吃不完）成了生活富足的理想（《孟子‧梁惠王上》）。

西方古人用羽毛筆蘸墨水，下筆千言揮灑自如，而龜板或竹簡一片寫不下多少字，自然得省就省。被省的往往是表示語法關係的虛字，這可能導致了古漢語沒有語法，直到清末才有馬建忠仿照洋文編寫的《馬氏文通》。古希臘的亞里斯多德，留下的《全集》卷帙浩繁（新譯本整十大冊）[6]，推理縝密，而一部《論語》，據楊伯峻先生說「幾乎每一章節都有兩三種以至十多種不同的講解」[7]。近年有些語言學家提出上古漢語像大多數語言一樣也有複輔音，被定為「孤立語」的漢語曾經有過「曲折語」的形態變化，令人猜想後世趨於簡單，也是書寫不便的限制使然[8]。

語法是古希臘四大學科之一，跟邏輯並列。嚴格說中華文化中本來沒有「邏輯」（logic），以致難以接受音譯的漢語竟引進了這個洋詞兒。西方的思想方法是用「邏輯」來一步步演繹，中間每個環節都明明白白。華人則不同，例如「春江花月夜」一連五個名詞，沒人嫌其互相之間毫無語法關係，反而覺得非常優美而有詩意。所以辜鴻銘斷言漢語是「一種詩的語言」[9]。

邏輯學家金岳霖先生曾根據「金錢如糞土」、「朋友值千金」兩句諺語推導出「朋友如糞土」的驚人判斷，以表明華人不重視邏輯[10]。可惜他沒想到美味的「雞肋」，從《三國志》中的「食之無所得」（《三國志‧魏書‧武帝紀》裴注引《九洲春秋》）變為成語說的「食之無味」，竟然從來沒人發現其荒謬。《論語》說孔夫子對吃特別講究，「食不厭精，膾不厭細」（《論語‧鄉黨》）；反過來他又教導弟子說「恥（於）惡

///////////////////////////////

6/　苗力田編譯《亞里斯多德全集》，中國人民大學出版社，1996 年。
7/　楊伯峻《論語譯注》序言，北京：中華書局，2006 年。
8/　金理新《上古漢語形態研究》，黃山書社，2006 年。
9/　辜鴻銘《中國人的精神》，海南出版社，1996 年，頁 101。
10/　金岳霖《哲意的沉思》，百花文藝出版社，2006 年。

衣惡食者」不值得搭理（《論語‧里仁》）。這類看似自相矛盾之處，可能都跟文字省略有關。

/// 為何中華文化崇尚黃色？

上世紀中期大陸「紅」成一片，到新時期開始淡化，代之而起的是「黃」色的流行——然而決不是傳統色彩的回歸，相反是民族文化的自我褻瀆——黃從歷史上的神聖象徵，變成淫邪的標誌。

有無數條強大的理由讓華人的祖先選中了黃色。你我是「黃種人」，國學大師劉師培就曾拿這作為崇尚黃色的理由。他說中國「古代人民悉為黃種」，因此崇奉黃色。有人說按顏色分人種並非傳統觀念，那麼他提出「黃帝」該算理由吧？「黃帝者，猶言黃民所奉之帝王耳。」[11] 傳統上可作依據的理由還有以下幾條：

其一，農耕文化最珍視土地，而先民務農於黃土地帶。《說文解字》就用土地解釋黃色。「黃，地之色也。」《淮南子‧天文訓》：「黃色，土德之色。」其二，華夏之民因相信自己居於中心而自稱「中國」，恰好黃色在色譜上居於從紅到藍的中間，所以黃為「中」的顏色。王充《論衡‧符驗》：「黃為土色，位在中央。」其三，儒家崇尚「中庸之道」哲學，認為黃色能體現「中和」的美德。《白虎通‧號》：「黃者中和之色，自然之性，萬世不易。」《周易‧坤卦》：「君子黃中通理 …… 美之至也。」朱熹注：「黃中，言中德在內。」其四，以音樂（聲律）、天文等重要文化項目來解釋：「黃鐘」是最響亮的標準音；《呂氏春秋‧適音》：「黃鐘之宮，音之本也，清濁之衷也。」陳奇猷校釋：「黃鐘即今所謂標準音。」「黃道」即地球上所見的太陽運行軌道，「黃道吉日」是光明吉慶的象徵。

最有力的是「五行學說」對以上各項做出的權威總結：中華文化以「土」為核心，恰好對應着「五方」（東西南北中）中的「中」方，「五帝」中的「黃」帝，「五色」中的「黃」色，「五蟲」（動物）中的人，五音中的「宮」聲……《禮記‧月

11/ 劉師培《古代以黃色為重》，《劉師培史學論著選集》，上海古籍出版社，2006 年。

令》：「中央土……其帝黃帝，其神后土，其蟲倮（中國古人把動物分為「五蟲」，如鳥為羽蟲、魚為鱗蟲，人為倮蟲，即裸蟲），其音宮，律中黃鐘之宮。其數五，其味甘，其臭香。」天子的車要駕黃馬，插黃旗，穿黃衣，帶黃玉。《呂氏春秋．六月紀》：「天子……駕黃騮，載黃旂，衣黃衣，服黃玉。」這就是帝王專用黃色的由來。

飲食的主題要求本書必須用吃食來解釋「黃」的神聖。以上引文用「五行」系列中提到「味甘」、「臭（氣味）香」，指的是雅稱「黃粱」的黍米；平民吃的小米實際是灰黃色的，為弄清這個疑問，筆者去糧食市場向老農請教，才興奮地得知：灰黃小米是脫了殼又多次去糠的細米；舊時捨不得去糠，顏色恰是正黃。這才明白為什麼古書裡的「脫粟」反而是粗米。《史記．平津侯傳》形容簡樸，說吃的是「脫粟之飯」，《史記索隱》解釋說：「才脫殼而已，言不精也。」辭書早就明言：黃色本身就有「粟黃」之稱。《辭源》「蒸粟」條目說「用以喻粟黃色」；例句是《文選》中魏文帝的文章：「黑譬純漆，……黃若蒸粟」。

「黃色」天經地義地是中國文化的象徵。然而大陸新時期的主流媒體仍然大力灌輸「黃色是西方資產階級腐朽文化」的謬論，過左的「掃黃」中還鬧出「夫妻看黃碟被捉」的醜聞。不管出於什麼用心，口稱「弘揚傳統文化」卻用黃色代表淫穢，實屬「往祖先頭上扣屎盆」的混賬行為。更何況所謂「西方」云云是毫無根據的歪曲。英文中黃色 yellow 不過可表低俗，例如官辦的假工會叫「黃色工會」，而藍色 blue 才兼表淫穢，《英漢雙解詞典》有 blue movie（藍色電影）條目，解釋是「a movie film about sex, esp. one that is shown at a private club.」（在私人俱樂部裡放映的關於性事的影片），漢語解釋就是「色情電影」。

///萬本位來自穀穗，千本位來自羊群

聽當翻譯的熟人說，同步翻譯最怵頭的就是碰見大數目字。漢語說一萬，得換算成「十千」，洋人說「千千為百萬」，Thousand times thousand are million。中文報紙引用西方通訊社的報導說遊行者「數以千計」，可能是以萬計。洋人用的是「千本位」，華人用的是「萬本位」。「百」的基數中西相同，大數的計數，西人是百萬個百萬為 billion（兆）；華人是萬萬為億。

銀行存摺上的金額，倒數每隔三個零，中間就加個逗點；當過會計的老人都記得，先前可是隔四個零加逗點的。1952 年宣佈改變時，報紙解釋說是為了計數便利，人們納悶怎麼更麻煩了。用今天的話說就是「國際接軌」。

專家說人類從使用石器的「穴居時代」就會計數[12]，那時只有數小數目才有需要。要形成「大數」的概念和詞語，必須從客觀現象中得到啟發。從象形文字來看，萬的字形來自蠍子，道理是它的生育是母體「爆炸」後湧出小蠍一片。「不計其數」太過模糊，生活實踐中應該有精確點的啟示。最重要的實踐是吃。筆者從唐詩「春種一粒粟，秋收萬顆籽」(李紳《憫農》)得到靈感，大膽假設華人「萬」的觀念來自穀穗，這當然要像胡適先生說的那樣得「小心求證」。

一個穀穗到底長着多少粒穀子？問過幾位農學專家都說不上來。還得感謝互聯網，經過大半天的打撈，獲得的結果使筆者不禁驚歎：每個穀穗有小穗約一百個，每個小穗約有百粒，每穗總粒數恰好約一萬粒！湖北省荊州市農業科學院網站：「穗形棒狀形，穗長 25cm 左右，穗粗 4cm，小穗 90 個左右，穗粒數 10,000 粒左右。」[13] 鑒於「孤證不立」的學術規矩，筆者繼續尋求佐證。幾年後終於找到哲學家朱熹權威的判斷：一個穀穗一百粒。《朱子語類》卷九十四：「一穗有百粒。」他說的「穗」應當指小穗，因為百粒穀子才一丁點，整個穀穗半尺長呢。

這個想頭另有重要理由，是在計量單位的由來方面。計量對於文明發展是至關重要的。美國歷史學家黃仁宇無比重視社會的「按數量管理」[14]。中華文化的計量觀念，歸根結底，都以黍米為出發點。漢朝的官階就用粟(俸祿)的多少來稱呼，例如太守為「六百石(擔)」，丞相為「兩千石」(《漢書‧百官公卿表》)。上世紀中期新政權建立之初，工資標準還是按小米來折算的。

中華傳統文化中，長度、音樂，以及天文曆法，概括為同一個名詞，都屬「律曆」。《漢書‧律曆志》明確記載，度量衡的最小單位都是根據黍米粒來制定

////////////////////////////////

12/ 巴特沃思《數學腦》，東方出版中心，2004 年。
13/ http://www.jznky.cn/page/nky.asp?ID=162
14/ 黃仁宇《放寬歷史的視界》，中國社會科學出版社，1998 年。

穀穗。小穗纍纍，穀粒顆顆，足有上萬之數。

的，各級長度單位都是一粒中等大小的黍米直徑的倍數[15]。一個黍粒的直徑是一分，十個為一寸。《漢書・律曆志》：「度者，分、寸、尺、丈……一黍之廣……一為一分，十分為寸，十寸為尺，十尺為丈。」可以說中國文化是建立在黍米、粟米基礎上的。

　　對照西方，英語量度的基點「英尺」跟「腳」是同一個詞兒 foot（多數為 feet），猜想這是因為打獵追野獸靠腳跑路。有人說，你得證明洋人的「千本位」也是從食物來的才行。西方遊牧文化有什麼大數目可數呢？西方常用「數羊」的諺語形容失眠，如人們常說「睡不着可以數羊；還睡不着就數羊腿；再睡不着，就只有數羊毛了。」可能「千」的概念跟羊相關？查閱西方文化的原典《聖經》，得到了證實，最早的「千」就是用在羊群的計數上的。《舊約・撒母耳記上》：「在瑪雲有……一個大富戶，有三千綿羊，一千山羊。」參照中國史料《漢書・卜式傳》說，卜式是歷史上唯一的畜牧家，有羊「千餘隻」。

　　關於西方「千」的具體由來，也提個假說：一個大羊群有羊大約百隻，一個部落能放牧十個羊群。筆者對西方文化瞭解很少，查到的材料只能供初步參考。美國名著《晨星之子》（Son of the Morning Star）中記述，印地安人部落聯盟所有的羊群有羊 5,000 隻[16]，假定為 5 個部落，則各有羊 1,000 隻。

/// 求解筷子由來之謎

　　網上竟有人說「用筷子吃飯是不文明的表現」。豈知日本學者有「箸文化圈」的提法，認為比「漢字文化圈」更廣泛；科學家李政道說筷子深含哲理，華人的聰明跟它有關。年輕人以為餐叉先進，然而洋人使用餐叉是很晚的事。1611 年托馬斯（Thamos Coryat）才從意大利把餐叉帶到英國[17]。有教士說，用叉子取飯，那上帝給我們手指頭做什麼用？保守的英國女王直到十八世紀才學會拿叉子就餐。

//////////////////////////////

15/ 吳承洛《中國度量衡史》，商務印書館，1937 年，頁 392。
16/ 康乃爾《晨星之子》第七節，網上「亦凡圖書館」。http://www.shuku.net:8082/novels/foreign/cxzzmywskne/cxzz07.html
17/ 王天佑主編《西餐概論》，旅遊教育出版社，2005 年，頁 3。

筷子古稱「箸」。大連有規模可觀的「中國箸文化博物館」，附設研究所，筆者應邀參與研究時，總結性的專著已經問世，但其中有個重大空白：為什麼只有華人才用筷子？

遊牧者腰間帶着匕首，是武器也是食具，隨時用來割肉吃。我們祖先也曾帶着「匕」（至今小尖刀還叫「匕首」），那是最早的食具，後來肉少了只有肉羹，「匕」就演變成羹匙（從匕）。「匕」與後來的「箸」連用叫「匕箸」，是取食餐具的總稱。清代類書《古今圖書集成》還把筷子歸入「箸匕類」中。劉備「聞雷失箸」的掌故，《三國志》的原文是「失匕箸」（《蜀書・先主傳》）。《紅樓夢》裡筷子跟「匙」（匕的別名）形影不離。第五十九回說：「將黛玉的匙、筋用洋巾包了。」「筋」是「箸」的變體。

最早的匕是骨頭做的長舌形薄片，前部邊緣有鈍刃。出土於 7,500 年前的裴李崗遺址 [18]。這種構造能撥飯也能切割食物。「粒食」最早的吃法是煮成稠粥，吃起來要半舀半撥，帶凹形的匕最方便（後來獨立成湯匙）；煮肉比烤肉軟爛，用鈍刃的匕切割就行。這種多功能的餐具以西周流行的青銅匕（尖葉形匙）為典型 [19]。撥飯、舀羹、切肉三種功能由同一用具來行使，最能適應粒食初期的需要，這樣就解開了「三物同源」之謎。

另一方面出現了小型的碗。《說文解字》裡還沒有碗字。「飯碗」是華人的命，但西方有碟無碗。碗櫃，洋文 cupboard，意思是「碟櫃」。從功用看，碗跟筷子堪稱一丘之貉，搭檔着把飯送到嘴邊、撥進口裡。「飯羹搭配」格局形成後，匕就失去用處，退出舞台是必然的。筷子結構極其簡單而功能極其靈活，用一隻手操縱兩根棍，屬於高難度技巧，至今小孩也練習很久才能掌握。要成為全民習慣，顯然需要過渡時間；匕、箸的並提，可以用一定的推行過程來解釋。

探究筷子的由來，有個關鍵事實：箸的出現要晚於餐匙 [20]。於是就有一大疑問：用「匕」既能割肉又能撥飯，又演變出舀羹湯的匙，取食的用具已很完備，何

///////////////////////////

18/ 劉雲主編《中國箸文化大觀》，科學出版社，1996 年，頁 40。

19/ 同上注，頁 35。

20/ 劉雲主編《中國箸文化史》，北京：中華書局，2006 年，頁 47。

必再發明更為簡陋的筷子？

　　值得注意的是，箸有別名「梜」（也作「筴」），帶個「夾」字，看來起初曾用現成的枝杈做夾子，從熱鼎羹中夾取小塊食物。欠靈活的樹杈難以應付頻繁的需要，試用兩手各執木棍「互動」吧，又會遇到操縱上的更大困難。推想經過具有明確目標的長期摸索，箸才終於出現。對此，要作「可行性」及「必要性」兩方面的分析。

　　羹的本義是煮熟的肉，肉料極稀罕了反而變成菜羹的調料。為使肉的調味功用充分發揮，需要先行細切，《禮記・內則》說肉必須「薄切之」。材料切成小塊了，筷子的運用就有了可行性的前提。更關鍵的是必要性。筆者曾研究「尊老」文化史，也許因為視角特殊，故能提出新說：為了保證老家長的壽康，「養老」禮儀強調要保證平民老人也能吃上肉，這方面有些記載很驚人。僅從《孟子》舉兩點。《盡心上》：「……導其妻子，使養其老。五十非帛不暖，七十非肉不飽。……文王之民，無凍餒之老者。」《梁惠王上》：「雞豚狗彘之畜，無失其時，七十者可以食肉矣；……八口之家可以無飢矣。」可以看出，老人的「食肉」甚至要壓倒孩子的「不飢」。

　　羹裡有少量的肉塊必須擇出來給老人享用，因而很需要一種能夠選取小塊食物的用具。以上只是推論，當然更要找到直接的記述。研究者翻遍古文獻，關於箸的使用只有一句，就是《禮記・曲禮上》說的「羹之有菜者用梜，其無菜者不用梜」。至於何以只是吃有菜的羹才許用筷子，歷代注釋者沒人講得合乎情理。

　　唐代孔穎達有半句具體的解釋：羹裡「有菜交橫，非梜不可」。接着說沒菜的羹直接拿嘴嚃就行。「無菜者，大羹湆也，直歠之而已」。「湆」即肉汁，「歠」為「啜」的別體，意為吸呷。賈公彥注《儀禮・士昏禮》曰「啜湆呷醬」。這只是把「無菜之羹不用箸」的理由交代清楚了，至於一般「有菜交橫」的羹，還是不通。「有菜交橫」當是整棵菜，西餐烹飪才那樣做。林語堂在《談中國人的吃》中說過，那是洋人不懂調和的表現。中餐的肉菜都得細切，好跟細碎的主食配合。筆者認為《禮記》的原文只能有一種理解，即「用梜」的目標物乃是羹裡的小肉塊——擇出來給老人吃。箸文化博物館的劉雲館長告訴筆者，關於筷子由來的這一觀點受到美國一位人類學家的激賞。

宋代文化中心轉向多水的南方，船民為避諱「住」（箸），代之以反義的「快」（筷），顯示筷子與語言相關。進一步琢磨，用筷子揀取，伴有「指示」的事先行動作及「夾着了」的後續動作；因而筆者曾經用文字學方法，通過「箸」跟「者」（指示代詞，唐代始有「者個」，後變為「這個」）跟「着」（動詞完成式，同著）的相通，試着論證筷子對漢語語法的影響 [21]。

///「假謙虛」是餓出來的

近代接觸了西方文化的知識者，稍加比較都會發現中華文化的飢餓背景。第一代白話散文作家夏丏尊說，中國人「兩腳的爹娘不吃，四腳的眠床不吃」，可見「都從餓鬼投胎而來」[22]。古書裡描寫上古聖賢，神農、堯、舜，都是一副餓鬼尊容。《淮南子・修務訓》：「神農憔悴，堯瘦臞，舜黴黑。」「餓鬼」的說法當時很流行，周作人就曾引用過。《三頓飯》，收入《知堂談吃》[23]。林語堂說，「出於愛好，我們吃螃蟹，出於飢餓，我們又常吃草根。」[24] 台灣的張起鈞教授說，洋人嘲笑華人窮得連豬羊的雜碎都吃，他們不懂對「雜碎」美味的欣賞是餓出來的 [25]。

飢餓不但造就了中華文化，也造就了華人的心性，就是魯迅說的「國民性」。看得最清楚的只能是洋人，魯迅也信服這一點，所以他臨死前寫的短文裡還念叨：快把一本叫《支那人氣質》的洋書翻譯過來。《「立此存照」（三）》：「我至今還在希望有人翻譯出斯密斯的《支那人氣質》來。」[26] 後來國人只顧打內戰，接着是一味「民族自豪」，那書直到近年才問世，題為《中國人的性格》。這類書出了不少，其中共同的部分，都公認中國人「心口不一」；這有種種表現，最恰當的概括就是「假謙虛」。可以概括《中國人的性格》一書中

////////////////////////////////

21/ 高成鳶《箸的中國「粒食文化」背景及其超飲食的文化意義》，《飲食之道──中國飲食文化的理路思考》，山東畫報出版社，2008 年，頁 275。
22/ 夏丏尊《談吃》，聿君編《學人談吃》，中國商業出版社，1991 年。
23/ 周作人《三頓飯》，《知堂談吃》，中國商業出版社，1990 年。
24/ 林語堂《中國人的飲食》，聿君編《學人談吃》，中國商業出版社，1991 年。
25/ 張起鈞《烹調原理》，中國商業出版社，1985 年，頁 128。
26/ 楊義主編《魯迅作品精華》第三卷，香港：三聯書店，1997 年。

的「保全面子、講究禮貌、易於誤解、拐彎抹角、缺乏誠信」等章節。

　　柏楊在《醜陋的中國人》一書中說到，「某領導請某人上台演講，他不住地推辭，這時你不硬請他上去，他會恨你一輩子！外國人都對中國人的假謙虛、客套、含蓄不理解。」[27]另一位洋人的書題目叫《中國人臉孔的後面》，*Beyond the Chinese Face*，翻成《難以捉摸的中國人》，書裡寫道：「人們用些客氣的謊話，以便有效地迴避矛盾。」[28]「假謙虛」決不等於欺詐，其出發點是為了討好別人，但在洋人看來無益而有害。

　　華人這種古怪的「善意虛偽」是哪兒來的？餓出來的。人最基本的行為是吃，老人教育孩子懂禮貌，常在飯桌上絮絮叨叨：要「吃有吃相」！「吃相」就是「禮貌」的出發點。《禮記》裡專給後生們講規矩的一章就叫《曲禮》，說的大半是「進食之禮」。其中規定了十來條，都屬於「共食」的行為準則，細節大多是為了限制食量和吃的速度，強調謙讓，避免「爭飽」。下邊分別來看：

　　規矩叮囑人們不許吃飽。「共食不飽。」不許把飯翻動起來，那顯得想讓飯涼下來好快吃。「毋揚飯。」孔穎達疏：「飯熱宜待冷，若揚其熱氣，則為食快，傷廉也。」不許把米飯聚成一團來取食，以免「不謙」。「毋摶飯。」鄭玄注：「為欲致飽，不謙」。孔穎達解釋說：「取飯作團，則易多得，是欲爭飽。」吃黍米飯不許用筷子，只許用手抓。黍飯是黏的，燙手，手抓就得等飯不燙，用筷子則有急切之嫌。「飯黍毋以箸。」清代學者的解釋是「欲食之急，故不俟其涼，而以箸取之」。

　　更有甚者，有「三飯」之說，竟提倡作客時吃少許飯就要聲稱飽了，等主人勸才可再吃些。孔穎達疏釋《曲禮》的「三飯」說：「謂三食也。《禮》食三飧而告飽，須勸，乃更食。」有人解釋成只吃三口飯就喊飽，賈公彥疏曰「一口謂之一飯」。儘管對「三飯」有多種解釋，無論如何，等主人來勸才吃，已遠超出合理的謙讓。

　　這種古怪的禮儀，只能用長期而普遍的食物匱乏來解釋。荀子講「禮」的原

////////////////////////////////////

27/　柏楊《醜陋的中國人》，時代文藝出版社，1987 年，頁 12。
28/　彭邁克（Michael Harris Bond）《難以捉摸的中國人》，遼寧教育出版社，1997 年，頁 65。

理，說禮就是「養」，是為了避免「爭則亂」。前引《荀子‧禮論》。所有的禮儀，原理都跟吃飯一樣。《曲禮》篇本身就總結出來了：「夫禮者，自卑而尊人。」

《曲禮》的「食禮」還有一條值得深思：不許喫骨頭。「毋齧骨。」什麼道理？唐代的孔穎達最能「深入領會」：怕被懷疑「嫌主人食不足」而拿骨頭解飽。《禮記正義》：「嫌主人食不足，以骨致飽。」華人招待客人拚命「勸菜」，辦酒席滿桌堆砌、嚴重浪費，道理仍然是——餓出來的。

夏丏尊說，別的民族見面問早安、晚安，中國人見面問「吃了早飯沒有？吃了夜飯沒有？」意思是餓了我肯頓管飯。真要賴着不走，主家心裡會惱其「蹭飯」（居然有這種專用詞兒），例句就免了，太難為情。

後記／

　　為避免《前言》冗長，有幾點必須申明的意思，補寫在這裡。

　　首先，期待糾錯。一般《前言》末尾的「錯誤難免，歡迎指正」的套話，不足夠表明著者特別殷切的期待。本書涉及人文與物質領域的無數學科，十年來儘管我苦鑽惡補，終無補於「記問之學」之不足據，尤其薄弱的是西文人類學參考。因此，書中錯誤百出是肯定的。明知如此何必涉險犯難？借用張光直先生《中國青銅時代》二版序言的話：他試圖通過該書證明「中國古代的研究不是『專業』（按指古代史專業）而是『通業』；又說「『本行』的觀念害人不淺」。「害人」當包括時間的長久推延。拙著提出的「通業」需要多學科幾代人的協力、接力，總得有人先發出粗糙的聲音。「學術乃天下公器」，本書內容為中華先祖所創，應當像維基百科 Wikipedia 一樣任由公眾處置。

　　其次，前言中說，中華文化秘寶等待的是特殊的際遇。如果落實到人，所指也遠非本人。沒有恩師黃鈺生先生、季羨林先生兩位「吉星」的先後扶助，本書的內容就不能發現。同理，還幸虧有學者型編輯陳曉東先生。從 2008 年他提出結集出版我的飲食文化舊文，直到本書的前身問世、以及這一改寫本在香港以繁體字出版，他實現的多回合突破都是極為難能的。當初得知他是大史學家鄭天挺先生的再傳高足，我曾自忖：充滿猜想、論證不周的拙作大悖鄭門學風，恐怕不易通過；後來發現他更具有重視學術創新的眼光，這在今天是尤其可貴的。

　　最後，我曾在圖書館飽受舊籍薰染，認為小字夾注的中華排版體式長處多多，殊為可貴，錢穆先生的《國史大綱》在內地出版猶沿用這種體式。然而這一優

良傳統近年竟被無理拋棄。本書撰著之初即決定採用此體，不料出版時到處因此碰壁，雖經陳曉東先生極力爭取，也只能折中為同樣字型大小的宋體與仿宋兼用。傳統的大小字體相間，功能在於讀夾注時會降低注意力檔次，以使正文保持連貫；更可忽略夾注唯讀正文。只用同號變體排印，半句話中摻入較長釋文，必然導致思路中斷，不可卒讀。此次香港三聯書店能採用理想形式，足見文化底蘊深厚。這使我非常感佩，並期望此舉能引領中華傳統的復蘇。

高成鳶

2012 年 2 月 8 日

從飢餓出發
華人飲食與文化

責任編輯 /　　寧礎鋒、李鈺潔

書籍設計 /　　嚴惠珊

作者 /　　高成鳶

出版 /　　三聯書店（香港）有限公司

　　　　香港鰂魚涌英皇道 1065 號 1304 室

　　　　Joint Publishing (Hong Kong) Co., Ltd.

　　　　Rm. 1304, 1065 King's Road, Quarry Bay, Hong Kong

發行 /　　香港聯合書刊物流有限公司

　　　　香港新界大埔汀麗路 36 號 3 字樓

印刷 /　　中華商務彩色印刷有限公司

　　　　香港新界大埔汀麗路 36 號 14 字樓

版次 /　　2012 年 5 月香港第一版第一次印刷

規格 /　　16 開（168mm×210mm）364 面

國際書號 /　　ISBN 978-962-04-3209-5

本書原名《食‧味‧道：華人的飲食歧路與文化異彩》，由故宮出版社出版，並授權本公司在港台海外地區出版發行本書。